[제3판]

아동권리와 복지

이용주 · 조숙영 · 김정희

KNOWLEDGE COMMUNITY 공동체

Preface

벌써 3판을 내게 되었습니다. 초고 이후 10여 년간 아동의 인권에 관한 사회적, 문화적, 학문적 발전이 진전되어 감에 더욱 뿌듯한 마음입니다. 인권이란 모든 인간이 태어날 때부터 가지고 있는 권리입니다. 이는 태어나고 성장한 나라가 다르고 문화적 환경과 경제적 배경에 의해 다소간의 현상이 다를지라도 인간이라면 누구나 가지고 있는, 또한 가져야만 하는 당연한 권리일 것입니다. 아동의 경우에도 한 인간으로서 출생과 함께 자신이 가지고 있는 권리를 누리고 권리의 주체로서 살아야 하는 당위성이 존재합니다. 이를 위해 우리나라는 1991년 이후 아동권리에 관한 국제협약의 회원국이 되어 아동의 권리상황을 항상 점검해야 할 의무를 지닌 국가가 되었으며, 국가인권위원회에서는 인권 친화적인 학교문화 조성을 위한 인권교육을 공식적으로 천명하는 등 다양한 노력을 기울이고 있습니다. 그러나 아동은 성인과는 다른 특성을 가지고 있기 때문에, 이를 바라보는 시대와 사상에 따라 무가치하거나 소홀하게 생각되었던 경우가 있었습니다. 최근에 이르러서도 교육기관에서의 아동학대 사건과 가정에서의 자녀에 대한 폭행 및 사망 사건이 줄지어 발생하고 있어, 아동의 인권보장을 위한 법적 · 제도적 · 사회적 관심과 노력은 더욱 가속화되어야 하는 상황입니다.

이 책은 아동권리와 복지를 이해하고 실천하려는 예비교사들과 일반인들에게 유용한 지침서로 사용될 수 있도록 계획하였습니다. 한 학기의 강의계획에 맞추어 진행할 수 있도록 총 4부, 13장으로 목차를 구성하였습니다. 1부에서는 인간권리와 아동권리의 개념을 살펴보고 권리를 실행하기 위한 목표와 목적으로서 안전과 행복의 개념을 다루었습니다. 특히 인간의 권리와 생명존중교육에서는 생명윤리의 제도적 기반에 대한 내용을 첨가하고, 목표로서의 안전에서는 2023년 개정된 학교안전교육 7대 표준안과 관련된 내용을 다루었습니다. 목적으로서의 행복에서는 우리나라 아동의 행복지수를 살펴보는 내용을 첨가하였습니다. 2부에서는 아동권리 실천의 토대로서, 아동복지의 개념과 우리나라 아동복지서비스의 전달체계를 고찰하였습니다. 특히 우리나라 아동복지서비스의 전달체계에서는 정부의 새로운 사회복지서비스 전달체계를 첨가하고, 다양한 복지 시설에 관한 내용을 상술하였습니다. 3부에서는 아동복지를 실천하기 위하여 보육 · 장애아동 · 다양한 형태의 가정 · 빈곤 · 학대의 문제를 다루며, 최신 데이터를 토대로 현황과 지원 사업 등을 설명하였습니다. 4부에서는 국제기준에 비추어 국내 아동권리 수준을 탐색하고 발전방안을 제시하였습니다. 또한 각 장마다 학습의 목표와 토론 문제들을 제시하여, 학습자들이 정확하게 탐색하고 탐색한 바를 충분하게 적용할 수 있는 아이디어를 제공하였습니다.

이 책은 부족한 시간의 한계에도 열정을 다한 공저자들의 노력과 공동체의 인내가 만들어 낸 열매입니다. 도서출판 공동체의 노고에 진심으로 감사드립니다. 또한 부족한 부분에 대한 독자들의 기탄없는 충고를 부탁드리며, 지속적으로 보완해 나갈 것을 약속드립니다.

끝으로 이 땅의 모든 아동들이 존중받는 경험을 하는 데 이 책이 씨앗으로 사용되길 희망하며, 이 모든 것을 가능하게 하신 능력의 하나님께 모든 영광을 돌립니다.

2024년 3월

저자 일동

Contents

PART 03 아동복지의 실천

PART 04 우리의 과제와 발전방안

Part 1

아동권리의 출발

Chapter 1

인간의 권리와 생명존중교육

이 장에서는 아동을 대하는 사회·문화적 태도와 가치관의 변화과정을 이해하고 현시대의 아동에 대한 태도와 가치관의 기초로서 인권존중과 생명존중교육을 탐색하고자 한다.

학습목표

1. 아동권리와 복지 교과의 특성과 운영방법에 대해 이해한다.
2. 인간과 아동을 대하는 사회·문화적 태도와 가치관의 변화과정을 이해한다.
3. 아동권리의 토대로서 인권존중과 생명존중교육을 탐색한다.
4. 보장받아야 하는 인권은 무엇이며, 그 특징은 무엇인지 탐색한다.

1. 인간과 아동을 대하는 태도의 변화

1) 고대의 아동관

고대사회의 인간에게 가장 중요한 과제 중 하나는 척박한 자연 환경을 극복하고 다른 부족들과의 투쟁에서 승리하며, 구성원의 생명을 유지하고 의식주를 해결하는 것이었다. 인간은 생명을 유지하기 위하여 척박한 자연 환경에 때로는 순응하고 때로는 개척하여야만 하였다. 종족의 보존과 안전을 유지하기 위해서는 무엇보다도 더 강한 힘을 길러야만 하였다. 그들에게 강한 힘은 종족을 보존하고 생명을 유지하기 위한 가장 중요한 수단이었기 때문이다. 아동들은 그들의 종족으로부터 의식주를 해결하기 위한 방법들을 훈련받았는데, 이는 낚시질하는 법, 활 쏘는 법, 도구 만드는 방법, 씨 뿌리고 거두는 방법 등이었다. 이 과정에서 기형아, 불구아, 허약아 등은 유기되거나 살해되기도 하였고, 풍속이나 미신에 의해 생명을 위협받기도 하였다.

2) 중세의 아동관

연대기적 관점에서 중세는 서로마제국이 멸망한 5세기 말부터 르네상스와 종교개혁의 시대인 16세기에 이르는 1천여 년 이상의 세월을 일컫는다(이경재, 2003). 이 시기의 가장 큰 특징은 신분제도를 중심으로 하는 봉건제도와 종교적 가치를 중심으로 하는 가톨릭교회의 융성 및 쇠락이다. 신분 계층을 중시한 봉건사회에서 아동은 부모의 신분에 따라 차별적 대우를 받았다. 신분이 낮은 계층은 자신보다 힘세고 권력이 큰 사람들에게 충성을 다하면서 그들의 보호를 받았다. 따라서 신분이 낮은 계층의 부모를 둔 아동은 힘세고 권력이 큰 사람들에게 사회적 · 경제적 · 군사적으로 제공될 노동력으로 취급될 수밖에 없었다. 그들의 발달적 특성은 무시되었으며 성인의 축소판으로 간주되어 성인에게 종속된 부속물에 불과하였다. 이때 종교적 가치를 중심으로 하는 가톨릭교회는 아동의 생명을 경시하는 것이 곧 죄악임을 인식하였고, 종교적인 자선 행위로서 고아와 장애아동을 돌보기 시작하였다. 기독교 문화의 영향으로 인간평등사상이나 아동보호사상이 전개되었고 영아 살해가 교회법으로 금지되기에 이르렀다. 그러나 비록 수도원이 고아와 장애아동을 보호하는 보호자로서의 일부 역할을 수행하였을지라도 전문적인 의미의 아동복지사업으로는 발전하지 못하였다.

3) 근대의 아동관

연대기적 관점에서 근대는 중세와 현대 사이의 시기로, 르네상스와 종교개혁의 시기 이후 제1, 2차 세계대전까지의 시기를 일컫는다. 이 시기는 경제적으로는 산업혁명 이후 자본주의가 성립되고, 정치적으로는 시민사회가 성립되어 민주주의가 시작되었던 시기였다. 이를 위해 봉건사회의 신분제도를 극복하는 것은 근대사회의 중요한 과제 중 하나였다. 철저한 신분제도를 토대로 한 봉건사회가 몰락하게 된 계기는 산업혁명이었다. 산업혁명은 농업을 중심으로 하는 경제체제를 공업을 중심으로 하는 경제체제로 변화시켰다. 공업중심의 경제체제는 대량 생산을 토대로 하는 자본의 축적을 가능하게 함으로써 중세 귀족을 중심으로 하는 철저한 신분제도를 탈피하게 하는 토대가 되었다. 그러나 자본의 축적을 가능하게 하는 자본주의의 도래는 아동의 노동력에 대한 착취를 가능하게 하였다. 이는 사회적 문제로 대두되어 아동을 보호하고자 하는 국가적 차원의 제도를 확립하는 데 토대가 되었다.

4) 현대의 아동관

제2차 세계대전 이후 현대의 아동관이 확립되었다. 현대적 의미의 아동관을 확립하는 데는 여러 가지 요인이 작용하였다(한성심 · 송주미, 2015). 첫째, 아동에 관한 많은 학자들의 연구 축적과 아동기의 중요성에 대한 강조가 있었다. 둘째, 제1, 2차 세계대전을 지나면서 국민의 복지에 대한 국가책임의식이 증진되어 각종 복지제도가 확립되기 시작하였다. 셋째, 아동 노동력의 이용이 감소되고 아동 보호와 교육에 대한 사회적 관심이 증진되었다. 넷째, 아동복지와 관련된 단체의 출현과 아동권리에 관한 국제사회의 관심과 노력이 있었다.

2. 인권과 생명존중교육

1) 인권의 개념

인권에 대한 사전적 개념을 살펴보면, 인권이란 영어로 Human Rights 또는 Civil Rights로 표현되며 한자로는 人權으로 표현된다. 우리나라 국립국어원은 인권을 인간으로서 당연히 가지는 기본적 권리(국립국어원, 2020)를 의미한다고 제시한다. 그런데 인간으로서 당연히 가지는 기본적 권리는 법적으로 마땅히 보장해야 하기에 법적인 권리를 의미하기도 하고, 도덕적으로 사람답게 살 권리를 의미하기도 한다. 사람답게 살 권리란 인간이라면 누구나 누려야 하는 보편적 권리라고 개념화하기도 한다. 즉, 인권의 개념을 한마디로 정의하고 개념화하는 것은 어려운 일이다. 이는 인간의 권리가 무엇이며, 그 내용이 무엇인지에 대한 다양한 견해가 존재하기 때문일 것이다. 따라서 인권을 도덕적 권리로 규정하려는 견해, 인간의 보편성을 규정하려는 견해, 법적인 권리로 규정하려는 견해로 분류하여 인권의 개념과 내용을 살펴본다.

먼저, 인권을 도덕적 권리로 규정하려고 할 때 그 내용은 모든 인간이 자유로울 동등한 권리가 있음과 이러한 권리는 절대적인 것임을 제시한다. 인권을 도덕적 권리로 파악한 파인버그(Feinberg, 1973)는 인권이 절대적인 것임을 다음과 같이 제시하였다.

> 인권은 '절대적인' 것으로 알려져 왔다. 인권은 무조건적인 의무를 부과한다는 의미에서 절대적이며, 생명과 자유와 행복추구의 권리에 최선을 다하도록 하는 지침으로 해석할 수 있다는 의미에서 절대적이다. 또한 이러한 권리는 제한된 영역 안에서뿐만 아니라 그 영역 너머에서도 절대적으로 예외가 없다는 의미에서 절대성을 가지고 있다.

인간의 보편성 측면에서 인권을 규정하려고 할 때 그 견해는 네 가지 상이한 입장에서 구분할 수 있다(이상욱 · 정희영 · 김종명 · 김미애, 2016). 첫 번째 입장은 급진적 보편주의이다. 이 관점에서 인권은 인간 모두에게 인정되는 보편적인 권리로서, 인종, 국적, 장애, 연령, 성별, 직업을 떠나 인간이라면 누구나 인정받을 수 있고 주장할 수 있는 정당하고 옳은 자격으로 간주할 수 있다. 두 번째 입장은 급진적 상대주의이다. 이 관점에서 인권은 특정 사회의 문화에 따라 다르게 나타날 수 있으며, 인권개념 자체가 약화되거나 부정되기도 한다. 세 번째 입장은 강한 상대주의이다. 이 관점에서 인권은 문화적으로 특정 가치를 점검할 수 있을 때에야 비로소 보편적 인권이 그 의미가 있음을 강조한다. 네 번째 입장은 약한 상대주의이다. 이 관점에서 인권은 보편적 인권을 전제로 한다는 점에서 급진적 보편주의 맥락을 같이하지만 문화에 따른 보편적 인권의 개념에 수정을 가할 수 있음을 나타낸다.

인권을 법적인 권리로 규정하려는 견해에서는 인권의 제도화를 주장한다. 이들은 인권을 보장하기 위하여 법률, 규범, 규칙, 조직 등의 제도적 장치를 통해 명문화하고 의식화하는 과정을 제시한다. 인권과 관련된 제도나 법령이 어느 정도 잘 작동하고 있는지를 평가함으로써 국가나 사회의 발전 정도를 점검하고자 한다. 우리나라도 인권의 가치를 실현하기 위하여 '헌법'에 국민의 기본적인 권리를 규정하고 있으며, '국가인권위원회'를 두어 모든 개인이 가지는 기본적인 인권을 보호하고자 하였다.

이와 같이 다양한 인권의 개념을 종합해 보면, 인권이란 모든 인간이 태어날 때부터 가지고 있는 권리로 정의할 수 있다. 태어나고 성장한 나라가 다르고 문화적 환경과 경제적 배경에 의해 다소간의 현상이 다를지라도, 그 기원과 문화적 차이를 넘어서 비장애인이든 장애인이든 인간이라면 누구나 가지고 있는 권리를 인권이라고 할 수 있다. 이러한 인권은 법령에 의해서 보호되고 보호받아야 할 뿐만 아니라, 인간의 도덕적 의무에 의해서도 지켜져야 할 권리라고 정의할 수 있으며, 인간의 생명존중에 대한 출발점이라고 정의할 수 있다.

2) 세계인권선언의 배경

지구상에 살고 있는 다양한 인간이 피부색, 얼굴의 생김새, 경제적 소유, 신분 등에 따라 차별되지 말아야 한다고 생각하게 된 것은 최근의 일이다. 과거에는 특히 신분에 의해 인간이 인간을 평가하는 시기가 존재하였음을 우리는 알고 있다. 이러한 신분에 의한 속박에서 인간이 해방될 수 있었던 혁명적인 두 개의 사건이 18세기에 발생하였다. 첫 번째는 미국의 독립선언(1776년)이며, 두 번째는 프랑스의 인권선언(1789년)이다.

미국의 독립선언은 당시 영국의 지배를 벗어나 독립선언을 하면서 '모든 인간은 평등하며 천부(天賦)의 권리를 가진다'는 것을 명문화하였다. 프랑스의 인권선언에서는 인간을 신분에 따라 나눈 봉건체제에 대해 근본부터 이의를 제기하며, 제1조에서 '인간은 자유롭고 평등한 권리를 지니고 태어나서 살아간다'는 것을 선언하였다. 이 두 선언은 인간을 옥죄어 온 낡은 제도를 고쳐, 새로운 사회를 만들고자 노력하였던 많은 사람들의 끈질긴 행동이 이루어 낸 결과물이며, 억압을 받아온 사람들이 스스로를 해방시키기 위하여 찾아낸 생각이 바로 인권으로 연결된 것이다(Human Rights Now, 2009).

그러나 모든 인간이 평등하며 천부의 권리를 가진다는 명시에도 불구하고 여성, 유색 인종, 빈곤한 사람들은 여전히 차별을 받았으며 권리를 인정받지 못하였다. 그러던 중 인권의 개념이 확산된 계기는 제2차 세계대전으로 나치 독일이 600만 명이 넘는 유대인을 학살하였다는 사실이 알려지게 되면서이다. 이것은 1948년 '세계인권선언'이 선포된 계기가 되었다. 세계인권선언의 선포는 국가와 민족을 넘어 인권을 수호하기 위한 체제를 만들어야 한다는 국제사회의 공통적 공감대에서 시작되었다.

이후 세계인권선언은 1960년 식민지배에서 독립한 아프리카 나라들이 중심이 된 '식민지와 인민에 대한 독립 부여에 관한 선언'과 1965년 '인종차별 철폐 협약', 1970년대 이후 세계 여러 나라에서 확산되어 결실된 '여성차별 철폐 협약'의 기초가 되었다.

〈표 1-1〉 세계인권선언 전후의 주요 사건

연 도	주요 사건	주요 내용
1776	미국의 독립선언	모든 인간은 평등하며 천부(天賦)의 권리를 가진다.
1789	프랑스의 인권선언	인간은 자유롭고 평등한 권리를 지니고 태어나서 살아간다.
1941~1945	제2차 세계대전	나치 독일이 600만 명이 넘는 유대인을 학살하였다.
1948	세계인권선언	인간의 자유권, 사회권, 연대권 등을 규정한다.
1960	식민지와 인민에 대한 독립 부여에 관한 선언	강대국의 식민지 지배를 위법이라고 선언하였다.
1965	모든 형태의 인종차별 철폐에 관한 국제협약	인종, 피부색, 혈통 또는 민족적 · 종족적 출신에 의한 차별을 근절한다.
1979	유엔 여성차별 철폐 협약	여성에 대한 정치적, 경제적, 사회적, 문화적, 시민적 또는 기타 모든 분야에 있어서의 차별을 반대한다.

3) 인권의 내용과 특성

앞에서 우리는 인권이란 모든 인간이 태어날 때부터 가지고 있는 권리라고 포괄적으로 정의하였다. 그렇다면 인권이란 구체적으로 무엇일까?

지금까지 인권에 대한 다양한 정의와 역사에 의하면, 인권은 크게 세 가지의 내용으로 정리할 수 있다.

- 시민적 · 정치적 권리(자유권)
- 사회적 · 경제적 · 문화적 권리(사회권)
- 인권이 실현되기 위한 권리(연대의 권리)

시민적 · 정치적 권리를 자유권이라고도 표현한다. 자유권이란 사람을 차별하고 고문을 하거나 죽이거나 이동을 하지 못하도록 하는 것에 대해 반대한다는 것으로, 국가의 간섭에 대한 개인의 소극적이고 방어적인 권리라고 할 수 있다. 이러한 자유권은 세계인권선언의 제2조에서 제21조까지 명시되어 있다. 대표적인 예로 차별에 대한 금지(제2조), 안전에 대한 권리(제3~5조), 법 앞에서 평등하고 공정할 권리(제6~11조), 남에게 간섭을 받지 않을 권리(제12조), 이동에 대한 권리(제13~15조), 가족과 재산에 대한 권리(제16조, 제17조), 사상 · 표현 · 집회 · 결사(제18~20조)의 자유 및 참정권(제21조) 등과 같은 권리를 들 수 있다.

사회적 · 경제적 · 문화적 권리를 사회권이라고 표현한다. 사회권이란 앞에서 이야기한 자유권과는 다소 상반된 특징을 가진다. 즉, 한 개인의 삶에 국가가 적극적으로 개입하여 인간다운 삶을 영위하도록 도와야 한다는 것을 나타낸다. 이는 자유방임적인 생각이 지나쳐서 사회적 · 경제적 강자가 약자를 착취하거나 착취의 정도가 지나쳐서 그대로 둘 수 없는 상황이 만연되었기에 개인의 삶에 국가의 적극적으로 개입하여야 할 필요성이 대두되면서 중시되었다. 이러한 사회권은 세계인권선언의 제22조에서 제27조까지 명시되어 있다. 대표적인 예로 사회보장을 받을 권리(제22조), 노동에 대한 권리(제23조), 휴식과 여가를 누릴 권리(제24조, 제25조), 교육을 받을 권리(제26조) 등과 같은 권리를 들 수 있다.

인권이 실현되기 위한 권리를 연대의 권리라고 표현하기도 한다. 연대의 권리란 개인이 가지는 권리라기보다는 집단이 가지는 권리라는 특징이 있다. 즉, 약소국이나 개발도상국가는 강대국의 간섭을 받지 않으면서, 그들 나름의 국가에서 정한 대로 인권 실현의 권리를 보장한다는 것을 의미한다. 연대의 권리는 강대국의 무력 점령에 저항하기 위한 근거가 되기도 한다. 연대의 권리는 세계인권선언의 제28조에서 제30조까지 명시되어 있다. 대표적으로 국제적 질서에 대한 권리(제28조), 발전에 대한 권리와 공동체에 대한 의무를 부담할 권리(제29조)를 들 수 있다.

얼핏 보면, 자유권과 사회권은 서로 상반된 의미를 지니는 것처럼 보일 수 있다. 자유권은 국가의 간섭에 대한 개인의 방어적 권리이며, 사회권은 국가의 개입에 대한 개인의 적극적 권리이기 때문이다. 그러나 실제로 자유권의 실현을 위해 국가의 개입이 필요할 때도 있고, 사회권의 실현을 위해 국가가 행동을 멈춰야 하는 경우도 있다(Human Rights Now, 2009). 그러므로 자유권과 사회권의 실현이 절대적으로 상반되었다고 말할 수 없다. 오히려 위에 나열한 세 가지 인권은 서로 유기적으로 연결되어 작동한다. 이 세 인권 중 어느 것 하나라도 없다면, 지금 전 세계 사람들은 인간다운 삶을 제대로 누리기 어려울 것이다.

4) 생명윤리의 제도적 기반

우리나라는 '자살예방 및 생명존중문화 조성을 위한 법률(법제처, 2022)'을 공포하고, '생명존중을 위한 선언문(국가생명윤리심의위원회, 2016)'을 발표하는 등 생명존중을 위한 생명윤리의 제도적 기반을 마련하고자 노력하였다. '자살예방 및 생명존중문화 조성을 위한 법률'은 2011년 3월 공포하고 1년이 경과한 2012년 3월부터 시행되었다. 2022년 12월 개정된 이 법의 목적은 자살에 대한 국가의 책무와 예방정책에 관하여 필요한 사항들을 규정하여 국민의 생명을 보호하고 생명존중문화를 조성하는 것이다.

한편 우리나라 대통령 소속 국가생명윤리심의위원회는 '생명존중을 위한 선언문'을 2016년 5월 발표하였다. 이 선언문은 생명존중의식을 고취하고 윤리의식을 함양하기 위한 국가 차원의 생명존중헌장이다. '생명존중을 위한 선언문'에는 우리 사회 속에 자리 잡고 있는 이기주의, 황금만능주의, 타인에 대한 배려 부족, 지나친 경쟁 위주의 교육 등을 인간의 생명을 경시하는 원인으로 간주한다. 생명을 경시하는 원인들을 극복하기 위해서는 생명존중을 위한 핵심적 가치들을 구현할 필요성을 제안하고 있는데, 이러한 제안을 수록한 전문과 네 가지 핵심가치 그리고 실천방안이 제시되어 있다.

생명존중을 위한 선언문

생명은 소중하다. 우리는 생명을 무엇보다 더 사랑하고 존중해야 한다. 인간은 생명이 있음으로써 행복을 비롯하여 여러 가치들을 추구하며 살 수 있다.

우리 사회에 만연한 이기주의, 물질만능주의, 다른 사람에 대한 배려 부족, 지나친 경쟁 위주의 교육 등은 인간의 생명을 경시하는 원인이 되고 있다.

우리는 이를 극복하고 생명 존중을 위한 핵심적 가치들을 구현함으로써 우리의 삶과 사회를 좀 더 평화롭고 조화롭게 만들어 가야 한다.

1. 생명의 책임성

생명은 우리가 받은 최고의 선물이다. 이 소중한 선물을 귀하게 여기고 존중해야 할 일차적 책임은 바로 우리 자신에게 있다.

2. 생명의 평등성

인간의 생명은 평등하다. 개개인의 다름은 생명 간의 우열을 의미하는 것이 아니므로 사회 경제적, 문화적 불평등을 해소해야 한다.

3. 생명의 안전성

평화로운 삶은 인간의 생명이 안전할 때 가능하다. 안전한 삶을 위해 생명을 위협하는 요소들을 제거해야 한다.

4. 생명의 관계성

인간의 생명은 홀로 존재할 수 없다. 생명은 서로 돕고 격려하며 배려하고 나누는 삶 속에서 더욱 성장하고 풍성해진다.

실천 방안

개인, 가정, 사회, 그리고 국가는 생명존중을 위한 핵심가치들을 구현하고 인간 생명의 존엄성을 높이기 위하여 다음 사항들을 실천한다.

우리는 자신의 생명을 소중하게 여기고, 좋은 생활습관으로 건강한 삶을 유지하려고 노력해야 한다.

우리는 다른 사람의 생명을 소중하게 여기고 그 삶을 존중해야 하며, 특히 사회적 약자의 삶을 배려해야 한다.

우리는 가정에서 서로에게 모범을 보이는 말과 행동으로 생명 존중을 실천해야 한다.

우리는 학교에서 인간의 생명이 가치 있고, 존중받아야 한다는 것을 경험할 수 있도록 교육하고 실천해야 한다.

우리는 직장에서 안전하고 쾌적한 환경을 제공받아야 하며, 더불어 삶을 통해 조화롭게 성장해야 한다.

국가는 국민의 건강과 생명을 보호하기 위해 이를 위협하는 사회 환경적 요소들을 제거하고 안전한 삶을 보장해야 한다.

2016. 5. 12.

대통령 소속 국가생명윤리심의위원회

5) 생명존중교육

생명존중교육은 현대 교육의 위기가 많은 부분 지나친 경쟁적 상황으로부터 발생하고 있다는 시각에서 출발한다(이병래, 2004). 오늘날 교육 현장에는 집단 따돌림, 폭력, 자신의 이해득실을 중시한 인간관계, 상호 간의 무관심, 공동체의식 결여, 환경오염에 의한 생태계 파괴 등의 문제가 현저하게 부각되고 있다. 이러한 관점에서 볼 때, 현대는 '나'와 '타자' 간의 인격과 권리에 대한 상호존중의 관계정립을 위한 새로운 접근이 절실히 요청된다고 할 수 있는데, 그러한 현대적 요청에 대응할 수 있는 교육형태의 일환이 생명존중교육이다(정미라, 2002).

우리는 누구나 생명이 무엇인지를 안다. 우리는 살아 있는 존재와 그렇지 않은 존재를 쉽게 구분할 수 있는데, 이러한 구분의 과정에서 살아 있는 존재를 특징짓는 내용, 즉 '살아 있음'의 성격을 추상해 낸 개념이 바로 '생명'인 것이다(이병래, 2004). 그런데 생명존중교육에서 내포하는 생명의 개념은 기존의 생명 개념과 구분하여 '온생명(global life)'의 개념을 취한다. 즉, 온생명의 개념이 기존의 생명 개념과 구분되는 가장 중요한 차이는 지구상에 나타난 생명 현상을 하나하나의 개별적 생명체로 구분하지 않고 그 자체를 하나의 전일적 전체 실체로 인정한다는 사실이다. 이때 하나하나의 개별적 생명체에 내포된 국소 질서의 개념을 온생명과 구분하기 위하여 '개체생명(individual life)'이라고 명명한다(장희익, 1992). 생명존중교육에서는 기존의 생명 개념인 개체생명뿐 아니라 생명요소들 사이의 상호작용 관계를 전체로서 인식하려는 온생명의 관점을 채택한다. 즉, 온생명적 관점에서 인간뿐 아니라 자연에 이르기까지 생명을 확대하고, 삶 · 우주 · 전체를 교육의 장으로 바라보려는 것이다.

이러한 관점에서 생명존중교육은 아동이 자신의 생명을 온전하게 보호하고 증진하며 나아가 타인이나 동식물의 생명도 똑같이 존중하는 태도 및 행동을 함양하기 위해서 더불어 함께 살기 위한 교육으로 정의할 수 있다. 이병래(2004)는 생명존중교육이란 경쟁의 대상이 함께 만족스럽고 행복한 삶을 살아가기 위하여 경쟁의 대상을 하나의 생명체로서 존중하고 소중하게 인정할 줄 아는 교육을 실천하려는 것이라고 정의하였다. 이것은 인간의 편의만을 추구하는 기술주의와 이기적 자본주의를 근간으로 하는 현대인의 일상적인 삶의 양식에 대한 변화를 요구하는 것이다. 또한 인간의 삶의 과정에서 무분별한 욕망과 진정으로 필요한 것을 분별함으로써 인간과 인간, 인간과 자연과의 소중한 관계를 인식하면서 서로 공존하며 더불어 함께 살아가기 위함이다. 따라서 생명존중교육에서는 '자연'과 '나 아닌 다른 사람'이 주요 관심의 대상이 된다. 또한 이를 실천하기 위한 교육은 유아기와 같은 인생의 초기에 시작하는 것이 바람직하다.

이병래(2004)는 다섯 가지 생명존중교육의 방향을 제안하였는데, 이를 제시하면 다음과 같다.

① 지성중심교육을 감성회복교육으로

교육은 지적 발달만으로는 충분하지 않다. 교육은 지적인 면과 정서적인 면을 함께 발달시켜야 한다. 그럼에도 현대사회에서는 지성과 감성 간의 거리가 점점 벌어져 가고 있음을 어렵지 않게 느낄 수 있다. 감성의 회복으로 그 거리를 좁혀가야 한다. 감성의 회복은 인간의 이성적 활동을 돕는 전제조건이 되고, 생명존중교육을 바로 세우는 데 중요한 원리가 되기 때문이다.

② 타인과의 경쟁을 자신과의 경쟁으로

생명존중교육은 타인과의 경쟁보다는 자기 자신과의 경쟁을 요구한다. 따라서 교육의 결과에 대한 평가과정에서도 미리 설정된 기준에 어느 정도 달성되었는지 여부를 판단하거나 경쟁을 유도하고 선별하기 위한 평가방법을 거부한다. 즉, 생명존중에서의 개인에 대한 평가는 각 개인의 내적 자연이 균형과 조화를 이루고 있는지, 외적 자연을 느끼고 그것과 조화를 이루어 나가고 있는지 여부를 진단하고 처방하는 것이 된다. 생명존중교육에서는 이러한 과정을 통하여 개인의 이기적이고 자기중심적인 사고가 협동적이고 공동체적 의식으로 변화되어 가기를 기대한다.

③ 삶에 대한 부분적 관점을 전체적 관점으로

교육이란 '삶을 위한 준비'가 아니라 '삶 그 자체'이다. 생태계 문제가 이미 총체적 위기상황에 직면하였음에도 현대인들이 이것을 '나의 문제'로 받아들이지 못하는 이유는 위기상황을 '깨닫지' 못하기 때문이다.

모든 것을 세부적으로 분석하고 합리적인 이해를 위하여 가능한 한 단편적인 부분들로 해부함으로써 사물을 이해하는 것이 익숙해지면 전체적인 사고와 행동방식을 파악하는 것은 어려워질 수 있다. 그러므로 일상생활을 바탕으로 이루어지는 교육활동을 통하여 전체적인 관점에서 삶을 바라보면서, 자연과 함께하는 삶의 깨달음을 경험하는 일은 매우 중요한 과제일 것이다.

④ 생명에 대한 무시를 생명에 대한 존중으로

생명존중의 가치관은 단순히 자연의 생명체를 보호해야 한다는 환경보존의 차원이 아니다. 그것은 생명체가 어떤 목적이나 의도를 위해 존재하는 것이 아니라 그 자체인 것처럼, 각 개인도 하나의 인격체로서 존재한다는 것을 인정하는 가치론적 관점이다. 생명체는 그 자체로서 내재적 가치를 가지고 있으며 자신의 생명력을 발현하기 위해 무엇이 필요한지를 자기 자신이 가장 잘 알고 있다.

이러한 관점에서 생명존중교육은 사람마다의 독특한 가치들을 인정하고 그러한 가치들이 자연스럽게 발현될 수 있도록 돕는 데 중점을 둔다.

⑤ 닫힌 교육 방식을 열린 교육 방식으로

획일적 기준에 근거한 가치판단을 중시하는 기존의 방식을 탈피하고, 개인의 자아실현 과정을 인정하고 그 과정을 존중해 주어야 한다. '가르쳐지는' 지식은 개인의 창조성을 발휘하기보다는 배우는 사람을 단순한 학습자로 변형시키게 된다. 어떻게 행동할 것인가를 스스로 결정해 보는 기회를 갖지 못한 학습자들은 배우는 과정에서 자유 의지를 발휘하지 못한다. 따라서 자신의 가치 실현을 위한 다양한 길을 인정해 준다는 것은 그들의 내적 에너지가 생명력을 가지고 제대로 작용할 수 있도록 돕는 일이 된다.

토론 및 요약

1. 인간과 아동을 대하는 태도와 가치관이 역사의 발달에 따라 어떤 변화과정을 거쳤는지 토론해 본다.
2. 인권이란 무엇인지 자신의 경험을 토대로 이야기해 본다.
3. 세계인권선언의 배경이 된 세계의 다양한 사건들을 정리해 보고, 우리나라의 인권존중 현황과 인권 존중 및 비존중 사례를 조사하여 발표한다.
4. 우리 사회에서 이기기 위한 경쟁적 상황은 무엇이지 이야기해 보고, 지나친 경쟁으로 인해 발생하는 부작용과 이를 해결하는 방안을 탐구하여 발표한다.

Chapter 2

아동권리의 개념과 유엔 아동권리협약

이 장에서는 아동권리의 개념을 이해하고 유엔 아동권리협약 제정의 배경과 특징을 살펴보고자 한다. 또한 유엔 아동권리협약에서 다루고 있는 아동의 4대 기본권의 내용을 살펴보고, 우리 사회 안에서 아동의 4대 기본권을 침해하거나 실천하는 사례들을 관찰하고자 한다.

학습목표

1. 아동권리의 개념을 이해한다.
2. 유엔 아동권리협약의 배경과 특징을 이해한다.
3. 유엔 아동권리협약에 나타난 아동의 4대 기본권을 이해한다.
4. 우리 사회 안에서 아동의 4대 기본권을 실천하거나 침해하는 사례들을 관찰한다.

1. 아동권리의 개념과 배경

1) 아동권리의 개념

우리는 앞 장에서 인권이란 모든 인간이 태어날 때부터 가지고 있는 권리로 정의할 수 있다고 하였다. 태어나고 성장한 배경, 문화적 · 경제적 환경, 장애의 유무를 넘어 인간이라면 누구나 가지고 있는 권리이며, 인권은 법령에 의해서 보호되고 보호받아야 한다. 아동의 경우에도 한 인간으로서 출생과 함께 자신이 가지고 있는 권리를 누리고 권리의 주체로서 살아야 하는 당위성이 존재한다. 그러나 아동은 성인과는 다른 특성을 가지고 있기 때문에, 이를 바라보는 시대와 사상에 따라 무가치하거나 소홀하게 생각되었던 경우가 있었다.

아동권리의 개념을 정의하기 위해 아동의 개념과 특성을 정리할 필요가 있다. 우선 아동의 개념은 국가에 따라, 법령에 따라, 학문적 견해에 따라 다르게 규정하고 있다. 유엔 아동권리협약 제1조에서는 18세가 안 된 사람으로 명시하고 있으며, 국립국어원에서는 아동을 몸과 마음이 아직 완성기에 이르지 않은 나이가 어린 사람으로 정의하고 있다. 유엔 아동권리협약에서 명시하고 있는 아동의 개념은 유엔 아동권리협약이 아동권리의 실현을 위하여 국제적으로 비준된 공통의 협약이라는 관점에서 중요한 의미를 지니고 있다. 즉, 국제적으로 비준된 공통의 개념으로서 아동이란 신체적으로나 정신적으로나 성인과 다른 특성을 지니고 있는 18세 미만의 사람으로 정의할 수 있을 것이다. 신체적으로나 정신적으로 성인과 다른 특성을 지니고 있다는 것은 18세 미만의 아동이 성인으로 성장 · 발달해 가는 과정 중에 있으며, 성인의 보호와 보살핌을 필요로 하는 특수성을 내포하고 있음을 의미한다.

아동이 스스로의 권리를 누리기 위해서는 성인의 보호가 있어야 한다는 수동적 입장과 아동의 권리는 주체적 존재로서의 아동이 스스로 자율과 자기결정을 통해 누릴 수 있다는 능동적 입장이 동시에 존재한다. 아동은 두말할 필요 없이 성인에 비해 발달적 · 사회적 · 경제적 · 정치적으로 유약한 존재이므로 이행하여야 할 법적인 의무가 없다. 그러나 동시에 아동은 한 인간으로서 성인과 동등한 권리를 가지며, 천부적으로 부여된 존엄한 존재이다. 때문에 아동의 권리는 보호받아야 할 뿐만 아니라, 적극적으로 누릴 수 있도록 인정해야 하는 것이다.

2) 유엔 아동권리협약 제정의 배경

제1차 세계대전 이후 세계 각국은 전쟁이 아동에게 미친 참상에 대한 깊은 반성을 하게 되었다. 1924년 9월 유엔총회는 세계 최초로 아동권리선언을 채택했다. 이것은 제네바아동권리선언(5개조)으로 알려져 있다. 이 선언은 전문과 5개조의 본문으로 구성되어 있는데, 아동의 발달 보장, 요보호 아동의 보호, 아동 구제의 우선성, 착취로부터의 보호, 아동육성의 목표 달성에 노력해야 할 것을 강조하였다.

이후 제2차 세계대전이 진행되는 과정에서 파시즘은 인권을 심각하게 침해하였다. 이후, 각국은 인권을 한 나라에 국한되는 문제가 아니라 국제 차원에서 다루어야 할 문제로 인식하게 되었다. 이러한 영향을 받아 국제연합은 1959년 11월 아동권리선언(Declaration of the Rights of the Child)을 채택하였다. 국제연합이 채택한 아동권리선언은 전문과 10개조로 구성되어 있는데, 아동의 출생권, 생존권, 발달권, 행복추구권, 교육권, 레크리에이션권을 보장해야 함을 선언하였다(이철수, 2013).

아동권리선언은 아동의 권리 실현에 있어 국제적인 관심을 이끌었다는 측면에서 역사적으로 큰 의미를 가지고 있지만, 선언은 선언으로 그칠 뿐 구속력이 없다는 한계를 가지고 있다. 유엔은 단순한 선언적 권리에서 더 발전한 형태의 세계아동 권리에 관한 국제협약의 필요성을 깨달았다. 그리하여 유엔은 실천적 구속력을 가진 국제협약의 제정안을 마련하였다(도미향 · 남연희 · 이무영 · 변미희, 2015). 1989년 유엔은 총회에서 아동권리에 관한 협약(UNCRC : United Nations Convention on the Rights of the Child)을 채택하고, 다음 해 1990년 9월 발효하였다. 아동권리에 관한 협약은 전문과 54개조로 구성되어 있는데 전 세계 18세 미만 아동의 경제, 사회, 문화에 대한 권리를 규정하고 있다. 그 내용으로는 아동이 자기 이름을 가질 권리, 착취로부터 보호받을 권리, 교육이나 생존 및 발전을 위한 권리 등이 있다.

유엔 아동권리협약은 이제까지 산발적으로 분산되어 있던 어린이의 권리를 하나로 묶어 국제법으로 발효되는 효과를 거둘 수 있었다.

〈표 2-1〉 유엔 아동권리협약 전후의 주요 사건

연 도	주요 사건	주요 내용
1914	제1차 세계대전	전쟁이 아동에게 미친 참상에 대한 반성
1924	제네바아동권리선언	아동의 발달보장, 요보호 아동의 보호, 아동구제의 우선성, 착취로부터의 보호
1941~1945	제2차 세계대전	나치 독일이 600만 명이 넘는 유대인을 학살
1959년	아동권리선언 (Declaration of the Rights of the Child)	전문과 10개조로 구성 아동의 출생권, 생존권, 발달권, 행복추구권, 교육권, 레크리에이션권을 보장
1989년	아동권리에 관한 협약 (UNCRC : United Nations Convention on the Rights of the Child)	유엔은 총회에서 채택. 54개 조항 전 세계 아동의 경제, 사회, 문화에 대한 권리를 규정하고 있다. 그 내용으로는 아동이 자기 이름을 가질 권리, 착취로부터 보호받을 권리, 교육이나 생존 및 발전을 위한 권리 등을 규정
1991년	국제연합에 우리나라 가입	우리나라는 조약 당사국이 됨

우리나라는 1991년 11월 비준서를 유엔에 기탁하고 그 해 12월부터 아동권리에 관한 국제협약의 회원국이 되었다. 현재 국제협약에 호응하여 아동의 인권보장을 위한 법적 · 제도적 노력을 기울이고 있다.

2. 유엔 아동권리협약의 기본 원칙과 내용

1) 유엔 아동권리협약의 기본 원칙

유엔 아동권리협약은 무차별, 아동 최선의 이익, 생존과 발달의 권리, 어린이 의견 존중 등 네 가지 기본 원칙이 있다. 이것을 요약하면 다음 표와 같다(유니세프한국위원회, 2016).

〈표 2-2〉 유엔 아동권리협약의 기본 원칙

무차별 Non-Discrimination	아동 최선의 이익 Devotion to Best Interests of the Child
모든 어린이는 부모님이 어떤 사람이건, 어떤 인종이건, 어떤 종교를 믿건, 어떤 언어를 사용하건, 부자건 가난하건, 장애가 있건 없건, 모두 동등한 권리를 누려야 합니다.	아동에게 영향을 미치는 모든 것을 결정할 때는 아동의 이익을 최우선으로 고려해야 합니다.
생존과 발달의 권리 **The Right to Life, Survival and Development**	**어린이 의견 존중** **Respect for the Views of the Child**
어린이는 특별히 생존과 발달을 위해 다양한 보호와 지원을 받아야 합니다.	책임감 있는 어른이 되기 위해 어린이는 자신의 능력에 맞게 적절한 사회활동에 참여할 기회를 갖고, 자신의 생활에 영향을 주는 일에 대하여 의견을 말할 수 있어야 하며 그 의견을 존중받아야 합니다.

2) 유엔 아동권리협약의 내용

아동이 누려야 할 모든 권리를 담은 유엔 아동권리협약은 각 나라에서 아동의 상황을 개선하는 기반이 된다. 아동권리협약은 전문과 54개 조항으로 구성되며 1조부터 40조까지 실제적인 아동권리의 내용을 담고 있다. 모든 권리들은 서로 연관되어 있으며 모두 똑같이 중요하다(유니세프한국위원회, 2016). 유니세프한국위원회는 유엔 아동권리협약의 내용을 다음과 같이 제시하고 있다.

www.unicef.or.kr

어린이를 위한 약속 유엔 아동권리협약

유엔 아동권리협약(Convention on the Rights of the Child : CRC)은 1989년 11월 20일 유엔이 채택한 어린이 권리조약으로 우리나라를 포함한 전세계 192개국이 이 협약을 지킬 것을 약속했습니다.
건강하게 자랄 권리, 교육받을 권리, 놀 권리 등 어린이가 누려야 할 권리를 모두 담고 있는 유엔 아동권리협약은 각 나라에서 어린이 상황을 개선하는 기반이 되고 있습니다. 전문과 54개 조항으로 구성되어 있으며 1조부터 40조까지가 실제적인 아동권리 내용을 담고 있습니다.

1조 아동의 범위
18세가 안 된 우리 모두는 이 협약에 적힌 권리를 가지고 있습니다.

2조 차별 안 하기
우리는 절대 차별받아서는 안 됩니다.
우리와 우리의 부모님이 어떤 사람이건, 어떤 인종이건, 어떤 종교를 믿건, 어떤 언어를 사용하건, 부자건 가난하건, 장애가 있건 없건 모두 동등한 권리를 누려야 합니다.

3조 어린이를 제일 먼저
정부나 사회복지기관, 법원 등 우리와 관련된 일을 하는 모든 기관은 우리에게 무엇이 가장 이익이 되는지 그 점을 제일 먼저 생각해야 합니다.

4조 정부의 할 일
정부는 우리의 권리를 지켜 주기 위해 필요한 모든 일을 해야 합니다.

5조 부모의 지도
우리의 부모님이나 우리를 보호하는 다른 어른들은 우리를 지도할 권리와 책임이 있습니다.

6조 생존과 발달
우리는 타고난 생명을 보호받고 건강하게 자랄 권리가 있습니다.

7조 이름과 국적
우리는 이름과 국적을 가질 권리가 있으며 부모가 누구인지 알고 부모의 보살핌을 받을 권리가 있습니다.

8조 신분 되찾기
우리가 이름과 국적 등을 빼앗긴 경우 정부는 이를 신속하게 다시 찾을 수 있도록 도와주어야 합니다.

9조 부모와의 이별
부모님과 함께 사는 것이 우리에게 나쁜 영향을 미치지 않는 한 우리는 부모님과 함께 살아야 합니다. 어쩔 수 없이 헤어져 살아야 하는 경우 정기적으로 엄마와 아빠를 모두 만날 수 있어야 합니다.

10조 가족과의 재결합
우리가 부모님과 떨어져 다른 나라에 살고 있는 경우 정부는 우리가 다시 부모님과 함께 살거나 계속 만날 수 있도록 입국이나 출국을 쉽게 허가해 주어야 합니다.

11조 내 나라에서 살기
우리를 강제로 외국으로 보내서는 안 됩니다. 그런 경우 정부는 우리가 돌아올 수 있도록 모든 노력을 다해야 합니다.

12조 의견 존중
우리에게 영향을 미치는 문제를 결정할 때 우리는 의견을 말할 권리가 있습니다. 어른들은 우리의 의견에 귀를 기울여야 합니다.

13조 표현의 자유
우리는 말이나 글, 예술을 통해 우리의 생각을 표현할 권리가 있으며 국경을 넘어 모든 정보와 생각을 서로 주고받을 수 있는 권리도 있습니다.

14조 양심과 종교의 자유
우리는 자유롭게 생각하고 우리의 양심에 따라 행동하며 원하는 종교를 가질 수 있어야 합니다.

15조 모임의 자유
우리는 모임을 자유롭게 조직할 수 있어야 하며 우리의 목적을 위해 평화로운 방법으로 모임을 열 수 있어야 합니다.

16조 사생활 보호
우리는 사생활을 간섭하지 않아야 합니다. 우리가 주고받는 전화나 메일 등을 다른 사람이 맘대로 보아서는 안 됩니다.

17조 유익한 정보 얻기
우리는 우리에게 도움이 되는 정보를 얻을 수 있어야 합니다. 정부는 해로운 정보로부터 우리를 보호하는 한편 우리에게 유익한 도서의 제작 등을 장려해야 합니다.

18조 부모의 책임
부모님은 우리에게 무엇이 필요한지 알고 우리를 잘 기를 책임이 있습니다.
정부는 우리의 부모가 우리를 잘 기를 수 있도록 도와주어야 하며 특히 맞벌이 부부의 자녀들이 좋은 시설에서 자랄 수 있도록 해 주어야 합니다.

19조 폭력과 학대
우리의 부모님이나 보호자가 정신적, 신체적으로 우리에게 폭력을 쓰거나 학대하거나 돌보지 않고 방치하는 일이 없도록 정부는 모든 노력을 해야 합니다.

20조 가족 없는 어린이
부모가 없거나 부모와 함께 사는 것이 우리에게 이롭지 않아서 부모와 헤어져 사는 경우 우리는 특별한 보호와 도움을 받아야 합니다.

21조 입양
우리가 입양되어야 할 때, 우리의 입양을 결정하는 곳은 믿을 만한 정부기관이어야 하며 부모나 친척 등 우리와 관련된 어른들의 동의를 얻어야 합니다.

22조 난민어린이
전쟁이나 자연재해 등으로 난민이 되었을 때 우리는 특별한 보호와 도움을 받아야 하며 우리가 가족과 헤어졌을 때 우리에게 가족을 찾아 주어야 합니다.

23조 장애아 보호
우리의 몸이나 마음에 장애가 있을 때 우리는 특별한 보호를 받아야 합니다.

24조 영양과 보건
우리는 건강하게 자랄 권리가 있습니다. 충분한 영양을 섭취하고 깨끗한 물을 얻을 수 있어야 하며 병원이나 보건소 등에서 치료받을 수 있어야 합니다.

25조 시설아동 실태 조사
우리를 잘 보호하고 치료하기 위해 정부가 우리를 특정한 시설에서 키우도록 한 경우 정부는 우리가 어떻게 자라고 있는지 정기적으로 조사해야 합니다.

26조 사회보장제도
정부는 우리의 권리를 지켜줄 수 있는 사회보장제도를 만들어 주어야 합니다.

27조 적절한 생활수준
우리는 제대로 먹고 입고 교육받을 수 있는 생활수준에서 자라야 합니다.

28조 교육
우리는 교육받을 권리가 있습니다. 초등교육을 무료로 받을 수 있어야 하며 능력에 맞게 더 높은 교육도 받을 수 있어야 합니다.

29조 교육의 목적
우리는 교육을 통해 인격과 재능, 정신적·신체적 능력을 마음껏 개발하고 인권과 자유, 이해와 평화의 정신을 배울 수 있어야 합니다.

30조 소수민족 어린이
소수민족인 우리는 고유의 문화 속에서 우리의 종교를 믿고 우리의 언어를 사용할 권리가 있습니다.

31조 여가와 놀이
우리는 충분히 쉬고 놀 권리가 있습니다.

32조 어린이 노동
우리는 위험하거나 교육에 방해가 되거나 우리의 몸과 마음에 해가 되는 노동을 해서는 안 됩니다.

33조 해로운 약물
우리는 마약을 만들고 판매하는 행위에 이용되어서는 안 됩니다.

34조 성 착취
우리를 성적으로 학대하거나 성과 관련된 활동에 우리를 이용해서는 안 됩니다.

35조 인신매매와 유괴
정부는 우리가 유괴를 당하거나 물건처럼 사고 팔리지 않도록 모든 노력을 다해야 합니다.

36조 모든 착취로부터의 보호
정부는 우리를 나쁜 방법으로 이용해 우리의 복지를 해치는 어른들의 모든 이기적인 행동으로부터 우리를 보호해야 합니다.

37조 어린이 범죄자 보호
우리에게 사형이나 종신형을 내릴 수 없으며 우리를 고문해서도 안 됩니다. 우리를 체포하거나 가두는 일은 최후의 방법으로 선택해야 합니다. 우리를 어른 범죄자와 함께 지내게 해서도 안 됩니다.

38조 전쟁 속의 어린이
우리는 전쟁지역에서 특별한 보호를 받아야 하며 15세 미만일 때에는 절대 군대에 들어가거나 전투 행위에 참여해서는 안 됩니다.

39조 몸과 마음의 회복
우리가 학대 받거나 버려지거나 고문을 당했거나 전쟁 중에 고통 받은 경우 정부는 우리가 몸과 마음을 회복할 수 있도록 모든 노력을 해야 합니다.

40조 공정한 재판과 대우
범죄혐의를 받은 경우 변호사의 도움을 받아야 하고 신속하고 공정한 재판을 받아야 합니다. 우리에게 증언이나 자백을 강요해서도 안 됩니다.
재판과정에서 사생활을 보호받아야 하며 사법절차의 모든 단계를 거쳐야 합니다.

unicef 유니세프한국위원회

유엔 아동권리협약의 내용을 요약하면 다음 표와 같다.

〈표 2-3〉 유엔 아동권리협약 요약

조문	내 용	조문	내 용	조문	내 용
1	아동의 범위	15	모임의 자유	29	교육의 목적
2	차별 안 하기	16	사생활 보호	30	소수민족 어린이
3	어린이를 제일 먼저	17	유익한 정보 얻기	31	여가와 놀이
4	정부의 할 일	18	부모의 책임	32	어린이 노동
5	부모의 지도	19	폭력과 학대	33	해로운 약물
6	생존과 발달	20	가족 없는 어린이	34	성 착취
7	이름과 국적	21	입양	35	인신매매와 유괴
8	신분 되찾기	22	난민 어린이	36	모든 착취로부터의 보호
9	부모와의 이별	23	장애아 보호	37	어린이 범죄자 보호
10	가족과의 재결합	24	영양과 보건	38	전쟁 속의 어린이
11	내 나라에서 살기	25	시설아동 실태조사	39	몸과 마음의 회복
12	의견 존중	26	사회보장제도	40	공정한 재판과 대우
13	표현의 자유	27	적절한 생활수준		
14	양심과 종교의 자유	28	교육		

1989년 유엔이 채택한 유엔 아동권리협약은 전문과 54개 조항으로 구성되어 있다. 그 내용은 건강하게 자랄 권리, 교육받을 권리, 여가와 놀 권리, 모든 위험과 착취로부터 보호받을 권리 등을 포함하고 있으며, 1조에서 40조까지 실질적인 아동권리의 내용을 담고 있다. 현재 우리나라를 포함하여 192개국이 이 협약을 지킬 것을 약속하고 있다.

3. 아동의 4대 기본권과 내용

1) 아동의 4대 기본권

유엔 아동권리협약에는 이 세상 아동이라면 누구나 마땅히 누려야 할 생존권, 보호권, 발달권, 참여권의 네 가지 기본 권리가 담겨 있다(유니세프한국위원회, 2016).

〈표 2-4〉 아동의 4대 기본권

구분	내용
생존권 (Right to Survival)	생존의 권리 적절한 생활수준을 누릴 권리, 안전한 주거지에서 살아갈 권리, 충분한 영양을 섭취하고 기본적인 보건서비스를 받을 권리 등, 기본적인 삶을 누리는 데 필요한 권리
보호권 (Right to Protection)	보호의 권리 모든 형태의 학대와 방임, 차별, 폭력, 고문, 징집, 부당한 형사처벌, 과도한 노동, 약물과 성폭력 등 어린이에게 유해한 것으로부터 보호받을 권리
발달권 (Right to Development)	발달의 권리 잠재능력을 최대한 발휘하는 데 필요한 권리. 교육받을 권리, 여가를 즐길 권리, 문화생활을 하고 정보를 얻을 권리, 생각과 양심과 종교의 자유를 누릴 수 있는 권리 등
참여권 (Right to Participation)	참여의 권리 자신의 생활에 영향을 주는 일에 대해 의견을 말하고 존중받을 권리. 표현의 자유, 양심과 종교의 자유, 평화로운 방법으로 모임을 자유롭게 열 수 있는 권리, 사생활을 보호받을 권리, 유익한 정보를 얻을 권리 등

2023년 여성가족부(여성가족부, 2023)는 한국청소년정책연구원과 함께 우리나라 청소년들의 삶을 다각적으로 조명하고 청소년들의 변화를 쉽게 파악할 수 있도록 '청소년 통계'를 작성하고 배포하였다. '청소년 통계'는 국가승인통계를 중심으로 사회조사, 경제활동인구조사 등 각종 통계에서 청소년 관련 내용을

발췌하거나 재분류·가공하여 9개 영역 36개 지표로 분류하여 작성되었다. 이들 중 일부 자료를 발췌하여 제시한다.

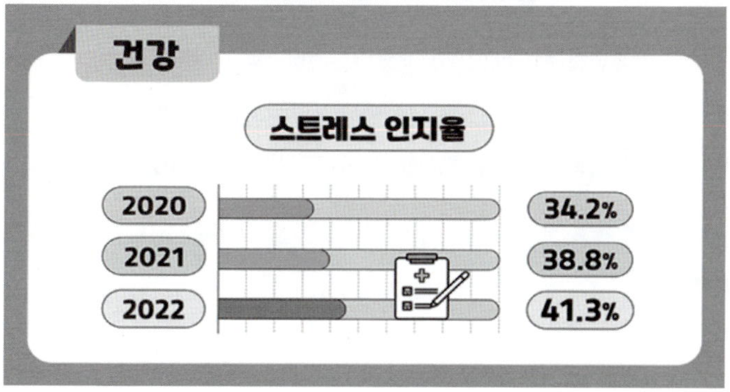

출처 : 여성가족부(2023).

생존권 측면에서 살펴보면, 2022년 우리나라 청소년(초등학교 4학년~고등학생) 중 85.6% 정도의 청소년이 자신의 신체적 건강이 좋다고 평가하였고, 평균 수면시간은 7.2시간인 것으로 나타났다. 반면 중·고등학생의 스트레스 인지율은 41.3%로 나타났는데, 이러한 결과는 전년도에 대비하여 2.5%가 증가한 것이다. 또한 우리나라 중·고등학생이 우울감을 경험한 비율은 28.7%로 나타났는데, 이는 전년도에 대비하여 1.9% 증가한 것이다. 이러한 결과는 우리나라 청소년은 일반적으로 자신의 신체적 건강이 좋다고 평가하고 있으나, 중학교 및 고등학생이 되면서 스트레스를 점점 더 느끼고 우울감을 경험하는 비율이 증가되는 것으로 파악할 수 있다.

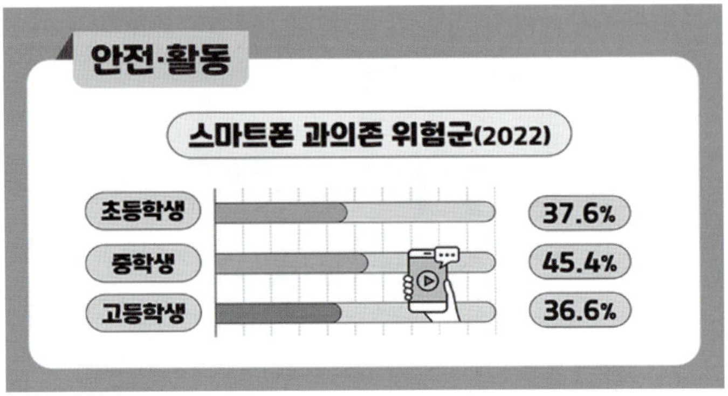

출처 : 여성가족부(2023).

〈스마트폰 과의존〉

출처 : 과학기술정보통신부 · 한국지능정보사회진흥원. 스마트폰과의존실태조사.

〈흡연 및 음주〉

출처 : 교육부 · 질병관리청. 청소년건강행태조사.

보호권 측면에서 살펴보면, 2022년 우리나라 10대 청소년(10~19세) 10명 중 4명(40.1%) 이상이 스마트폰 과의존 위험군이며, 스마트폰 과의존 청소년은 2018년 이후 지속적으로 증가하고 있는 실정이다. 한편 흡연에 대하여 우리나라 중 · 고등학생의 4.5%가 한 달 내 흡연을 하였다고 응답하였는데, 이는 2015년 이후 점차 감소하는 추세를 나타내고 있다. 음주에 대하여 우리나라 중 · 고등학생의 13.0%가 한 달 내 음주 경험이 있다고 응답하였는데, 이는 2015년 이후 점차 감소하던 추세에서 2021년 이후 증가하는 추세를 나타내고 있다.

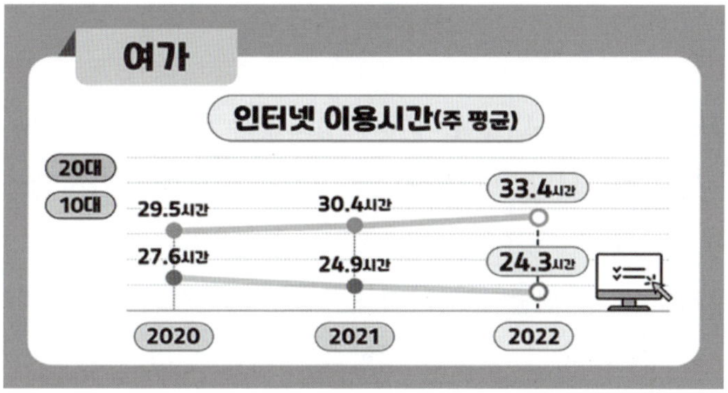

출처 : 여성가족부(2023).

〈여가활동 시간〉

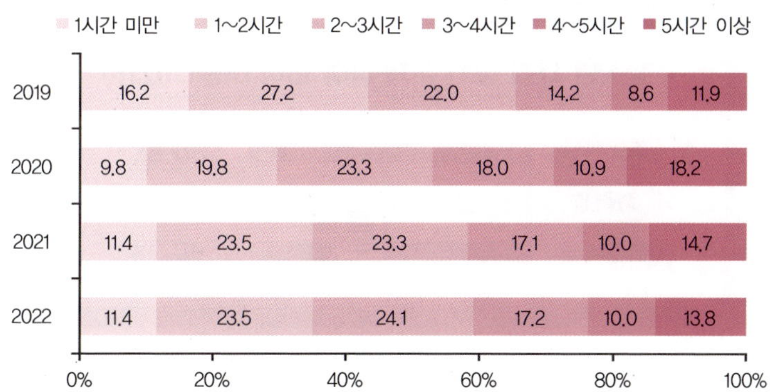

출처 : 한국청소년정책연구원. 아동청소년인권실태조사.

〈인터넷 이용시간(주 평균)〉

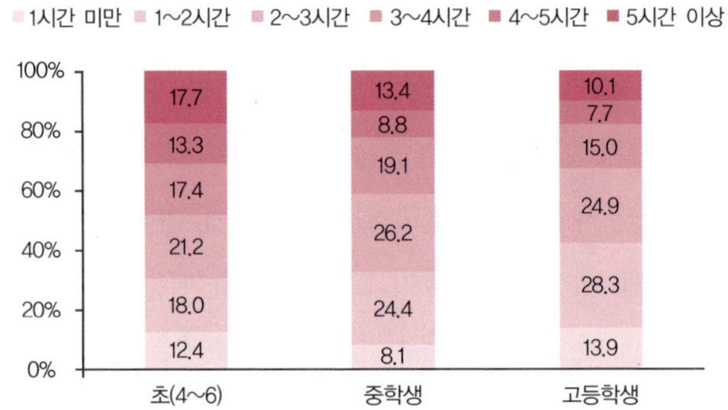

출처 : 한국청소년정책연구원. 아동청소년인권실태조사.

발달권 측면에서 살펴보면, 우리나라 청소년은 하루 평균 여가시간이 다소 증가하는 추세로 나타났다. 평일 하루 2~3시간 정도의 여가시간을 보내는 비율이 2019년 22%이었던 것이 2022년 24.1%로 증가하였다. 한편 여가시간 중 인터넷 이용시간을 주 평균으로 나타내면, 10대의 경우 2020년 27.6시간에서 2022년 24.3시간으로 소폭 감소한 경향을 나타내고 있는 반면, 20대의 경우 2020년 29.5시간에서 2022년 33.4시간으로 대폭 증가한 경향을 나타내었다.

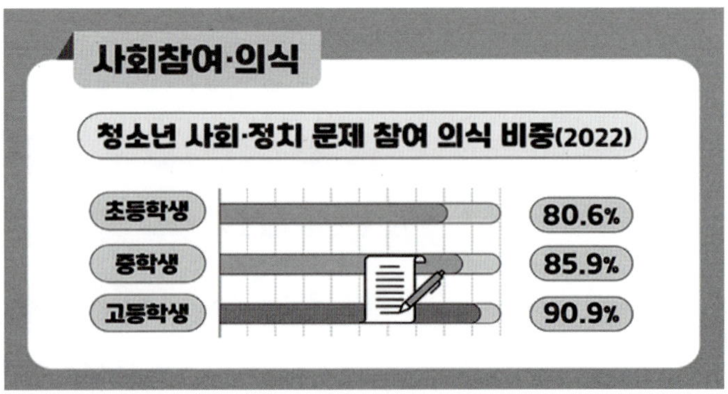

출처 : 여성가족부(2023).

〈사회참여 의식〉

출처 : 한국청소년정책연구원. 아동청소년인권실태조사.

〈양성평등 의식〉

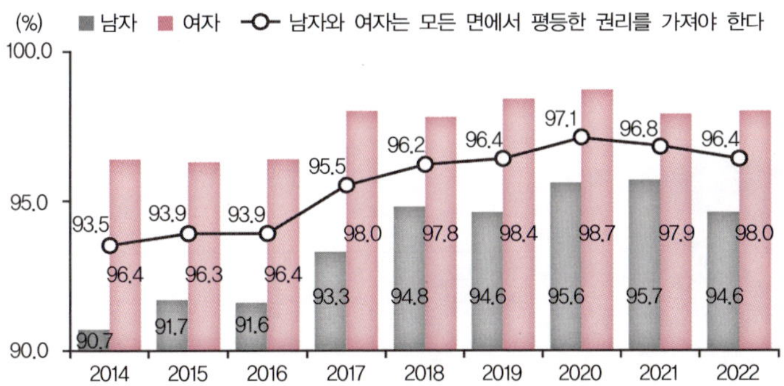

출처 : 한국청소년정책연구원. 아동청소년인권실태조사.

참여권 측면에서 살펴보면, 2014년에서 2022년까지 청소년도 사회에 참여할 필요가 있다는 의식은 증가하였으며, 초등학생보다는 중학생이, 중학생 보다는 고등학생이 청소년 사회·정치 문제 참여 의식의 비중이 높았다. 특히 2022년에는 초(4~6)·중·고등학생의 85.7%가 청소년도 사회문제나 정치문제에 관심을 가지고 의견을 제시하는 등 사회에 참여할 필요가 있다고 생각하였다. 한편 남자와 여자는 모든 면에서 평등한 권리를 가져야 한다는 양성평등 의식은 남자 청소년보다 여자 청소년의 의식이 더 높았는데, 2022년 초(4~6)·중·고등학생의 96.4%가 남자와 여자가 모든 면에서 평등한 권리를 가져야 한다고 생각하는 것으로 나타났다.

2) 동화 속에 나타난 아동의 권리

(1) 아동의 4대 기본권

유엔 아동권리협약에 명시된 아동의 네 가지 기본 권리를 동화 속에서 찾아보고자 한다. 네 가지 기본 권리는 생존권, 보호권, 발달권, 참여권이다.

생존권은 적절한 생활수준을 누릴 권리, 안전한 주거지에서 살아갈 권리, 등 기본적인 삶을 누리는 데 필요한 권리를 규정한 것이다. 생존권과 관련된 동화로는 우리나라 전래동화인 「해와 달이 된 오누이」, 덴마크 작가 안데르센의 「성냥팔이 소녀」, 독일 작가 그림 형제의 「빨간모자와 늑대」를 예로 들 수 있다.

호랑이는 엄마 옷으로 갈아입고 오누이 집으로 갔어요.
"얘들아, 배고프지? 엄마 왔다. 문 열어라."
"어? 우리 엄마 목소리가 아니에요."
"밤길에 찬바람을 쐬어서 목이 쉬었단다."
출처 : 이상교(2016).

추운 겨울날, 작은 소녀는 신발도 신지 않고, 따뜻한 옷도 걸치지 않았어요.
"성냥 사세요. 성냥 사세요."
추위에 떨며 작은 소녀는 성냥을 팔고 있어요. 사람들은 아무도 작은 소녀의 성냥을 사 주지 않았어요.
작은 소녀는 창문 너머 따뜻한 집 안에서 웃고 있는 사람들을 바라보고 눈물지었습니다.

보호권은 모든 형태의 유해한 것으로부터 보호받을 권리를 규정한 것이다. 보호권과 관련된 동화로는 우리나라 전래동화인 「콩쥐팥쥐」, 독일 형제작가 그림형제의 「헨젤과 그레텔」, 덴마크 작가 안데르센의 「미운 오리 새끼」, 러시아 민화인 「개구리 공주」를 예로 들 수 있다.

새어머니는 아버지 앞에서는 콩쥐에게 잘해주었어. 하지만 아버지가 없으면 콩쥐를 괴롭히기 시작했어.
어느 날, 새어머니는 콩쥐와 팥쥐에게 일을 시켰어.
"콩쥐는 언니니까 산 너머 자갈밭을 매고, 팥쥐는 동생이니까 집 앞 모래밭의 풀을 뽑아라."
단단한 쇠 호미로 모래밭에서 풀 뽑기야 누워서 떡 먹기처럼 쉬운 일 아니겠어? 팥쥐는 금세 일을 마치고 집으로 들어왔어. 하지만 콩쥐는?

출처 : 이상교(2016).

아주 오랜 옛날, 아들만 셋을 둔 왕이 있었는데, 왕은 세 왕자에게 화살을 쏘아 화살을 가져오는 사람과 결혼할 것을 명령했답니다. 첫째 왕자가 쏜 화살은 어떤 공주가, 둘째 왕자가 쏜 화살은 어떤 장군의 딸이 주워 왔습니다. 하지만 막내 왕자가 쏜 화살은 늪에 떨어져서 개구리가 입에 물고 왔답니다. 형들은 기쁘고 행복했지만 막내 왕자인 이반은 매우 슬펐습니다.

출처 : 행복한 공부연구소(2012).

발달권은 잠재능력을 최대한 발휘하는 데 필요한 권리와 생각이나 사상을 자유롭게 표현할 권리 등을 규정한 것이다. 발달권과 관련된 동화로는 이탈리아 작가 콜로디의 「피노키오의 모험」, 독일 작가 라스페의 「허풍선이 남작의 모험」, 폴란드 작가 프르체미스타프 베히터로비츠의 「무슨 꿈이든 괜찮아」, 이탈리아 작가 다비드 칼리의 「피아노 치기는 지겨워」 등을 예로 들 수 있다.

피노키오는 할아버지에게 학교에 가겠다고 약속했습니다. 피노키오는 "오늘은 학교에서 읽기를 배우고, 내일은 쓰기를, 모래는 셈을 배워야지." 그때 어디선가 피리소리와 북소리가 들려왔습니다. 삘릴리 삘릴리…. 피노키오는 걸음을 멈추고 귀를 기울였습니다. 그 소리는 학교 가는 길 반대편 거리 끝에 있는 바닷가 마을에서 흘러나오고 있었습니다.
피노키오는 학교에 갈까, 피리소리를 따라갈까 망설였습니다.

출처 : 행복한 공부연구소(2012).

하루살이의 꿈
딱 하루만 더 살았으면!

태양의 꿈
선글라스, 바로 이거야!

허수아비의 꿈
모두 사이좋게 놀면 좋잖아?

글 · 그림 출처 : Wechterowicz, P.(2013).

참여권은 자신의 생활에 영향을 주는 일에 대해 의견을 말하고 존중받고, 평화로운 방법으로 모임을 자유롭게 열 수 있으며, 사생활을 보호받을 권리 등을 규정한 것이다. 참여권과 관련된 동화로는 덴마크 작가 안데르센의 「벌거벗은 임금님」, 일본 작가 와타나베 유코의 「내가 해 볼래요!」, 독일 작가 그림 형제의 「백설공주와 일곱 난장이」를 예로 들 수 있다.

아무리 보아도 신하들의 눈에는 아무것도 보이지 않았지만, 어리석음이 탄로날까 두려웠던 신하들은 모두 멋진 옷이라고 거짓말을 하였다. 결국 임금은 어리석은 사람에게는 보이지 않는다는 새 옷을 입고 거리행진을 하고, 그 모습을 본 한 아이가 "임금님이 벌거벗었다!"라고 소리치자, 그제서야 모두 속은 것을 알아차리게 된다.

출처 : 두산백과(2016).

주인공 쿠우는 엄마랑 요리하는 것을 좋아한다. 특히 핫케이크 만드는 걸 제일 자신 있어 하는데, 엄마는 걱정이 되는지 자꾸만 곁에서 도와주려고 한다. 쿠우는 아랑곳하지 않고 달걀을 깨고, 마구 휘저어 반죽을 만들고, 프라이팬에 굽기 시작한다.

출처 : https://book.naver.com

토론 및 요약

1. 동화 「해와 달이 된 오누이」, 「성냥팔이 소녀」, 「빨간모자와 늑대」에 나타난 아동의 생존권을 생각해 보고, 생존권을 보장하기 위한 사회적 대안을 제시해 본다.
2. 동화 「콩쥐팥쥐」, 「헨젤과 그레텔」, 「미운 오리 새끼」, 「개구리 공주」에 나타난 아동의 보호권을 생각해 보고, 보호권을 보장하기 위한 사회적 대안을 제시해 본다.
3. 동화 「피노키오의 모험」, 「허풍선이 남작의 모험」, 「피아노 치기는 지겨워」에 나타난 아동의 발달권을 생각해 보고, 발달권을 보장하기 위한 사회적 대안을 제시해 본다.
4. 동화 「벌거벗은 임금님」, 「내가 해 볼래요!」, 「백설공주와 일곱 난장이」에 나타난 아동의 참여권을 생각해 보고, 참여권을 보장하기 위한 사회적 대안을 제시해 본다.
5. 우리 주변에 아동들을 유혹하거나 해롭게 하는 요소들은 무엇인지 생각해 본다. 조기교육과 적기교육의 개념에 대해 생각해 보고, 우리나라의 교육열에 대한 예비교사로서의 견해는 어떠한지 발표해 본다.

Chapter 3

목표로서의 안전

이 장에서는 아동의 안전을 아동권리의 목표로 제시하고, 아동의 안전을 저해하는 요인들과 안전을 위한 교사의 역할을 탐색하고자 한다. 또한 국가교육 및 보육과정에 나타난 안전교육활동을 알아보고 실제적 적용능력을 기르고자 한다.

학습목표

1. 안전의 개념을 알아보고, 아동의 안전에 영향을 주는 요인들을 탐색한다.
2. 아동의 발달적 특성을 이해하고 안전을 위한 교사의 역할을 알아본다.
3. 국가수준 교육 · 보육과정인 개정 누리과정과 표준보육과정 등에 나타난 안전교육의 목표, 내용, 방법, 평가를 이해한다.
4. 아동의 안전을 위해 실천할 수 있는 활동을 찾아보고, 창의적으로 적용할 수 있는 능력을 기른다.

1. 아동 안전의 기초

1) 안전의 개념

인간의 생명과 권리를 존중하기 위해서는 먼저 생명을 안전하게 유지할 수 있어야 한다. 안전한 상태를 유지하는 것은 자신에 대한 보호뿐만 아니라 타인의 생명을 존중하는 인간 개개인의 존엄을 배우는 과정(박은혜, 2011)이며, 인간이 마땅히 누려야 할 기본적인 가치에 해당한다. 따라서 안전은 시대 상황이나 여건에 의해 변화하는 선택의 문제가 아니라 인간이 마땅히 추구해야 할 기본적 권리라는 사실(채혜선 · 임미혜 · 김종배 · 이순자 · 안경일, 2014)을 인식해야 할 것이다.

아동의 안전과 관련하여 안전, 안전사고, 안전교육의 개념을 살펴본다. 우선 안전의 개념에 대하여 교육부(2000)는 신체의 건강과 생명을 안전하게 지키며 사고의 가능성과 위험을 최소화할 목적으로 인간의 행동 변화로써 육체적 · 정신적 편안함과 위험이 없는 상태를 말하며 인간 생명의 존엄성이 포함되어 있다고 정의하였다. 마랜드 등(Marland et al., 1973)은 인간의 행동수정에 의해 만들어진 조건이 상해 또는 위험 가능성을 줄일 수 있도록 물리적 환경을 고안함으로써 사고를 감소시키는 것이라 정의하였으며, 워릭(Worick, 1975)은 안전이란 인간의 부주의함과 특정한 행동으로 인하여 발생될 수 있는 사고와 자연재해와 같은 상황에서 재산 손실을 최소화하려는 상태라고 정의하였다.

안전사고의 개념에 대하여 미국안전위원회(The National Safety Council)는 사고를 '사망, 사건의 결과'로 정의하였으며, WHO에서는 '상처를 입히는 돌연한 사건'이라고 정의하였다. 그러나 사고의 예방 차원에서 안전은 사람에 의해 충분히 이루어진다고 볼 때, 안전사고 또한 인간의 노력 여부에 달려 있음을 알 수 있다. 이에 따라 영유아기의 안전사고는 영유아의 행동과 환경 요인으로 인하여 다양하게 나타나는 현상으로 볼 때, 어린이집의 안전사고는 어린이집의 안전환경과 안전교육 미비, 또는 부주의로 일어나는 사고라고 볼 수 있다.

안전교육의 개념에 대하여 김일옥과 이정은(2010)은 위험 가능성을 줄일 수 있도록 인간의 행동 및 태도를 바람직한 방향으로 바꾸는 교육이며, 안전을 위협하는 여러 요소로부터 건강한 생활을 유지하기 위한 적극적인 방법으로서 사고의 위험을 사전에 방지하여 사고율을 낮추고, 사고에 대한 대책을 마련하여 그 피해를 줄이기 위한 방법을 주된 내용으로 하는 교육을 의미한다고 하였다.

2) 안전에 영향을 주는 요인

아동의 안전에 영향을 주는 요인은 물리적 요인, 인적 요인, 사회적 요인으로 구분하여 살펴볼 수 있다(중앙보육정보센터, 2008).

우선, 물리적 요인은 아동이 주로 생활하는 환경인 가정을 비롯하여 교육기관, 지역사회의 실내외 시설 · 설비, 놀이기구와 물리적 구조물, 크고 작은 도구, 화재, 교통 등을 포함한다. 특히 가정에서 영유아는 침대에서 떨어지거나 바닥에 미끄러지는 사고가 흔하게 발생한다. 주방에서 각종 칼이나 열기구들로 인한 사고를 당하기도 한다. 유아교육기관과 학교의 운동장에서 빈번히 발생하는 사고는 미끄럼틀, 철봉, 정글짐, 구름다리 등의 오르기 기구에서 추락하는 사고이다. 교통사고는 등하원, 견학, 학교 내외 활동 및 가족 활동 중 아동의 도로 노출로 발생하는 사고로 영유아 및 청소년의 사망원인 중 가장 많은 비율을 차지하기도 한다(통계청 · 여성가족부, 2016).

둘째, 인적 요인은 성인 보호자의 부주의, 아동 개인의 행동, 또래들과의 관계 및 상호작용, 타인의 폭력이나 학대 등을 포함한다. 특히 성인 보호자의 부주의에 의해 발생하는 사고는 성인 보호자가 위험물 보관을 소홀히 하거나 안전의식이 부족하여 발생하는 사례들이 흔히 있다. 나이가 어린 영유아들은 감정과 정서가 아직 안정되지 않은 발달 상태에 있기 때문에 쉽게 흥분하거나 산만하기 쉬우며 당황하거나 충동적 행동으로 인해 사고의 위험성이 높다. 또래들과의 관계에서 영유아들은 타인을 이해하는 능력이 미숙하여 놀이 중이나 활동 중에 안전을 위협하는 상황이 종종 발생한다. 영유아가 아동으로 성장해 가며 또래관계의 부정적 측면으로 나타나는 것은 일탈행위 중 하나인 또래 폭력이나 집단 따돌림과 같은 현상이다. 또래들과의 관계에서 폭력이나 따돌림이 나타나는 것은 안전을 심각하게 위협하는 현상이다. 아동에 대한 성적 폭행은 강간, 윤간, 추행 및 성적 착취를 포함하는 행위인데, 대처능력이 절대적으로 부족한 아동을 대상으로 한다는 점에서 사회의 도덕적 몰락을 의미하는 범죄행위이다.

셋째, 사회적 요인은 국가와 사회가 아동의 안전을 보장하기 위해 법령이나 제도를 마련하고 이를 실천하려는 노력 등을 포함한다. 특히 영유아 및 아동들이 사용하는 장난감 및 놀이시설의 중금속 유무, 식품의 안전에 관한 규정, 안전보호구역의 지정, 교통시설의 안전 인프라 구축, 안전교육 실시 규정, 안전 법체계의 입법 및 준수의 과정과 같은 사회적 요인들은 국가가 갖추어야 하는 중요하고 기초적인 요인이다. 최근 들어 환경의 오염, 생태계 파괴, 지진·홍수 등과 같은 자연 재해가 심각하게 발생되면서, 이를 대비하는 사회적 안전체제의 구축은 국가의 국민 안전을 위한 가장 중요한 과제가 되었다.

2. 아동의 발달 특성과 안전을 위한 교사의 역할

1) 영아기의 발달적 특성과 안전을 위한 교사역할

영아기는 인간발달의 여러 영역들에서 급속한 성장이 이루어지는 시기이다. 누워만 있다가 뛰어다닐 수 있을 만큼 빠른 속도로 신체발달이 이루어지고, 다른 사람과 의사소통이 가능할 만큼 언어능력도 발달한다. 인지적 성장도 급속도로 이루어지는데, 몇 가지 반사능력만을 가지고 태어난 신생아는 점점 목적의식을 가지고 행동하는 존재로 발달한다(정옥분, 2007). 이 과정에서 많은 안전사고들이 일어날 수 있다.

신생아기와 걸음마기로 나누어 이 시기에 발생할 수 있는 안전사고의 내용을 살펴보도록 한다. 우선 신생아기에 빈번하게 발생하는 안전사고는 이물질 흡입, 중독, 질식, 영아돌연사 증후군 등을 예로 들 수 있다. 신생아기에 발생하는 안전사고는 신생아가 손에 잡히는 모든 물건을 입으로 가져가는 발달적 특성으로 인하여 야기되는 경우가 많다. 특히 이물질 흡입과 중독의 경우는 더욱 그러하다. 이물질 흡입의 경우, 이물질이 식도로 넘어가는 경우와 기도로 넘어가는 경우로 나눌 수 있는데, 이물질이 기도로 들어가면 매우 위험하다. 질식은 혈액 속의 산소 부족과 이산화탄소의 과다로 정의할 수 있는데, 이물질을 흡입하여 기도폐쇄나 호흡기가 압박을 받는 등의 원인에 의해 발생할 수 있다.

신생아기에 나타날 수 있는 안전사고의 또 다른 하나는 영아돌연사 증후군이다. 영아돌연사 증후군이란 생후 1년 이내의 영아가 원인이 규명되지 않는 이유로 갑작스럽게 사망하는 것을 의미한다. 미국의 경우 전체 영아 사망원인 중 1위(박 설, 2020)를 차지하고 있어 주의를 요구한다.

신생아에서 만 1세까지 영아의 안전을 위한 교사의 지도방법은 안전한 보육환경을 조성하고 위험한 상황에 놓이지 않도록 하는 것이 가장 중요하다. 좀 더 구체적으로 교사의 지도법을 정리해 본다(성미영 · 민미희 · 정현심, 2014).

■ 신생아기 영아를 위한 교사 지도법

- 안전점검표에 따라 정기적으로 보육실의 위험요인을 점검하여 위험요소를 제거하거나 안전장치를 하여 안전한 보육환경을 조성한다.
- 놀이 중 안전사고를 예방하기 위하여 지속적으로 영아를 관찰하고 영아가 위험한 상황에 놓이지 않도록 한다.
- 영아에게 응급상황이 발생하였을 때 가족과 관련 기관에 재빨리 연락하고 적절한 조치를 취한다.

신생아를 지나 걸음마기에 들어선 영아들에게 빈번하게 발생하는 안전사고는 낙상, 익수, 자동차 사고, 화상 등을 들 수 있다. 걸음마기에 들어선 영아에게 발생하는 안전사고는 영아가 걸음마를 배우기 시작하면서 활동의 범위가 넓어지고 호기심이 생겨 다양한 탐색을 시도하지만, 주위 환경의 위험에 대한 인식능력이 아직 부족한 발달적 특성으로 인하여 발생한다. 자동차 사고는 1세 이후 아동기 전 연령군에서 나타나는 사망원인 중 가장 많은 비중을 차지한다. 차에 충돌하는 경우뿐만 아니라, 안전띠를 착용하지 않기 때문에 발생하기도 한다. 화상은 걸음마기 영아의 사망원인 중 두 번째로 많은 비율을 나타내고 있다. 화상은 대부분 가정에서 발생하는데, 뜨거운 그릇을 만지거나 열기구 사용의 부주의로 발생하는 경우가 대부분이다.

2세 영아의 안전을 위한 교사의 지도방법은 활동 범위가 넓어지는 발달적 특성을 고려하여야 한다. 실내외 시설물과 물품의 위험요인을 점검하여 안전한 보육환경을 조성하고 영아가 위험한 행동을 하지 않도록 규칙을 알려주는 것이 중요하다. 또한 안전교육과 사고예방교육을 본격적으로 실시하여야 한다. 좀 더 구체적으로 교사의 지도법을 정리해 본다(성미영 · 민미희 · 정현심, 2014).

■ 걸음마기 영아를 위한 교사 지도법

- 안전점검표에 따라 정기적으로 실내외 시설물과 물품의 위험요인을 점검하고 위험요소를 제거하거나 안전장치를 하여 안전한 보육환경을 조성한다.
- 놀이 중 안전사고를 예방하기 위하여 주의 깊게 영아를 관찰하고 놀이의 규칙을 알려주어 영아가 위험한 행동을 하지 않도록 지도한다.
- 영아가 길을 잃거나 낯선 사람을 따라가지 않도록 하고 자신의 몸을 소중히 여기도록 지도한다.
- 정기적으로 소방훈련, 교통안전교육, 실종 · 유괴의 예방교육, 약물오남용 예방교육, 재난대비 안전교육, 성폭력 예방교육 등을 실시한다.
- 영아에게 응급 상황이 발생했을 때 부모와 관련 기관에 재빨리 연락하고 적절한 조치를 한다.

이들의 내용을 토대로 영아교사가 고려해야 하는 안전교육의 원리를 정리하면 다음과 같다(보건복지부, 2013).

첫째, 영아의 연령과 발달 특성을 고려하여 개별 또는 소집단으로 교육한다.

둘째, 일상적인 경험과 교사의 행동을 모방함으로써 시작되어야 한다.

셋째, 어떤 사례나 상황이 일어났을 때 자연스러운 학습의 기회로 활용하는 것이 가장 효과적이다.

넷째, 안전 관련 주제 내에서 계획된 활동에 의해 이루어져야 한다.

다섯째, 영아는 위험상황을 잘 모르므로 교사가 자주 반복하여 이해시키고 사실대로 알려주어야 한다.

여섯째, 영아가 위험상황을 알고 스스로가 자신의 안전을 보호할 수 있는 능력과 기술을 가지도록 한다.

이와 같이 교사는 영아의 안전을 위하여 안전한 환경을 조성하고, 사고 예방을 위하여 영아를 관찰하고 위험한 상황에 놓이지 않도록 해야 하며, 응급상황이 발생했을 때 조치할 수 있는 역할뿐 아니라 평소에도 안전교육을 통하여 예방할 수 있는 역할을 수행해야 한다.

2) 유아기의 발달적 특성과 안전을 위한 교사역할

유아기는 영아기에 비해 속도는 완만하지만 꾸준한 신체적 성장이 이루어진다. 운동능력은 신체가 발달함에 따라 꾸준히 발달한다. 인지능력이 발달하여 눈앞에 존재하지 않는 대상을 기억할 수 있는 표상능력이 발달하고 상상과 환상이 풍부해지는 시기이다. 또한 주변 환경에 대한 탐색이 활발해지고, 놀이를 통해 자신이 새로 습득한 기술을 실제로 적용해 보고 발전시켜 나간다. 사회성이 발달하여 놀이를 통해 사회적 관계를 형성하고 사회적 기술과 역할을 습득하게 된다(정옥분, 2007). 그러나 유아기는 안전에 대한 인식이나 대처하는 능력이 부족하여 안전사고에 대한 위험성이 높은 시기이므로 안전교육의 필요성이 더욱 강조된다(구미희 · 김소향, 2015).

유아기에 가장 많이 발생하는 안전사고는 교통사고와 놀이 및 운동 안전사고이다. 유아기에 발생하는 교통사고는 영아기에 비해 활동반경이 더욱 넓어지고 신체의 움직임이 빨라지는 대신 위험을 인식하는 능력과 대처하는 능력이 미숙한 발달적 특성으로 인하여 발생하는 경우가 많다. 교통사고를 예방하기 위해서 교사는 움직이거나 주차해 있는 모든 자동차에 대한 위험을 교육시켜야 하며, 교통질서를 준수하기 위한 행동을 익힐 수 있도록 시범을 보이고 함께 활동하는 기회를 주기적으로 가질 필요가 있다.

유아기에 발생하는 놀이 및 운동 안전사고는 추상적 사고와 사회성이 발달하면서 창의적이고 상징적인 놀이를 또래들과 함께 즐기게 되는 발달적 특성에 의해 발생하는 경향이 많다. 이 시기의 유아들은 또래들과의 놀이 중 자신의 감정을 잘 통제하지 못하여 친구들을 밀거나 때리는 공격적 행동을 보인다. 또한 자전거와 같은 스포츠 기구들을 배우기 시작하고 과도한 신체활동을 동원하여 즐기기도 하는데, 이 과정에서 사고가 발생한다. 놀이 및 운동 시 발생하는 사고를 예방하기 위해서 교사는 갈등상황에 대처하는 방법과 대안을 교육할 필요가 있다. 또한 자전거의 안장 높이를 조절하는 등 환경적 요소를 점검하고, 다양한 교육활동을 함께 하며 활동에 필요한 안전보호장비의 착용 방법을 지도할 필요가 있다.

유아를 위한 교사의 안전 활동 지도방법은 정기적인 안전교육과 사고예방교육을 통하여 유아들이 안전습관을 형성할 수 있도록 돕는 것이 중요하다. 자신과 타인에게 위험이 되는 행동이나 위험한 상황을 인식할 수 있도록 교육에 적극적으로 참여하도록 격려하는 것 또한 중요한 교사의 활동 지도방법이라 할 수 있다. 좀 더 구체적으로 교사의 지도법을 정리해 본다(성미영 · 민미희 · 정현심, 2014).

■ 3세 이상 유아를 위한 교사 지도법

- 안전점검표에 따라 실내 · 실외 위험을 확인하고, 위험요인을 제거하여 안전한 보육환경을 제공한다.
- 유아가 안전지식을 지니고 안전습관을 형성하고 안전기술을 습득할 수 있도록 안전교육을 정기적으로 실시한다.
- 유아가 놀잇감이나 놀이기구의 사용법을 알고 용도에 맞게 사용하며 다른 사람의 안전을 배려하면서 놀이하도록 지도한다.
- 유아는 운동능력과 지각판단 능력이 미숙하기 때문에 놀이상황에서 자신과 타인에게 위험이 되는 행동을 할 수 있다는 점을 고려하여 주의 깊게 감독한다.

- 유아가 학대나 유괴, 성폭력이 무엇이며 어떻게 발생하는지를 알고 위험한 상황에서 적절하게 대처할 수 있도록 정기적 · 반복적으로 지도한다.
- 정기적으로 소방훈련, 교통안전교육, 실종 및 유괴 예방교육, 약물오남용 예방교육, 재난대비 안전교육, 성폭력 예방교육 등을 실시하고 유아가 안전교육의 중요성을 알고 교육에 적극적으로 참여하도록 격려한다.
- 교통수단의 이용에 따른 위험을 알고 안전하게 이용하도록 하며 차량 보호 장구의 중요성을 알고 착용하도록 한다.
- 유아에게 응급상황이 발생하였을 때 부모와 관련 기관에 재빨리 연락하여 적절한 조치를 취한다.

3) 아동 및 청소년기의 발달적 특성과 안전을 위한 교사역할

아동기는 생활의 중심이 가정에서 학교로 옮겨진다. 이에 따라, 학교생활은 발달의 중요한 요인으로 작용하게 된다. 학교생활을 통해 아동은 사회적 관계를 형성하게 되며, 또래집단의 비중은 점차 커지게 된다. 더 나아가 아동은 외부 세계에 대해 관심을 넓혀나가게 되는데, 부모나 다른 성인에게 동료의식을 느끼고 이를 발전시켜 나가게 된다. 동시에 운동능력이나 언어능력이 증가하게 되고 증가한 언어능력을 사용하여 자신의 욕구를 쉽게 표현하며 당면한 문제를 스스로 해결해 나갈 수 있게 된다.

청소년기는 아동기에서 성인기로 옮겨 가는 과도기로서 어린이도 아니고 어른도 아닌 어중간한 상태에서 불안정과 불균형으로 인해 발생하는 심한 긴장과 혼란을 경험하게 된다. 오늘날의 청소년들은 이전 세대의 청소년들에 비해 더 많은 요구와 기대, 유혹과 위험에 처해 있다(정옥분, 2007). 이 과정에서 많은 안전사고들이 일어날 수 있다.

9~24세 아동 및 청소년의 사망원인을 살펴보면(여성가족부 · 통계청, 2022), 고

의적 자해(자살)가 가장 많고, 다음은 운수사고 · 화재와 같은 안전사고, 악성신생물(암) 등의 순으로 나타났다.

〈청소년(9~24세) 사망원인〉

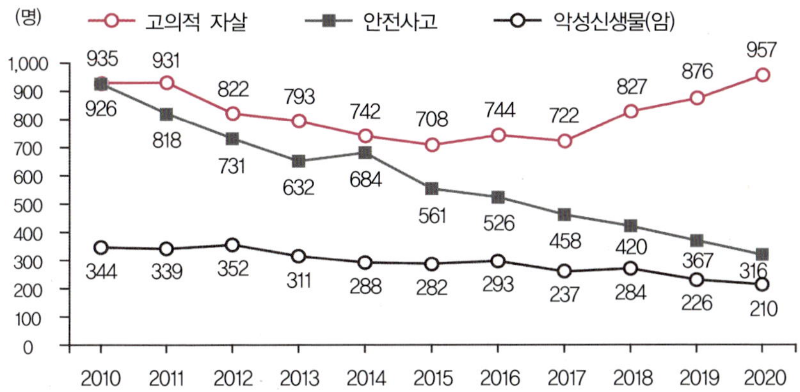

출처 : 여성가족부 · 통계청(2022).

안전사고의 경우, 2010년에 청소년 사망원인 1위로 전체 사망 인원 중 8.9%를 차지하였다. 이후 안전사고는 계속 감소하였으며, 2020년에는 안전사고로 인한 사망자 수가 2010년의 약 1/3 정도로 감소하였다. 그러나 고의적 자해(자살)의 경우, 최근 증가 추세에 있어 이와 관련된 예방 대책 마련이 시급하다.

자살에 대한 위험 정도는 낮은 위험, 중간 위험, 높은 위험 등의 단계로 구분할 수 있는데, 위험의 정도에 따라 적절한 도움을 줄 수 있다(조성돈 · 하상훈, 2019). 낮은 위험 단계의 위기자는 자살에 대해 한두 번 생각한 적이 있고, 현재 약간의 스트레스 상황이다. 이들을 돕는 방법은 문제를 충분히 경청하고 공감하면서 함께라는 느낌을 갖게 하는 것에서부터 출발한다. 중간 위험 단계의 위기자는 자살에 대해 자주 생각하고 현재 스트레스가 많은 상황이다. 구체적으로 자살방법을 생각해 보았고, 과거에 자살을 시도해 본 적이 있으며,

정신과 상담이나 치료를 받아본 적이 있다. 높은 위험 단계의 위기자는 자살에 대해 항상 생각하고 있고, 현재 스트레스가 심각한 상황이다. 자살에 대해 매우 구체적으로 준비하고 있고, 이전에 여러 번 자살시도를 해본 적이 있다. 이들에게 도움을 주기 위해 해야 할 일과 피해야 할 일을 구별하여 본다.

〈표 3-1〉 자살 위기자를 위한 도움 행동

단계	행동 구분	
	해야 할 일	피해야 할 일
낮은 위험	• 문제를 충분히 경청, 공감한다. • 있는 그대로 수용한다. • 고통과 불행을 이해한다. • 도움이 필요하면 언제든 함께 있다는 것을 알도록 한다. • 언제든 망설이지 말고 도움을 요청하도록 한다.	• 위기자의 말을 비판하지 않는다. • 충고를 강요하지 않는다. • 문제를 최소화하지 않는다. • 무관심한 태도, 방관자적 태도는 삼간다.
중간 위험	• 문제를 충분히 경청, 공감한다. • 신뢰관계를 형성한다. • 현재 문제가 무엇인지 규명한다. • 자살계획을 알아보고 인적정보를 확보한다. • 우울증과 같은 증상을 보일 경우 정신과 의사의 협조를 받는 것이 안전하다는 것을 알려준다. • 도움을 받을 수 있는 다양한 자원을 알려준다. • 자살하지 않겠다는 약속을 받는다.	• 막연한 낙관론은 바람직하지 않다. • 결정적인 묘수를 알려주는 것은 옳지 않다. • 불안하고 두려워해서는 안 된다. • 도덕적 조언이나 삶에 대한 논쟁은 하지 않는다.
높은 위험	• 문제를 충분히 경청, 공감한다. • 신뢰관계를 형성한다. • 계속 이야기를 할 수 있도록 한다. • 안전한 환경을 조성하고 위험한 관경을 관리한다. • 지지해 줄 수 있는 사람이나 자원을 확인하다. • 자살하지 않겠다는 약속을 한다. • 상황이 악화되었을 때 어떻게 해야 할 것인지에 대한 분명한 지침을 수립한다. • 자살예방 전문기관에 의뢰하고 전문적 도움을 받도록 한다.	• 도덕적 판단을 하지 않는다. • 위기자를 혼자 남겨 두지 않는다. • 위기자의 마음을 동요하게 하지 않는다. • 자살에 대해 비난하지 않는다. • 상투적인 이야기는 하지 않는다. • 위기자가 비밀유지를 요청했다 하더라도 동의하지 않고 전문가의 도움을 받도록 한다.

출처 : 조성돈 · 하상훈(2019) 재구성.

3. 학교안전교육

1) 학교안전교육

아동의 권리를 보호하기 위한 전제조건은 아동의 안전을 보장하는 것이다. 아동의 안전사고를 예방하기 위해서는 안전한 환경을 만들기 위한 성인의 관심과 노력뿐만 아니라 아동 스스로 안전에 대한 명확한 인식을 가지고 자신을 보호할 수 있는 지식과 태도와 기술을 갖추는 것이 필요하다.

이러한 필요성에 의하여 교육부는 학교안전교육 7대 표준안을 마련하였다(교육부, 2016). 2023년 학교안전교육 7대 표준안에서는 교육부 · 시도교육청 · 학교안전공제중앙회가 협력하여 7대 표준 영역 55개 소분류의 모든 내용체계의 학습주제를 반영하여 개발범위를 확대하였다. 또한 발달단계 특성을 반영하여 위계성과 체계성을 갖춘 학년군별(유치원, 초등학교 1~2학년 · 3~4학년 · 5~6학년, 중학교, 고등학교) 7대 안전영역 교육 자료로 확대 수정되었다. 교육 자료의 내용체계의 예시를 제시하면 다음 그림과 같다(김지훈 · 조자연 · 정선미, 2023).

교육자료 내용체계(예시)

유치원	초등학교 1~2	초등학교 3~4	초등학교 5~6	중학교	고등학교
실내놀이터 (키즈카페) 안전하게 이용하기	안전한 놀이 환경 탐색하기	실외 놀이기구를 안전하게 이용하기	야외 스포츠 안전수칙 알아보기	스포츠 활동 위험 가능성 예측하기	스포츠 상황에서 발생 가능한 안전사고 예방 실천하기

출처 : 김지훈 · 조자연 · 정선미(2023).

〈표 3-2〉 학교안전교육 7대 표준안

대분류	중분류	소분류
생활안전	시설 안전	실내 안전
		다중 이용 시설의 안전 수칙
		전기안전
	제품안전	생활용품 안전
		식품안전
	실험 · 실습 안전	실험 · 실습 안전
	신체활동 안전	체육 및 여가 활동 안전
		놀이 활동 안전
		계절 놀이 안전
		물놀이 안전
		등산 안전
		탈것 안전
		현장 체험 학습 안전
교통안전	보행자 안전	보행자 안전
	자전거 안전	자전거 안전
	오토바이 안전	오토바이 안전
	자동차 안전	자동차 안전
	대중교통 안전	대중교통 안전
폭력 및 신변안전	학교폭력	학교폭력
		언어/ 사이버 폭력
		물리적 폭력
		집단 따돌림
	성폭력	성폭력 예방 및 대처방법
		성매매 예방
	아동학대	아동학대
	자살	자살
	가정폭력	가정폭력
	유괴 · 미아 사고 예방	유괴 · 미아 사고 예방

약물 및 사이버 과의존 예방	약물과 의존	마약 등 약물류 폐해 및 예방
		흡연 폐해 및 예방
		음주 폐해 및 예방
		고카페인 식품 폐해 및 예방
	사이버 과의존	인터넷게임 과의존 예방
		스마트폰 과의존 예방
재난안전	화재	화재발생
		화재발생 시 안전수칙
		소화기 사용 및 대처방법
	사회재난	폭발 및 붕괴의 원인과 대처방법
		각종 테러사고 발생 시 대처요령
		감염병 등
	자연재난	홍수 및 태풍 발생 시 대처요령
		지진 발생 시 대처요령
		대설 · 한파 · 폭염 · 낙뢰 발생 시 대처요령
		황사 및 미세 먼지 발생 시 대처요령
직업안전	직업안전의식	직업안전의식
	산업재해의 이해와 예방	산업재해의 이해와 예방
	직업병	직업병
응급처치	응급처치의 이해와 필요성	응급처치의 이해와 필요성
	심폐소생술	심폐소생술
		자동제세동기의 사용
	상황별 응급처치	기도폐쇄
		지혈 및 상처 처치
		염좌 및 골절 처치
		화상 응급 처치
		갑작스러운 상황에서 응급처치

출처 : 김지훈 · 조자연 · 정선미(2023).

2) 안전교육의 내용

우리나라 영유아들은 현재 국가수준의 교육과정과 보육과정에 참여하고 있다. 국가수준의 보육과정으로서 표준보육과정은 0~2세 영아를 보육하기 위한 활동의 기준이 되고 있으며, 국가수준의 교육과정으로서 개정 누리과정은 3~5세를 교육하기 위한 활동의 기준이 되고 있다.

학교안전교육 7대 표준안은 개정 누리과정과 연계하여 제시하고 있는데, 2023년 개편된 안은 안전교육을 7개 영역(생활안전, 교통안전, 폭력예방 및 신변보호, 약물 및 사이버 중독, 재난안전, 직업안전, 응급처치)으로 구분하고, 55개 소분류의 모든 내용체계에 따른 교육활동 자료를 개발하여 제시하고 있다. 일상생활에서 예기치 못한 새로운 위험요인에 대비하기 위한 자료도 보강되었다. 또한 개인이동장치나 다중밀집상황에서의 안전사고와 예방법 등을 포함하여 영유아들이 생활 속 위험과 안전사고에 대비하는 역량을 함양하도록 하였다. 이러한 자료는 모두 활동 중심으로 개편되었는데, 기존의 교사용 지도서 형태의 표준안을 유아들과의 활동용 자료 중심으로 구성하여 학교 현장에서의 활용도를 높였다(김지훈 · 조자연 · 정선미, 2023). 따라서 영유아교사들은 학교안전교육 7대 영역에서 제시하는 안전교육활동을 면밀히 탐구하고 국가수준의 교육과정 및 보육과정과 연계하여 적절한 안전 교육과정을 구성하는 것이 필요하다.

다음 표는 교육부 · 시도교육청 · 학교안전공제중앙회에서 제시하는 학교안전교육 내용과 방법이다(김지훈 · 조자연 · 정선미, 2023).

〈표 3-3〉 학교안전교육 7대 표준안(유치원용)의 내용 및 방법

<table>
<tr><th colspan="2">구 분</th><th>생활안전 교육</th><th>교통안전 교육</th><th>폭력예방 및 신변보호 교육</th><th>약물 및 사이버 중독 예방 교육</th><th>재난안전 교육</th><th>직업안전 교육</th><th>응급처치 교육</th></tr>
<tr><td rowspan="5">교육 내용</td><td rowspan="5">유치원</td><td>1. 교실, 가정, 등하굣길에서 안전하게 생활하기</td><td>1. 표지판 및 신호등의 의미 등 교통안전 규칙 알고 지키기</td><td>1. 내 몸의 소중함과 정확한 명칭 알기</td><td>1. 올바른 약물 사용법 알기</td><td>1. 화재의 원인과 예방법 알기</td><td>1. 일터 안전의 중요성 및 안전을 위해 지켜야 할 일 알기</td><td>1. 응급상황 알기 및 도움 요청하기</td></tr>
<tr><td>2. 안전한 장소를 알고 안전하게 놀이하기</td><td>2. 안전한 도로 횡단법 알기</td><td>2. 좋은 느낌과 싫은 느낌 알기</td><td>2. 생활주변의 해로운 약물·화학 제품 만지거나 먹지 않기</td><td>2. 화재 발생 시 유의사항 및 대처법 알기</td><td>2. 일터 안전 시설 현장 체험하기</td><td>2. 119신고와 주변에 알리기</td></tr>
<tr><td>3. 놀이기구나 놀잇감, 도구의 바른 사용법을 알고 안전하게 사용하기</td><td>3. 어른과 손 잡고 걷기</td><td>3. 성폭력 예방 및 대처방법 알기</td><td>3. TV, 인터넷, 통신기기(스마트폰 등) 등의 중독 위해성을 알고 바르게 사용하기</td><td>3. 각종 자연재난 및 사고 적절하게 대처하는 방법 알기</td><td></td><td>3. 손씻기와 소독하기 등 청결 유지하기</td></tr>
<tr><td>4. 실종, 유괴, 미아 상황 알고 도움 요청하기</td><td>4. 교통수단(자전거, 통학버스 등) 안전하게 이용하기</td><td>4. 나와 내 주변사람(가족, 친구 등)의 소중함을 알고 사이좋게 지내기</td><td></td><td>4. 각종 재난 유형별 대비 훈련 실시</td><td></td><td>4. 상황별 응급처치 방법 알기</td></tr>
<tr><td>5. 몸에 좋은 음식, 나쁜 음식 알기</td><td></td><td>5. 아동학대 신고 및 대처방법 알기</td><td></td><td></td><td></td><td></td></tr>
<tr><td colspan="2">교육 방법</td><td colspan="7">1. 학생 발달 수준을 고려한 전문가 또는 교원 설명
2. 학생 참여 수업 방법 연계 적용(예시 : 역할극, 프로젝트 학습, 플립러닝 등)
3. 교내외 체험교육 또는 현장학습
4. 일상생활을 통한 반복 지도 및 부모 교육 연계</td></tr>
</table>

출처 : 김지훈 · 조자연 · 정선미(2023).

특히 교육부 · 시도교육청 · 학교안전공제중앙회는 7대 표준 영역을 제시하면서, 예기치 못한 새로운 위험에 대비하고 대응하도록 새로운 위험요인을 첨가하였다. 새로운 위험요인을 예시하면 다음과 같다(김지훈 · 조자연 · 정선미, 2023).

☑ 새로운 위험요인(예시)

영 역	주 제	
생활안전	• 방화셔터 • 다중밀집 인파사고 • 너울성 파도	• 벌 쏘임 • 동물 물림 • 개인형 이동장치(PM)
약물 및 사이버 과의존 예방	• 개인정보보호교육	
재난안전	• 완강기 사용법 • 소행성 · 유성체 등 자연우주물체 추락 · 충돌 • 낙뢰	
직업안전	• 중대재해처벌법	
응급처치	• 동물 물림	

영유아교사들은 다양한 형태의 재난을 대비하기 위하여 제시된 활동들을 잘 숙지할 필요가 있다. 또한 활동들을 활용하여 계획하고 영유아들에게 제시할 수 있다. 다음 자료는 2023년 개정된 학교안전교육 7대 표준안(유치원)의 일부 내용을 소개한 것이다.

〈표 3-4〉 2023년 개정된 학교안전교육 7대 표준안(유치원)의 내용 예시

생활안전 ◎ 시설안전 ◎ 실내안전

1. 실내안전

교수학습개관

>> 학습목표

교실, 유치원, 가정 등 유아가 일상에서 자주 접하는 장소에서 안전을 위협하는 상황을 찾아보고 안전하게 생활하는 방법을 알아본다.

>> 누리과정 관련 요소

신체운동 · 건강	[안전하게 생활하기] 일상에서 안전하게 놀이하고 생활한다.
의사소통	[읽기와 쓰기에 관심 가지기] 주변의 상징, 글자 등의 읽기에 관심을 가진다.
사회관계	[사회에 관심 가지기] 내가 살고 있는 곳에 대해 궁금한 것을 알아본다.

학습주제	학습의 중점
1. 교실에서의 시설안전 알아보기	• 교실에서 위험할 수 있는 장소나 물건을 찾아보고, 안전하게 사용하는 방법을 알아본다.
2. 유치원에서의 시설안전 알아보기	• 화장실, 강당, 실내놀이터, 복도 계단 등에서 위험요소를 찾아 안전하게 이용할 수 있다.
3. 가정에서의 시설안전 알아보기	• 거실, 주방, 세탁실, 화장실 등에서 위험요소를 찾아본다. • 가정에서 시설을 안전하게 이용하는 방법을 알 수 있다.
4. 방화셔터 안전수칙 알아보기	• 방화셔터의 기능과 종류에 대해 알아본다. • 화재 시 방화셔터가 내려올 수 있음을 알고 대피하는 방법을 알 수 있다.

교수학습 흐름자료 1

학습주제 교실에서의 시설안전 알아보기

≫ 학습활동 PBL 수업모형

구 분	교수학습활동	활용자료
경험 나누기	■ 교실에서 다쳤던 경험이나, 다칠 뻔했던 경험을 이야기 나누기 – '친구들과 함께 안전한 교실을 만들어요' 동영상 시청	동영상 ❶ 친구들과 함께 안전한 교실을 만들어요
문제 해결 탐색 및 해결책 고안	■ 교실 안에서 다칠 수 있는 장소를 알아보고 이야기 나누기 – 문이나 사람끼리 부딪치는 사고가 발생하기 쉬운 지역 – 부주의 혹은 장난을 치다가 사고가 날 수 있는 물건 등 ■ 유아들이 교실을 둘러본 후, '안전한 교실지도(활동지1)'에 다칠 수 있는 장소를 표시하거나 스티커 붙이기 TIP : 유아 수준을 고려하여, '안전반 교실지도'를 크게 한 장을 준비하여 함께하는 활동으로 전개하거나 개별 활동지를 제공하여 '내가 생각하는 안전지도'를 만들어본다. ■ '교실에서 가장 조심해야 할 장소'를 생각해보고, 그렇게 생각한 이유를 선생님과 친구들에게 이야기 나누기	활동지 ❶ 안전반 교실지도
정리 및 실천 생활화	■ 교실에서 안전하게 지내기 위해서 지켜야 할 약속 정하기 – (안전약속의 예) • 책상 모서리나 의자 등 물건에 부딪치지 않게 천천히 걸어 다니기 • 장난감을 던지거나 입, 코, 귀에 넣지 않기 • 놀이 후에 장난감 정리하기 • 책상이나 높은 곳에 올라가지 않기 등 ■ 교실에서 잘 보이는 곳을 정하여 '안전약속판'을 게시하기	활동지 ❷ 안전약속하기

≫ 동영상 출처

동영상 ❶

친구들과 함께 안전한 교실을 만들어요!

행정안전부 – 안전한TV

http://www.safetv.go.kr/GenCMS/gencms/cmsMng.do?sub_num=244&pageNo=1&BBS_STATE=view&gcode=CG0000019&mcode=600&BOARD_IDX=1982

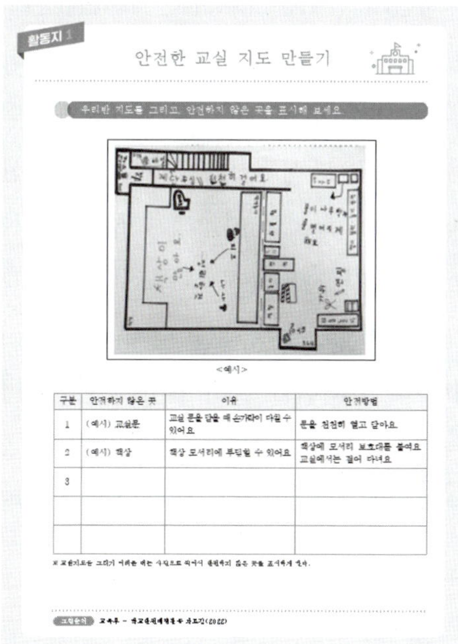

활동지 1

안전한 교실 지도 만들기

우리반 지도를 그리고 안전하지 않은 곳을 표시해 보세요.

<예시>

구분	안전하지 않은 곳	이유	안전방법
1	(예시) 교실문	교실 문을 닫을 때 손가락이 다칠 수 있어요.	문을 천천히 열고 닫아요.
2	(예시) 책상	책상 모서리에 부딪힐 수 있어요.	책상에 모서리 보호대를 붙여요. 교실에서는 걸어 다녀요.
3			

출처 : 김지훈 · 조자연 · 정선미(2023).

3) 안전교육의 평가

학교안전교육 실시 기준 등에 관한 고시(2023)에 의하면 "학교"로 정의하고 있는 유치원의 장은 학교안전교육 7대 영역에 해당하는 안전교육을 위한 계획을 수립하고 시행하여야 한다. 또한 매 학년 2종류 이상의 각종 재난 대비 훈련을 실시하여야 한다. 교직원의 경우에는 안전교육을 3년마다 15시간 이상을 이수하여야 하며, 3년 미만의 계약을 체결하여 종사하는 교직원은 매 학기 2시간 이상을 이수하여야 한다. 학교는 실시 결과를 매년 8월과 12월에 교육감에게 보고하여야 한다.

학교안전교육 실시 기준 등에 관한 고시(2023)에서 제시하는 학년별 학생 안전교육의 시간과 횟수의 규정은 다음 표와 같다.

학교안전교육 실시 시간의 단위는 유치원은 교육과정 고시에 따른 단위활동이며, 초·중등학교는 교육과정 고시에 따른 차시이다. 학교급별 제시하는 안전교육 시간은 학년별(유치원은 연령별) 실시해야 할 시간을 말하며, 횟수는 영역별 안전교육 시간을 학기당 제시된 횟수 이상으로 분산·실시해야 함을 말한다. 학교(유치원 포함) 운영 성격 및 지역적 특성에 따라 총 이수시간의 범위 내에서 안전영역별 이수 시간을 자율적으로 조정·운영(20% 범위 내, 소수점은 올림처리)할 수 있다. 재난안전교육은 재난 대비 훈련을 포함하여 실시하여야 하며, 각종 재난 유형별 대비 훈련을 달리하여 매 학년도 2종류 이상을 포함하여 운영하여야 한다. 1단위활동 및 1시간(차시)의 수업 시간은 교육과정을 따르되, 기후 및 계절, 유아의 발달 정도, 학습 내용의 성격, 학교 실정 등을 고려하여 탄력적으로 편성·운영할 수 있다. 「재난 및 안전관리 기본법」 제38조에 따른 위기경보 단계 '심각'단계의 재난상황으로 인해 안전교육 및 재난대비훈련의 정상적인 실시가 어려울 것으로 예상되는 경우 교육부 장관이 정하는 바에 따라 안전교육 및 재난대비훈련의 시수, 방법 등을 변경하여 실시할 수 있다.

〈표 3-5〉 학년별 학생 안전교육의 시간 및 횟수

(단위 : 단위활동, 차시)

<table>
<tr><th colspan="2" rowspan="2">구 분</th><th rowspan="2">생활 안전 교육</th><th rowspan="2">교통 안전 교육</th><th rowspan="2">폭력 예방 및 신변 보호 교육</th><th colspan="2">약물 및 사이버 중독 예방 교육</th><th rowspan="2">재난 안전 교육</th><th rowspan="2">직업 안전 교육</th><th rowspan="2">응급 처치 교육</th></tr>
<tr><th>약물 중독 예방</th><th>사이버 중독 예방</th></tr>
<tr><td rowspan="4">교육시간</td><td>유치원</td><td>13</td><td>10</td><td>8</td><td>5</td><td>5</td><td>6</td><td>2</td><td>2</td></tr>
<tr><td>초등학교</td><td>12</td><td>11</td><td>8</td><td>5</td><td>5</td><td>6</td><td>2</td><td>2</td></tr>
<tr><td>중학교</td><td>10</td><td>10</td><td>10</td><td>6</td><td>4</td><td>6</td><td>3</td><td>2</td></tr>
<tr><td>고등학교</td><td>10</td><td>10</td><td>10</td><td>7</td><td>3</td><td>6</td><td>3</td><td>2</td></tr>
<tr><td colspan="2">횟수</td><td>학기당 2회 이상</td><td>학기당 3회 이상</td><td>학기당 2회 이상</td><td colspan="2">학기당 2회 이상</td><td>학기당 2회 이상</td><td>학기당 1회 이상</td><td>학기당 1회 이상</td></tr>
</table>

출처 : 학교안전교육 실시 기준 등에 관한 고시(2023).

다음 표는 학교 재난대비훈련의 실적을 보고하는 양식이다.

〈표 3-6〉 학교 재난대비훈련 실적 보고

학교 재난대비훈련 실적보고

학교명					
학교급		교직원 수		학생 수	
실적기간	20○○학년도 ○학기				

구 분	재난대비훈련 유형						
	화재		지진	방사능재난	화학물질 유출사고	기타재난	
	자체	합동				횟수	유형
실시횟수 (훈련실시 횟수, 회)							

학교급 란에는 유치원, 초등학교, 중학교, 고등학교, 특수학교, 재외 한국학교 중 구분하여 기재하고, 전 교직원 및 영유아(학생)가 실시한 재난대비훈련만 작성한다. 훈련 실적은 학교별 한 학기 동안 실시한 재난대비훈련 실적을 입력하는데, 만약 학교에서 1학기 동안 총 2회(화재 1, 지진 1)의 재난대비훈련을 실시했을 경우, 실시횟수에 각각 숫자 1을 입력하면 된다. 기타 재난 유형에는 폭염, 풍수해, 대설 · 한파, 테러, 민방공, 해양사고 등이 있으며, 비고란에 유형을 입력한다. 훈련실적은 1학기(제출 : 8월 31일)와 2학기(제출 : 12월 31일)로

구분하여 작성·제출하고, 2학기 실적 제출 시 1학기에 실시한 훈련 실적을 누적하여 입력한다.

한편 보건복지부와 한국보육진흥원(2023)은 어린이집에서 영유아의 건강·안전 영역의 지표를 제시하고 있다. 그 내용을 세부적으로 살펴보자.

(1) 실내외 공간의 청결 및 안전

영유아는 성인에 비해 면역력이 약해 질병 등에 취약하므로 보건위생 측면에서 청결과 안전이 중요하다. 어린이집의 환경이 쾌적하고 안전하여 질병이나 사고의 위험이 없는 상태로 조성되는 것은 영유아의 신체적 건강은 물론 전인적 발달을 지원하기 위한 기본 조건이다. 청결한 어린이집 환경은 영유아의 질병 감염을 막아주고 신체 건강을 유지시켜 줄 뿐 아니라 영유아가 쾌적한 분위기에서 즐겁게 지냄으로써 긍정적인 정서발달을 이룰 수 있도록 해준다. 또한 안전한 환경은 영유아가 활동에 자유롭게 참여하도록 하여 자신의 욕구와 호기심에 따라 마음껏 탐색하고 궁금한 문제를 탐구하며 해결방안을 모색하도록 지원해 준다. 어린이집에서는 보육실을 포함한 실내외 공간을 늘 청결하고 쾌적하게 유지, 관리함으로써 질병에 대한 저항력이 약한 영유아가 건강하게 지낼 수 있도록 하여야 한다. 또한 어린이집에서는 놀잇감과 실내외 시설 및 설비를 안전하게 구비하고 상시점검을 통해 위험요인을 즉시 수리·보완하여 영유아가 안전사고의 위험 없이 즐겁게 생활할 수 있는 환경을 조성하여야 한다.

(2) 급·간식

영유아기는 신체적으로 급속한 성장과 발달이 이루어지는 시기로 어린이집에서는 양질의 급·간식을 통해 영유아의 성장을 지원해야 한다. 양질의 식사와 간식은 영유아의 건강과 신체발달에 절대적인 요소로, 영유아는 청결하게 조리된 질 좋은 먹거리를 섭취하여 신체의 건강과 발달을 이루고, 면역력을 키워 질병을 예방할 수 있다. 영유아는 어린이집에서의 급·간식 시간을 즐겁게 경험함으로써 하루의 긴장을 풀고 에너지를 얻으며, 쾌적한 신체여건을 유지하여 어린이집에서의 일과를 활기차게 보낼 수 있다. 어린이집에서는 영유아의 발달단계와 영양적 요구를 고려하여 수립된 식단을 토대로 영유아의 기호에 맞게 조리된 음식을 제공하여야 하며, 이를 위한 식자재의 구입, 보관, 조리 및 배식과정이 청결하고 위생적으로 이루어질 수 있도록 관리하여야 한다.

(3) 건강증진을 위한 교육 및 관리

영유아는 위생습관을 실천함으로써 면역력을 증진시키고, 질병에 감염될 가능성을 낮출 수 있다. 또한 영유아는 발달수준에 적합한 건강·영양교육을 통해 스스로 자신의 신체 및 정신 건강에 관하여 인식하고 관리할 수 있는 기초를 형성하게 된다. 교직원 역시 건강 관련 교육 및 서비스를 통해 심신의 건강을 유지하여 쾌적한 여건에서 영유아 보육에 임할 수 있다. 어린이집에서는 모든 구성원이 손 씻기와 양치질 등의 위생습관을 실천할 수 있도록 지원하여야 한다. 또한 영유아가 다치거나 병에 걸렸을 때에는 이를 사려 깊게 파악하여 심신을 돌보아주고 투약 등 적절한 지원을 해주어야 하며, 하루 일과를 통해 영유아의 건강상태를 살펴보고 적절하게 지원해 주어야 한다. 또한 감염병 관리수칙을 정해 이를 따름으로써 영유아들이 서로 전염되지 않도록 유의하여야 한다. 보육교직원은 상시적으로 건강 및 영양교육을 받아 이를 실천함으로써 영유아와 자신의 건강상태가 유지될 수 있도록 노력하여야 한다.

(4) 등·하원의 안전

어린이집에서는 등원부터 하원까지 영유아를 안전하게 보호할 책임이 있다. 영유아는 성인의 안전한 보호하에서 어린이집 일과를 즐겁게 경험하고 심신의 성장과 발달을 이루어나갈 수 있게 된다. 어린이집에서는 등·하원 시 어린이집과 지정된 보호자 간 영유아의 인계가 안전하게 이루어질 수 있도록 명확한 인계절차와 관련 규칙을 수립하여 보호자에게 안내하고, 이를 준수하여야 한다. 교사는 매일 일과를 시작할 때 영유아의 등원 여부를 확인하고 일과 중 상시 모든 영유아를 살펴보아야 하며, 특히 공간 이동이나 일과 전이 시에는 영유아 안전에 대해 더욱 주의 깊게 살펴야 한다. 어린이집에서는 가능한 차량을 운행하지 않는 것이 바람직하지만 부득이하게 차량을 운행할 경우에는(등·하원이나 견학 등) 매일 안전점검을 실시하여 안전하게 관리하고, 요건을 갖춘 운전자 및 책임 있는 성인이 영유아를 안전하게 보호할 수 있도록 하여야 한다.

(5) 안전교육과 사고예방

어린이집에서는 영유아가 여러 가지 위험으로부터 자신의 안전을 보호할 수 있는 능력과 기술을 가지도록 지도하여야 한다. 영유아와 교직원이 안전교육 등을 통해 안전 사고를 예방하고 적절하게 대처할 수 있는 능력을 기른다면 영유아는 보다 안전한 환경에서 생활할 수 있게 된다. 이를 위해 어린이집에서는 영유아의 연령 등 발달특성에 맞는 안전교육 계획을 수립하여 교육을 실시하여야 하며, 전체 영유아를 대상으로 정기적인 소방대피훈련을 실시하여야 한다. 또한 어린이집에서는 비상사태 발생 시 이에 대처하기 위한 교직원 업무 분장을 갖추고, 평상시 교직원에게 기본적인 안전교육을 하여야 하며, 교직원은 자신의 소관 업무를 숙지하고 있어야 한다. 어린이집 교직원은 어떠한 상황에서도 영유아를 체벌하지 않으며, 특히 아동학대 예방 및 신고의무와 관련된 교육을 이수하여 영유아가 아동학대의 피해를 받지 않도록 지원하여야 한다. 어린이집에서는 안전 설비를 비상시 효율적으로 사용할 수 있도록 관리하고 보육교직원은 안전설비의 올바른 사용법과 대처능력을 갖추고 있어야 한다.

토론 및 요약

1. 안전이란 무엇인지 토론해 본다. 토론을 토대로 우리 주위에서 아동의 안전을 위협하는 사례들을 찾아보고 원인이 무엇인지 토론해 본다.

2. 영아기, 유아기, 아동기의 발달적 특성을 이야기해 보고, 예비교사가 갖추어야 할 안전에 관한 지식과 태도는 무엇인지 토론해 본다. 또한 유아교육기관 현장에서 요구되는 안전을 위한 교사의 역할을 알아본다.

3. 국가수준 교육 · 보육과정인 2019 개정 누리과정, 표준보육과정, 학교안전교육 등에 나타난 안전교육의 목표, 내용, 방법, 평가를 정리한다.

4. 아동의 안전을 위해 실천할 수 있는 교육활동을 구성해 보고 발표하는 시간을 가진다.

Chapter 4

목적으로서의 행복과 아동의 놀 권리

이 장에서는 아동복지의 목적을 행복으로 설정하고 아동의 행복을 달성하기 위한 개념적 기초로서 행복의 개념을 규정하고자 한다. 또한 행복의 심리학 이론과 아동의 행복으로써 놀 권리를 탐색하여 아동복지정책 및 아동복지 실천의 풋대를 제시하고자 한다.

학습목표

1. 행복의 다양한 개념을 이해한다.
2. 행복의 조건과 행복을 얻는 방법에 대한 심리학적 과정을 이해한다.
3. 아동 행복을 보장하기 위해 필요한 것으로서 놀 권리를 이해하고 놀 권리를 보장하기 위한 방법은 무엇인지 탐색한다.

1. 행복의 개념

1) 행복의 어원

행복은 일상생활용어로는 생활에 대한 만족감과 부족함이 없는 심신의 욕구가 충분한 상태 또는 삶의 질을 의미한다. 학문적으로는 행복(happiness), 삶의 만족(life-satisfaction), 주관적 안녕감(subjective well-being), 심리적 안녕감(psychological well-being), 웰빙(well-being) 등으로 명명되어 다양한 의미로 탐구되고 있다(이경민 · 윤혜경 · 변소연, 2016).

우선, 어원에 근거한 행복개념을 살펴보자(이상욱 · 정희영 · 김종명 · 김미애, 2016). 우리나라 문화권에서는 행복을 幸福이라는 한자어를 사용하였다. '행(幸)'이란 '바란다'의 의미이고 '복(福)'이란 '신이 채워주는 것(示신 시 + 畐찰 복)'이라는 의미를 가지고 있다. 행복은 신이 채워주기를 바라는 마음이라는 뜻으로 '행운' 또는 '신들과의 화합'이라는 의미를 담고 있는 것이어서 행운과 같은 것으로 이해되기도 한다.

서양 윤리학에서 아리스토텔레스는 행복을 '에우다이모니아(eudaimonia)'라는 용어를 사용하여, 인간의 고유한 기능이 덕에 따라 탁월하게 발휘되는 영혼의 활동이라고 정의하였다. 원래 eu는 '좋다' 또는 '아주 경사스럽다'라는 뜻이고 diamon은 '대인적인 차원의 수호신'이라는 의미를 가지고 있다. 행복은 '행복하고 진실된 좋은 마음을 가진', '좋은 수호신을 가진'이라는 뜻으로 이해되며 영어로는 'the good life', 'well-being'으로 번역되기도 한다.

영어를 사용하는 문화권에서 행복의 어원은 '해프(happ)'이다. '해프(happ)'는 세상에서 일어나는 기회와 행운이라는 의미를 가지고 있으며, 이 단어에서 '우연한 일, 우연, 불운한, 아마도'와 같은 단어들이 파생하였다. 영어의 good hap은 원래 good luck을 의미했는데, 이때 쓰인 hap이라는 단어가 우연, 행운을 뜻하는 happiness와 관련성을 갖게 되었다. 영어에서 happiness 또는 happy는 감정의 상태를 나타내는데, 만족감에서부터 강렬한 기쁨에 이르는 모든 상태를 통괄적으로 나타낸다.

2) 주관적 안녕감

과거에는 인간 심리의 부정적인 측면에 관심을 많이 두었다. 그들은 역기능, 병리와 질병 같은 문제를 줄이는 것이 옳다고 믿고 부정적인 측면에 관한 연구를 꾸준히 진행해 왔다. 그러나 삶이 풍요로워지고, 건강 수준이 향상되면서 인간 심리의 부정적인 측면보다는 긍정적인 측면에 대한 관심이 늘어나게 되었다. 이러한 변화에 부응하여 행복에 대한 관심이 높아지면서 다양한 관점에서 주관적 안녕감에 대해 정의하고 있다(정단비, 2012).

다이너(Diner)는 자신의 생활에 대한 인지적·정서적 평가를 주관적인 안녕, 즉 순간적인 감정이나 기분이 아닌 상대적으로 지속적인 안녕감이라고 하였다. 그는 또한 그것을 개인의 삶이 전체적으로 즐겁고 기쁜지를 나타내는 정적 정서와 개인이 자신의 삶에 만족하여 행복감을 느끼고 있는지를 나타내는 삶의 만족도의 두 차원으로 정의하고 있다. 베인호번(Veenhoven)은 개인이 자신의 인생에 대한 질적 수준을 긍정적으로 판단하는 정도를 의미하는 것으로 정의하였고, 잘라이(Szalai)는 주관적 안녕감은 개인이 생활상에서 느끼게 되는 안녕감이나 행복감, 만족감으로서 정서적 안정을 나타내는 성격 특성으로 정의하였다. 연구자들은 안녕을 구성하는 요소로 객관적인 지표와 주관적 지표를 제시하였다. 객관적인 지표로는 정치, 경제, 사회, 환경, 그 밖의 물리적인 측면을 제시했으며, 주관적 지표는 '개인이 느끼는 자신의 삶에 대한 느낌 또는 행복감'이라고 하였다. '주관적 안녕감이 높다'는 것은 높은 삶의 만족도, 적은 부적 정서 경험, 그리고 많은 정적 정서 경험을 하는 것이라고 할 수 있다(정단비, 2012 재인용).

주관적 안녕감은 다음의 세 가지 특징을 포함한다(정단비, 2012).

첫째, 주관적 안녕감은 개인의 주관적인 경험에 기초한다. 주관적 안녕감은 개인의 경험 내에 존재하는 것이므로 건강, 안락함, 부, 명예 등과 같은 외적 조건은 행복에 영향을 미칠 수 있지만 그 자체에 행복의 요소가 내재해 있다고 볼 수는 없다.

둘째, 주관적 안녕감은 삶의 긍정적이고 적극적인 측면을 반영한다. 단순하게 부정적인 정서가 없다는 것이 아니며, 긍정적인 정서와 부정적인 정서가 서로 독립적으로 주관적 안녕에 영향을 미치고 있음을 의미한다. 긍정적 정서는 즐거움, 기쁨과 같은 유쾌한 감정을 의미하며, 높은 긍정적 정서는 높은 에너지, 완전한 집중, 환경과의 유쾌한 상호작용을 이루는 상태이다. 부정적 정서는 분노, 경멸, 두려움, 공포, 신경이 곤두선 상태 등을 포함한 감정을 의미하며, 높은 부정적 정서는 불쾌한 일에 대한 혐오적 감정 상태이고, 낮은 부정적 정서는 평온하고 침착한 상태를 의미한다.

셋째, 주관적 안녕감은 삶의 모든 측면에 대한 전반적이고 통합적인 판단이다. 삶의 특정 영역에 대한 만족도나 감정상태가 다르다 하더라도 행복이라는 것은 개인 모두가 통합적으로 판단하기 때문이다.

3) 심리적 안녕감

주관적 안녕감에 대한 정의는 개인의 주관적인 경험에 기초하여 삶의 긍정적이고 적극적인 즐거움의 측면을 강조한다. 이렇게 즐거움을 추구하는 경향은 쾌락주의적인 입장을 갖게 되는데, 행복을 개인의 주관적인 안녕감으로 인식하는 쾌락주의적인 입장은 자기실현적 입장의 학자들에게 비판받았다. 즉, 자기실현적인 목표와 활동을 추구하는 사람들은 즐거움을 추구하는 사람들에 비하여 더 높은 만족감을 느낀다는 것이다. 이때 느끼는 만족감을 심리적 안녕감이라고 표현한다. 심리적 안녕감은 매슬로우(Maslow)의 자아실현, 로저스

(Rogers)의 완전히 기능하는 개인, 융(Jung)의 개성화, 올포트(Allport)의 성숙, 에릭슨(Erikson)의 심리사회적 단계 등의 심리학적 이론들을 기초로 한다.

우리나라의 김명소, 김혜원, 차경호(2001)는 개인의 삶의 질을 측정할 수 있는 심리적 안녕감 척도를 개발하며, 심리적 안녕감의 6개 하위요인을 제시하였다. 6개 하위요인은 ① 자아수용, ② 긍정적 대인관계, ③ 자율성, ④ 환경에 대한 통제력, ⑤ 삶의 목적, ⑥ 개인적 성장 등이다. 심리적 안녕감의 6개 하위요인들을 알아보도록 하자.

- **자아수용** : 정신적 건강뿐만 아니라 자아실현, 낙관적인 작용, 성숙 등의 특성을 내포하는 것으로 정의할 수 있다. 자아수용은 자신에 대한 수용과 사람들의 과거 삶에 대한 수용을 강조하기 때문에, 자신에 대한 긍정적 태도를 가진다는 것은 심리적 안정감에 영향을 미치게 되는 것이다.
- **긍정적 대인관계** : 사람들 상호 간의 신뢰와 다정한 마음씨를 토대로 하며, 다른 사람과 긍정적인 관계를 맺는 것은 심리적으로 안녕감을 갖게 되는 것이라고 설명한다.
- **자율성** : 자기결정, 독립심, 행동의 통제와 같은 특징들을 중시한다. 자율성이 강한 사람은 집단적인 두려움, 믿음, 대중 등에 대해 집착하지 않고 스스로의 결정에 의해 생각하고 행동하게 되는 것으로, 자율적인 인간은 스스로 개인적인 기준에 의해 자신을 평가하기 때문에 심리적 안녕감을 갖게 되는 것이라고 설명한다.
- **환경에 대한 통제력** : 개인이 심리적 조건에 적합한 환경을 창조하고 선택하도록 하는 개인의 정신적 건강을 중시한다. 성공적인 성취를 위해 개인은 긍정적인 생각으로 능동적으로 참여하여 환경을 효율적으로 이용할 수 있어야 하며, 주어진 환경을 개선하고 변화시켜 자신에게 적합한 환경을 만들어 갈 수 있어야 심리적 안녕감을 갖게 되는 것이라고 설명한다.

- **삶의 목적** : 정신적으로 건강한 사람들은 감정과 삶에 대한 의미와 목적이 주어져 있다고 믿는다. 이러한 믿음은 삶의 목적을 이해하고 의도적으로 삶을 영위하는 능동성을 내포한다.
- **개인적 성장** : 개인의 특성뿐만 아니라 잠재력을 계속 개발해 나가는 것을 의미한다. 개인의 모든 문제는 경험이나 고정된 어떤 틀에 의해서 해결되는 것이 아니라 끊임없이 개발하고 새로운 변화에 대해 도전하여 삶의 과정에서 생기는 문제들을 스스로 해결해 가면서 성장해 가는 것을 의미한다.

아동의 심리적 안녕감에 영향을 미치는 요인은 아동 개인, 가정, 학교 및 사회 환경적 요인 등이 있다. 이들 중 가정환경에서 비롯되는 위험요인은 청소년기를 거쳐 성인으로 성장하는 시기까지 지속적이고 광범위하게 영향을 지니게 되는 것으로 보고되고 있다. 이런 점을 감안해 볼 때, 특히 가족 결손, 사회경제적 어려움을 겪는 저소득 한부모 가정 아동에게는 심리적 안녕감을 보호해 줄 수 있는 자존감, 자아통제감, 희망 등을 가지도록 다양한 접근이 필요함을 알 수 있다(박종란, 2012).

2. 행복의 심리학적 이론

행복에 대한 심리학적 이론인 욕망충족이론, 목표이론, 비교이론, 긍정심리학을 김미애(2016)와 이상욱 등(2016)의 요약을 중심으로 살펴보고자 한다.

1) 욕망충족이론

욕망충족이론이란 인간이 지니는 다양한 욕망이 충분히 충족되었을 때 행복감을 느낀다는 것으로 쾌락주의적 행복관과 일치한다. 인간의 행복 정도는 욕망의 충족으로 인한 쾌락이나 만족 수준과, 욕망을 충족시킬 수 있는 외부적·상황적 조건에도 비례한다고 설명한다. 이들을 욕망과 동기, 내재적 동기와 외재적 동기, 기본심리욕구, 자기결정이론으로 나누어 설명해 본다.

(1) 동기와 욕구

인간에게는 동기와 욕구가 있다. 동기는 특정한 목적을 향해 행동하게 하는 내면적인 원동력이다. 동기의 기능은 목표 지향적인 행동을 유발하고 목표 지향적 행동을 지속하게 하는 추진력, 즉 에너지를 제공하며 목표 지향적 행동을 조절하는 것이다. 이와 같이 동기가 충족되었을 때 느끼게 되는 심리적 체험은 만족감이다. 만족감은 행복과 밀접한 심리적 체험으로 이해할 수 있다.

한편 인간의 욕구는 생리적 욕구와 심리적 욕구로 구분된다. 생리적 욕구는 선천적인 욕구로 개체와 종족을 보존하고 진화하는 과정에서 선택되어 왔으며 인간의 생물학적 유산을 이룬다. 음식, 산소, 수분, 고통회피, 따뜻함, 자극추구, 번식욕구 등이 있다. 한편 심리적 욕구는 학습 영향으로 발생되는 후천적 욕구이다. 환경과의 상호작용 과정에서 습득되며 사람마다 욕구 습득 정도와 욕구 만족 방법이 다르다. 욕구는 위계적 질서가 있다. 매슬로우(Maslow)는 욕구를 생리적 욕구, 안전욕구, 애정욕구, 존중욕구, 자기실현욕구로 구분하였으며, 이들은 위계적 발달을 이룬다고 설명하였다. 욕구는 서로 위계적인 관계 속에서 낮은 위계의 하위욕구로부터 높은 위계의 상위욕구로 발달해 간다. 인간은 욕구를 충족하며 만족감을 느끼게 된다.

(2) 내재적 동기와 외재적 동기

최근 행복은 동기의 유형에 따라 달라진다는 주장과 함께 외재적 동기와 내재적 동기의 구분에 관심을 갖기 시작했다. 외적인 보상을 얻기 위해 행동할 때 외재적 동기가 작동한다. 외적 보상은 외부에서 발생하는 행동 유인 요인으로 돈, 소유물, 사회적 인정, 지위와 권력, 명예 등이다. 내재적 동기는 일 자체를 위한 활동에 참여하도록 이끌릴 때 작동하고 외재적 동기는 행위 속에서 자체적으로 만족감을 느낀다. 이런 동기는 인간 내면에 있는 심리적 성장과 자기실현의 욕구 만족을 통해 행복과 연결된다.

외재적 동기는 타인의 칭찬, 인정 욕구, 사회적 처벌, 비판 회피 욕구에서 생기며 그 자체로는 행복을 증가시킬 수 없다. 즉, 외재적 가치인 경제적 성공, 신체적 매력, 사회적 인기를 추구하는 사람들은 주관적 안녕이 낮아지며 내재적 목표를 추구하는 사람들은 주관적 안녕이 높아지는 것으로 나타났다. 내재적 목표를 중시하면 자기실현감, 생동감이 높았고 신체적 증상, 우울감이 낮았다.

행복과 정신건강을 이해하려면 두 동기의 구분이 중요하다. 내재적 동기를 소유한 사람들은 외재적 동기를 소유한 사람들에 비해 끈기, 업무성, 창의성, 활기, 자존감이 향상되었고 전반적 행복수준이 더 높게 보고되었다.

(3) 기본심리욕구

내재적 동기란 새롭고 도전적인 것을 추구하고, 자신의 능력을 확장하여 연마하며, 항상 탐구하고 배우고자 하는 선천적 성향이라고 정의할 수 있다. 내재적 동기를 인간의 대표적인 긍정적 속성으로 간주하면서 하위요인으로 유능성, 관계성, 자율성을 제시하였다. 유능성은 환경에 효과적으로 대응할 수 있는 숙달된 경험을 추구하는 성향이다. 관계성은 서로에게 지지적인 인간관계를 형성하고자 하는 성향이다. 자율성은 삶의 중요한 문제에 관해서 독립적이고 자주적인 결정을 내리고자 하는 성향이다. 유능성의 욕구, 관계성의 욕구, 자율성의 욕구 성향들은 자발적인 동기부여와 성격통합의 바탕이 되며 이 세 가지 욕구가 충족될 때 내재적 동기가 촉진된다.

(4) 자기결정이론

자기결정이론은 인간 동기를 설명하기 위한 이론적 체계로 실증적 연구의 지지를 많이 받고 있는 내재적 동기 이론 중 하나이다. 자율성의 정도에 따라 순전히 타율적인 행동(외재적으로 동기화된 행동)에서 완전히 자기결정된 행동(내재적으로 동기화된 행동)에 이르기까지 일련의 연속체 선상에서 개념화하고 있다. 즉, 외재적 동기와 내재적 동기라는 이분법적인 구분이 아닌 자기결정의 정도에 따라 동기를 설명한다. 처음에 외적인 이유 때문에 시작한 행동이 점차 내면화되어 자기결정된 행동으로 바뀌는 과정을 설명해 주고 있다. 내면화는 처음에는 부모나 성인과 같은 타인으로부터 획득된 신념, 태도, 행동 등이 개인의 가치나 행동 유형으로 점차 변화되는 과정을 의미한다.

이를 종합해 보면, 욕망충족이론에서는 다양한 욕망을 충족시킬 외부적 조건과 행복은 아주 낮은 상관을 나타낸다고 제안한다. 외부적 조건이란 의식주, 재산, 계층, 사회적 지위, 교육수준 등으로, 이들은 행복과의 관계에서 상관관계를 나타내긴 하였으나 그 관계는 아주 낮았다고 보고하고 있다. 왜냐하면 욕망의 충족 상태는 일시적이어서 지속적인 충족 상태를 유지시키기 어렵기 때문이다. 하나의 욕망이 충족되면 다른 욕망이 부각되어 또다시 충족을 요구하고 이를 다시 충족하게 되면 또 다른 더 큰 욕망이 부각된다. 충족된 욕망은 부각된 더 큰 욕망에 둔감하게 되어 행복감을 느끼지 못하는 것이다.

2) 목표이론

목표이론은 자신이 목표를 달성하거나 목표를 향해 가고 있다고 믿을 때 행복을 느낀다는 이론이다. 이는 욕망을 좀 더 구체화한 것이다. 목표이론은 목표달성 관련 인지적 평가를 포함하고 있어 욕망충족이론의 발전된 형태로 볼 수 있다.

우리는 개인적 가치 부여 목표들을 향하거나 그 성취를 이루는 과정에서 행복을 느낀다. 목표는 개인행동의 성취 지향점을 의미하고 미래 기대와 희망의 구체적인 내용이 된다. 목표의 설정과 성취는 주관적 안녕과 긍정 정서를 증가시킨다. 목표의 설정과 목표를 향할 때 진전감을 느끼고 목표를 성취할 때 행복감을 느낀다. 목표이론에서는 개인의 목표의 유형과 구조, 목표 성취 가능성, 목표를 향한 진전 속도에 의해 행복이 결정된다고 보고 있다.

목표유형에 따라 행복도가 달라진다. 목표가 내재적 동기와 잘 부합되면 행복도가 높아지는데, 자기수용 · 긍정적 인간관계 · 타인 돕기와 관련된 목표를 추구하는 사람들이 신체적 매력 · 물질적 성공 · 사회적 명성을 추구하는 사람들보다 더 높은 행복을 느낀다. 내재적 동기와 함께 자율적으로 선택한 목표가 행복을 증진시킨다.

3) 비교이론

비교이론은 행복과 불행이 발생된 사건 자체보다 그 사건에 대한 인지적 해석에 달려 있다는 주장이다. 인간은 자신의 상태를 어떤 기준과 비교하여 그 기준과의 긍정적 차이를 인식할 때 행복감을 느낀다. 자존감은 자신에 대해 내리는 판단과 관련이 있고 자신을 평가할 때 어떤 기준과의 비교를 통해 자신의 가치에 대한 결론을 내린다. 사람은 자기평가를 위해 다른 사람, 과거의 삶, 이상적 자기상, 지향하는 목표 등을 기준으로 삼는다. 자기평가에 대한 네 가지 방법을 살펴본다.

자기평가에 대한 첫 번째 방법은 다른 사람과 비교하는 것이다. 자신을 다른 사람과 비교하는 것을 사회적 비교라고 한다. 사회적 비교는 자기평가를 하는 대표적인 방법으로 어떤 사람들을 비교대상으로 하느냐에 따라 평가결과가 크게 달라진다. 자신과 비슷한 사람들과 비교하는 수평적 비교, 자신보다 더 나은 사람들과 비교하는 상향적 비교, 자신보다 못한 사람들과 비교하는 하향적 비교가 있다. 비교방식의 선택에 따라 주관적 안녕감은 영향을 받는다. 높은 기대수준과 낮은 성취상태에 있다 하더라도 목표를 향해 적절한 진전이 있다고 느낀다면 행복감을 느끼게 된다.

자기평가에 대한 두 번째 방법은 과거의 자신과 비교하는 것이다. 과거와의 비교에서 긍정적인 변화를 인식할 때 행복감을 느낀다. 행복한 삶을 지속하기 위해서는 점진적인 긍정적 변화를 지속적으로 인식하는 것이 필요하다. 삶 속에서 사소한 것이라도 긍정적 변화를 인식하고 그것을 소중하게 여기는 것이 행복한 삶을 영유하는 한 가지 비결이라고 할 수 있다.

자기평가에 대한 세 번째 방법은 이상적 자기와 비교하는 것이다. 자신에 대한 절대적 기준을 세우고 그 기준과 비교하는 것으로, 평가결과는 자존감의 기초가 된다. 이상적 자기상에는 스스로 인상적인 자신의 특성인 이상적 자기상과 부모와 같이 중요한 사람들에 의해 기대되는 의무적 자기가 있다. 인간은 이상적 자기와 의무적 자기와의 비교를 통해 자신을 평가한다. 이 두 자기의 차이가 클수록 자기평가는 부정적이 되고 불행감이 증가하며, 차이가 적을수록 긍정적 자존감과 주관적 안녕감이 증가한다.

자기를 평가하는 네 번째 방법은 지향 목표와 비교하는 것이다. 어떤 사건들이 얼마나 행복감에 영향을 미치는지는 우리가 지향하는 목표와의 비교를 통해서 이루어진다. 우리가 지향하는 목표와 매우 밀접한 관련성을 가진 사건이나 목표 추구에 도움이 된다고 평가되는 사건에 대해서는 긍정적인 감정을, 방해가 된다고 생각하는 사건에 대해서는 부정적 감정을 느끼게 된다. 개인은 자신의 현재 상태를 이러한 기준들과 비교했을 때 우월한 방향으로 차이가 클수록 더 높은 행복감을 경험한다.

4) 긍정심리학

긍정심리학은 인간이 궁극적으로 추구하는 '행복'에 대한 체계적인 학문적 접근을 위해 인간의 긍정적인 측면의 과학적인 탐구를 통해 인간의 행복과 성장을 지원하는 학문이다. 쉘던과 킹(Sheldon & King, et al., 2001)은 긍정심리학을 "인간이 나타낼 수 있는 최선의 기능상태에 대한 과학적 연구"라고 정의하였다. 긍정심리학은 인간에게 있어 번성과 최적의 기능을 제공하는 조건과 과정에 대한 학문으로, 인생을 살 만한 가치가 충분히 있는 것으로 만드는 모든 이론을 포함한다(Seligman & Csikszentmihalyi, 2000). 인간이 가지고 있는 강점이나 자원, 재능을 개발시켜 최상의 기능을 발휘하도록 도와줌으로써 보다 더 행복하고 충만한 인생을 살도록 하는 것을 목표로 한다.

긍정심리학의 세 가지 연구주제는 긍정상태(positive states), 긍정특질(positive trait), 긍정기관(positive institution)이다. 첫째, 긍정상태에 관한 연구는 인간이 주관적으로 경험하는 다양한 긍정적 심리상태에 대한 연구이다. 긍정상태란 만족감, 행복감, 안락감, 친밀감, 사랑 등과 같은 긍정 정서와 함께 자신과 미래에 대한 희망, 열정, 낙관적 생각과 확신, 활기 등을 말한다. 연구내용은 긍정상태의 구성요소와 유발요인, 삶에 미치는 효과 및 증진방법 등이다. 둘째, 긍정특질에 관한 연구는 개인의 긍정적인 성격의 특성과 강점을 연구한다. 긍정특질은 개인에게 있어서 지속적으로 나타나는 긍정적인 행동양식과 탁월한 성품 그리고 덕목을 의미하는 것으로, 긍정특질에는 끈기, 창의성, 지혜, 진실성, 용기, 겸손, 낙관성, 열정, 리더십, 영성, 유머 등이 있다. 셋째, 긍정기관에 관한 연구는 긍정기관에 관심을 가진다. 자기실현과 구성원의 행복을 지원하는 기관을 긍정기관이라 하였다. 개인의 행복과 조직의 발전은 조직이 구성원의 행복과 능력의 발휘를 위해 효과적으로 지원할 때 가능하다. 조직이 구성원의 행복과 능력발휘를 효과적으로 지원할 수 있어야 개인이 행복하고 조직이 발전하게 되는 것이다. 가족, 학교, 직장, 지역사회의 특성을 고려한 건강하고 행복한 조직이 되기 위한 실현방법을 탐구한다.

긍정심리학은 인간의 긍정적 측면을 여러 측면에서 연구하며 행복 증진을 위한 실천적 개입 연구를 중시한다. 심리적 · 신체적 · 대인관계적 · 사회문화적인 차원과 인생의 특정한 발달 단계 그리고 전 생애에 나타나는 인간의 긍정적 특성과 그 변화과정뿐만 아니라 아동기, 청소년기, 성인기, 노년기의 행복한 삶에 영향을 미치는 요인, 긍정적인 덕목의 발달에도 관심을 가지고 연구하는 학문이다.

긍정심리학의 근거는 인간이 근본적으로 성장과 행복을 추구하는 존재라는 관점에서 출발한다. 인간을 움직이는 중요 동기는 욕구이며 욕구에는 성적 욕구, 타자와의 관계형성 욕구, 자기초월, 자기실현, 의미추구 등이 있지만 이러한 것들은 행복추구라는 근본적 동기의 하위에 속하는 것이라고 할 수 있다. 다양한 욕구들이 조화롭고 균형 있게 충족되어야 진정한 의미의 행복이라 할 수 있을 것이다. 인간이 불행해지는 이유는 부적절한 목표와 잘못된 방법을 통해서 욕구를 추구하거나 기본 욕구인 동기를 효과적으로 추구하지 못하기 때문이다. 긍정심리학은 인생에서 만나는 여러 가지 난관과 힘든 역경을 극복하고 성공적인 삶을 성취하는 과정을 밝히고 인간의 성장과 행복에 관여하는 모든 심리적 요인을 탐구함으로써 성장과 행복을 증진할 수 있는 효과적인 방법을 모색한다.

긍정 정서와 부정 정서는 서로 독립된 것으로 간주한다. 부정 정서를 감소시키는 것과 긍정 정서를 증진시키는 것은 매우 다른 독립적인 과정으로 생각하는데, 그 이유는 두 정서에 영향을 주는 요인이 각각 다르기 때문이다. 부정 정서를 제거하면 긍정 정서가 유발되는 것이 아니라 복합 정서가 유발된다. 긍정 정서는 낙관주의를 강화함으로써 증가되므로 행복감을 증진시키기 위해서 비관주의를 약화시켜야 하고 부정 정서를 감소시켜 낙관주의를 강화하여 긍정 정서를 고양시켜야 한다.

3. 아동의 행복과 놀 권리

우리나라 아동의 행복지수는 어느 정도 될까?

2021년 한 연구소에서 우리나라 아동·청소년의 행복지수를 국제 비교(염유식, 2021)한 결과 보고서를 발표하였다. 이 보고서에 의하면, 우리나라 아동·청소년의 '주관적 행복지수'는 OECD 국가 중 최하위라고 명시하였다.

〈표 4-1〉 OECD 국가 어린이·청소년의 주관적 행복지수 비교

순위	주관적 행복		순위	주관적 행복	
	국가	점수		국가	점수
1	네덜란드	115.21	12	이탈리아	97.59
2	노르웨이	114.58	13	포르투갈	94.93
3	스페인	113.98	14	헝가리	96.56
4	오스트리아	111.78	15	핀란드	95.79
5	덴마크	108.79	16	프랑스	95.72
6	그리스	106.50	17	폴란드	93.41
7	아이슬란드	105.09	18	영국	91.21
8	스웨덴	105.04	19	캐나다	90.38
9	스위스	104.35	20	벨기에	88.47
10	독일	103.54	21	체코	83.14
11	아일랜드	102.44	22	대한민국	79.50

출처 : 엄유식(2021).

이에 더하여, 2023년에는 우리나라 아동·청소년 8명 중 7명은 수면에 너무 적은 시간을 사용하고 공부에는 너무 많은 시간을 쓰는 탓에 행복하지 못한

일상을 산다는 조사결과가 나왔다(장보인, 2023). 우리나라의 경우, 사교육의 노출이 더욱 어린 시기부터 진행되면서 상대적으로 쉬고 놀이하는 시간이 줄어들고 있어, 아동·청소년의 행복한 일상은 더욱 멀어져 가는 것이 현실이다. 더욱이 아동의 자발적 놀이 실현은 많은 제약이 따른다. 놀이에 대한 인식 부족, 텔레비전, 컴퓨터, 스마트폰 등과 같은 전자매체 사용의 생활화, 안전한 놀이 공간의 부족, 학습 중시 사회 분위기 등과 같은 요인들은 아동이 재미있게 자발적으로 놀이하는 것을 차단하고 있다(조숙인·권미경·이민경, 2017).

놀이는 능동적이고 자발적이며 재미있고 즐거운 활동이기에 놀이하는 동안에는 행복한 감정을 느낄 수 있다. 특히 아동에게 놀이는 삶의 일부분일 뿐만 아니라 학습과 성장을 위한 방편이다. 아동은 놀이를 통해 자연스럽고 재미있게 사람과 사물을 경험하고 이를 기억 속에 저장한다. 또한 아동은 놀이를 통해 다양한 감정을 경험하고, 인과관계를 배우며, 적절한 어휘를 축적해 나가고, 자기중심적인 정서반응을 통제하며, 자신의 행동을 적극적으로 사회·문화·관습에 적응시켜 나간다. 신선한 공기, 의·식·주, 운동과 휴식, 질병과 사고의 예방이 아동의 발달에 필요하듯이 놀이는 아동의 생존·성장·발달에 필수적이라고 할 수 있다. 아동은 감각·인지·언어·신체·사회·정서 등 모든 발달영역에서 놀이를 통해 유용한 기능을 연마하고 새로운 기능을 탐색하고 배우는 것이다(엄선희, 2019). 따라서 성공적인 발달과 학습을 위해서, 아동 본연의 행복을 위해서 놀이는 필수적으로 보장되어야 하는 중요한 요인이라 할 수 있다. 우리나라를 비롯한 세계 여러 나라에서는 놀 권리를 명시한 규정을 선포하고 아동이 놀이할 권리를 보장하고 있다.

〈표 4-2〉 아동의 놀 권리에 대한 규정

연 도	주요 규정	주요 내용
1922	세계아동헌장	제25조 모든 학교는 놀이터를 갖추어 넓은 땅을 가지지 못한 모든 아동이 방과 후에 놀 수 있는 놀이터를 제공하지 않으면 안 된다.
1957	대한민국 어린이 헌장	제5조 어린이는 즐겁고 유익한 놀이와 오락을 위한 시설과 공간을 제공받아야 한다.
1959	세계아동인권선언문	제7조 교육받을 권리, 놀이와 여가 시간을 가질 권리
1977	아동의 놀 권리 선언 (IPA Declaration of the Child's Right to Play)	놀이는 단순히 시간을 보내는 것이 아니다. 놀이는 삶이다. 놀이는 본능적이고, 자발적이고, 자연스러운 것이다. 또한 탐구하는 것이며 소통하고 표현하는 것이다. 놀이는 행동과 생각을 함께하도록 한다. 놀이는 만족감과 성취감을 준다. 놀이는 모든 문화와 역사에서 이루어졌다. 놀이는 삶의 모든 영역과 연관되어 있다. 놀이를 통해 아동은 신체적으로, 정신적으로, 감정적으로, 사회적으로 성장하며 놀이는 삶을 배워가는 방법의 하나이다.
1989	유엔 아동권리협약	제31조 제1항 당사국은 휴식과 여가를 즐기고 자신의 나이에 맞는 놀이와 오락 활동에 참여하여 문화생활과 예술활동에 자유롭게 참여할 수 있는 아동의 권리를 인정한다.
2015	어린이놀이헌장	가정, 학교, 지역사회는 어린이의 놀 권리를 존중해야 하며, 어린이에게 놀 터와 놀 시간을 충분히 제공해 주어야 한다.

놀 권리는 아동의 보호권, 발달권, 참여권의 보장과 유기적으로 연결되어 있다. 굿네이버스에서 제시하는 놀 권리와 아동의 보호권, 발달권, 참여권의 관계를 살펴보자(이일하, 2015).

■ 놀이와 보호권

놀이는 아동의 신체적, 정신적 건강에 영향을 미친다. 아동은 놀면서 자연스럽게 신체활동을 하게 되어 운동기능이 발달하고 에너지를 방출하여 건강한 몸으로 성장하게 된다. 또한 다양하고 즐거운 신체적 활동은 아동의 면역력을 길러주어 질병으로부터 보호해 준다. 그리고 놀이가 주는 즐거움과 기쁨은 아동에게 감정과 관련 있는 뇌 부분에 영향을 주어 스트레스 해소와 감정 조절 능력을 발달할 수 있도록 돕는다. 놀이를 통해 아동은 기본적인 감정(화, 두려움, 슬픔, 기쁨)을 느끼게 되고, 놀이를 반복하면서 아동은 이러한 감정들을 조절하는 능력을 기르게 된다. 특히 빈곤층의 아동에게는 친구들과의 우정이 건강과 심리사회적 보호요소로서 작용하며, 놀이를 통해 아동은 행복감을 느끼고 건강하고 즐거운 아동기를 누릴 수 있게 된다.

■ 놀이와 발달권

놀이는 아동의 발달에 있어 중요한 역할을 한다. 놀이를 통해 아동은 신체활동을 하고, 또래들과 상호작용을 하며 대인관계를 맺어간다. 또한 아동은 놀이 활동 중 예상하지 못한 상황을 경험하게 되고, 이를 통해 다양한 대처능력을 기를 수 있게 된다. 결국 놀이는 어려움을 극복할 수 있는 용기, 적응력, 모험심을 기를 수 있도록 돕는 것이다. 친구들과 함께 잘 노는 아동들은 그렇지 못한 아동들에 비해 인지, 사회, 신체 발달이 높게 나타나, 놀이가 전반적인 아동의 발달에 도움이 된다는 것을 알 수 있다.

■ 놀이와 참여권

놀이는 아동의 일상생활에서 참여활동을 가능하게 한다. 놀이를 통해 친구들과 교류하고, 자신이 원하는 활동에 참여하면서 자율성과 주체성을 강화해 나간다. 지역사회 내에서 이루어지는 놀이는 자연스럽게 아동과 어른과의 교류를 늘려갈 수 있게 하여 지역 내 관계를 원활하게 하는 동력이 된다. 지역사회에 참여하고 관계를 원활하게 돕는 놀이는 소속감을 느끼게 하는 중요 요소이다. 자신이 주변에 긍정적으로 도움이 된다는 느낌을 받으면서 아동은 자신의 역할과 책임에 대해 만족하게 되고 자연스럽게 소속감을 느끼게 된다.

이처럼 놀이는 아동의 전반적인 삶과 발달에 중요한 영향을 미치는 요소이며, 아동에게 놀이는 인간으로서 누려야 하는 기본적인 권리라 할 수 있다. 현재 놀이에 대한 인식 부족, 사교육으로 인한 놀이 시간의 부족, 놀이공간과 환경의 부족 등이 아동의 놀이할 권리를 침해하고 있는 상황이다. 따라서 이를 개선하여 아동이 안전하고 자율적으로 놀 수 있는 여건이 마련되어야 할 것이다.

4. 기타 행복 관련 변인

일반적으로 행복과 관련된 변인은 사회인구학적 요인과 심리적 요인으로 구분할 수 있다. 사회인구학적 요인에는 나이, 경제적 수준, 교육, 성별, 직업, 지능, 결혼의 여부, 건강 등이 있다. 심리적 요인에는 낙관성, 외향성, 긍정적 대인관계, 자존감, 안정성, 통제감 등이 있다. 행복 관련 변인으로 김미애(2016)는 성격, 신념, 동기, 정서, 관계, 적응 등 여섯 가지를 제시하였고, 권석만(2009)은 긍정적 인간관계, 몰입과 자기실현의 직업적 성취, 사회적 기여와 여가활동, 인생의 의미와 영적 추구 등으로 분류하였다. 이 절에서는 김미애가 제시하는 여섯 가지 행복 관련 변인을 살펴보도록 한다.

1) 성 격

행복 관련 연구들은 행복이 안정된 성격 특질과 강한 상관관계가 있음을 보여주었고 많은 행복연구자들은 성격과 행복 간의 관계를 집중적으로 다루었다.

올포트(Allport)는 성격 특질을 성격 5요인으로 명명하고, 외향성, 개방성, 성실성, 친화성, 신경증으로 구성하였다. 외향적인 사람은 사교적이고 자기주장을 잘하고 명랑하고 힘이 넘친다. 개방적인 사람은 상상력이 풍부하며 이지적이고 도전적이며 창의적이고 교양이 풍부하며 호기심이 많고 새로운 것에 개방적이다. 성실한 사람들은 열심히 일하고 신중하고 철저하며 책임감이 강하고 계획성이 있고 신뢰감을 주는 특성을 갖추고 있다. 친화적인 사람은 부드러운 마음을 가지고 관대하고 양보심이 많고 세심한 배려를 하는 등 이타적인 특성을 지닌다. 신경증이 높은 사람은 자존감이 낮아 우울하고 불안하며 의기소침하고 변덕이 심하고 화를 잘 내며 까다롭다. 드네브와 쿠퍼(DeNeve & Cooper, 1998)의 연구 결과 외향성은 행복과 정적 상관을 나타내었고, 신경증은 행복과 부적 상관을 나타내었다. 즉, 외향적인 사람은 행복을 더 많이 느끼며, 신경증이 높은 사람은 행복을 느끼지 못할 가능성이 크다는 것을 설명한다.

탄력성은 내적 · 외적으로 발생하는 긴장상황에 맞서 풍부하고 유연하게 적응할 수 있는 개인의 일반적 능력이라고 설명할 수 있다. 탄력적인 자아는 불안에 대한 민감성을 낮게 하고 유능하고 건강한 기능을 작동하게 한다. 자아탄력성은 심리적 안녕감, 행복, 주관적 안녕감에 영향을 미치는 요인으로 설명되고 있다.

2) 신 념

개인이 접촉하는 세계의 어떤 측면에 대한 감정 · 지각 · 인식 · 평가 · 동기 · 행동경향 등의 종합적이고 지속적인 자세를 '태도'라고 하는데, 신념은 그 인지적인 요소 및 측면을 형성한다(두산백과, 2016). 신념 중 자기개념이란 개인이 자신에 대하여 갖는 태도, 신념, 견해의 총체이다. 자기개념은 행복에 영향을 미치는 요인으로 연구되고 있다. 신체적 자기개념은 사회적 자기개념, 학문적 자기개념, 정서적 자기개념과 함께 가장 중요한 역할을 하는 것으로 밝혀지고 있다. 현대사회에서 멋있고 건강하게 보이는 신체 관련 요인들은 직무를 수행할 때나 대인관계 속에서 긍정적인 촉진제로 사용될 수 있다. 또한 스포츠 참여로 인해 활발하고 지속적으로 신체활동에 참여하게 되면 자아 만족을 유지할 수 있고 우울이 감소하여 주관적인 행복감이 향상될 수 있다.

자기존중감은 자신의 가치에 대한 느낌과 판단이라고 정의할 수 있다. 자기존중감이 높으면 삶의 만족도가 높아지고 애정적이 되고 안정적이며 행복감이 높아진다.

자기효능감은 행복과 관련된 중요한 요소로 연구되고 있다. 자기효능감은 학습자가 과제수행이나 학습활동 등에서 성공할 것이라는 기대나 확신 또는 자신의 능력에 대한 신념으로 정의할 수 있다. 자기효능감은 행복과 밀접한 관계가 있음이 밝혀지고 있다. 또한 자기효능감은 더 높은 자기존중감, 스트레스 조절, 적응, 안녕감, 질병의 회복과 관련이 있다. 낮은 자기효능감은 낮은 안녕감과 관련이 있고, 불안, 우울과 관련이 있다.

교사효능감도 행복과 관련된 중요한 요소이다. 교사효능감은 교사 자신의 교육적 행위가 학습자의 환경이나 상황에 관계없이 학습자를 변화시킬 수 있고 학업성취와 행동에 영향을 미칠 수 있을 것이라는 기대와 확신을 하는 것이며 일관성 있게 자신에 대한 믿음을 갖게 되는 것을 말한다. 교사효능감과 주관적 행복감의 관계에 대한 연구결과들에 의하면 교사효능감은 학생들에게 영향을 미치는 잠재적인 요인으로 나타나고 있다. 한 연구(허지영, 2008)에 의하면, 초등학생들은 담임교사의 심리적인 측면에 영향을 받기 때문에 교사 자신과 학생들을 위하여 행복감 증진에 노력해야 한다고 제시하고 있다. 유아교사의 경우에도 유아교사의 행복감이 높을수록 교사의 효능감 수준은 높아진다(곽희경, 2011).

3) 동 기

동기는 내적 동기와 외적 동기로 구분된다. 내적 동기는 자신이 관심 있는 영역에 대하여 최선의 도전과 숙달을 위해 추구하고 행동하려고 하는 타고난 특성이다. 외적 동기는 인간의 사회화 현상에서 나타나는 것으로 내적 동기가 아닌 것에서 요구되는 가치, 태도 등을 의미하는데, 결과를 위한 수단의 목적을 가지고 참여하는 인간의 행동을 말한다.

숙달목표는 긍정 정서와 학교 관련 안녕감과 정적인 관련성이 있는 것으로 나타나고 있다. 반면 수행목표는 안녕감과 부적인 관련성이 있는 것으로 나타나고 있다. 학습 자체에 대한 가치나 만족감 등 내적인 목표가 높은 숙달목표 지향적인 학습자는 부나 명성과 같은 외적인 목표를 갖는 수행목표 지향적인 학습자들에 비해 안녕감의 수준이 높은 것으로 나타난다.

4) 정 서

긍정 정서는 활동적이고 열정적이며, 활발함 등 긍정적인 정서상태를 나타낸다. 부정 정서는 분노, 공포, 메스꺼움, 죄의식, 경멸 등을 포함한 부정적인 정서상태를 나타낸다.

긍정 정서는 행복의 가장 중요한 요소이며, 개인의 안녕감과 적응에 긍정적인 영향을 준다고 알려져 있다. 한편 부정 정서는 불쾌와 고통, 슬픔과 무기력의 특징을 수반한다. 그럼에도 불구하고 긍정심리학자들은 분노, 화, 우울, 두려움 등의 부정적인 감정들은 어느 정도의 수준에서 인간에게 적응적인 기능을 한다고 제안하고 있다.

이때 중요한 요소는 정서조절을 위한 대처방식의 관점인데, 이것은 정서지능으로 설명할 수 있다. 정서지능이란 자신과 타인의 정서를 인식하고 구별하는 것으로, 한 사람의 사고와 행위를 이끌어 내기 위해 정서를 활용하는 능력이라고 정의할 수 있다. 즉, 정서지능은 자신의 정서를 인식하고 조절하며 좌절상황에서도 충동을 통제하고 긍정적으로 사고하기 위하여 자신을 동기화한다. 또한 정서지능은 타인에 대한 공감을 통해 대인관계를 효율적으로 이끌어 나간다. 그러므로 정서지능은 대인관계, 학교생활, 학업성취, 자아존중감, 낙관적 사고, 긍정적 자기상의 형성, 스트레스의 감소 등의 측면에서 중요한 영향을 미치는 요소로 연구되고 있으며, 주관적 안녕감과 높은 상관이 있다.

5) 관 계

아동이 맺는 인간관계에서 가장 중요한 사람은 부모이다. 부모의 양육태도는 부모가 자녀를 양육함에 있어서 일반적이고 보편적으로 나타나는 행동 및 태도라고 정의된 부모의 양육태도가 애정적이고 지지적일수록, 자녀들의 자아존중감과 생활만족도는 높고 우울이나 적대감이 낮아 심리적 안녕감에 긍정적인 영향을 미친다.

부모와의 애착도 심리적 안녕감 및 행복과 밀접한 관계가 있다. 애착은 타인에게 접근을 추구하고 유지하는 행동일 뿐만 아니라, 접근 손상 시 회복하려는 강렬하고도 지속적인 정서라고 정의한다. 부모와의 애착은 인간이 최초로 접하는 타인과의 관계라는 측면에서, 아동이 삶을 살아가는 동안 관계를 이해해 나가는 데 직접적인 영향을 준다는 측면에서 매우 중요한 요인이다. 부모와의 애착은 아동의 심리적 적응과 안녕감에 중요한 변인이며 청소년의 우울, 불안, 스트레스와도 밀접한 관계가 있다고 보고되고 있다. 또한 부모와의 애착이 높을수록 학업 스트레스로 인한 자살충동이 줄어들고, 사회적 불안과 외현화 문제가 줄어든다고 보고되어, 부모와의 안정적인 애착은 심리적 안녕감에 긍정적인 영향을 미친다는 것을 알 수 있다.

사회적 지지란 가족뿐만 아니라 한 개인을 둘러싸고 있는 친지, 동료, 전문가 등 다양한 인적 자원들에게서 제공되는 다양한 형태의 긍정적인 원조를 말한다. 사회적 지지는 개인이 스트레스 상황에서 경험하게 되는 심리적·생리적 측면의 부정적 효과를 약화함으로써 궁극적으로 환경에 대한 적응력을 높이고 심리적 안녕감과 적응에 긍정적인 영향을 미치는 것으로 보고되고 있다.

6) 적 응

적응이란 일정한 환경이나 조건에 맞추어 알맞게 되는 것으로 스트레스 상황을 어떻게 대처하느냐에 따라 적응의 차이가 나타난다.

스트레스는 개인의 심적 안정이나 다른 사람과의 조화에서 커다란 장애가 되는 정신적이고 육체적인 긴장을 의미하는데, 스트레스 사건 자체보다는 스트레스를 어떻게 인지하고 평가하는가와 관련된 지각의 정도와 어떻게 대처하는가와 관련된 대처의 방법에 따라 적응의 차이가 발생한다.

효과적인 스트레스 대처방식은 행복감과 깊은 관계가 있는 것으로 나타난다. 문제의 원인을 제거하고 변화시켜 해결해 나가는 문제중심 대처방법은 스트레스로 인해 발생되는 부정적 감정을 해소하는 데 영향을 미치는 것으로 보고되고 있다. 사회적 지지 추구 대처방법은 다른 사람과 스트레스 원인에 대해 탐색하거나 도움을 통해서 해결하는 방식을 의미하고, 소망적 사고 대처방법은 스트레스 유발 상황이나 사건에서 벗어나 바람직한 상황을 생각해 봄으로써 문제를 해결해 나가려는 방식을 의미한다. 사회적 지지 추구 대처방법과 소망적 사고 대처방법은 모두 개인의 정신건강과 행복에 중대한 영향을 미치는 요소이다.

토론 및 요약

1. 행복의 어원과 행복을 지칭하는 다양한 용어들을 정리해 보자. 용어들의 개념에 어떠한 변화와 차이가 있는지 알아본다.
2. 심리학에서 제시하는 행복의 조건과 행복을 얻는 방법에 대해 이야기해 보고 자신이 느끼는 행복의 조건과 행복을 얻는 방법에 대해 경험적인 사례를 들어 토론해 본다.
3. 아동권리와 복지에서 아동의 행복을 목적으로 설정해야 하는 이유는 무엇이며 아동 행복을 보장하기 위해 필요한 것이 무엇인지 논의해 본다.
4. 아동의 행복과 놀 권리를 연결하여 생각해 본다. 또한 놀 권리를 침해하는 요소들을 나열해 보고 이를 해결할 수 있는 방법을 제안해 본다.

Part 2

아동권리 실천의 토대

Chapter 5

아동복지의 이해 및 실천 방법

이 장에서는 아동의 이해를 돕고자 아동에 대한 정의와 아동의 발달을 살펴보고자 한다. 또한 아동복지의 개념 및 필요성을 알고 아동복지의 실천 방법으로 아동복지 실천 대상의 특성과 실천 과정의 접근 방법을 탐색해 보고자 한다.

학습목표

1. 아동에 대한 정의와 아동의 발달에 대해 안다.
2. 아동복지의 개념과 필요성에 대해 안다.
3. 아동복지 실천 대상의 특성을 탐색한다.
4. 아동복지 실천 과정의 접근 방법을 탐색한다.

1. 아동의 이해

1) 아동의 정의

아동이란 대개 '나이가 적은 아이', 또는 '유치원에 다니는 유아에서 사춘기 전의 아이'를 일컫기도 하며 아동복지법에서는 18세 미만의 사람으로 정의하고 있다. 유엔 아동권리협약의 아동권리 선언문에서는 "아동은 신체적 · 정신적으로 미성숙하여 출생 전후를 막론하고 적절한 법적 보호를 포함한 특별한 보호와 배려를 필요로 한다"라고 정의하고 있다. 또한 아동복지법에 따르면 출생에서 만 18세까지의 신체적 · 정서적 · 인지적 · 사회적으로 미성숙한 단계의 인간을 아동이라 칭하고 있다. 따라서 아동복지에 해당하는 아동의 대상은 출생에서 만 18세까지의 연령에 속하는 사람을 의미하는 것이라 할 수 있다.

아동의 개념은 시대, 사회 변천 및 학자의 관점에 따라 다르게 정의되고 있으며 고대에서 현대에 이르기까지 아동에 대한 시각이나 관점도 다양한 차이를 나타내고 있다. 아동에 대한 다양한 관점을 송정애(2017)의 입장을 토대로 정리하면 〈표 5-1〉과 같다.

〈표 5-1〉 아동에 대한 다양한 관점에 따른 내용

관 점	내 용	
성인축소판	• 성인이 지니는 특성은 이미 출생 당시부터 타고나는 것 • 아동은 크기가 작은 어른일 뿐이며 아동의 정신세계도 성인과 다르지 않을 것이라고 생각 • 아동이 성장과정을 통하여 환경과 끊임없이 상호작용하면서 심신양면이 통합되는 존재라는 사실을 인정하지 않는 관점	성인의 축소판으로서 아동 존재 인정

장래 시민 (그리스 플라톤)	• 그리스의 플라톤은 국가조직 속에서 각 계급의 시민들은 자기가 타고난 본성과 어울리게 맡겨진 직분에 충실해야 한다고 주장 • 인간의 본성은 이미 신으로부터 부여받은 것이므로 시민을 국가에 봉사하기 위한 도구로 보며 인간개체의 존엄성을 불인정	아동의 존재 가치는 미래 국가사회 건설 수단으로만 인정
성악설 (중국 순자, 기독교)	• 인간 본성은 악하므로 본능대로 살면 악인이 되기 때문에 교육으로 제재하여야 한다는 관점 • 기독교에서 인간은 육신은 악한데 영혼은 선하다는 영육이원론 관점이며, 아동육아 방법은 엄한 규율, 엄격한 도덕적 훈련, 부모에 대한 절대적 복종과 존경을 강요	아동의 발전 가능성 무시
백지설 (존 로크, 중국 고자)	• 존 로크는 인간오성론에서 출생 시 인간의 마음은 백지와 같다고 함 • 인간이란 태어날 때 본능이라는 것도 갖지 않았을 뿐만 아니라 수동적으로 환경을 받아들일 뿐 능동적인 존재는 아니라는 생각 • 아동경험을 통한 상과 벌에 의하여 인간의 본성이 결정되기 때문에 스파르타식 교육이 요구된다고 봄	교육을 통한 아동발달 가능
반복설 (다윈, 홀)	• 다윈의 진화론을 근거로 홀은 어떤 종족에 속해 있는 개체의 발달과정은 그 종족의 발생학적 순서에 따른다는 반복설을 주장 • 인간발달의 유전적 측면을 중요시하였으며 개체발생은 그 종족 발생과정에 따른다고 함	유전적 측면을 중시

한편 아동에 대한 생물학적, 발달심리학적, 교육학적, 그리고 법적 측면에서의 개념을 김미영(2016)의 관점을 토대로 정리하면 다음과 같다.

(1) 생물학적 측면

생물학적인 측면에서는 아동이 신체발달뿐만 아니라 인지발달과 사회 · 정서발달 등 태어나면서부터 죽음에 이르는 생애주기 동안 생물학적 시간표에 근거하여 발달과 성숙을 보인다고 본다. 태아기, 영아기, 유아기, 아동기를 거치게 되며 아동기는 학자에 따라 다르나 대개 6~18세의 연령에 해당하는 것으로 간주한다. 생물학적 측면의 대표적인 학자로는 게젤(Gesell)과 로렌츠(Lorenz) 등을 들 수 있다.

(2) 발달심리학적 측면

아동은 일반적으로 언어능력이나 운동능력, 정신적 · 정서적인 대처능력이 부족하여 의식주를 포함한 인지적 · 정신적 · 사회적 · 도덕적 발달과정에서 스스로 생존을 보장할 수 있는 독립된 주체라기보다는 성인에게 의존하는 보편적인 욕구와 특성을 가진 존재이다. 아동은 보호받고 양육받으며 아동기의 의존성과 욕구를 중심으로 한 개념과 사회가 아동에게 부여하는 독특한 일련의 역할과 기대의 사회학적 개념으로 설명된다.

(3) 교육학적 측면

교육학적 입장에서는 아동을 교육서비스를 제공해야 할 대상으로 여긴다. 우리 사회에서는 초등교육 취학 이전의 시기인 2~5세를 유아기로, 초등교육과정에 해당되는 시기인 6~12세를 아동기로 일컫는다. 우리나라 초등학교 취학연령은 만 6~12세까지이며 이 시기에 취학시켜야 한다고 초 · 중등교육법에 규정되어 있다.

(4) 법적 측면

아동의 개념은 법적 측면에서 다소 상이한 차이를 나타내고 있으며, 용어에서도 아동, 소년, 연소자, 미성년자, 청소년 등이 혼재되어 유사 개념으로 사용되고 있다. 국제법에서는 아동을 18세 미만으로 명확하게 규정하고 있는데 국내에서는 법에 따라 명칭 및 연령상의 차이가 나타나 그들의 권리와 의무에도 많은 차이를 보이고 있다. 아동복지법에서는 한 인간으로서 근로 및 자립할 수 있는 시기까지를 고려하여 아동을 "18세 미만의 자"로 규정하고 있다.

2) 아동의 발달

(1) 아동의 발달 단계

아동의 발달 과정을 태내기, 영아기, 유아기, 아동기 및 청소년기로 나누어 정리하면 다음과 같다.

① 태내기(prenatal period)

정자와 난자의 수정에 의한 자궁 착상 후부터 출생까지 약 9개월 정도의 기간을 말한다. 태내기는 신체발달과 더불어 지적 발달, 정서발달 등 급속한 성장이 이루어지는 시기이기도 하다. 태아는 자궁 속의 환경에만 국한되어 성장하는 것이 아니라 외부의 자극에도 반응을 보이며 성장한다. 적절한 영양공급은 건강한 아기를 출산하고 성장하는 데 가장 중요한 요인이라 할 수 있다. 태아는 모체로부터 영양을 공급받기 때문에 임신부의 영양상태는 태아의 영양상태에 직접적인 영향을 미치며 영양상태가 양호한 임산부는 건강한 아기를 출산할 가능성이 높다.

② 영아기(infancy)

출생에서부터 18~24개월까지의 걸음마 시기를 말하며, 이때 영아는 부모에게 매우 의존적이며 신체와 두뇌의 극적인 변화를 가져오는 시기이기도 하다. 대부분의 심리학적 활동과 언어활동을 시작하고, 상징적 사고, 감각운동의 조합, 사회적 학습 각 영역에서 급속한 성장이 이루어지는 시기이다.

③ 유아기(early childhood)

2~6세의 연령에 해당되며 자율성을 획득하고, 신체기능은 보다 더 정교해지며 사회적 · 물리적 경험이 풍부해지는 시기이다. 또한 부모나 또래 그 밖에 타

인으로부터 상호작용을 경험하며 자신을 돌보는 자조기술이 발달되고 도덕성을 보이며 지시 따르기, 글자 알기 등 사고와 언어는 더욱 확장되고 취학 준비기술을 배우는 시기로, 특히 또래와의 놀이가 활발히 일어나는 시기이다. 인지능력의 발달이 현저히 일어나며 정서표현이 풍부해지지만 안전에 있어서는 성인의 보살핌이 매우 요구되는 시기이다.

④ 아동기(middle and late childhood)

초등학교에 다니는 6세에서부터 11세의 학령기에 해당되는 시기이다. 읽기, 쓰기, 셈하기 등을 통해 인지적 기술을 습득하고 또래와의 관계를 통해 사회적 기술과 대인관계 능력을 익힌다. 사회생활에 필요한 기본적인 능력을 배우고 익히며 집단생활의 비중을 확대해 가는 시기이기도 하다. 자기중심에서 탈피한 논리적인 사고, 보존개념, 서열화, 분류화가 가능한 시기라 할 수 있다. 생활의 중심이 학교로 이동되어 감에 따라 자기이해, 도덕성, 또래들과의 우정 등을 증진시키며 학업성취가 아동의 세계에서 중요한 과제가 되면서 자아통제가 증가하는 시기이기도 하다.

⑤ 청소년기(adolescence)

11~18세에 해당되며 아동기에서 성인기로 전환하는 시기이다. 키나 몸무게의 증가, 체형의 변화, 가슴의 발달, 체모, 변성 등 신체적 변화가 급속하게 이루어지는 시기이지만 학교폭력, 우울 등 부정적인 경험에 노출되어 가는 시기인 만큼 청소년의 정신건강 관리에 각별한 주의를 기울여야 할 시기이기도 하다. 독립성과 동일시의 발달이 이루어지는 시기이며 이들의 사고는 점점 추상적이고 논리적이며 고등교육을 통해 직업세계를 준비하는 시기로서 자율성 획득 및 목표를 설정하여 달성하고자 한다.

태내기부터 청소년기까지의 발달 단계와 주요 발달현상을 정옥분(2002)이 제시한 것을 토대로 정리하면 〈표 5-2〉와 같다.

〈표 5-2〉 아동의 발달 단계와 주요 발달현상

단 계	주요 발달현상
태내기 (착상~출생)	• 기본적인 신체구조와 기관이 형성된다. • 신체의 성장이 일생 중 가장 빠른 속도로 이루어진다. • 태내환경의 영향을 크게 받는다.
영아기 (0~2세)	• 신생아는 의존적이기는 하나 나름대로 많은 능력을 가지고 있다. • 신체의 성장과 발달의 속도가 매우 빠르다. • 학습능력과 기억력이 신생아기에도 형성된다. • 생후 2년째가 되면 자아에 눈뜨기 시작한다. • 첫돌 무렵에 부모에 대한 애착이 형성된다. • 다른 아동에 대한 관심이 증가한다.
유아기 (2~6세)	• 운동기술과 체력이 신장된다. • 자기중심적이다. • 인지적 미성숙으로 인해 세상을 보는 눈이 비논리적이다. • 놀이를 통해 창의력, 상상력이 풍부해진다. • 자율성, 자기통제력이 증가한다. • 또래의 중요성이 증가하지만 가족이 여전히 생활의 중심이다.
아동기 (6~11세)	• 신체의 성장이 이전 시기에 비해 느려진다. • 체력과 운동기술이 더욱더 신장된다. • 유아기의 자기중심성이 사라진다. • 기억력과 언어기술이 증가한다. • 자아개념이 발달한다.
청소년기 (11~18세)	• 성인기로 전환하는 시기이다. • 성적 성숙 및 신체발달이 급속히 이루어진다. • 아동의 독립성과 동일시의 발달이 이루어지는 시기이다. • 사고가 점점 추상적이고 논리적이다. • 고등교육이나 직업세계를 준비하는 방향으로 나아간다. • 자율성 획득 및 목표를 설정하여 달성하고자 한다.

(2) 아동발달의 과정

한편 샌트록(Santrock, 2001)은 아동발달의 과정에 따라 크게 생물학적, 인지적, 사회 · 정서적 영역으로 나누어 살펴보았으며 이를 요약 정리하면 다음과 같다.

① 생물학적 과정은 개인의 신체적 변화와 관련이 있다. 부모로부터 물려받은 유전인자, 두뇌의 발달, 키와 몸무게 증가, 운동능력, 사춘기 호르몬 변화 등 모두 발달에 있어서 생물학적 과정의 역할을 반영하는 것이다.

② 인지적 과정은 개인의 사고와 지능 및 언어에 있어서 변화를 포함한다. 영아가 침대 위에 달려 있는 모빌을 쳐다보거나, 두 단어를 조합한 문장을 사용하거나, 아동이 시를 외우며 수학문제를 풀고 연예인의 생활을 꿈꾸는 것 등은 모두 인지적 과정의 발달을 반영하는 것이다.

③ 사회 · 정서적 과정은 타인들과의 관계 변화, 정서 및 인성 변화 등을 포함한다. 엄마가 쓰다듬어 주었을 때 웃음을 보이는 아이, 친구에게 공격적인 행동을 보이는 남아, 자기 주관성이 발달한 여아 등의 행동은 모두 사회 · 정서 발달을 반영하는 것이다.

2. 아동복지의 개념

아동복지는 '아동(child)'이라는 단어와 '복지(welfare)'라는 단어의 합성어로서 영어로 child welfare로 나타낸다. 일반적으로 좁은 의미의 아동복지란 특별한 문제나 욕구가 있는 아동을 중심으로 한 복지활동을 말하는 것으로, 비교적 개인이나 민간단체를 중심으로 이루어지는 활동을 일컫는다. 넓은 의미의 아동복지란 일반아동과 그 가족을 대상으로 다양한 복지주체들이 서로 유기적 관련하에 체계적으로 복지활동을 전개하는 것을 말한다. 여기에서 일반아동이란 특별한 문제나 욕구가 있는 아동에 대응되는 대상이나 실제적으로는 이러한 아동을 포함한 모든 아동이라는 의미로 사용되고 있다. 그리고 아동복지의 대상에 가족이 포함되는 것은 아동복지의 일차적 책임이 가족에게 있으며 최선의 아동복지는 아동양육에 대한 가족의 기능을 강화해 주는 것이라는 입장에 근거하고 있다(주수길 외, 2012).

프리들랜더와 앱트(Friendlander & Apte, 1980)는 사회적 · 경제적 활동으로 아동복지의 기능적 측면을 강조하였다. 빈곤 · 방치 · 유기 · 질병 · 결함 등을 지닌 아동을 대상으로 이들이 신체적 · 정서적 · 지적 발달에 있어서 안전하며 행복할 수 있도록 공공기관과 민간기관에서 사회 · 경제 · 보건적인 활동을 실시하는 것이라고 설명하였다.

아동복지의 개념을 협의의 아동복지와 광의의 아동복지로 정의하면 다음과 같다(김호년 · 김성재 · 김현정 · 박 윤 · 양진희 · 우수경 · 이순자 · 이시진 · 장정애 · 이인원, 2011).

1) 협의의 아동복지

카두신과 마틴(Kadushin & Martin, 1988)은 좁은 의미로 아동복지를 특수한 욕구를 가진 아동과 가족을 대상으로 사회복지기관을 비롯한 특정 기관에서 제공하는 서비스라고 설명하였다. 카두신(1984)은 부모가 아동에 대한 책임을 이행할 수 없거나 아동 및 가족이 요구하는 자원과 보호를 제공하지 못할 때 그 아동에 대해 봉사하는 것이라고 말했다. 즉, 좁은 의미의 아동복지란 구조적으로나 기능적으로 부적절한 양육환경에서 자라는 아동이나 발달상의 문제나 장애를 가진 요보호 아동을 대상으로 서비스하는 것을 말한다. 좁은 의미의 아동복지는 과거 아동복리법에 의한 복지 개념으로 빈곤아동, 학대받은 아동, 해체가정 아동, 장애아동 등을 서비스의 대상으로 여겼다.

2) 광의의 아동복지

넓은 의미의 아동복지는 요보호 아동뿐만 아니라 모든 아동과 그 가족을 대상으로 서비스를 제공하는 것을 말한다. 카두신(1984)은 넓은 의미로 아동복지를 모든 아동의 행복 및 사회적응을 위한 각종 활동이라고 정의하였다. 광의의 아동복지는 아동과 가족의 욕구를 충족시키기 위해 지역사회와 조화를 이루어 아동의 잠재 능력 발전을 위한 다양한 서비스 및 제도와 정책을 제공하는 것을 의미한다.

지금은 대부분의 국가에서 넓은 의미의 아동복지를 채택하여 모든 아동의 기본적 권리 보장을 주요 문제로 다루고 있다.

아동 관련 법에 따른 명칭과 연령범위를 살펴보면 〈표 5-3〉과 같다.

〈표 5-3〉 아동 관련 법의 명칭과 연령범위

법률명	명 칭	연령범위
헌 법	아동	18세 미만의 자
	형사 미성년	14세 미만의 자
UN 아동권리협약	아동	18세 미만의 자
헤이그 국제아동탈취협약 이행에 관한 법률	아동	16세 미만의 자
아동복지법	아동	18세 미만의 자
입양특례법	아동	18세 미만의 자
한부모가족지원법	아동	18세 미만의 자(취학 중인 경우 22세 미만)
아동의 빈곤예방 및 지원 등에 관한 법률	아동	18세 미만의 자
실종아동 등의 보호 및 지원에 관한 법률	아동	실종 당시 14세 미만인 아동

청소년 기본법	청소년	9세 이상 24세 이하의 자
청소년 보호법	청소년	만 19세 미만의 자
아동 · 청소년의 성보호에 관한 법률	아동 · 청소년	19세 미만의 자
소년법	소년	19세 미만의 자
근로기준법	연소자	15세 미만의 자(최저연령) 중학교에 재학 중인 18세 미만의 자
민 법	미성년자	만 19세 미만의 자
형 법	형사 미성년자	14세가 되지 아니한 자
모자보건법	영유아	출생 후 6년 미만인 자
영유아보육법	영유아	6세 미만의 취학 전 아동
유아교육진흥법	유아	만 3세에서 초등학교 취학 전 아동
도로교통법	어린이	13세 미만의 자
국민기초생활보장법	아동	18세 미만의 자
미성년자보호법	미성년	만 19세 미만인 사람

출처 : 국가법령정보센터 홈페이지(2024).

3. 아동복지의 필요성

아동복지의 이념에 따라 아동복지의 필요성을 세 가지로 요약 정리하면 다음과 같다(주수길 · 성상곤 · 주명국, 2016).

첫째, 한 인간으로서 기본적 생활에 대한 보장의 측면이다. 즉, 아동의 양육을 책임지고 있는 부모나 가족을 도와 아동이 기본적 생활을 유지하여 건전하게 성장 · 발달할 수 있도록 하는 사회의 노력은 아동복지의 일차적인 의미이다.

둘째, 사회적 관점에서 국가발전을 위한 인력의 보호와 육성이라는 측면이다. 즉, 아동은 한 국가뿐 아니라 세계의 미래에 기여할 수 있는 존재이므로 아동의 복지증진을 위한 교육 · 문화 · 복지 · 의료는 가치가 있는 것이다.

셋째, 아동에게 해로운 영향을 끼치는 여러 가지 사회문제의 발생을 예방하는 측면이다. 아동과 아동이 속한 가정의 욕구를 충족하게 해주는 것은 아동의 문제뿐 아니라 빈곤가정, 결손가정 등 아동이 자라서 야기할 수 있는 사회문제의 발생을 미연에 방지하기 위해서 중요성을 가진다.

또한 송정애(2013)는 현대사회에서 아동을 위한 복지의 필요성에 대해 다음과 같이 언급하였다.

첫째, 아동의 기본적 생활보장이 필요하기 때문이다. 인간은 태어나서 성인이 되기까지 보호와 양육 등 긴 준비기간이 필요한 존재이다. 따라서 인간적인 성장과 성숙을 위하여 준비기간 동안 적절한 타인의 도움이 절대적으로 필요하다. 그러나 부모나 그 가족이 어려움으로 인하여 아동을 위한 보호와 양육 등 필요한 조치를 취하지 못할 경우 아동이 기본적 생활을 유지하며 건강하게 성장 · 발달할 수 있도록 사회가 보장해 주어야 한다.

둘째, 사회와 국가의 인력개발과 육성이 필요하다. 아동은 한 사회와 국가의 미래에 큰 영향을 미치는 존재이다. 아동을 보호하고 육성하는 것은 그 사회의 미래와 직결되기 때문에 아동의 보호와 육성이 필요하다.

셋째, 사회문제 발생을 사전에 예방하는 측면이다. 아동들이 가지고 있는 발달적 욕구를 충족시켜 줌으로써 사회문제를 미연에 예방하거나 해결하기 위한 다양한 활동이 필요하다.

황해익, 남미경, 서보순, 김병만(2016)이 언급한 아동복지의 필요성은 다음 세 가지로 정리할 수 있다.

1) 가족구조와 기능 변화에 따른 필요성

오늘날 우리나라는 급속한 가족체계의 구조적 변화와 기능적 변화를 경험하고 있다. 높은 이혼율과 가족의 해체로 가정의 불안정성이 증가하고 이는 가족의 기능변화로 이어져 가족 내 자녀양육의 기능 약화를 초래하였다. 현대 산업사회에서는 한자녀가구가 보편화되고, 이혼, 재혼, 별거, 한부모, 조손, 다문화가정 등 가족형태의 다양성이 증가하였다. 또한 여성의 경제활동 증가, 근로형태의 다양화 등으로 인해 부모의 직접 양육 참여 및 기회가 축소되고, 자녀양육에 대한 전통적인 가족기능의 상당 부분이 사회로 이전되었다.

따라서 다양한 가족유형에 적합한 아동복지가 이루어져야 하며 이를 위해 국가와 지역사회의 노력과 지원이 뒷받침되어야 한다.

2) 아동의 발달환경 변화에 따른 필요성

사회가 복잡해지고 다원화되면서 아동을 둘러싼 환경에도 많은 변화가 초래되고 있다. 학교폭력 문제가 사회문제화된 지 오래이며 아동 대상 성범죄도 날로 증가하고 심각해지고 있다. 또한 우리나라의 과도한 교육열은 학업 스트레스를 일으키고 아동과 부모의 삶의 질에 부정적 영향을 미치고 있다. 이에 따라 최근 정부는 아동의 건강한 성장·발달을 위해 환경적 요인을 적극 규제하고, 정책적으로 고려할 필요성이 있음을 시사하고 있다.

3) 경제적 변화에 따른 필요성

가정생활의 경제적 안정 여부는 아동의 건강한 생활에 큰 영향을 미치는 요인이다. 가정의 경제적 어려움은 인간발달에 부정적 영향을 미치며 가정의 경제적 어려움은 가족 구성원의 결속에도 영향을 미쳐 발달상 적합하지 못한 환경에 노출될 가능성이 높다. 빈곤가정의 아동들은 사망률과 유병률이 높고, 제반 발달도 지체될 가능성이 높으며 가정폭력의 피해 가능성도 높다. 따라서 경제적 어려움을 초래하고 있는 아동과 아동의 가족에게 지역사회 및 국가적 지원이 절실히 필요하다.

4. 아동복지의 실천 방법

1) 아동복지 실천 대상의 특성

아동복지의 실천 대상의 특성을 발달의 과정에 따라 영유아기의 문제, 아동 초기의 문제, 아동 중기와 후기의 문제로 나누어 살펴보고자 한다(박정란 · 서홍란, 2010).

(1) 영유아기의 문제

이 시기에 아동복지 실천 대상이 되는 주 문제는 영아자폐증, 지적장애, 신체장애 등을 들 수 있다. 자녀가 장애를 가지고 태어나면 가족관계와 기능에 영향을 준다. 사회복지사는 장애아동과 가족을 위한 지역사회 자원을 개발하고 연계할 수 있어야 하며 지지적 서비스를 제공할 수 있어야 한다.

(2) 아동 초기의 문제

아동 초기의 문제 중 가장 위급한 것은 아동 학대 및 방임에 대한 통합적 개입이다. 아동 학대 및 방임은 아동의 신체적 · 정신적 · 정서적 발달과 전 생애에 걸쳐 막대한 영향을 주기 때문이다.

(3) 아동 중기와 후기의 문제

① 신체적 발달의 관심 영역

결식으로 인해 아동의 신체적 발달이 정상적으로 이루어지지 않는 사례들이 많다. 영양을 골고루 갖춘 음식을 충분히 먹지 못하고, 의사로부터 충분한 진료를 받지 못하며, 빈곤으로 인해 부모의 적절한 보호를 받지 못한 아동의 건강문제는 아동의 신체적 발달은 물론 지적·정서적 건강에 결정적 영향을 주므로 아동의 건강한 신체발달과 예방적 차원에서의 건강혜택이 개발 보급되어야 한다.

② 심리적 발달의 관심 영역

건전한 심리적 발달을 위하여 일차적으로 요구되는 것은 감각기관과 언어의 정상적 발달이라 할 수 있다. 아동의 시각장애, 청각장애, 언어장애는 사회적 인지의 발달과 깊은 관계가 있으므로 감각기관의 장애를 지닌 아동을 위한 재활 및 치료 프로그램, 정서발달을 위한 프로그램, 열등감을 극복할 수 있는 다각적 개입이 요구된다.

③ 사회적 발달의 관심 영역

가족구조와 기능의 변화로 방과후에 집에 홀로 방치되는 아동에 대한 개입과, 사회성 미발달로 인하여 나타날 수 있는 상습적 거짓말, 도벽, 가출, 무단결석, 환각제 흡입 등의 행동장애에 대한 개입이 요구된다.

2) 아동복지 실천 과정과 접근 방법

아동복지 실천은 아동의 기본적인 욕구를 보장하고 아동이 지속적이고 건전한 성장·발달을 이룰 수 있도록 아동복지 실천 과정에서 가정과 사회적 환경

요소의 지원이 중요하다. 가정은 아동의 성장에 가장 영향력이 있는 환경이므로 아동복지 실천에서는 아동과 그 가족이 서비스의 중심이 되어야 하며 지원되어야 한다. 따라서 전문가들은 아동들이 직면한 문제들을 우선적으로 아동복지 실천 원칙들에 비추어 접근해야 한다고 언급한다.

사례관리의 구성요소로 필립스, 레이와 마샬(Philips, Ray, & Marshall, 2006)은 표적집단의 발견, 심사, 사정, 서비스계획, 서비스의 조정 및 실행, 모니터링, 그리고 재사정 및 사후조사로 언급하였다. 이를 간략하게 요약 정리하면 다음과 같다

첫째, 표적집단의 발견이다. 도움이 필요한 아동과 그 가족들을 발견하는 것은 매우 중요하다. 이를 위해서는 사업과 관련된 홍보가 필요하며 사례관리가 무엇을 위한 것인지, 어떤 서비스를 제공하는지, 어떻게 서비스를 이용할 수 있는 것인지에 대한 설명과 사례관리에 대한 인식을 높이는 것이 필요하다.

둘째, 사례관리를 받을 수 있는지 대상자의 자격을 심사해야 한다. 사례관리의 목적과 목표에 맞추어 선별이 되어야 한다.

셋째, 사정에 의해 아동의 신체적 · 인지적 · 사회적 · 경제적 상태에 대한 평가와 아동의 강점에 대한 평가가 이루어진다.

넷째, 서비스계획은 아동의 신체적 상태, 기능적 상태, 정서적 상태, 재정적 상태, 가족의 협력 정도를 파악한 후에 세워야 한다.

다섯째, 전문가는 서비스를 받고자 하는 아동을 연결해 주고 조정해 주는 것이 중요하다.

여섯째, 모니터링은 관리자가 초기에 작성한 서비스계획이 적절한지, 아동의 상태변화는 어떤지, 서비스계획의 재조정 여부를 판단하기 위한 것이다.

마지막으로 재사정 및 사후조사는 서비스계획이 앞으로 순탄하게 진행되고 아동의 일상생활이 문제 없이 유지될 수 있다는 것이 확인되면 마무리한다.

(1) 개별 아동복지 실천의 원칙

개별 아동복지 실천의 원칙은 다음과 같다(문선화 · 구차순 · 박미정 · 김현옥, 2012).

① 1단계 : 초기 단계(접수와 관계 형성)

이 시기의 가장 중요한 과업은 아동의 문제와 욕구를 파악하고 아동과 부모의 기대가 사회복지사의 근무기관과 기능에 부합하는 것인지를 확인하고 상담원이 원하는 것은 무엇인지 확인하는 것이다. 이러한 과정을 거쳐 서비스 제공 여부와 형태, 서비스 제공 지속 기간 등을 결정한다.

㉠ 문제 및 욕구 확인

방문동기와 기대 등을 명료화하는 것이 중요하다. 초기 접수 과정에서 어떤 이유로 무엇을 기대하는지를 질문하는 것이 좋다. 종종 사회복지사가 제공하는 서비스를 모르고 있으나 사회복지사와 아동의 부모가 함께 문제 체크리스트를 검토하면 아동은 사회복지사나 기관이 어떤 도움을 줄 수 있는지에 대해 이해하게 된다.

㉡ 개입 여부 결정과 사정

면접을 마친 후 사회복지사는 해당 아동에 대한 개입이 기관의 성격과 부합하는지의 여부를 평가한 후 수립된 사정계획에 따라 사회복지사가 개입을 하게 된다.

㉢ 아동의 저항 다루기

사회복지사는 아동의 저항이 나타날 때 자신의 감정을 잘 조절해야 하며 비협조적인 아동을 만났을 때 사회복지사는 좌절과 분노를 느끼므로 까다로운 아동을 만났을 때 상당한 인내가 필요하며 좌절을 잘 견뎌야 한다.

아동은 다음과 같은 저항을 보이기도 한다.

- 말하기를 거부하고 공감하기를 거부한다.
- 문제가 있다는 것을 부정하고 관련되지 않은 주제를 말한다.
- 눈을 마주치지 않는다.
- 약속시간에 늦게 오거나 약속을 어긴다.
- 부정적 몸짓이나 표정을 지으며 적대적 불평을 한다.
- 협력하지 않는다.

㉣ 아동의 자기비난과 자기낙인 다루기

사회복지사는 아동의 자기비난적 특성을 잘 이해하고 아동들이 지닌 자기비난적·자기낙인적 특성이 비합리적인 것임을 설명함으로써 그들을 지지하고 대처할 수 있어야 한다.

② 2단계 : 중간 단계(개입의 수행)

㉠ 사회복지사의 역할과 과업

사회복지사는 개입과정에서 중재자, 조력자, 교사, 옹호자 등의 다양한 역할이 요구된다.

㉡ 아동에 대한 개입 기술

사회복지사는 아동의 발달 단계를 고려하여 의사소통을 하며 목표를 설정해야 하기 때문에 의사소통 기술, 놀이치료, 행동수정 등 아동에 대한 개입 기술이 필요하다.

㉢ 아동을 둘러싼 환경에 대한 개입

부모 외에 아동을 둘러싼 중요한 환경인 교사와의 원조관계 수립을 통해 아동에 대한 개입의 효과를 상승시킬 수 있다.

③ 3단계 : 종료 단계(평가와 종결)

㉠ 평가

사회복지사는 아동에 대한 개입과정을 아동과 부모와 함께 평가함으로써 목표 달성 여부를 확인하고 문제행동이나 적응력 강화라는 변화의 정도를 점검하도록 함으로써 아동의 변화를 유도할 수 있도록 격려할 수 있다. 또한 이러한 평가의 과정에 클라이언트를 적극적으로 동참시킴으로써 자신감을 고취시킬 수 있으며 종결 이후에도 독립적으로 변화된 행동이나 문제해결 기술을 유지하도록 할 수 있다.

㉡ 종결

개입을 통해 이루어진 변화가 개입의 종료 이후에도 계속 유지되도록 하기 위해 사회복지사는 아동과 부모 혹은 아동과 주 양육자에게 개입을 통해 학습한 문제해결 능력을 발휘할 수 있도록 격려해야 한다. 이를 위해 사회복지사는 아동이 개입의 과정을 통해 획득한 변화의 효과를 유지, 강화할 수 있는 전략에 주력해야 한다.

㉢ 사후관리

사후관리는 종결이 이루어진 후 일정 기간이 지나서 클라이언트가 잘 적응하고 있는지를 점검하는 과정으로 대개 1개월에서 6개월 사이에 진행하는데, 전화를 통해 확인하기도 하고 면접을 실시하기도 한다.

(2) 집단 아동복지 실천의 원칙

집단 아동복지 실천의 원칙은 다음과 같다(한미현 · 문혁준 · 강희경 · 공인숙 · 김상희 · 안선희 · 안효진 · 양성은 · 이경열 · 이경옥 · 이진숙 · 천희영 · 조한숙, 2016).

① 수용의 원칙

교육현장이나 상담 및 일반 사회복지현장 등에 종사하는 전문가들은 타인을 수용하기 위해서 스스로를 먼저 수용해야 한다는 것을 인식해야 한다.

즉, 집단 아동복지 실천에서 수용이란 집단 아동 각자가 다양한 태도, 행동, 감정을 표현하고 어떤 가치관을 가졌다 하더라도 그 아동을 있는 그대로 인정하고 받아들이는 것을 말한다. 아동복지 전문가는 아동을 이해하는 데 그치지 않고 개개인의 독특한 강점과 약점을 진실되게 수용해야 한다.

② 참가의 원칙

집단 아동복지 실천에서 참가를 촉진하기 위해서는 집단 아동의 흥미와 욕구를 반영하는 프로그램의 구성이 중요하다. 자신에게 흥미롭고 또래관계에 도움이 된다고 실감할 때 아동의 집단 프로그램 참가는 촉진된다. 집단 프로그램에 참가한 경험이 긍정적일 때 아동은 사회의 다양한 집단에 참가할 수 있는 동기를 갖게 된다.

또한 아동복지 전문가는 집단 구성원이 문제해결 과정에 직접 참여할 수 있도록 유도해야 하고 구성원 각자가 다른 아동과 상호작용을 통해 스스로의 문제해결 방안을 찾아낼 수 있도록 도와주어야 한다.

③ 체험의 원칙

집단에 소속된 각 아동의 본인이 전체 상황을 파악하고 있으며, 스스로 과제를 해결하고 있다는 느낌을 체험할 수 있어야 한다. 아동복지 전문가는 아동들에게 새로운 일에 대한 성취감을 경험할 수 있는 기회를 제공해 주어야 한다.

따라서 아동복지 전문가는 집단에 소속된 아동들과 의미 있는 조력관계를 형성하여야 하며, 동시에 집단 아동들 간의 협동적인 관계를 형성하도록 용기를 북돋워 주어야 한다.

④ 규범의 원칙

집단실천에서 최소한의 규칙과 기본적 태도에 대한 규정은 필수적이다. 아동복지 전문가는 간단하고 명료한 집단의 규칙을 정하되 집단에 소속된 아동들의 의견을 경청하여 동의를 이끄는 과정을 거치는 것이 바람직하다.

⑤ 갈등 해결의 원칙

집단 내 갈등이 유발된 경우 회피가 아닌 직면을 원칙으로 하며, 점차 만족할 만한 합의에 도달하는 과정을 경험하는 것이 중요하다. 이를 위해 아동복지 전문가는 끊임없이 집단 전체의 상호작용에 관심을 기울이고, 하위집단 간에 나타날 수 있는 힘의 충돌에 민감해야 하며, 개개인의 선호와 이해가 충돌할 수 있는 가능성에 대비해야 하고, 규정된 원칙에 따라 일관성 있게 개입하는 것이 필요하다.

⑥ 개별화의 원칙

집단 아동복지 실천은 집단 전체를 하나의 개입단위로 보고 프로그램을 운용하는 것이 필요하다. 집단 내 개별화를 위해서는 아동 개개인의 가족 및 사회적 배경, 집단활동의 경험 등을 파악하여 이를 전제로 아동의 집단 내 행동을 이해할 수 있어야 한다.

아동복지 전문가는 집단의 특성에 따라 개입방향과 프로그램 진행을 융통성 있게 운영해야 한다.

⑦ 지속적인 평가의 원칙

집단 아동복지 실천의 목적은 집단에 참가하여 다양한 체험을 함으로써 개인의 성장 및 집단 전체의 성장을 가져오는 것이다. 계속적으로 집단과정을 분석하고, 평가하며, 다시 그 평가에 기초하여 다음 단계로 이행하는 과정이

수반되어야 한다. 아동복지 전문가는 아동 개인의 변화와 함께 집단과정을 계속 평가하여 필요한 경우 프로그램의 내용과 진행을 적절히 수정하고 개선해야 한다.

토론 및 요약

1. 시대, 사회 변천 및 학자의 관점에 따라 아동의 정의에 대한 변화과정을 알아본다.
2. 아동에 대한 시각이나 관점은 고대에서 현대사회에 이르기까지 어떠한 차이가 있었는지 알아본다.
3. 아동의 발달 단계와 아동의 발달 과정에 대해 알아본다.
4. 아동 관련 법의 명칭과 연령범위에 대해 자신의 견해를 이야기해 본다.
5. 아동복지가 왜 필요한지 알아보고 아동복지를 실천하는 방법들을 토론해 본다.

Chapter 6

우리나라 아동복지서비스의 전달체계

이 장에서는 중앙부처와 지방자치단체의 아동복지서비스의 전달체계를 이해하고 아동복지서비스 이행 기관들의 목적 및 역할 등에 관해서 살펴보고자 한다. 또한 아동복지서비스 전달체계의 개선방안에 대해 탐색해 보고자 한다.

학습목표

1. 중앙부처와 지방자치단체의 아동복지서비스 전달체계에 대해 안다.
2. 아동복지서비스 이행 기관들의 목적 및 역할에 대해 안다.
3. 아동복지서비스 전달체계의 개선방안에 대해 탐색한다.

1. 아동복지서비스의 전달체계

지역사회 체계 속에서 사회복지서비스의 공급자와 소비자 간을 연결시키기 위한 조직적 장치를 사회복지서비스의 전달체계라 한다(한미현 외, 2016). 다시 말해, 사회복지서비스의 전달체계란 지역사회 내에 존재하는 사회복지서비스의 공급자 간을 연결시키기 위하여 또는 사회복지서비스의 공급자와 소비자 사이를 연결시키기 위하여 만들어진 조직적 체계이다(최성재 · 남기민, 2001). 아동복지는 사회복지 분야의 공공기관과 민간기관, 단체들이 협력하여 필요한 사업을 계획하고 실천에 옮기는 조직적 활동이다. 따라서 아동복지를 실천하는 공공과 민간의 조직에 의한 전달체계의 수립이 필수적이며, 아동복지의 실천주체는 국가, 지방자치단체, 민간기관 · 단체 또는 지역사회 주민들까지 포함한다. 여기서 주체의 개념은 아동복지의 입법과 정책을 담당하는 정책주체, 이를 실질적으로 실천하는 기관이나 전문인력의 실천주체, 그리고 아동의 인권을 옹호하고 지역사회의 참여를 도모하는 지역사회 주민들의 운동주체를 의미한다(주수길 외, 2012).

사회복지서비스 전달체계는 운영주체에 따라 공적 전달체계와 사적 전달체계로 구분된다.

우리나라에서의 사회복지서비스 공적 전달체계는 보건복지부와 고용노동부의 감독하에 설립된 공공기관 및 그 지부를 통하여 전달되고, 공공부조 및 사회서비스는 보건복지부에서 계획하여 지방자치단체의 행정체계를 통하여 전달되고 있다. 사적 전달체계는 지방자치단체의 감독하에 각각의 중앙 또는 지방 조직을 통해 전달되거나 단독기관에서 전달하고 있다(김상균 외, 2002).

아동복지서비스의 효과는 전달체계의 운영주체가 서비스의 기획부터 수행에 이르기까지 체계화된 조직구조를 갖추고 전달체계를 구축할 때 서비스의 효과가 극대화된다고 할 수 있다.

즉, 우리나라 아동복지서비스 전달체계는 중앙부처와 지방자치단체로 크게 구분하여 살펴볼 수 있다(송정애, 2013).

1) 중앙부처

중앙의 아동복지 담당 행정기구는 업무별, 부처 간 이동을 반복하면서 이원화되어 있다. 2000년까지는 보건복지부가 아동복지업무를 주관하여 왔으나 2001년 여성부가 신설되면서 아동 관련 정책의 일부가 여성부로 이관되었고, 2008년 여성가족부에서는 가족복지정책과와 아동관리과에서 아동복지 관련 업무를 담당하였다. 2020년 여성가족부에서는 청소년가족정책실의 청소년정책관과 권익증진국의 아동청소년성보호과에서 청소년과 관련된 업무를 담당하고 있다.

2) 지방자치단체

아동복지 관련 정책을 집행하고 직간접적 서비스를 제공하는 지방자치단체의 담당부서는, 보육, 아동, 청소년, 여성, 가족 등에 관한 업무를 수행하는 공무원들로 구성되어 실질적으로 정책을 집행하는 역할을 한다. 아동복지정책을 담당하는 지방자치단체의 조직은 광역시를 비롯하여 시 · 도 단위의 여성정책국, 보건복지여성국, 여성정책실 등의 명칭으로 구성되어 보건복지부, 여성가족부의 직무를 담당하고 있다.

또한 시 · 군 · 구 단계를 통해 문화복지과, 주민생활지원과, 사회복지과, 여성가족과, 여성청소년과 혹은 가정복지과 등의 명칭으로 아동복지 관련 업무를 담당하고 있다. 읍 · 면 · 동사무소에서는 사회복지 전담공무원이 국민기초생활보장업무와 함께 아동, 보육, 청소년, 여성, 한부모가족 아동 등에 대한 업무를 관장하며 종합적 복지행정서비스를 제공하고 있다.

2. 아동복지서비스의 이행

우리나라 아동복지서비스 이행 기관으로는 보건복지부, 아동복지시설, 아동보호전문기관, 아동정책조정위원회, 가정위탁지원센터 등이 있으며 이를 중심으로 살펴보고자 한다.

1) 보건복지부

사회복지서비스의 주요 전달체계인 보건복지부의 아동복지 관련 업무는 인구정책실에서 주로 담당하고 있으며 아동복지에 관한 기본계획을 수립하고 조정하며 아동복지 관련 프로그램을 기획하고 시행하는 업무 등 아동복지사업을 관리하고 있다. 보육정책관실에서는 전반적인 영유아보육업무를 수행하고 있다.

아동복지업무 담당부서는 보건복지부의 인구아동정책관실로 인구정책총괄과, 청년정책팀, 출산정책과, 아동복지정책과, 아동권리과, 아동학대대응과이며, 보육정책관실은 보육정책과, 보육사업기획과, 보육기반과로 구성되어 있다. 조직도로 나타내면 |그림 6-1|과 같다.

인구정책실

사회서비스정책관

- 사회서비스정책과
- 사회서비스사업과
- 사회서비스자원과
- 사회서비스일자리과

노인정책관

- 노인정책과
- 노인지원과
- 요양보험제도과
- 요양보험운영과
- 노인건강과

인구아동정책관

- 인구정책총괄과
- 청년정책팀
- 출산정책과
- 아동복지정책과
- 아동권리과
- 아동학대대응과

보육정책관

- 보육정책과
- 보육사업기획과
- 보육기반과

| 그림 6-1 | 보건복지부 아동복지 업무 담당부서 조직도

출처 : 보건복지부 홈페이지(2024).

2) 아동복지시설

국가 또는 지방자치단체가 아동의 시설보호조치 및 기타의 아동복지사업을 수행하기 위해 설치하는 시설이며, 국가 또는 지방자치단체 이외의 시장, 군수, 구청장에게 신고하여 설치할 수 있다. 아동복지법에서 규정하고 있는 아동복지시설은 생활시설과 이용시설로 분류할 수 있는데, 입소서비스를 제공하는 생활시설로는 아동양육시설, 아동일시보호시설, 아동보호치료시설, 자립지원시설, 공동생활가정이 있고, 이용시설로는 아동상담소, 아동전용시설, 지역아동센터가 해당된다. 이 중 지역아동센터는 빈곤·위기 아동의 지역 내 보육을 실현하기 위하여 설치된 기관으로, 지역사회 안에서 아동의 권리보장과 안전한 보호 및 급식 지원으로 결식의 예방을 목표로 교육적 기능과 정서적 지원의 기능, 문화서비스 제공의 기능을 수행한다.

■ 목적

방과후 돌봄이 필요한 지역사회 아동의 건전육성을 위하여 보호·교육, 건전한 놀이와 오락의 제공, 보호자와 지역사회의 연계 등 종합적인 복지서비스를 제공한다.

■ 지원대상

지역사회 내 방과후 돌봄서비스를 필요로 하는 18세 미만의 아동과 18세 이상인 경우에도 재학 중인 아동을 포함한다.

■ 지원내역

아동 보호·교육 기능, 정서적 지원, 문화서비스 등으로 지역사회 내 아동돌봄에 대한 사전 예방적 기능 및 사후 연계를 제공한다.

(1) 추진체계

구분에 따른 주요 역할을 살펴보면 〈표 6-1〉과 같다.

〈표 6-1〉 추진주체에 따른 역할

구 분	주요 역할
보건복지부	• 평가업무 총괄(평가계획수립, 평가편람확정 등) • 종합평가결과 활용 및 정책 반영
시·도	• 시·군·구에 대한 평가 총괄(평가대상시설 복지부 보고 등) • 평가결과 활용 및 정책반영
시·군·구	• 평가대상시설 선정 및 시·도 보고 • 현장평가 참여 및 점검결과 아동권리보장원 통보 • 평가시설관리, 점검시행 등 평가결과 활용 • 특례시설 사전 확인 및 현장평가 의무배석

아동권리보장원	• 평가편람 · 평가지표 업무지원 및 평가대상시설 지자체 사전통보 • 평가대상시설 설명회, 평가위원구성, 평가위원 교육 · 관리 • 평가결과 개별시설 통보 • 자체평가 · 현장평가, 모니터링 지원 및 온라인평가시스템(DB) 관리 • 중앙평가위원회 운영 • 평가결과 보고 및 종합평가 결과보고서 작성
지역아동센터 시도지원단	• 평가위원 추천 및 관리 • 현장평가지원(평가안내 및 홍보, 현장평가모니터링 등) • 평가대상 시설 교육 및 운영 컨설팅 진행

출처 : 전국지역아동센터협의회(2023). 2023년 지역아동센터 지원 사업안내.

(2) 아동 발굴 및 지원

- 지방자치단체 및 지역아동센터는 지역 내 빈곤 · 학대 · 방임 가정, 한부모 · 조손, 맞벌이 · 이혼 가정의 아동 · 다문화 가정 아동 등 돌봄이 필요한 아동들을 적극 발굴 · 보호하여 아동방임을 예방한다.
- 지역아동센터는 사례관리가 필요한 아동에 대해서는 드림스타트 또는 지역사회 전문기관에 의뢰하고, 지속적이며 종합적인 서비스 제공을 위해 사례관리 기관에서 요청하는 아동정보 등을 제공하고 협조한다.
- 지역아동센터는 지역사회 서비스 및 자원체계를 개발 · 연계하여 아동에게 필요한 서비스를 지원할 수 있도록 노력한다.

3) 아동보호전문기관

국가는 아동학대예방사업을 활성화하고 지역 간 연계체계를 구축하기 위하여 중앙아동보호전문기관을 둔다. 중앙아동보호전문기관의 주요 업무는 지역아동보호전문기관의 업무지원, 통계 데이터 추출 및 관리, 개인정보관리, 시스템운영관리, 아동학대 사례개입, 홍보사업, 아동학대 관련 연구사업, 프로그램 및 교육교재 개발, 세미나 및 포럼 개최 등에 관한 업무를 수행한다.

설립목적에 따른 실천수칙은 아동에 대한 실천, 가족에 대한 실천, 사회에 대한 실천, 전문가로서의 실천으로 나눌 수 있다(중앙아동보호전문기관, 2017).

(1) 아동에 대한 실천

① 아동 이익 최우선

아동을 모든 학대로부터 보호하고, 아동에게 최선의 행정적 · 사법적 · 사회적 · 교육적 서비스를 제공한다.

② 개별 욕구 존중

아동의 신체적 · 심리적 · 사회적 욕구에 맞는 개별화된 서비스를 제공한다.

③ 알 권리 및 의사표현 존중

- 아동에게 그들이 받을 서비스의 내용과 절차에 대해 자세히 알려준다.
- 아동에게 자신이 관련된 사안에 대해 의사 표현할 기회를 제공하며, 그들의 의견을 존중한다.

④ 차별금지

- 아동의 인종, 성별, 종교, 언어 등에 따른 차별 없이 서비스를 제공한다.
- 아동의 신념, 관습, 문화 등의 다양성을 이해하고 존중한다.

⑤ 사생활 존중 및 보호

아동의 사생활을 존중하고 보호한다. 단, 아동을 위해 필요한 경우는 예외로 한다.

⑥ 발달권 보장

- 아동이 발달에 필요한 교육을 받을 수 있도록 기회를 제공한다.
- 아동이 적절한 휴식을 취하고 문화 · 예술 활동에 참여할 수 있게 한다.

(2) 가족에 대한 실천

① 가족지원

아동이 가정에서 건강하게 성장할 수 있도록 가족에게 심리 · 정서적, 사회 · 경제적 서비스를 지원한다.

② 부모교육

보호자에게 아동의 권리, 발달과정, 올바른 양육 방법 등을 교육한다.

(3) 사회에 대한 실천

① 아동권리 홍보

아동권리에 대한 인식을 제고하고, 안전한 사회 환경을 조성하기 위해 각종 매체를 활용하여 적극 홍보한다.

② 아동권리 교육

- 아동은 권리의 주체임과 그 권리 보호는 모든 국민의 책무임을 알린다.
- 아동학대 신고의무자들이 아동학대를 적극적으로 신고할 수 있도록 지원한다.

③ 협력체계 구축

아동을 보호하고 그 권리를 증진시키기 위해 가정, 학교, 지역사회와 협력한다.

④ 국가 정책 참여

정부와 국제사회의 관련 정책 입안 과정과 입법 활동에 적극 참여한다.

(4) 전문가로서의 실천

① 윤리적 책임

업무 수행 과정에서 전문가로서의 윤리적 책임을 다한다.

② 전문가적 판단

다양하고 정확한 정보를 수집하여 공정하게 사안을 판단하도록 최선을 다한다.

③ 정보 보호

직무상 알게 된 모든 정보를 업무 외 목적으로 이용하거나 타인에게 유출하지 않는다. 단, 예외적인 경우에는 관련 지침을 따른다.

아동학대 신고자의 신원은 그 의사에 반하여 노출되지 않도록 유의한다.

④ 옹호자 역할 수행

아동학대 관련인의 의사결정이 도덕적으로 정당하지 못하거나, 아동에게 불이익을 초래할 경우, 아동의 권익을 최우선한다.

⑤ 자기계발

업무 수행에 필요한 전문 능력과 자질 향상을 위해 끊임없이 노력한다.

지역아동보호전문기관은 국가와 지방자치단체가 아동복지법 제45조에 의거하여 학대받은 아동의 발견, 보호, 치료에 대한 신속처리 및 아동학대 예방을 담당하고자 설치·운영하도록 하고 있다. 또한 지역아동보호전문기관은 아동

복지법 제46조에 의거하여 아동학대 신고접수, 현장조사, 응급보호업무를 수행하며 피해아동과 피해아동의 가족 및 아동학대행위자를 위한 상담·치료 및 교육 등의 업무를 주로 수행하고 있다. 지역아동보호전문기관의 사업소개에 따른 조직현황은 |그림 6-2|와 같다.

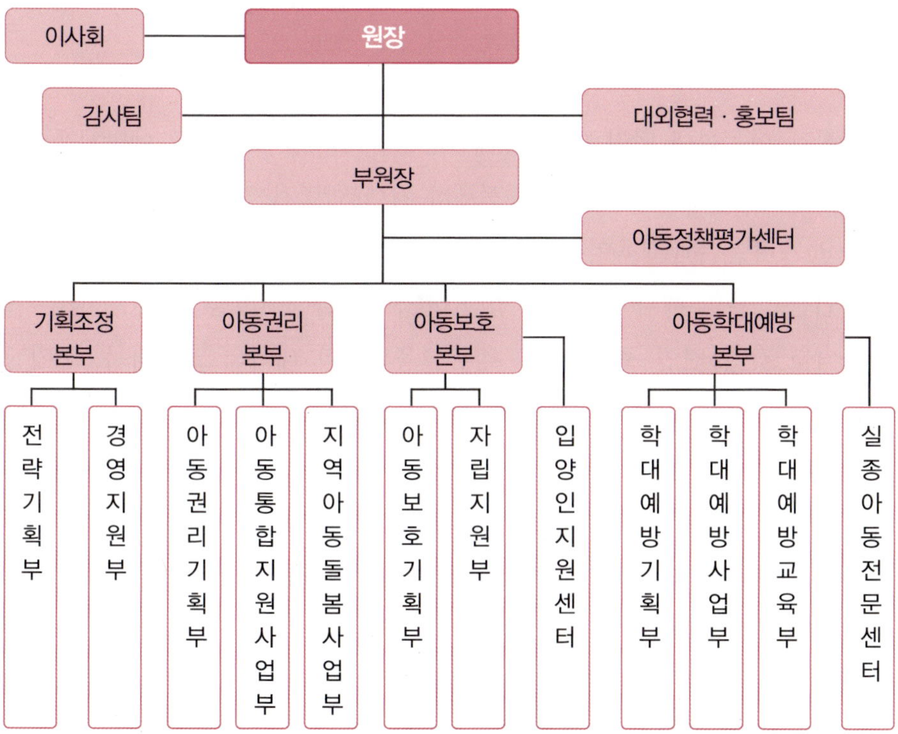

| 그림 6-2 | 지역아동보호전문기관의 사업소개에 따른 조직도

출처 : 공공기관 경영정보 공개시스템 홈페이지(2023).

4) 아동정책조정위원회

아동복지법에 근거한 아동정책조정위원회는 2004년에 설치되어 2016년 3월에 제8차 아동정책 조정위원회를 개최하였다. 아동정책조정위원회는 아동복지법

제10조에 의거하여 존재하는 위원회로서 아동정책의 효율적인 추진을 위해 종합적인 아동정책계획을 수립하고 관계부처의 의견을 조정하며 정책의 이행상황을 감독 · 평가하며 아동 관련 국제조약의 이행상황과 실태를 점검하는 역할을 수행하고 있다. 아동정책조정위원회가 수행하는 역할에 대해 구체적으로 살펴보고자 한다(국무조정실 · 국무총리비서실, 2017).

① 생애주기별 아동학대 예방체계 강화

- 확정된 '아동학대 방지 대책' 중에서는 생애주기별 아동학대 예방체계 강화를 강조하고 있다. 이는 결혼 전부터 자녀 학령기까지 생애주기를 고려해 주요 계기별 부모교육이 지속적으로 제공되는 시스템을 구축한다는 것이다.
- 혼인신고를 할 때나 이혼 시, 임신 · 출산기, 출생신고를 할 때는 물론이고 자녀를 갖기 전인 초 · 중 · 고 정규교육과정과 대학의 교양과목, 군대 정훈교육을 통해 아동학대 방지에 대한 교육이 제공된다.
- 자녀의 영유아기에는 어린이집 · 유치원, 예방접종, 양육수당, 보육료 신청을 할 때마다, 자녀 학령기에는 학교 입학설명회 및 학부모 상담 주간, 학교폭력 예방교육 등 단계별 부모교육을 실시한다는 방안이다.
- '아동권리헌장'을 제정하고 아동 스스로도 학대를 인식하고 신고 등 보호조치가 가능하도록 어린이집 · 유치원 · 학교를 통해 아동권리와 아동학대 예방에 대한 교육을 강화해 나갈 계획이다.
- 자치단체 읍 · 면 · 동별 이 · 통 · 반장, 주민자치회, 아파트 관리사무소 등 지역사회 자원을 활용하여 조기 발견과 신고를 통해 아동학대를 예방하기 위한 활동을 강화하고 민간단체 · 유관기관 등의 감시자 역할을 강조해 나가며 아동학대 신고의무자에 의한 신고가 활성화될 수 있도록 신고의무자를 확대해 나가고, 신고의무 교육을 강화하며, 미신고 시 과태료 부과를 철저히 하고, 신고자에 대한 불이익조치 금지 및 신변보호를 강화할 방침이다.

• 아동학대에 대한 국민 인식을 개선하기 위해 '아동학대 신고 집중 홍보 기간' 운영을 정례화하고, 민간단체나 아동 대상 제품 관련 회사 등과 협력하여 범국민적 아동학대 방지 캠페인을 전개하는 등 민관네트워크를 충분히 활용하고자 한다.

② 조기발견 강화

• 아동 연령과 특성별로 위기아동을 사전에 발굴할 수 있도록 정부합동 발굴시스템을 구축하기 위해 지금까지 진행 중인 아동학대합동점검을 철저히 실시하여 그간 숨겨져 온 학대사건을 뿌리 뽑는 계기로 활용하고, 영아, 유아, 유치원 · 어린이집을 이용하는 아동과 초 · 중 · 고등학생 등을 대상으로 한 예방체계와 함께 대상별 위기아동 발굴을 위한 매뉴얼을 시행하여 체계적인 제도로 정착시킨다는 계획이다.

• 위기아동 발굴 매뉴얼을 통해서도 쉽게 발견하기 힘든 사각지대를 줄이기 위해 빅데이터를 활용한 상시발굴 시스템(아동행복지원시스템)도 2017년까지 구축할 계획이다.

③ 신속대응 및 처벌 강화

• 아동학대 사건 발생 시에는 아동보호전문기관과 경찰이 함께 출동해 가해부모로부터 피해아동을 우선적으로 신속하게 분리하는 한편, 분리된 아동과 그 형제자매는 즉시 긴급복지지원 대상으로 선정해 적절한 도움을 주고자 하는 계획이다.

• 아동학대 사범의 구속 수사와 사건처리 기준을 강화하여 아동학대와 관련된 중상해 · 상습범에 대해서는 가중처벌 규정을 적극 활용하고 가해부모에 대한 친권 제한 · 정지 등이 엄격히 이루어지도록 적극 개입할 계획이다.

④ 학대 피해아동 보호지원 및 재학대 방지

- 분리되는 학대 피해아동에 대한 보호와 지원을 강화하는 방편으로 중증 피해아동의 경우에는 대형병원의 '학대아동보호팀'을 통한 전문적인 의료 · 심리치료를 지원해 나간다.
- 학대피해아동쉼터에 우선 보호된 아동 중 가정복귀가 현실적으로 어려운 아동의 경우는 맞춤형 돌봄 체계가 필요하기 때문에 민간의 자발적인 가정위탁제도를 활성화해 나가기로 한다.
- 장애아동 · 다문화아동 등을 위한 전문가정위탁제도의 도입방안도 검토해 나갈 예정이다.

⑤ 향후 추진 계획

정부는 아동학대 방지 대책들이 실효성 있게 추진될 수 있도록, 추진 일정별로 '즉시 시행 과제', '올해 하반기 시행 과제', '내년까지 추진할 과제'로 구분하여 2017년까지 선진국 수준의 아동학대 대응 시스템 구축을 완료한다는 계획이다.

5) 가정위탁지원센터

가정위탁이란 아동복지법 제3조에 근거하여 보호대상아동의 보호를 위하여 성범죄, 가정폭력, 아동학대, 정신질환 등의 전력이 없으며 아동복지법이 정하는 기준에 적합한 가정에 보호대상아동을 일정 기간 위탁하는 것이다. 보호대상아동, 즉 요보호 아동을 보호 · 양육하기를 희망하는 가정에 위탁 양육함으로써 가정적인 분위기에서 건전한 사회인으로 자랄 수 있도록 한다. 또한 보호대상아동 발생 시 가정보호를 우선하도록 하며, 특히 2세 미만 영아의 경우 가정보호를 우선으로 실시하는 데 목적이 있다.

가정위탁지원센터는 강원도에서 시범운영되기 시작하여 2003년에 전국으로 확대 실시되었으며 중앙가정위탁지원센터는 2004년에 개소되었다. 중앙가정위탁지원센터의 주요 업무는 지역가정위탁지원센터를 지원하며 가정위탁정책 제언 및 지역가정위탁지원센터 평가 등 정책 · 연구, 종사자 교육, 홍보마케팅, 아동권리옹호, 자립지원, 정보공유 및 자원연계 네트워킹 등의 역할을 담당하였다.

또한 지역가정위탁센터의 세부적인 업무로는 가정위탁을 하고자 하는 가정에 대한 조사 및 가정위탁 대상 아동에 대한 상담과 부모교육, 위탁가정의 사례관리, 관할 구역 내 가정 위탁 관련 정보지원 등의 업무를 담당하였으나 2020년 1월에 중앙가정위탁지원센터는 아동권리보장원과 통합되었다.

가정위탁기관별 역할에 따른 가정위탁보호 절차는 〈표 6-2〉와 같다.

〈표 6-2〉 가정위탁기관별 역할에 따른 가정위탁보호 절차

구 분	읍 · 면 · 동	시 · 군 · 구	가정위탁지원센터
가정위탁 보호신청	• 보호대상아동 발생 시 접수 상담 • 가정위탁보호의 신청 · 접수 · 상담 • 기초생활수급 신청 • 디딤씨앗통장 가입 신청	• 보호대상아동의 발생 시 접수 상담 • 가정위탁보호의 신청 · 접수 · 상담 • 위탁가정 범죄경력조회 • 아동학대정보시스템 정보조회 • 가정위탁지원센터에 위탁가정 연계 의뢰	• 가정위탁 아동 상담 • 위탁부모 발굴 및 양성교육 실시 및 이수 여부 시 · 군 · 구 통보

가정위탁 보호결정	〈일반(친인척 외)/ 전문위탁〉 • 접수상담지, 욕구조사표, 친부모·아동 상황 점검표, 가정위탁보호동의서, 아동카드를 작성하여 시·군·구에 제출 〈일반위탁(친인척)〉 • 수상담지, 욕구조사표, 친부모·아동 상황 점검표, 가정위탁보호신청서, 아동카드, 가정위탁보호 신청인 가정조사서, 가정위탁보호동의서, 가정위탁가족 동의서, 범죄경력조회동의서, 아동통합정보시스템 정보조회 동의서 등을 작성하여 시·군·구에 제출	• 가정위탁보호 결정(사례결정위원회) • 가정위탁지원센터에 책정 통보, 관련서류 발송 • 기초생활수급 책정	〈일반(친인척 외)/ 전문위탁〉 • 위탁가정을 상담하여 적합한 가정 연계 후 가정위탁보호 신청서, 가정위탁보호 신청인 가정조사서, 가정위탁가정 동의서, 범죄경력조회동의서, 아동통합정보시스템 정보 조회 동의서, 위탁부모 추천서 등을 작성하여 시·군·구에 제출
사례관리	• 사례관리 및 복지 서비스 제공 등 업무 지원 • 위탁보호 연장 및 위탁가정 변경 신청 • 부모교육 이수 안내 • 연장보호 일시중지 시 재정지원 중단 요청 등	• 사례관리 및 복지서비스 제공 • 위탁아동, 위탁가정, 원가정 상담, 방문, 적응·양육 상황 점검 등 • 후속 보호조치 마련 • 심리치료 지원 등	• 사례관리 등 업무지원 • 위탁아동, 위탁가정, 원가정 사례관리 • 위탁부모 보수교육 • 위탁가정 지원서비스 연계, 원가정 지원 프로그램 제공, 홍보물 배포 등 복지서비스 관련 정보 안내
가정위탁 보호종결	• 보호연장 승인 신청	• 위탁 종결 • 귀가조치(원가정 복귀 등) • 가정위탁 종결(해지), 가정위탁지원센터 통보 • 보호연장 승인	• 재배치 사정 • 아동보호조치의 종결(퇴소) 신청서 제출(원가정 복귀 시에는 아동 가정 복귀 신청서 제출) • 사후 관리

출처 : 보건복지부(2023). 2023년 아동분야 사업안내.

가정위탁 절차에 따른 읍 · 면 · 동의 역할은 〈표 6-3〉과 같다.

〈표 6-3〉 가정위탁 절차에 따른 읍 · 면 · 동의 역할

가정위탁 절차		읍 · 면 · 동 역할
보호대상아동 발생		• 대상아동 상담 및 아동 가정조사
가정위탁 보호신청	일반위탁 (친인척)	• 가정위탁보호 신청 · 접수 · 상담 – 가정위탁아동 및 부모에 대한 조사는 가정위탁지원센터의 협조를 받아 실시 가능 • 조사 실시 후 관련 서류*를 작성하여 시 · 군 · 구에 제출 *접수상담지(아동보호서비스 업무 매뉴얼 서식 1호), 욕구조사표(아동보호서비스 업무 매뉴얼 서식 4호), 친부모 · 아동 상황 점검표(아동보호서비스 업무 매뉴얼 서식 8, 9호), 가정위탁보호 신청서(시행규칙 별지 1호), 가정위탁보호 신청인 가정조사서(시행규칙 별지 2호), 아동카드(시행규칙 별지 4호), 가정위탁보호동의서(지침서식 2호), 가정위탁가족동의서(지침서식 3호), 범죄경력 조회 동의서(시행규칙 별지 9호), 아동통합정보시스템 정보조회 동의서(지침서식 3의 1호), 건강보험요양급여내역(최근 3년, 신청자 제출) • 시 · 군 · 구에 가정위탁보호 신청과 동시에 「국민기초생활보장법」에 의한 수급자 신청
	일반위탁 (친인척 외), 전문, 일시위탁	• 가정위탁보호 신청 · 접수 · 상담 – 가정위탁아동 및 부모에 대한 조사는 가정위탁지원센터의 협조를 받아 실시 가능 • 조사 실시 후 관련 서류*를 작성하여 시 · 군 · 구에 제출 *접수상담지(아동보호서비스 업무 매뉴얼 서식 1호), 욕구조사표(아동보호서비스 업무 매뉴얼 서식 4호), 친부모 · 아동 상황 점검표(아동보호서비스 업무 매뉴얼 서식 8, 9호), 가정위탁보호 신청서(시행규칙 별지 1호), 아동카드(시행규칙 별지 4호), 가정위탁보호동의서(지침서식 2호), 건강보험요양급여내역(최근 3년, 신청자 제출) • 시 · 군 · 구에 가정위탁보호 신청과 동시에 「국민기초생활보장법」에 의한 수급자 신청
가정위탁보호 결정		• 아동의 주소지 이전, 전학 등에 관한 업무 지원

사례관리	• 사례관리 및 복지서비스 제공 등 업무 지원(위탁가정, 위탁아동, 원가정 상담) • 가정위탁보호 중 아동의 친부모가 주민등록 말소되어 연락이 불가능한 경우 위탁보호 연장 및 위탁가정 변경 신청 • 가정위탁지원센터의 위탁부모(의무)교육 이수 안내와 모집 및 CDA 계좌신청, 보건복지부 바우처 지원사업 안내 및 서비스 연계하며 위탁가정관리 업무 협조 • 아동의 군입대 등으로 위탁보호 일시중지 사유 발생 시 수급비 및 양육보조금 시 · 군 · 구에 지원 중지 요청 • 읍 · 면 · 동은 위탁가정의 보호자 및 위탁아동의 요청이 있는 경우 가정위탁보호 확인서(「아동복지법 시행규칙」 별지 서식 제10호의2)를 발급하고 발급내역을 기록 · 관리(지침서식 18호)

출처 : 보건복지부(2023). 2023년 아동분야 사업안내.

가정위탁 절차에 따른 시 · 군 · 구의 역할은 〈표 6-4〉와 같다.

〈표 6-4〉 가정위탁 절차에 따른 시 · 군 · 구의 역할

가정위탁 절차		시 · 군 · 구 역할
가정위탁 보호결정	일반위탁 (친인척)	• 시 · 군 · 구는 제출받은 서류*를 검토하여 가정위탁보호 결정 *읍 · 면 · 동 : 가정위탁보호 신청서(시행규칙 별지 1호), 가정위탁보호 신청인 가정조사서(시행규칙 별지 2호), 아동카드(시행규칙 별지 4호), 접수상담지(아동보호서비스 업무 매뉴얼 서식 1호), 욕구조사표(아동보호서비스 업무 매뉴얼 서식 4호), 친부모 · 아동 상황 점검표(아동보호서비스 업무 매뉴얼 서식 8, 9호), 가정위탁보호동의서(지침서식 2호), 가정위탁가족동의서(지침서식 3호), 건강보험요양급여내역(최근 3년, 신청자 제출) *관할 경찰관서 : 범죄경력 조회 회신서(시행규칙 별지 10호) *보건복지부 : 아동통합정보시스템 정보 요청 결과 통보서 • 가정위탁보호가 결정된 즉시 관할 가정위탁지원센터에 결과를 통보하고 시행규칙 별지 1, 2, 4호 서류 및 관련서류는 7일 이내에 발송
	일반위탁 (친인척 외), 전문, 일시위탁	• 시 · 군 · 구는 제출받은 서류*를 검토하여 가정위탁보호 결정 *읍 · 면 · 동 : 접수상담지(아동보호서비스 업무 매뉴얼 서식 1호), 욕구조사표(아동보호서비스 업무 매뉴얼 서식 4호), 친부모 · 아동 상황 점검표(아동보호서비스 업무 매뉴얼 서식 8, 9호), 아동카드(시행규칙 별지 4호), 가정위탁보호동의서(지침서식 2호)

<table>
<tr>
<td rowspan="2"></td>
<td></td>
<td>*센터 : 가정위탁보호 신청서(시행규칙 별지 1호), 가정위탁보호 신청인 가정조사서(시행규칙 별지 2호), 위탁부모 추천서(지침서식 1호), 가정위탁가족동의서(지침서식 3호), 아동통합정보시스템 정보조회 동의서(지침서식 3의 1호), 건강보험요양급여내역(최근 3년, 신청자 제출)
*관할 경찰관서 : 범죄경력 조회 회신서(시행규칙 별지 10호)
*보건복지부 : 아동통합정보시스템 정보 요청 결과 통보서
• 가정위탁보호가 결정된 즉시 관할 가정위탁지원센터에 결과를 통보하고 시행규칙 별지 1, 2, 4호, 지침서류 2, 3호 서류 및 관련서류는 7일 이내에 발송</td>
</tr>
<tr>
<td>수급자 책정</td>
<td>• 기초생활수급자는 책정은 위탁아동발생 소재지 시 · 군 · 구 소관
– 위탁아동은 위탁가정 소재 시 · 군 · 구로 전입절차를 진행하여 위탁가정 소재 시 · 군 · 구에서 급여 지급
– 수급자 책정 전에 위탁가정으로 전입하여 위탁가정에서 함께 생활하고 있는 경우 등 국민기초생활수급자 선정기준에 부합할 때에는 위탁가정 소재지 시 · 군 · 구에서 수급자로 책정 가능
*「국민기초생활 보장법」 제8조의2 제3항에 의해 가정위탁아동은 부양의무자 부양을 받을 수 없는 대상으로 처리
*일시위탁의 경우 「국민기초생활 보장법」 제19조 제1항 단서에 따라 실제 거주지인 보호가정의 소재지 시 · 군 · 구에서 기초생활보장급여 신청 · 접수</td>
</tr>
<tr>
<td colspan="2">사례관리</td>
<td>• 위탁아동 사례관리를 위한 아동카드를 작성 · 비치
• 위탁가정 소재지 시 · 군 · 구청장은 위탁가정 방문 및 아동양육상황 등을 파악하여 별도의 조치사항이 필요한 때에는 관할 지역가정위탁지원센터와 협조
• 위탁가정 방문 등을 통한 양육상황 점검(책정 후 1개월 이내, 분기별 1회 이상)
• 위탁부모 보수교육 이수 안내, 위탁가정 및 원가정 지원 복지서비스 제공 · 안내
상해보험 지원, 전세주택 지원, 심리치료비 지원 등 위탁가정 지원 서비스 연계, 원가정 지원 프로그램 등 제공, 홍보물 배포
• 시 · 군 · 구 및 가정위탁지원센터는 위탁아동의 아동학대 사실을 알게 된 즉시 상호 간에 아동학대 사례 관련 내용(신고 및 조사내용, 아동학대 판정내용, 학대 후유증)을 통보하여야 하며, 협조를 통해 보호조치 변경 등 필요한 조치 수행
• 가정위탁지원센터장은 위탁아동의 친부모가 연락두절 또는 소재불명으로 사실상 법정대리권을 행사할 수 없는 경우 반드시 시 · 도지사 또는 시장 · 군수 · 구청장에 친권상실 · 제한 선고 청구 요청, 지자체장은 요청받은 날부터 30일 이내 청구 여부 결정 및 서면 통지</td>
</tr>
</table>

	– 시 · 도지사, 시장 · 군수 · 구청장은 친권자 또는 후견인이 없는 아동을 발견한 경우 반드시 법원에 후견인 선임 청구 • 시 · 군 · 구청장 또는 가정위탁지원센터는 위탁보호자(친인척)가 고령인 경우 보호자가 더 이상 아동을 양육 · 보호할 수 없는 상황에 대비하여 위탁아동의 후속보호조치[일반위탁(친인척), 그룹홈 등]를 마련 • 시 · 군 · 구청장은 위탁가정의 보호자 및 위탁아동의 요청이 있는 경우 가정위탁보호확인서(시행규칙 별지서식 10호의2)를 발급하고 발급내역을 기록 · 관리(지침서식 18호)
가정위탁보호 종결	• (원가정 복귀) 보호아동의 보호자가 직접 아동을 양육하려는 경우 시 · 군 · 구청장에게 아동가정복귀신청서(시행규칙 별지 10호의4)를 제출 – 아동의 친권자 및 후견인, 가정위탁지원센터장의 아동가정복귀신청서(시행규칙 별지 10호의4)를 제출받은 시 · 도지사 또는 시 · 군 · 구청장은 해당 가정위탁지원센터장의 의견 청취 후 의뢰받은 날로부터 7일 이내 '가정 복귀 점검표(아동보호서비스업무매뉴얼 서식17)'를 활용하여 부모의 문제(경제적 · 건강문제 등) 해결 여부 확인 – 시 · 군 · 구는 가정위탁지원센터에 부모와 아동 간의 지속적인 만남 여부 등을 담은 '가정 복귀 의견서(아동보호서비스업무매뉴얼 서식19)'를 요청 가정위탁지원센터는 보호자가 위탁아동의 원가정 복귀 의사를 밝힐 경우 '양육계획서(아동보호서비스업무매뉴얼 서식22)'를 작성하여 제출하도록 안내 아동학대로 인해 가정위탁보호 중인 아동의 경우 반드시 아동보호전문기관으로부터 '가정환경조사서(아동보호서비스업무매뉴얼 서식61)'를 제출받아 아동의 보호조치 종결 여부 판단 – 시 · 군 · 구는 아동복지심의위원회(사례결정위원회) 심의를 거쳐 아동 귀가조치 여부 결정 • (보호연령 초과) 보호대상아동이 만 18세 이상이 되면 시 · 군 · 구청장은 사례결정위원회 심의를 통해 해당 아동의 보호조치를 종료 • (보호연장) 아동복지법 제16조의3에 따라 보호기간 연장 가능

출처 : 보건복지부(2023). 2023년 아동분야 사업안내.

6) 공동생활가정(그룹홈)

보호가 필요한 아동에게 가정과 같은 주거여건과 보호, 양육, 자립지원 서비스를 제공하는 것을 목적으로 한다. 소규모 가정형태 보호로의 전환 강조 및 지역사회 중심의 아동보호를 위한 새로운 보호형태 및 국민복지기획단에서 마련한 국민복지기본구상에 그룹홈 도입 논의로 1996년 12월 그룹홈제도 도입을 결정하여 1997년부터 시범사업을 실시하였다.

종사자 자격기준은 〈표 6-5〉와 같다.

〈표 6-5〉 종사자 자격기준

직 종	현 행	개 정	적용시기	
			기존 종사자	신규 종사자
시설장	사회복지사 3급 이상 자격을 가진 사람	• 사회복지사 2급 이상 자격 취득 후 아동과 관련된 사회복지사업에 3년 이상 또는 사회복지사업에 5년 이상 종사한 경력이 있는 사람	2018. 9. 1.	2012. 8. 5.
보육사	고등학교 또는 이와 동등 이상의 학력이 있다고 인정되는 사람	• 사회복지사 3급 이상 자격이 있는 사람	2018. 9. 1.	2012. 8. 5.
임상심리 상담원	「고등교육법」에 따른 대학 또는 이와 같은 수준 이상의 학력이 있다고 교육부장관이 인정하는 학교에서 심리학을 전공하여 졸업한 사람	• 「고등교육법」에 따른 대학 또는 이와 같은 수준 이상의 학력이 있다고 교육부장관이 인정하는 학교의 심리 관련 학과를 졸업한 사람 • 「국가기술자격법 시행령」 제12조 제1항 및 별표1에 따른 임상심리사 2급 이상의 자격이 있는 사람		2016. 7. 1.

출처 : 보건복지부(2023). 2023년 아동분야 사업안내.

공동생활가정(그룹홈)에 입소한 아동은 〈표 6-6〉과 같이 의무교육을 실시한다.

〈표 6-6〉 공동생활가정(그룹홈)에 입소한 아동의 의무교육

구 분		성폭력 예방 교육	아동학대 예방 교육	실종 유괴의 예방 · 방지 교육	감염병 및 약물의 오용 · 남용 예방 등 보건 위생관리 교육	재난대비 안전 교육	교통안전 교육
실시 주기 (총 시간)		6개월에 1회 이상(연간 4시간 이상)	6개월에 1회 이상(연간 4시간 이상)	3개월에 1회 이상(연간 10시간 이상)	3개월에 1회 이상(연간 10시간 이상)	6개월에 1회 이상(연간 6시간 이상)	2개월에 1회 이상(연간 10시간 이상)
교육 내용	초등 학교 취학 전	1. 내 몸의 소중함 2. 내 몸의 정확한 명칭 3. 좋은 느낌과 싫은 느낌 4. 성폭력 예방법과 대처법 5. 성폭력의 개념 및 성폭력의 주체에 대한 교육	1. 나의 권리 찾기(소중한 나) 2. 아동학대 및 아동학대행위자 개념 3. 자기감정 표현하기 및 도움 요청하기 4. 신고 이후 도움받는 방법	1. 길을 잃을 수 있는 상황 이해하기 2. 미아 및 유괴 발생 시 대처 방법 3. 유괴범에 대한 개념 4. 유인 · 유괴 행동에 대한 이해 및 유괴 예방법	1. 감염병 예방을 위한 개인위생 실천 습관 2. 예방접종의 이해 3. 몸에 해로운 약물 위험성 알기 4. 생활 주변의 해로운 약물 · 화학제품 그림으로 구별하기 5. 모르면 먼저 어른에게 물어 보기 6. 가정용 화학 제품 만지거나 먹지 않기 7. 어린이 약도 함부로 많이 먹지 않기	1. 화재의 원인과 예방법 2. 뜨거운 물건 이해하기 3. 옷에 불이 붙었을 때 대처법 4. 화재 시 대처법 5. 자연재난의 개념과 안전한 행동 알기	1. 차도, 보도 및 신호등의 의미 알기 2. 안전한 도로 횡단법 3. 안전한 통학 버스 이용법 4. 바퀴달린 탈것의 안전한 이용법 5. 날씨와 보행 안전 6. 어른과 손잡고 걷기
	초등 학교	1. 성폭력의 개념 2. 성폭력의 위험 상황 3. 성폭력 예방법과 대처법 4. 성적 자기결정권 개념 및 타인의 권리 존중하기	1. 나의 권리 찾기(소중한 나) 2. 아동학대 및 아동학대행위자 개념 3. 학대 위험상황에 따른 대처법 및 아동학대 신고요령 4. 신고 이후 도움받는 방법 5. 사례로 배우는 아동학대	1. 길을 잃을 수 있는 상황 이해하기 2. 유괴범에 대한 개념 3. 유인전략 및 위험상황 알기 4. 유괴 사고 발생 시 대처법 및 예방법 5. 유괴 · 유인 상황 목격 시 신고요령	1. 감염병 예방을 위한 개인위생 실천 습관 2. 예방접종의 이해 3. 약물 · 화학제품의 필요성과 위험성 이해하기 4. 중독 · 오용 · 남용의 개념 알기 5. 중독사고의 대처법과 예방법 6. 약물 · 화학제품 오용 · 남용의 원인 알기	1. 화재의 원인과 예방법 2. 화재 시 대처법 3. 화재 신고 요령 4. 화상 대처법 5. 소화기 사용법 6. 자연재난의 개념과 안전한 행동 알기	1. 안전한 통학로 알기 2. 상황에 따른 안전한 보행법 3. 바퀴 달린 탈것의 안전한 이용법 4. 교통수단의 안전한 이용법 5. 교통법규 이해하기

				7. 오용 · 남용의 대처법과 예방법 8. 올바른 약물 · 화학제품 사용법		
	중 · 고등학교	1. 성폭력의 개념 2. 위험상황에 따른 대처법 및 예방법 3. 성폭력 범죄 신고 요령 4. 성적 자기결정권 개념 및 타인의 권리 존중 하기	1. 나의 권리 찾기 (소중한 나) 2. 아동학대 및 아동학대행위자 개념 3. 학대 위험상황에 따른 대처법 및 아동학대 신고요령 4. 신고 이후 도움받는 방법 5. 사례로 배우는 아동학대 6. 아동학대가 아동에게 미치는 영향	1. 유인전략 및 위험상황 알기 2. 유괴사고 발생 시 대처법 및 예방법 3. 유괴 · 유인 상황 목격 시 신고요령 4. 가출예방 관련 교육	1. 감염병 예방을 위한 개인위생 실천 습관 2. 예방접종의 이해 3. 향정신성 물질에 대한 위험성 · 피해 알기 4. 중독성 물질에 대한 위험성 · 피해 알기 5. 향정신성 의약품의 피해와 법적 처벌규정 6. 약물 · 화학제품 오용 · 남용의 원인 알기 7. 오용 · 남용의 대처법과 예방법 8. 올바른 약물 · 화학제품 사용법	1. 화재의 원인과 예방법 2. 화재 시 대처법 3. 소방기구 사용법 4. 자연재난, 인적재난 발생 시 행동방법 5. 재난안내 시스템 활용법	1. 자전거의 안전한 이용과 점검 2. 이륜차와 자동차의 물리적 특성 3. 인간 능력의 한계와 위험 예측 4. 교통법규와 사회적 책임 5. 교통사고와 방지대책
교육방법		1. 전문가 또는 담당자 강의 2. 장소 · 상황별 역할극 실시 3. 시청각 교육 4. 사례 분석	1. 전문가 또는 담당자 강의 2. 장소 · 상황별 역할극 실시 3. 시청각 교육 4. 사례 분석	1. 전문가 또는 담당자 강의 2. 장소 · 상황별 역할극 실시 3. 시청각 교육 4. 사례 분석	1. 전문가 또는 담당자 강의 2. 시청각 교육 3. 사례 분석	1. 전문가 또는 담당자 강의 2. 시청각 교육 3. 실습교육 또는 현장 학습 4. 사례 분석	1. 전문가 또는 담당자 강의 2. 시청각 교육 3. 실습교육 또는 현장 학습 4. 일상생활을 통한 반복 지도 및 부모교육

출처 : 보건복지부(2023). 2023년 아동분야 사업안내.

아동 공동생활가정 운영 프로그램의 예는 〈표 6-7〉과 같다.

〈표 6-7〉 아동 공동생활가정 운영 프로그램의 예

영 역	프로그램
아동 · 청소년의 자립 능력 향상	• 아동청소년의 발달론적 관점에서의 특성 이해 • 아동의 특성과 능력에 맞는 개별화된 서비스 제공 – 아동의 강점을 이해하고 과제 해결 중심 접근 • 아동의 학령에 맞는 개별적인 연차적 자립 계획 수립 – 매년 아동의 욕구를 점검하여 수정
원가족과의 관계 회복	• 가족 방문 또는 전화, 문자, 편지, 카드 등 지속적인 관계 유지 노력 연 1회 이상 • 가족참여 프로그램(예 가족캠프 등) 연 1회 이상 실시 • 관련 기관 및 단체 등과 연계하여 부모교육 외 연 1회 이상 실시
학교와 관계 형성	• 학교교사와 정기적이고 지속적인 상담, 정보공유, 학교 행사에 참여 – 분기 1회 이상 아동생활 상황에 대해 교류한 기록 보유
지역 내 자원 활용	• 지역 내 관공서, 민간 자원 등 자원 연계 • 자원봉사 및 후원 기관과 관계 형성

출처 : 보건복지부(2023). 2023년 아동분야 사업안내.

7) 긴급아동양육

부모의 이혼, 별거, 가출, 부부간 심화된 불화, 신용불량 등으로 가정 내 아동양육이 곤란한 경우에 시설보호 등 긴급보호를 실시하여 아동보호를 목적으로 한다. 입소는 시장 · 군수 · 구청장이 보호자, 부양의무자, 이웃 등의 긴급보호 신청 시 아동복지시설 입소 및 국민기초생활보장 긴급급여 실시(1개월) 후, 국민기초생활수급자 선정기준 적합 여부를 조사하여 가정위탁보호 및 시설(공동생활가정)로 정한다.

8) 보호가 필요한 아동 보호

도지사 또는 시장 · 군수 · 구청장은 그 관할 구역에서 보호대상아동을 발견하거나 보호자의 의뢰를 받은 때에는 아동의 최상의 이익을 위하여 필요한 보호조치를 하여야 한다. 또한 아동과 보호자 상담 · 지도, 보호자 가정 복귀, 연고자 가정 대리양육, 가정위탁 등에 의한 가정보호가 어렵거나 적합하지 아니한 경우에 한해 시설보호를 실시한다.

보호아동 발생 시 업무처리 흐름도는 |그림 6-3|과 같다.

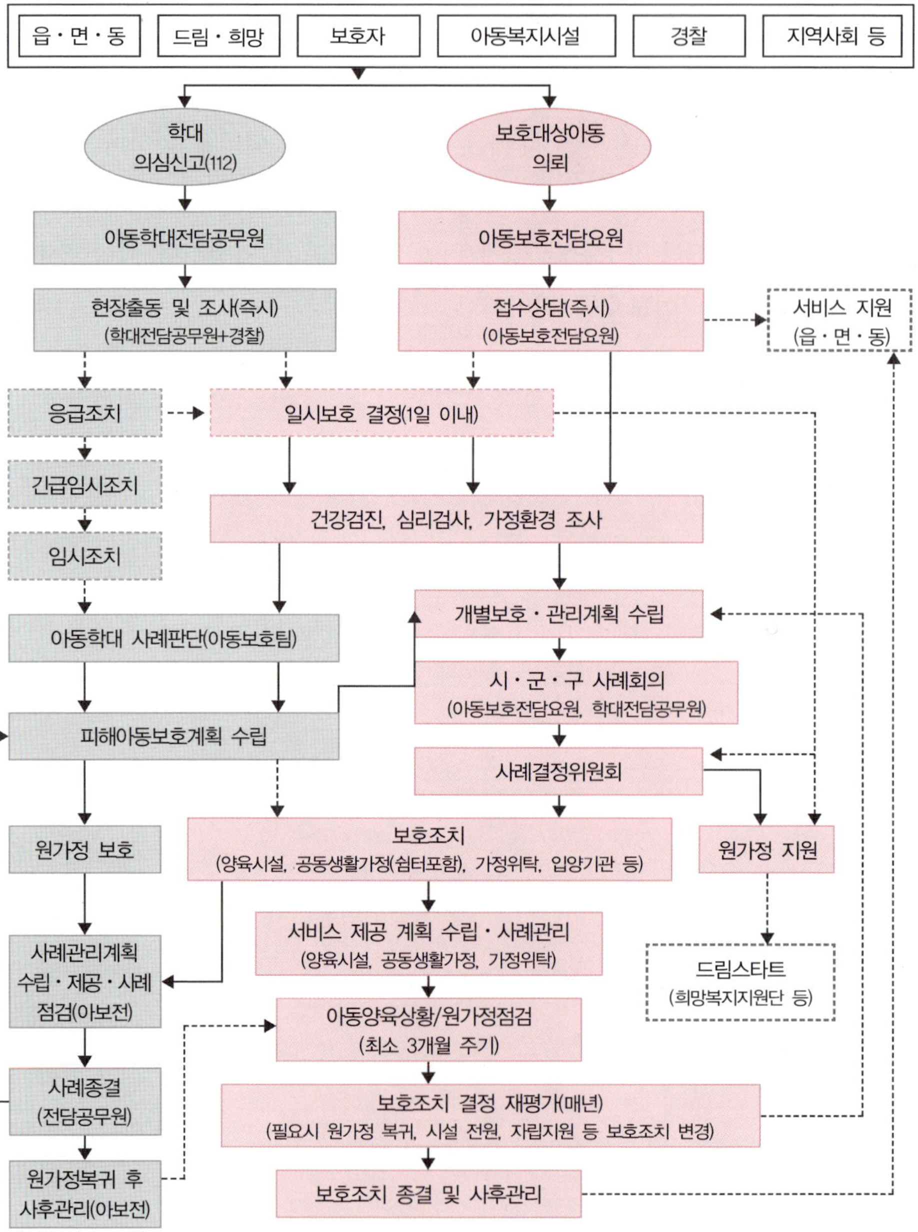

| 그림 6-3 | 보호아동 발생 시 업무처리 흐름도

출처 : 보건복지부(2023). 2023년 아동분야 사업안내.

9) 아동복지 전문 인력

아동복지사업과 관련된 서비스는 실제적으로는 서비스 전달자에 의하여 실행된다고 볼 수 있다. 아동복지서비스는 원칙상 그 제공 업무 분야에 따라 전문가에 의해 실행되는 것이 원칙이다. 아동복지서비스는 그 특성에 따라 반드시 전문가가 해야 하는 것은 아니지만 핵심적인 주요 업무는 반드시 전문가가 담당하는 것이 바람직하다. 아동복지 분야의 종사자는 전문성의 정도에 따라 전문가, 준전문가 그리고 비전문가로 구분될 수 있다. 전문가란 상식적으로 그 자격이 객관적으로 인정된 사람(국가 또는 전문직업단체의 시험 또는 기타 자격심사에 의하여 자격증을 부여받은 사람)으로 자신의 전문적 업무에 대한 권위와 자율적 결정권 및 책임성을 지는 사람을 의미한다(최성재 · 남기민, 2001).

아동복지 전문가는 아동위원과 아동복지시설 종사자, 아동보호전문기관 종사자가 있으며, 영유아보육법은 보육교직원 그리고 입양특례법에서 입양기관의 아동상담원의 자격조건을 정하고 있다. 아동복지시설 종사자의 직종별 자격 기준은 〈표 6-8〉과 같다.

〈표 6-8〉 아동복지시설 종사자의 직종별 자격 기준

직종별	자격기준
아동복지 시설의 장	1. 사회복지사업법에 따른 사회복지사 2급 이상의 자격 취득 후 아동과 관련된 사회복지업무에 3년 이상 또는 사회복지사업에 5년 이상 종사한 경력이 있는 사람 2. 학대아동보호사업과 관련된 기관에서 3년 이상 근무한 경력이 있는 사람 3. 7급 이상 공무원으로 국가나 지방자치단체에서 사회복지사업에 관한 행정업무에 5년 이상 종사한 경력이 있는 사람 4. 의료법에 따른 의사 · 한의사 또는 치과의사 면허 취득 후 3년 이상 진료 경력이 있는 사람 5. 정신보건법에 따른 정신보건전문요원 자격 취득 후 사회복지업무에 5년 이상 종사한 경력이 있는 사람

	6. 영유아보육법에 따른 보육교사 1급 자격 취득 후 아동과 관련된 사회복지 업무에 5년 이상 종사한 경력이 있는 사람 7. 유치원, 초등학교 또는 중등학교 교사자격증 취득 후 사회복지사업에 5년 이상 종사한 경력이 있는 사람 8. 직업훈련교사, 간호사, 영양사 자격 취득 후 사회복지사업에 5년 이상 종사한 경력이 있는 사람
사무국장	1. 사회복지사업법에 따른 사회복지사 2급 이상의 자격 취득 후 아동에 관련된 사회복지업무에 1년 이상 또는 사회복지사업에 3년 이상 종사한 경력이 있는 사람 2. 학대아동보호사업과 관련된 기관에서 1년 이상 근무한 경력이 있는 사람 3. 9급 이상 공무원으로서 국가나 지방자치단체에서 사회복지사업에 관한 행정업무에 3년 이상 종사한 경력이 있는 사람 4. 정신보건법에 따른 정신보건전문요원 자격 취득 후 사회복지사업에 3년 이상 종사한 경력이 있는 사람 5. 영유아보육법에 따른 보육교사 1급 자격취득 후 사회복지사업에 3년 이상 종사한 경력이 있는 사람 6. 유치원, 초등학교 또는 중등학교 교사 자격증 취득 후 사회복지사업에 3년 이상 종사한 경력이 있는 사람 7. 직업훈련교사, 간호사, 영양사 자격 취득 후 사회복지사업에 3년 이상 종사한 경력이 있는 사람
보육사	1. 사회복지사업법에 따른 사회복지사 3급 이상 자격이 있는 사람 2. 영유아보육법에 따른 보육교사 자격이 있는 사람 3. 유치원, 초등학교 또는 중등학교 교사 자격이 있는 사람
생활복지사 또는 상담지도원	1. 사회복지사업법에 따른 사회복지사 2급 이상 자격이 있는 사람 2. 유치원, 초등학교 또는 중등학교 교사 자격이 있는 사람 3. 영유아보육법에 따른 보육교사 1급 자격을 가진 사람
직업훈련 교사	1. 근로자직업능력 개발법에 따른 직업능력개발훈련 교사 자격이 있는 사람 2. 「학원의 설립 · 운영 및 과외교습에 관한 법률」에 따른 학원강사 자격이 있는 사람
임상심리 상담원	고등교육법에 따른 대학 또는 이와 같은 수준 이상의 학력이 있다고 교육부장관이 인정하는 학교에서 심리학을 전공하여 졸업한 사람

자립지원 전담요원	1. 근로자직업능력 개발법에 따른 직업능력 개발훈련 교사 자격이 있는 사람 2. 사회복지사업법에 의한 사회복지사 2급 이상의 자격이 있는 사람 3. 초등학교 또는 중등학교 교사 자격이 있는 사람 4. 대학 또는 이와 같은 수준 이상의 학력이 있다고 교육부장관이 인정하는 학교졸업자로서 아동복지 또는 사회복지 관련 학과를 졸업하고 1년 이상 아동복지에 종사한 경력이 있는 사람

출처 : 아동복지법 시행령 [별표 15] 〈개정 2022. 2. 17〉.

3. 아동복지서비스 전달체계의 개선

우리나라 아동복지서비스 전달체계는 중앙정부의 주무부처인 보건복지부를 비롯하여 여성가족부, 교육부, 법무부, 고용노동부 등으로 산재되어 있고, 일선의 지방정부의 관련 부서를 통하여 아동복지사업이 이루어지고 있다. 이렇게 아동복지정책을 주관하는 부처가 분산되어 있어 정책의 일관성에 문제가 발생할 수 있고, 보다 통합적인 방향으로의 아동복지정책 실행이 어려운 상황이다.

또한 공적 전달체계와 민간 전달체계의 긴밀한 협력과 연계가 이루어져야 함에도 불구하고 우리나라의 아동복지를 비롯한 사회복지 전 영역에 걸쳐 지역사회 민간자원과의 연계 협력 미흡은 사회복지 체계의 중요한 문제로 나타난다. 따라서 아동복지서비스에 있어 공적 전달체계와 민간 전달체계가 긴밀하게 협력할 수 있는 방안이 마련되어야 할 것이다(한미현 외, 2016).

토론 및 요약

1. 우리나라 아동복지서비스 이행 기관의 목적, 역할 등 차이점에 대해 안다.
2. 우리나라 아동복지서비스의 전달체계에 대한 자신의 견해를 이야기해 보고 개선점을 파악해 본다.

Part 3

아동복지의 실천

Chapter 7

보육서비스

이 장에서는 보육서비스에 대한 이해를 통해 보육사업의 유형 및 현황, 과제에 대해 살펴보고자 한다. 또한 보육교사의 등급별 자격기준 및 자격증 발급에 대해 알고 보육교사의 역할과 자질을 탐색해 보고자 한다.

학습목표

1. 보육서비스의 개념, 목적 및 정의에 대해 안다.
2. 운영주체 및 규모에 따른 보육시설의 유형과 운영시간에 따른 보육유형에 대해 안다.
3. 보육사업의 현황에 대해 알고 보육사업의 과제에 대해 탐색해 본다.
4. 보육교사의 등급별 자격기준 및 자격증 발급 등에 관해 안다.
5. 보육교사의 자질과 역할에 대해 안다.

1. 보육서비스에 대한 이해

1) 보육서비스의 개념

보육서비스는 부모역할을 보충해 주는 서비스로서 빈곤가정 아동과 결손가족 및 한부모가정 아동, 장애아동, 지역주민 단결을 통한 서비스와 사회복지사업법의 관련 법으로서의 영유아보육법 실행 및 종합적 사회복지서비스로서의 보육사업을 의미한다(이상욱 · 정희영 · 김종명 · 김미애, 2016).

2) 보육의 목적 및 정의

영유아의 심신을 보호하고 건전하게 교육하여 건강한 사회 구성원으로 육성함과 아울러 보호자의 경제적 · 사회적 활동이 이루어지도록 함으로써 영유아 가정의 복지 증진에 이바지함을 목적으로 한다(영유아보육법 제1조). 보육사업의 용어의 정의는 다음과 같다(영유아보육법 제2조).

- "영유아"란 6세 미만의 취학 전 아동을 말한다.
- "보육"이란 영유아를 건강하고 안전하게 보호 · 양육하고 영유아의 발달특성에 맞는 교육을 제공하는 어린이집 및 가정양육 지원에 관한 사회복지서비스를 말한다.
- "어린이집"이란 보호자의 위탁을 받아 영유아를 보육하는 기관을 말한다.
- "보호자"란 친권자 · 후견인, 그 밖의 자로서 영유아를 사실상 보호하고 있는 자를 말한다.
- "보육교직원"이란 어린이집 영유아의 보육, 건강관리 및 보호자와의 상담, 그 밖에 어린이집의 관리 · 운영 등의 업무를 담당하는 자로서 어린이집의 원장 및 보육교사와 그 밖의 직원을 말한다.

3) 보육이념(영유아보육법 제3조)

- 보육은 영유아의 이익을 최우선적으로 고려하여 제공되어야 한다.
- 보육은 영유아가 안전하고 쾌적한 환경에서 건강하게 성장할 수 있도록 하여야 한다.
- 영유아는 자신이나 보호자의 성, 연령, 종교, 사회적 신분, 재산, 장애, 인종 및 출생지역 등에 따른 어떠한 종류의 차별도 받지 아니하고 보육되어야 한다.

2. 보육사업의 유형

보육시설이란 영유아보육법에 근거하여 '어린이집'이라는 명칭을 사용하며, '보호자의 위탁을 받아 영유아를 보육하는 기관'이다. 보육시설은 설립 및 운영주체와 운영형태에 따라 분류할 수 있다. 보육시설의 유형을 운영주체 및 규모에 따라 분류하면 〈표 7-1〉과 같다.

〈표 7-1〉 시설 및 운영 주체에 따른 보육

보육시설 유형	운영주체	규 모
국·공립 어린이집	국가나 지방자치단체가 설치·운영하는 어린이집	상시 영유아 11인 이상
사회복지법인 어린이집	사회복지사업법에 따른 사회복지법인(이하 "사회복지법인"이라 한다)이나 단체 등이 설치·운영하는 어린이집	상시 영유아 21인 이상
법인·단체 등 어린이집	각종 법인(사회복지법인을 제외한 비영리법인)이나 단체 등이 설치·운영하는 어린이집으로서 대통령령으로 정하는 어린이집	상시 영유아 21인 이상

직장 어린이집	사업주가 사업장의 근로자를 위하여 설치 · 운영하는 어린이집(국가나 지방자치단체의 장이 소속 공무원을 위하여 설치 · 운영하는 어린이집을 포함한다)	상시 영유아 5인 이상
가정 어린이집	개인이 가정이나 그에 준하는 곳에 설치 · 운영하는 어린이집	상시 영유아 5인 이상 20인 이하
협동 어린이집	보호자 또는 보호자와 보육교직원이 조합을 결성하여 설치 · 운영하는 어린이집	상시 영유아 11인 이상
민간 어린이집	위 여섯 가지 보육시설 유형에 해당하지 아니하는 어린이집	상시 영유아 21인 이상

출처 : 영유아보육법 제10조, 영유아보육법 시행령 제9조 [별표 1].

또한 보육시설은 운영시간에 따라 반일제 보육, 시간제 보육, 야간 및 24시간 보육, 기타 보육유형으로 나눌 수 있다.

(1) 반일제 교육

반일제 보육은 하루 6시간 이내로 이루어지며 보통 9시 전후에 시작하여 오후 2시경에 마치게 된다. 이는 보육이 보편화되어 가는 추세에 따라 부모의 취업 여부와 관계없이 영유아들이 보육시설을 이용하며 부모의 요구에 따라 이루어질 수 있다.

(2) 시간제 교육

시간제 보육은 보호자의 이유로 잠깐 동안 영유아를 맡길 수 있는 보육이다. 주로 일시적 · 간헐적으로 활용할 수 있다. 시간제 보육의 경우 영유아와의 라포 형성과 연령별로 다양하고 흥미로운 놀이 활동을 계획하여 융통성 있게 운영하고, 시간당 보육료를 받을 수 있다.

(3) 야간 및 24시간 보육

야간 및 24시간 보육은 근로 시간이 일정하게 정해져 있지 않거나, 고정적이지 않은 업무에 종사하는 부모 등 다양한 근로 시간 형태에 종사하는 부모를 위한 보육의 한 형태이다.

영유아들이 대부분 주간 보육에서 연장하여 야간이나 24시간 보육을 받게 되므로 원만한 일상생활을 영위하기 위한 지도, 정서적 안정과 사회성 발달에 각별히 신경 써야 한다.

(4) 기타 보육유형

7:30~19:30까지의 기준 보육 시간에서 더 연장하여 보육하는 시간연장 보육이 있다. 또한 주간 종일제 보육시설에 추가하여 설치, 운영하는 시설로서 상시 24시 보육을 실시하고 있으며, 그 외에도 휴일보육 등 다양한 맞춤식 보육서비스가 이루어지고 있다.

3. 보육사업의 현황 및 과제

1) 보육사업의 현황

부모 양육 중심에서 부모와 지역사회의 책임으로 책임주체가 다원화되고 있으며 일과 가정 양립을 실현하고자 영유아 보육의 질적 향상을 도모하고 있다. 연도별 어린이집 설치 및 운영 현황을 살펴보면 〈표 7-2〉와 같다.

〈표 7-2〉 연도별 어린이집 설치 및 운영 현황 (단위 : 개소)

구 분	계	국·공립 어린이집	사회복지법인 어린이집	법인·단체 등 어린이집	민간 어린이집	가정 어린이집	협동 어린이집	직장 어린이집
2019	37,371	4,324	1,343	707	12,568	17,117	159	1,153
2018	43,742	3,602	1,377	748	13,518	18,651	164	1,111
2017	43,770	3,157	1,392	771	14,045	19,656	164	1,053
2016	42,527	2,859	1,402	804	14,316	20,598	157	948
2015	39,842	2,629	1,141	834	14,626	22,074	155	785
2014	38,021	2,489	1,420	852	14,822	23,318	149	692
2013	35,550	2,332	1,439	868	14,751	23,632	129	619
2012	33,499	2,203	1,444	869	14,440	22,935	113	523
2011	30,856	2,116	1,462	870	14,134	20,722	89	449
2010	29,233	1,917	1,468	888	13,789	19,367	74	401
2009	28,367	1,826	1,470	935	13,433	17,359	66	370

출처 : 보건복지부(2023). 2022년 보육통계.

어린이집 설치 및 운영 현황을 시·도별로 살펴보면 〈표 7-3〉과 같다.

〈표 7-3〉 시·도별 어린이집 설치 및 운영 현황

(단위 : 개소)

구 분	계	국·공립 어린이집	사회복지 어린이집	법인·단체 등 어린이집	민간 어린이집	가정 어린이집	협동 어린이집	직장 어린이집
계	37,371	4,324	1,343	707	12,568	17,117	159	1,153
서울특별시	5,968	1,661	28	101	1,512	2,098	33	265
부산광역시	1,848	211	81	35	715	739	12	55
대구광역시	1,322	137	113	23	573	435	5	36
인천광역시	2,04	213	11	13	733	1,002	6	71
광주광역시	1,122	48	107	21	389	519	6	32
대전광역시	1,288	53	40	12	357	761	7	58
울산광역시	842	72	13	5	412	300	5	35
세종특별자치시	359	51	9	4	107	173	0	15
경기도	11,305	924	66	116	3,642	6,222	67	268
강원도	1,036	109	107	40	342	393	4	41
충청북도	1,130	81	104	31	435	440	4	35
충청남도	1,812	128	114	47	582	887	2	52
전라북도	1,288	82	137	88	429	523	1	28
전라남도	1,147	147	160	49	364	394	2	31
경상북도	1,844	160	82	36	752	758	1	55
경상남도	2,777	209	98	47	1,003	1,358	4	58
제주도	504	38	73	39	221	115	0	18

출처 : 보건복지부(2023). 2022년 보육통계.

연도별 어린이집 보육아동 현황은 〈표 7-4〉와 같다.

〈표 7-4〉 연도별 어린이집 보육아동 현황 (단위 : 명)

구 분		계	국 · 공립 어린이집	사회복지 법인 어린이집	법인 · 단체 등 어린이집	민간 어린이집	가정 어린이집	협동 어린이집	직장 어린이집
2022	계	1,095,450	276,670	64,503	27,743	477,628	184,053	3,203	61,650
	남	567,995	143,794	34,075	14,463	247,414	94,644	1,786	31,819
	여	527,455	132,876	30,428	13,280	230,214	89,409	1,417	29,831
2021	계	1,184,716	268,967	72,085	30,998	535,428	208,842	3,465	64,931
	남	613,695	139,664	38,046	16,150	277,125	107,330	1,873	33,507
	여	571,021	129,303	34,039	14,848	258,303	101,512	1,592	31,424
2020	계	1,244,396	253,251	78,322	34,066	578,196	230,444	3,716	66,401
	남	644,496	131,303	41,100	17,710	299,290	118,878	2,010	34,205
	여	599,900	121,948	37,222	16,356	278,906	111,566	1,706	32,196
2019	계	1,365,085	232,123	86,775	38,538	664,106	273,399	4,121	66,023
	남	705,867	119,993	45,411	20,101	343,060	140,965	2,205	34,132
	여	659,218	112,130	41,364	18,437	321,046	132,434	1,916	31,891
2018	계	1,415,742	200,783	92,787	41,298	711,209	302,674	4,360	62,631
	남	731,498	103,444	48,702	21,633	367,436	155,682	2,272	32,329
	여	684,244	97,339	44,085	19,665	343,436	146,992	2,088	30,302
2017	계	1,450,243	186,916	96,794	43,404	738,559	321,608	4,508	58,454
	남	749,266	96,611	50,741	22,65	381,384	165,414	2,308	30,183
	여	700,977	90,305	46,053	20,779	357,175	156,194	2,200	28,271
2016	계	1,451,215	175,929	99,113	45,374	745,663	38,594	4,240	52,302
	남	750,122	91,124	52,038	23,638	385,046	168,970	2,197	27,109
	여	701,093	84,805	47,075	21,736	360,617	159,624	2,043	25,193

2015	계	1,452,813	165,743	99,715	46,858	747,598	344,007	4,127	44,765
	남	750,621	85,961	52,333	24,279	385,507	177,103	2,166	23,272
	여	702,192	79,782	47,382	22,579	362,091	166,904	1,961	21,493
2014	계	1,496,671	159,241	104,552	49,175	775,414	365,250	3,774	39,265
	남	773,987	82,306	55,049	25,478	400,579	188,152	2,012	20,411
	여	722,684	76,935	49,503	23,697	374,835	177,098	1,762	18,854

* 남/여 구분 : 아동의 주민등록번호의 7번째 자릿수가 홀수이면 남, 짝수이면 여 – 이후 남/여 구분 동일한 조건
출처 : 보건복지부(2023). 2022년 보육통계.

연도별 어린이집 보육교직원 현황은 〈표 7–5〉와 같다.

〈표 7–5〉 연도별 어린이집 보육교직원 현황 (단위 : 명)

구 분		계	국·공립 어린이집	사회복지 법인 어린이집	법인· 단체 등 어린이집	민간 어린이집	가정 어린이집	협동 어린이집	직장 어린이집
2022	계	311,996	73,511	16,975	7,027	116,442	76,144	953	20,944
	남	10,502	1,346	1,670	551	5,931	771	27	206
	여	301,494	72,165	15,305	6,476	110,511	75,373	926	20,738
2021	계	321,116	67,191	17,673	7,351	123,655	83,758	1,009	20,479
	남	11,261	1,305	1,754	579	6,511	880	22	210
	여	309,855	65,886	15,919	6,772	117,144	82,878	987	20,269
2020	계	325,669	59,974	18,313	7,695	129,306	89,552	1,030	19,799
	남	11,598	1,207	1,797	610	6,845	914	23	202
	여	314,071	58,767	16,516	7,085	122,461	88,638	1,007	19,597
2019	계	331,444	50,436	18,835	8,062	13,344	95,763	1,043	17,961
	남	12,392	1,094	1,861	647	7,542	1,017	27	204
	여	319,052	49,342	16,974	7,415	131,802	94,746	1,016	17,757

2018	계	333,420	41,122	19,139	8,259	146,386	100,987	1,051	16,476
	남	12,956	971	1,882	668	8,118	1,100	26	191
	여	320,464	40,151	17,257	7,591	138,268	99,887	1,025	16,285
2017	계	330,217	36,098	18,845	8,254	146,920	104,176	1,066	14,858
	남	13,648	954	1,895	691	8,644	1,260	28	176
	여	316,569	35,144	16,950	7,563	138,276	102,916	1,038	14,682
2016	계	321,766	32,937	18,920	8,436	145,609	101,891	979	12,944
	남	14,124	941	1,928	726	9,013	1,330	29	157
	여	307,642	31,996	16,992	7,710	136,596	100,561	950	12,837
2015	계	321,067	30,823	18,933	8,637	145,724	105,124	970	10,856
	남	14,447	942	1,908	725	9,226	1,470	29	147
	여	306,620	29,881	17,025	7,912	136,498	103,654	941	10,709

출처 : 보건복지부(2023). 2022년 보육통계.

2) 보육사업의 과제 및 문제점

보육사업의 과제 및 문제점을 살펴보면 다음과 같다(보건복지부, 2017).

(1) 시설 및 기관급여 중심의 보육지원 정책

① 현재 우리나라의 보육 관련 문제는 맞춤형 보육 이외에 여러 이슈가 산적해 있음에도 보육지원정책이 어린이집을 중심으로 한 기관중심으로 진행되고 있기에 벌어지는 현상이다.

② 진정한 '수요맞춤형 정책'이 과연 무엇인지에 대한 고민이 우선되어야 한다.

③ 이용자 실제 수요 및 욕구에 대한 관심이 미흡하다.

- 가정양육의 실질적 대안은 기관보육이 아니라 가정 내에서의 양육을 지원하는 것이다.

- 어린이집 실태 조사는 기관 보육을 전제로 한 것이므로 실제적 욕구를 확인하는 것에는 한계가 있다.

(2) '수요자 맞춤형' 현금지원정책이 필요한 시기

① 2012년을 기준하여 가정양육수당은 1인당 10~20만 원에 불과하나 어린이집 이용자는 아동 1명당 80만 원 선으로 가정양육과 어린이집 이용자 간 심각한 비형평성이 야기된다.

- 실질적으로 어린이집 이용 아동은 한 달에 11일 이상 출석하면 보육료지원액 전액이 어린이집으로 입금되고 있다.
- 영유아를 둔 부모 입장에서는 어린이집 대기 순번이 실질적으로 필요한 나이에 오지 않을까 두려운 마음에 가정양육수당을 포기하고 어린이집에 등원시키면서 실질적으로 어린이집에 보낼 시기를 기다리는 상황이 다수 포착되기도 한다.

② 현금지원정책 중 국제적으로는 아동수당이 가장 많이 활용되고 있다.

- 맞춤형 보육 대란에서 가장 문제가 되었던 것은 어린이집의 실질적 운영에 대한 어려움 호소이다.
- 이를 해결할 수 있는 것은 기관에 지급하는 이용료 보조가 아닌 아동수당과 같은 실수요자에 대한 현금 지급으로 수요자들의 선택권을 확장하여야 한다.

③ '보육의 형평성 확보'와 함께 '선별적 · 차등적' 지원의 필요성에 대한 긍정적 의식의 확산이 필요하다.

- 무상보육의 가장 큰 필요성은 보편성 이전에 보육 이용기회에서의 형평성 확보가 필요하다.
- 전 가정 현금지원으로 필요성을 충족시키고, 소득계층별 차등적 지원을 통해 형평성을 확보한다면 서비스의 질 향상과 더불어 수요자의 욕구도 충분히 만족시킬 수 있을 것으로 예상한다.

(3) 영유아보육시설 및 개별 시설에 대한 전반적 관리 감독체계 미흡

① 현재 영유아보육시설은 어린이집과 영유아보육법 미적용대상인 놀이학교로 나누어져 있다.

- 어린이집을 이용하지 못하는 수요자는 자의 반, 타의 반으로 학원법의 규율을 받는 놀이학교라는 고비용의 학원에 아이를 맡길 수밖에 없는 상황이다.
- 어린이집 수요에 대한 공급의 미충족은 절대적인 공급량 부족의 문제에만 국한하지 않고 공급 주체에 따른 관리감독의 사각지대로 보육서비스의 질 차이가 예상된다.
- 보육기회 제공의 보편성과 형평성이라는 관점에서 이를 단순히 자본주의 시장 논리 탓으로만 돌릴 수는 없다.

② 시설을 이용하지 않는 경우 돌봄서비스가 있으나 소득별로 차등화되어 있고 공급량이 적어, 이를 사용하지 못하는 가정은 사설업체를 통해 개별적으로 아이 돌봐주는 사람을 고용하고 있는 실정이다.

(4) 현재의 보육 시스템은 누구도 만족시키지 못하거나 극히 일부만 만족시킴

보육교사의 열악한 노동조건은 질 향상의 기대와는 엇박자이다.

3) 보육현황에 대한 정책과제

보육현황에 대한 정책과제는 다음과 같다(보건복지부, 2017).

(1) 국공립 시설 확충을 통한 보육의 공공성 확대

양육환경 개선의 최우선 과제는 국공립 시설의 확충이다. 믿고 맡길 만한 보육시설이 부족하다고 지속적으로 문제제기가 되어 왔음에도 불구하고 큰 진전을 보이지 않고 있다.

(2) 아이돌보미 서비스 확대 및 영아기 보육지원 강화

아동발달 측면에서 영아기 자녀의 시설보육에 대한 부정적인 시각뿐만 아니라 현재 국내 보육시설에 대한 낮은 신뢰도에 기인한다. 영아기 자녀를 둔 부모가 부득이하게 시설을 이용해야 하는 경우 믿고 맡길 만한 시설을 찾기가 어려운 실정이다.

(3) 일 · 가정 양립에 긍정적 영향 제공

취업모 가구의 일 · 가정 양립 가능 환경을 조성하여 출산율 제고에 기여할 수 있도록 해야 한다. 현재 양육재원정책의 많은 부분이 맞벌이 가정지원 중심으로 제도가 개선되어 가고 있으나 양육서비스 지원 측면의 강화와 함께 노동시장에서 이루어지는 출산휴가, 육아휴직제도의 활성화가 수반되어야 할 것이다. 또한 육아휴직을 통해서 직접적인 가정양육을 원하는 가족에게 양육의 기회를 충분히 제공해야 하며 육아휴직 후의 직장 복귀도 제도적으로 보장되어야 한다.

유아교육 및 보육 통계에 있어서도 「정부3.0」에서 강조하고 있는 공공정보의 공개 및 확대로 새로운 통계 수요가 증가할 것으로 예상됨에 따라 개선해야 할 과제를 다음과 같이 제시하였다(보건복지부, 2017).

첫째, 현재 교육부와 보건복지부 양쪽에서 생산되고 있는 영유아 교육 · 보육 분야는, 현재 정책대상은 영유아로 동일하나 어린이집은 보건복지부, 유치원은 교육부로 각 부처별 정책이 수립되고 실행되고 있다.

둘째, 영유아 교육 · 보육 통계 조사체계의 통합이 필요하다. 연령별 누리과정 시행 이후 유치원과 어린이집을 비교하고자 하는 통계 수요는 증가하였으나 유치원과 어린이집 통계의 생산 기준이 상이하고 생산체계가 다르다. 이에 새로운 정책에 따른 통계 수요를 반영하지 못하고 기준의 차이에서 오는 통계 해석상의 문제가 되고 있다.

셋째, 영유아 교육 · 보육 통계 활용도를 높이고 통계 이용의 접근성 향상이 요구된다. 현재 영유아 교육 · 보육 통계는 서로 다른 부처에서 생산되어 통합적으로 사용할 수 없는 제한점과 원 자료를 제공하지 않고 생산된 통계표를 따로 제공하여 활용에 어려움이 있다.

넷째, 영유아 교육 · 보육 통계 수요를 파악한 신규 통계 개발이 요구된다. 영유아 교육 · 보육과 관련하여 생산되고 있는 국가승인통계는 그 수가 매우 적고, 제공하고 있는 통계가 기관중심으로 매우 제한적이다.

4. 보육교사의 자격기준 및 자격증

1) 보육교사의 등급별 자격기준 및 자격증 발급

(1) 보육교사의 등급별 자격기준

보육교사로 어린이집에 근무하기 위해서는 보건복지부장관이 수여하는 보육교사 국가자격증을 발급받아야 한다. 보육교사는 자격기준(영유아보육법 시행령 제21조 별표 1)에 해당하는 자로서 보건복지부장관이 검정, 수여하는 국가자격증을 받은 자이어야 한다(영유아보육법 제21조). 보육교사 자격증은 보육교사 1급, 보육교사 2급, 보육교사 3급으로 나누어지며 등급에 따른 자격기준은 〈표 7-6〉과 같다.

〈표 7-6〉 등급별 자격기준 및 자격 관련 세부 경력

등 급	자격기준
보육교사 1급	1. 보육교사 2급 자격을 취득한 후 3년 이상의 보육업무 경력이 있는 사람으로서 보건복지부장관이 정하는 승급교육을 받은 사람
	2. 보육교사 2급 자격을 취득한 후 보육 관련 대학원에서 석사학위 이상을 취득하고 1년 이상의 보육업무 경력이 있는 사람으로서 보건복지부장관이 정하는 승급교육을 받은 사람
보육교사 2급	1. 전문대학 또는 이와 같은 수준 이상의 학교에서 보건복지부령으로 정하는 보육 관련 교과목 및 학점을 이수하고 졸업한 사람
	2. 보육교사 3급 자격을 취득한 후 2년 이상의 보육업무 경력이 있는 사람으로서 보건복지부장관이 정하는 승급교육을 받은 사람
보육교사 3급	고등학교 또는 이와 같은 수준 이상의 학교를 졸업한 사람으로서 보건복지부령으로 정하는 교육훈련시설에서 정해진 교육과정을 수료한 사람

출처 : 영유아보육법 시행령 제21조 [별표 1].

한국보육진흥원(2016)의 보육교사 자격 관련 세부 경력사항을 자세히 살펴보면 다음과 같다.

① 다음의 열거된 하나에 해당하는 경력이다.

- 어린이집에서 어린이집의 원장, 보육교사, 특수교사 또는 치료사로 근무한 경력이다.
- 육아종합지원센터에서 육아종합지원센터의 장, 보육전문요원, 특수교사, 대체교사 또는 일시보육 담당 보육교사로 근무한 경력이다.
- 법 제26조의2 제2항에 따른 일시보육 서비스지정기관에서 기관의 장 또는 일시보육 담당 보육교사로 근무한 경력이다.

② 유아교육법에 따른 교육과정과 방과후 과정을 운영하는 유치원에서 원장, 원감, 수석교사 또는 교사로 근무한 경력이다.

- 유아교육법 제20조 규정에 따라 교원(원장, 원감, 수석교사, 교사)으로 근무한 경력만 해당되며 같은 법 제23조에 의한 강사, 기간제 교사, 명예교사 등으로 근무한 경력은 해당되지 않는다.
- 자격취득 및 승급을 위한 경력으로, 호봉인정 근무경력과는 다른 개념이다.
- 「남녀고용평등과 일 · 가정 양립지원에 관한 법률」에 따른 육아휴직 기간, 근로기준법 및 산업재해보상보험법에 따른 업무상 재해로 인한 1개월 이상의 병가기간은 보육업무경력에서 제외된다.

(2) 보육교사 국가자격증 발급 현황

보육교사 국가자격증 발급 현황은 〈표 7-7〉과 같다.

〈표 7-7〉 보육교사 국가자격증 급수별 발급 현황 (단위 : 건)

구 분	2013	2014	2015	2016	2017	2018	2019	2020	2021	2022	2023	총 계
1급	37,753	42,036	26,829	26,793	26,660	22,261	22,329	20,422	19,283	16,432	14,516	275,314
2급	76,523	78,224	50,295	46,651	53,826	31,560	29,917	28,219	26,762	26,088	23,889	471,954
3급	9,566	8,323	4,613	2,651	2,252	1,711	1,422	1,168	923	548	324	33,501
총 계	123,842	128,583	81,737	76,095	82,738	55,532	53,668	49,809	46,968	43,068	38,729	780,769

출처 : 한국보육진흥원 홈페이지(2023).

2) 보육교사 2급 자격기준 변경 사항

보육교사 2급 자격기준 변경 사항은 보건복지부령 제392호, 2016년 1월 12일 개정, 2016년 8월 1일부터 시행되었다. 보육교사 2급 자격기준 변경 사항에 따른 교육영역별 교과목 및 학점은 〈표 7-8〉과 같다.

〈표 7-8〉 교육영역별 교과목 및 학점

영 역		교과목	이수과목(학점)
교사인성	필수	보육교사(인성)론, 아동권리와 복지	2과목(6학점)
보육 지식과 기술	필수	보육학개론, 보육과정, 영유아발달, 영유아교수방법론, 놀이지도, 언어지도, 아동음악(또는 아동동작, 아동미술), 아동수학지도(또는 아동과학지도), 아동안전관리(또는 아동생활지도)	9과목(27학점)
	선택	아동건강교육, 영유아 사회정서지도, 아동문학교육, 아동상담론, 장애아 지도, 특수아동 이해, 어린이집 운영관리, 영유아 보육 프로그램 개발과 평가, 보육정책론, 정신건강론, 인간행동과 사회환경, 아동간호학, 아동영양학, 부모교육론, 가족복지론, 가족관계론, 지역사회복지론	4과목(12학점) 이상
보육실무	필수	아동관찰 및 행동연구, 보육실습	2과목(6학점)
전체	17과목(51학점) 이상		

* 각 교과목은 3학점을 기준으로 하되, 최소 2학점이어야 함
출처 : 영유아보육법 시행규칙 제12조 제1항 [별표 4].

(1) 대면교과목

대면교과목의 적용대상 교과목 수는 9개 교과목이며, 과목당 8시간 이상의 출석수업과 1회 이상 출석 시험이 실시되어야 한다. 〈표 7-9〉는 영역별 교과목이다.

〈표 7-9〉 영역별 교과목

영 역	교과목
교사인성	보육교사(인성)론, 아동권리와 복지
보육지식과 기술	놀이지도, 언어지도, 아동음악(또는 아동동작, 아동미술), 아동수학지도(또는 아동과학지도), 아동안전관리(또는 아동생활지도)
보육실무	아동관찰 및 행동연구, 보육실습

출처 : 영유아보육법 시행규칙 제12조 제1항 [별표 4].

(2) 보육실습 기준

대면교과목 중 보육실습에 관한 기준은 〈표 7-10〉과 같다.

〈표 7-10〉 대면교과목 중 보육실습에 관한 기준

구 분	기 준
실습운영	이론수업과 보육현장실습으로 운영
실습기간	6주 240시간(2회에 나누어 실시 가능)
실습기관	• 정원 15명 이상으로 평가인증을 유지하는 어린이집 • 방과후 과정을 운영하는 유치원
실습 지도교사	• 보육실습 1급 또는 유치원 정교사 1급 • 실습 지도교사 1명당 보육실습생 3명 이내 지도
실습 인정시간	• 평일(월요일~금요일) 오전 9시~오후 7시 • 실습시간은 하루에 8시간을 초과할 수 없음
실습의 평가	• 보육실습일지와 실습평가서 작성 • 평가점수 80점 이상

출처 : 영유아보육법 시행규칙 제12조 제1항 [별표 4].

3) 장애영유아를 위한 보육교사 자격확인서

자격확인서 제도 도입 배경은 장애아동의 특별한 복지적 욕구에 적합한 통합적 복지 지원을 위해 장애아동복지지원법이 2012년에 제정 · 시행되었다. 이에 장애아동의 보육을 위한 특수교사와 장애영유아를 위한 보육교사 자격기준이 제시됨에 따라 2016년 3월 1일부터 장애영유아를 위한 어린이집에서는 특수교사와 장애영유아를 위한 보육교사를 순차적으로 배치해야 한다. 따라서 장애영유아를 위한 보육교사 자격확인서 제도를 도입하게 되었다.

(1) 자격검정 일반원칙

장애영유아를 위한 보육교사의 자격검정은 무시험을 원칙으로 하며, 장애아동복지지원법 시행령 제5조 및 같은 법 시행규칙 제12조 [별표 3]에 따른 자격기준을 갖추었는지의 여부를 신청자가 제출한 서류를 심사하여 검정한다.

(2) 자격확인서 발급

장애영유아를 위한 보육교사의 자격기준을 갖추고 자격검정에 합격한 사람에게는 「장애영유아를 위한 보육교사 자격검정을 위한 업무 위탁기관 지정 및 자격검정 절차 등에 관한 고시」 별지 제3호 서식에 따른 자격확인서를 발급한다. 장애유아를 위한 보육교사 자격확인서 발급 현황은 〈표 7-11〉과 같다.

〈표 7-11〉 장애영유아를 위한 보육교사 자격확인서 발급 현황 (단위 : 건)

2015	2016	2017	2018	2019	2020	2021	2022	2023	총계
958	1,709	1,928	2,786	4,827	3,939	13,217	10,451	57,971	97,786

출처 : 한국보육진흥원 홈페이지(2023).

특수보육어린이집 현황을 살펴보면 〈표 7-12〉와 같다.

〈표 7-12〉 특수보육어린이집 현황 2022. 12. 31. 현재(단위 : 개소, 명)

구 분			설립주체별							
			총 계	국·공립 어린이집	사회복지 법인 어린이집	법인·단체 등 어린이집	민간 어린이집	가정 어린이집	협동 어린이집	직장 어린이집
영아전담	어린이집	어린이집수	326	52	36	13	181	44	0	0
	아동	아동정원	13,614	2,522	1,946	537	7,729	880	0	0
		영아아동현원	9,584	2,053	1,141	360	5,297	733	0	0
	보육 교직원	영아반보육교사	2,180	442	257	82	1,218	181	0	0

장애아전문	어린이집	어린이집수	177	48	100	5	23	1	0	0
	아동	아동정원	8,395	1,955	5,297	277	848	18	0	0
		장애아동현원	6,170	1,572	3,728	202	657	11	0	0
	보육 교직원	장애아반보육교사, 특수교사, 치료사	2,671	670	1,625	85	285	6	0	0
장애아통합	어린이집	어린이집수	1,393	1,139	48	39	142	9	3	13
	아동	아동정원	118,083	93,961	4,512	3,322	13,697	175	72	2,344
		장애아동현원	6,143	4,681	238	235	927	13	7	42
	보육 교직원	장애아반보육교사, 특수교사, 치료사	2,190	1,706	80	82	299	4	4	15
방과후	어린이집	어린이집수	160	32	38	33	51	4	0	2
	아동	아동정원	13,558	2,690	4,033	2,224	4,237	80	0	294
		방과후아동현원	1,315	324	108	550	289	0	0	44
	보육 교직원	방과후반보육교사	95	25	15	32	20	0	0	3
야간연장	어린이집	어린이집수	7,499	3,040	310	136	1,677	2,171	6	159
	아동	아동정원	402,372	196,254	26,986	10,044	110,857	39,899	194	18,138
		야간연장아동현원	19,071	4,644	787	375	6,077	6,203	34	951
	보육 교직원	야간연장보육교사	5,208	1,486	217	121	1,684	1,412	7	281
휴일	어린이집	어린이집수	279	165	32	12	36	28	0	6
	아동	아동정원	19,513	12,074	2,922	1,057	2,194	532	0	734
		휴일아동현원	111	43	29	0	6	23	0	10
휴일	보육 교직원	휴일반보육교사	75	30	11	6	14	8	0	6
24시간	어린이집	어린이집수	135	48	12	0	37	36	0	2
	아동	아동정원	7,183	3,367	707	0	2,235	676	0	198
		24시간아동현원	368	66	35	0	168	99	0	0
	보육 교직원	24시간보육교사	128	23	8	0	62	32	0	3

출처 : 보건복지부(2023). 2022년 보육통계.

4) 자격검정 및 자격증 · 자격확인서 발급

(1) 자격검정 및 자격증 · 자격확인서 발급 기관

발급기관은 한국보육진흥원이며 어린이집 원장 · 보육교사의 자격검정 및 자격증 (재)발급, 장애영유아를 위한 보육교사 자격검정 및 자격확인서 (재)발급에 관한 업무를 수행한다. 보육정책 집행기관인 한국보육진흥원은 효과적인 보육 관련 사업 수행을 통한 보육의 질 향상과 체계적인 보육정책 지원을 통한 영유아와 부모, 보육교직원 등 수요자의 만족에 기여하는 데 설립목적을 두고 있다. 한국보육진흥원 내 부서 및 해당 부서별 업무 조직도는 |그림 7-1|과 같다.

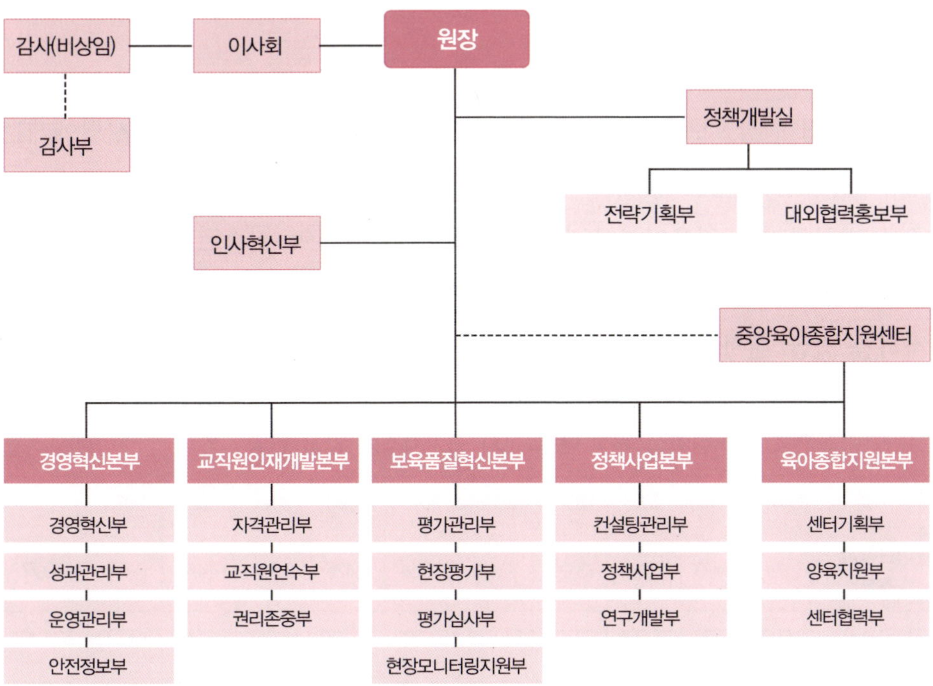

| 그림 7-1 | 한국보육진흥원 내 부서 및 부서별 업무 조직도

출처 : 한국보육진흥원 홈페이지(2023).

(2) 어린이집 원장 · 보육교사의 자격검정 및 자격증 발급

① 자격검정 일반 원칙

자격검정은 자격 신청 시의 자격기준(영유아보육법 시행령 제21조 별표 1)에 따라 검정하는 것이 원칙이며, 어린이집 원장 · 보육교사의 자격검정은 무시험을 원칙으로 한다. 이에 영유아보육법 시행령 제21조 [별표 1]에 의한 자격기준을 갖추었는지의 여부를 신청자가 제출한 서류를 심사하여 검정한다. 그러나 영유아보육법 부칙 〈법률 제7153호〉에 따라 2005년 1월 29일 이전까지의 규정(종전 시행규칙 제8조 제1항 별표 3)에 의한 어린이집 원장 및 보육교사 자격기준을 갖춘 자에 대해서는 종전 규정에 따라 자격을 검정한다.

② 자격증발급

어린이집 원장 · 보육교사 자격기준을 갖추고 자격검정에 합격한 사람에게는 영유아보육법 시행규칙 제18조 제3항 관련 별지 제12호의2 서식에 따른 자격증을 발급하지만 영유아보육법 제48조에 따라 자격이 취소된 경우 재교부 제한기간 경과 후 자격증을 재발급한다. 연도별 어린이집 원장 · 보육교사 국가자격증 발급 현황은 〈표 7-13〉과 같다.

〈표 7-13〉 연도별 어린이집 원장 · 보육교사 국가자격증 발급 현황 (단위 : 건)

구 분	2014	2015	2016	2017	2018	2019	2020	2021	2022	2023	총 계
어린이집 원장	58,129	6,409	7,335	73,067	10,118	9,754	3,425	8,814	7,476	6,250	190,777
보육교사	128,583	81,737	76,095	82,738	55,532	53,668	30,376	46,968	43,068	38,729	637,494
총 계	186,712	88,146	93,430	155,805	65,650	63,422	33,801	55,782	50,544	44,979	838,271

출처 : 한국보육진흥원 홈페이지(2023).

5) 어린이집 원장 자격기준 및 원장 사전직무교육

어린이집 원장 자격은 어린이집 원장 자격기준(시행령 제21조 별표 1)에 해당하는 자로서 보건복지부장관이 검정·수여하는 국가자격증을 받은 자이어야 한다.

어린이집 원장 자격기준 및 원장 사전직무교육은 다음과 같다(한국보육진흥원, 2020).

(1) 어린이집 원장 자격기준

① 일반기준

- 보육교사 1급 자격을 취득한 후 3년 이상의 보육 등 아동복지업무 경력이 있는 사람
- 유아교육법에 따른 유치원 정교사 1급 자격 또는 같은 법에 따른 특수학교(유치원 과정을 말한다)의 정교사 자격을 취득한 후 3년 이상의 보육 등 아동복지업무 경력이 있는 사람
- 유치원 원장의 자격을 가진 사람
- 초 · 중등교육법에 따른 초등학교 정교사 자격 또는 같은 법에 따른 특수학교(초등학교 과정을 말한다)의 정교사 자격을 취득한 후 5년 이상의 보육 등 아동복지업무 경력이 있는 사람
- 사회복지사업법에 따른 사회복지사 1급 자격을 취득한 후 5년 이상의 보육 등 아동복지업무 경력이 있는 사람
- 의료법에 따른 간호사 면허를 취득한 후 7년 이상의 보육 등 아동복지업무 경력이 있는 사람
- 국가 또는 지방자치단체에서 7급 이상의 공무원으로 보육 등 아동복지업무에 5년 이상 근무한 경력이 있는 사람

② 가정어린이집

- 일반기준에서 정한 자격을 갖춘 사람
- 보육교사 1급 이상 자격을 취득한 후 1년 이상의 보육업무 경력이 있는 사람

③ 영아전담어린이집

- 일반기준에서 정한 자격을 갖춘 사람
- 간호사 면허를 취득한 후 5년 이상의 아동간호업무 경력이 있는 사람

④ 장애아전문어린이집

- 일반기준에서 정한 자격을 갖춘 사람으로서 다음의 어느 하나에 해당하는 사람
  - 대학(전문대학을 포함)에서 장애인복지 및 재활관련학과를 전공한 사람
  - 장애영유아 어린이집에서 2년 이상의 보육업무 경력이 있는 사람

⑤ 「고등교육법」에 따른 대학(전문대학을 포함한다) 또는 법 제21조 제2항 제2호에 따른 규정에 의한 교육훈련시설이 운영(위탁 또는 부설운영을 말한다)하는 어린이집

- 일반기준에서 정한 자격을 갖춘 사람
- 어린이집을 운영하는 대학의 조교수 또는 교육훈련시설의 전임교수 이상으로서 보육 관련 교과목에 대하여 3년 이상의 교육경력이 있는 사람

(2) 어린이집 원장 사전직무교육

어린이집 원장 사전 직무교육은 어린이집 원장 자격 취득자의 자질 및 전문성 향상을 위해 자격취득 이전에 실시하는 교육이다. 일반기준, 가정어린이집,

영아전담어린이집, 장애아전문어린이집 가운데 어느 하나에 해당하는 사람은 보건복지부령으로 정하는 사전직무교육을 받아야 한다.

6) 평가인증

어린이집 평가인증제도는 양적으로 팽창한 어린이집의 질 관리를 위하여 2003년 '어린이집 평가인증제 모형' 개발을 시작으로 2004년 법적 근거를 마련하였으며 2005년에는 시범운영을 거쳐 2006년부터 확대 시행되어 왔다. 2009년까지 제1차 시행시기를 거치고 2010년부터 실시된 제2차 어린이집 평가인증에서는 지표의 개선 보완 등 어린이집의 기본적인 법적 사항 준수내용을 강화하였다. 보육의 공공성 강화 및 질적 수준 제고를 위한 국가책무성 강화의 필요성이 제기됨에 따라 평가인증제도를 개선하고 보완하기 위하여 3차 지표를 개발하여 적용하고자 하였다.

어린이집의 정원 · 운영형태와는 상관없이 최선의 서비스를 동일하게 제공받을 수 있도록 1, 2차 지표에서는 원아 정원 수에 따라 40인 이상, 39인 이하, 장애아 전문으로 구성되었으나 3차 지표부터는 공통지표로 통합되었다. 시행시기별 평가인증지표 구성은 〈표 7-14〉와 같다.

〈표 7-14〉 시행시기별 평가인증지표 구성

구 분		1차 지표 (2005~2009)	2차 지표 (2010~2016)	3차 지표 (2014~2019)	평가지표 (2020~)
지표구성	40인 이상	7개 영역, 80항목	6개 영역, 70항목	공통지표 6개 영역, 50지표	공통지표 4개영역, 59지표
	39인 이하	5개 영역, 60항목	5개 영역, 55항목		
	장애아전문	7개 영역, 85항목	6개 영역, 75항목		

어린이집 평가인증 지표는 정원 · 운영형태와 관계없이 공통지표로 구성되어 있으며 어린이집 평가인증 지표 구성은 〈표 7-15〉와 같다.

〈표 7-15〉 어린이집 평가인증 지표 구성

영 역		지표 수
영역 1	보육과정 및 상호작용	18
영역 2	보육환경 및 운영관리	14
영역 3	건강 · 안전	15
영역 4	교직원	12
4개 영역, 59지표		

어린이집 평가인증 지표에 대한 4개 영역 59지표는 〈표 7-16〉과 같다.

〈표 7-16〉 어린이집 평가인증지표 : 4개 영역 59지표

<table>
<tr><th>평가
영역</th><th>평가
지표</th><th>지 표</th></tr>
<tr><td rowspan="8">1.
보육
과정
및
상호
작용
(18)</td><td rowspan="2">1-1
영유아
권리 존중
(2)
[필수]</td><td>1. 교사는 영유아를 존중한다.</td></tr>
<tr><td>2. 교사는 영유아를 차별 없이 대한다.</td></tr>
<tr><td rowspan="6">1-2
보육
계획 수립
및 실행
(6)</td><td>1. 표준보육과정을 바탕으로 어린이집의 철학을 반영한 보육계획을 수립한다.</td></tr>
<tr><td>2. 영유아가 편안한 분위기에서 일상경험을 할 수 있도록 운영한다.</td></tr>
<tr><td>3. 하루일과에서 영유아의 놀이가 충분히 이루어지도록 한다.</td></tr>
<tr><td>4. 바깥놀이 시간을 매일 충분히 배정하여 운영한다.</td></tr>
<tr><td>5. 특별활동은 운영 지침에 따라 운영한다.</td></tr>
<tr><td>6. [장애영유아] 장애영유아를 위한 관련서비스(치료지원 포함)를 일과 중에 통합적으로 제공한다.</td></tr>
</table>

1. 보육 과정 및 상호 작용 (18)	1–3 놀이 및 활동 지원 (3)	1. 교사는 놀이와 활동이 영유아의 자발적 선택에 의해 주도적으로 이루어지도록 격려한다.
		2. 교사는 영유아의 놀이상황을 관찰하면서 놀이와 관련된 상호작용을 한다.
		3. 영유아의 다양한 놀이와 활동에 필요한 자료를 제공한다.
	1–4 영유아 간 상호작용 지원 (4)	1. 교사는 영유아의 감정에 공감하고 스스로의 감정을 다룰 수 있도록 돕는다.
		2. 교사는 영유아가 일상에서 자신의 의견, 생각 등을 또래와 나눌 수 있도록 격려한다.
		3. 교사는 영유아가 적절한 약속과 규칙을 지키도록 격려한다.
		4. 교사는 영유아 간 다툼이나 문제가 발생할 경우 다양한 해결방식을 사용한다.
	1–5 보육 과정 평가 (3)	1. 반별 보육일지에 하루 일과 및 놀이실행에 대한 기록이 있고, 필요한 경우 그 내용을 다음 놀이 지원 및 활동 계획에 반영한다.
		2. 영유아의 일상생활, 실내외 놀이 및 활동에 대한 관찰내용을 기록하고, 영유아의 발달 특성과 변화를 평가한다.
		3. 원장은 각 반별 보육과정 운영에 대한 평가를 통해 어린이집 전체 보육과정 운영을 파악하고 있다.
2. 보육 환경 및 운영 관리 (14)	2–1 실내 공간 구성 및 운영 (4)	1. 보육실 내 놀이영역은 영유아의 연령, 발달특성 및 놀이를 반영하여 구성한다.
		2. 실내 시설 및 설비가 영유아의 발달수준에 적합하다.
		3. 영유아의 요구를 충족하는 보육실 이외의 별도의 공간을 마련하고 있다.
		4. 비품과 활동자료를 보관하는 별도의 공간이 있고 체계적으로 정리하고 있다.
	2–2 실외 공간 구성 및 운영 (3)	1. 옥외놀이터 등을 구비하고 있다.
		2. 영유아의 발달을 지원하는 다양한 놀이 및 활동자료가 준비되어 있다.
		3. 영유아의 발달에 적합한 다양한 바깥놀이 및 활동이 이루어진다.
	2–3 기관 운영 (4)	1. 모든 반을 편성 규정에 맞게 운영하고 있다.
		2. 어린이집 운영계획을 수립하여 부모에게 안내한다.
		3. 신규 보육교직원에게 오리엔테이션을 실시하고 있다.
		4. 신입 영유아 적응을 위한 지원을 하고 있다.

<table>
<tr><td rowspan="3"></td><td rowspan="3">2-4
가정 및
지역사회
와의 연계
(3)</td><td>1. 어린이집을 개방하여 다양한 부모참여와 교육이 이루어진다.</td></tr>
<tr><td>2. 평소 가정과 다양한 방법으로 소통하고 정기적인 개별면담을 통해 가족을 지원한다.</td></tr>
<tr><td>3. 지역사회와 연계한 다양한 활동을 실시하고 있다.</td></tr>
<tr><td rowspan="15">3.
건강
·
안전
(15)</td><td rowspan="3">3-1
실내외
공간의
청결
및 안전
(3)</td><td>1. 실내외 공간을 청결하고 쾌적하게 관리한다.</td></tr>
<tr><td>2. 실내외 공간과 설비를 위험요인 없이 안전하게 관리한다.</td></tr>
<tr><td>3. 실내외 공간의 놀잇감 및 활동자료와 위험한 물건을 안전하게 관리한다.</td></tr>
<tr><td rowspan="3">3-2
급·간식
(3)</td><td>1. 영양의 균형을 고려한 급·간식을 제공하고 있다.</td></tr>
<tr><td>2. 식자재의 구입·보관 및 조리공간을 위생적으로 관리하고 있다.</td></tr>
<tr><td>3. 조리 및 배식과정을 청결하고 위생적으로 관리하고 있다.</td></tr>
<tr><td rowspan="3">3-3
건강
증진을
위한 교육
및 관리
(3)</td><td>1. 손 씻기, 양치질 등 청결한 위생습관을 실천한다.</td></tr>
<tr><td>2. 교사는 영유아의 건강상태를 살펴보고 적절하게 지원한다.</td></tr>
<tr><td>3. 영유아와 보육교직원의 건강증진을 위한 예방관리와 교육을 실시한다.</td></tr>
<tr><td rowspan="3">3-4
등·하원의
안전
(3)</td><td>1. 교사는 영유아의 출석을 확인하여 인계규정에 따라 귀가지도를 한다.</td></tr>
<tr><td>2. 영유아는 등원부터 하원까지 성인의 보호하에 있다.</td></tr>
<tr><td>3. 등·하원용 차량을 운행할 경우 안전요건을 갖추어 관리한다.</td></tr>
<tr><td rowspan="3">3-5
안전
교육과
사고 예방
(3)</td><td>1. 영유아를 대상으로 안전교육을 지속적으로 실시하고 있다.</td></tr>
<tr><td>2. 보육교직원은 안전교육을 받고 영유아 학대 예방 지침을 준수한다.</td></tr>
<tr><td>3. 안전설비를 비상시 효율적으로 사용할 수 있도록 관리하고 있다.</td></tr>
<tr><td rowspan="3">4.
교
직
원
(12)</td><td rowspan="3">4-1
원장의
리더십
(3)</td><td>1. 원장은 자신의 전문성 향상을 통해 어린이집 발전에 기여한다.</td></tr>
<tr><td>2. 원장은 보육교직원을 존중한다.</td></tr>
<tr><td>3. 원장은 건전한 조직문화 조성을 위해 노력한다.</td></tr>
</table>

4. 교직원 (12)	4-2 보육 교직원의 근무 환경 (3)	1. 교사를 위한 별도 공간을 마련하고 있다.
		2. 교사를 위한 개인사물함과 업무지원 설비를 마련하고 있다.
		3. 성인용 화장실을 영유아용과 별도로 설치하여 사용하고 있다.
	4-3 보육 교직원의 처우와 복지	1. 보육교직원의 복무와 보수에 관한 규정이 있으며, 이를 준수하고 있다.
		2. 교사의 직무스트레스를 예방하고 관리할 수 있는 서비스를 안내 및 제공한다.
		3. 보육교직원을 위한 복지제도를 운영하고 있다.
	4-4 보육 교직원의 전문성 제고	1. 보육교직원의 전문성 제고를 위한 다양한 교육 기회를 부여하고 있다.
		2. 교사의 상호작용에 대한 관찰과 지원을 실시하고 있다.
		3. 교사에 대한 근무평가를 실시하고 있다.

출처 : 한국보육진흥원(2023). 2023년 어린이집 평가 매뉴얼.

연도별 평가인증 유지 현황을 살펴보면 〈표 7-17〉과 같다.

〈표 7-17〉 연도별 평가인증 유지 현황 (단위 : 개소)

구 분	2019	2020	2021	2022	2023
전 체	37,371	35,352	33,246	30,923	28,954
인증유지(%)	31,504 (84.3)	23,909 (67.6)	18,618 (56.0)	9,897 (32.0)	1,013 (3.5)

출처 : 한국보육진흥원 홈페이지(2024).

시 · 도별, 설립유형별 평가인증 유지 현황은 〈표 7-18〉과 같다.

〈표 7-18〉 시 · 도별, 설립유형별 평가인증 유지 현황 (단위 : 개소, %)

구 분	전체 어린이집	인증유지 어린이집	국공립	사회복지 법인	법인 · 단체등	민간	가정	협동	직장
전체 어린이집	28,954	–	6,187	1,206	551	8,886	10,692	124	1,308
인증유지 어린이집	–	1,013	288	17	9	258	394	1	46
서울	4,431	210	1,665	16	60	850	1,187	24	283
부산	1,447	31	283	72	24	494	437	6	57
대구	1,079	35	233	101	14	338	250	5	35
인천	1,652	51	271	11	8	504	605	2	76
광주	878	32	144	80	17	255	291	2	25
대전	916	42	102	36	9	191	447	5	58
울산	612	20	88	13	5	252	176	4	34
세종	314	4	126	9	3	55	84	–	15
경기	8,903	309	1,258	53	83	2,675	3,795	61	280
강원	847	18	147	95	30	241	236	2	52
충북	921	27	127	96	23	308	261	2	34
충남	1,421	43	173	105	39	392	541	1	53
전북	944	22	121	121	69	287	269	–	30
전남	952	30	185	145	42	258	228	2	36
경북	1,310	53	182	71	33	501	398	1	50
경남	1,904	60	293	83	30	636	687	2	59
제주	423	26	41	68	37	153	71	–	20

* 해당 월말 기준 정상운영(휴 · 폐지 등 제외)되고 있는 어린이집
* 인증유지 : 평가제 시행 이전 평가에 참여하여 인증을 유지하고 있는 어린이집

출처 : 2023년 한국보육진흥원 홈페이지.

5. 보육교사의 역할과 자질

1) 보육교사의 역할

보육교사의 역할에 대해 캐츠(Katz, 1970)와 스포덱(Spodek, 1985)은 영유아들의 건강, 보호, 안전을 위한 사랑과 편안함을 제공하는 양육의 역할, 지식전달, 교육과정 설계, 진단, 교수전략의 조직 등의 역할을 수행하는 교수적 역할과 유아와의 상호작용을 통해 유아에게 안내하고 도움을 주어 유아들의 긴장을 완화시키고 내적 갈등의 해결을 도와줄 수 있는 치료적 역할로 크게 구분하고 강조하였다.

보건복지부(2012)가 제시하는 보육교사의 역할에 따르면 보육교사는 영유아의 성장·발달에 있어 보호와 교육을 담당하는 전문가로서 영유아의 신체적·사회적·정서적·지적 발달이 균형 있게 이루어질 수 있도록 교육방법을 연구하고 적용하는 사람이다. 보육교사의 역할을 영아반 보육교사의 역할과 유아반 보육교사의 역할로 나누어 살펴보고자 한다.

(1) 영아반 보육교사의 역할

영아반 보육교사의 역할은 각 기관의 특성에 따라 직무를 분석하여 체계적으로 실행될 수 있도록 운영 관리하여 영아반 보육교사의 역할과 전문적 자질을 높이고자 적극 활용하여야 한다(이미화, 2013).

영아를 위한 다양한 보육교사의 역할에 대해 윌슨(Willson, 1986)은 다음과 같이 제시하고 있다.

첫째, 보육교사는 인지, 사회, 정서, 신체, 언어 등 영아의 전인적 발달을 위한 환경의 구성, 학습 및 활동의 제공자로서의 역할을 해야 한다.

둘째, 보육교사는 영아가 가정에서와 같이 안락하고 편안하게 지낼 수 있도록 보호와 양육의 역할을 제공해야 한다.

셋째, 보육교사는 영아의 지적 능력을 길러주고 애정적 · 반응적 · 긍정적인 상호작용을 해주는 역할을 해야 한다.

넷째, 보육교사는 영아의 계획적인 성장과 발달을 기록 평가하여 부모와 가족에게 보고하는 역할을 해야 한다.

다섯째, 보육교사는 부모와 공동으로 영아를 보호하고 양육하는 책임이 있으므로 부모와의 긴밀한 관계를 형성하여 부모참여를 증진시키는 역할을 해야 한다.

유효순과 지성애(2004)는 특히 영아반 보육교사에 대해 다음과 같이 언급하고 있다. 영아반 보육교사는 영아가 받는 보육의 질을 결정하는 데 중요한 역할을 하며 교사 자신도 개인적 특성과 전문성을 가지고 영아를 돌보고 학부모와 관계를 맺으며 함께 성장 · 발달한다. 이에 보육교사의 영아와 관련된 측면, 다른 성인들과 관련된 측면을 나누어 살펴보면 다음과 같다.

보육교사는 영아와 관련된 측면에서 다음과 같이 요구된다.

① 교사는 영아를 돌보는 일과 그들을 좋아해야 한다.
② 교사는 따뜻한 정서적 관계를 형성해야 한다.
③ 교사는 영아를 존중해야 한다.
④ 교사는 적응을 잘 해야 한다.

보육교사는 다른 성인들과 관련된 측면에서 다음과 같이 요구된다.

① 교사는 부모와 책임을 공유해야 한다.
② 교사는 적극적 경청자여야 한다.
③ 교사는 즐거이 부모들과 상호작용해야 한다.
④ 교사는 다른 보육교직원들을 지지해야 한다.

또한 영아반 보육교사의 역할에 대해 김정원, 김유정, 이효정(2013)의 주장을 토대로 정리 요약하면 다음과 같다.

첫째, 영아반 보육교사는 관계 형성자로서의 역할자이다.

영아와 교사는 밀접한 관계를 형성함으로써 영아가 안정감을 가지고 움직이고, 탐색하고, 실험할 수 있도록 하여 적극적인 학습을 가능하게 해야 할 것이다.

둘째, 영아반 보육교사는 자기통제력 형성 지원자로서의 역할자이다.

영아는 감정을 즉각적이고 순간적으로 표현하는 경향이 있고, 수용되는 방법으로 감정을 표현하는 방법을 모르고 아직 언어로 감정을 표현할 수 없으므로 교사는 인내를 가지고 영아의 발달 단계를 고려하여 적절한 수준에서 영아가 통제력을 기를 수 있도록 상호작용을 해야 한다.

셋째, 영아반 보육교사는 영아의 행동에 대한 반응자로서의 역할자이다.

신체적인 공격, 폭발적 떼쓰기, 깨무는 행동은 일반적으로 영아기에 문제가 되는 행동들이다. 교사는 영아의 행동을 관찰·수집하고 행동의 원인을 분석하기 위하여 일정한 패턴을 발견해야 한다. 영아반 보육교사가 혼자 영아의 특별한 행동을 다루려고 하기보다는 영아에 대한 관련 정보를 제공하여 동료교사나 부모와 함께 해결하는 것이 보다 효과적이다.

넷째, 영아반 보육교사는 학습 안내자로서의 역할자이다.

영아반 보육교사는 영아가 경험하는 탐색과 발견의 기쁨, 흥미로움, 유능함을 공유함으로써 영아의 학습을 안내할 수 있다.

다섯째, 영아반 보육교사는 관찰자 및 평가자로서의 역할자이다.

영아의 하루 일과를 주의 깊게 관찰하여 영아의 요구 및 발달 수준을 명확히 평가할 수 있어야 한다.

따라서 전문성의 수준이 높은 영아반 보육교사는 유아 발달과 학습에 관한 확고한 지식을 갖추고 있으므로 어린이들에게 광범위한 지식을 전달하고 어린이 자신을 긍정적으로 느끼도록 교육하며, 역할수행에 있어서 다른 영역의 교육들과는 다른 전통적이며 특별한 지식의 조직체를 강하게 요구하고 있다(Feeney, 1983).

(2) 유아반 보육교사의 역할

보육교사는 보호적 관리자로서만 한정되는 것이 아니며, 전문적 지식과 기술을 가진 교수자, 상담자, 연구자, 행정업무 및 관리자로서의 다양한 역할을 수행해야 하며 보육교사 역할을 효율적으로 수행하기 위해서는 보육교사 스스로 자신의 역할에 대한 명확한 인식과 자각이 요구된다(Silin, 1985).

한편 로우(Rowe, 1981)는 아동학대 및 방임과 관련해 보육교사가 수행해야 할 역할에 대해 다음과 같이 언급하고 있다.

첫째, 보육교사는 아동의 행동 및 개개인의 요구를 관찰하는 관찰자의 역할이다.

보육교사는 아동학대의 문제를 충분히 인식하여 의심되는 징후에 주의를 기울여, 아동학대의 징후를 보이는 아동이 있는지를 관심 있게 지켜보는 관찰자로서의 역할을 수행해야 한다.

둘째, 보육교사는 학대받은 아동을 발견했을 경우에는 아동과 부모의 권리를 증진시키기 위해 즉시 아동학대예방센터에 신고하여야 한다.

신고 후에 보육교사는 피해 학생들에게 직접적으로 개입하여 이들이 죄책감을 버리고 긍정적인 자기 이미지를 확립하도록 지지하여야 한다. 아동을 지속적으로 지지해 주고, 아동의 욕구에 민감하게 반응하며, 아동을 존중과 이해로 대해주어야 한다. 그리고 아동이 학대받은 것이 아동의 잘못이 아님을 확인시켜 주어야 한다.

셋째, 보육교사는 위기에 처해 있는 아동에게 더 많은 관심을 가지고 긴장을 완화시킬 수 있는 상담자와 치료자의 역할을 해야 한다. 또한 아동이 신뢰감을 배울 수 있도록 해주며, 고립감을 줄이고 인간관계를 형성할 수 있도록 해주어야 한다.

넷째, 보육교사는 가해자인 부모를 위한 부모교육과 여러 가지 서비스를 제공해 주는 상담자, 서비스 제공자 및 치료자의 역할을 해야 한다.

다섯째, 보육교사는 자원동원 및 활용자로서의 역할을 해야 한다. 학대받고 있는 아동을 보호하기 위해 지역사회의 여러 자원을 효율적으로 활용해야 한다.

교사는 아동의 행동을 매일매일 관찰할 수 있을 뿐만 아니라 아동의 가정환경에 대해서도 알아볼 수 있는 기회가 주어진다. 따라서 학대를 발견하는 데 가장 중요한 역할을 할 수 있다.

2) 보육교사의 자질

보육교사는 영유아의 성장 · 발달에 있어 보호와 교육을 담당하는 전문가로서 신체적 · 사회적 · 정서적 · 지적 발달을 균형 있게 격려할 수 있도록 교육방법을 연구하고 적용하는 사람이다(보건복지부, 2012). 즉, 보육교사의 자질이란 아동에 대한 이해를 하기 위해 교사에게 기대되는 교사 개개인의 전문직으로서의 역량에 관한 특성의 총체를 의미한다. 보육교사의 능력과 자질은 자신의 학문적 지식만으로 향상되는 것이 아니며 부단한 교육적 노력과 실천에 의해 다양한 역할을 수행하면서 향상된다(신옥순, 1994).

영유아 보육 프로그램에서 교사가 갖추어야 할 자질에 대해 보건복지부(1996)는 다음과 같이 언급하고 있다.

첫째, 보육교사는 영유아를 사랑하는 따뜻한 마음을 지녀야 한다.

둘째, 보육교사는 신체적으로나 정신적으로 건강해야 한다.

셋째, 보육교사는 더불어 살아갈 수 있는 원만한 인격을 지녀야 한다.

넷째, 우리 사회와 보육현실을 바르게 인식하고 이를 바탕으로 미래를 준비하는 안목이 있어야 한다.

다섯째, 보육교사는 영유아 개개인이 귀중한 가치를 지닌 존재임을 확실히 믿는 태도를 가져야 한다.

여섯째, 보육교사는 자기발전을 위해 항상 자신의 분야에 대해 연구하는 자세를 가져야 한다.

또한 영유아교사의 자질에 대해 중앙육아종합지원센터(2015)는 다음과 같이 언급하고 있다.

- 신체적 · 정신적으로 건강하고 성숙한 사람이어야 한다.
- 아이들을 사랑하며 좋아하고 이를 표현할 줄 아는 사람이어야 한다.
- 영유아를 깊이 사랑하는 사람이어야 하며 또한 어떠한 영유아라도 한 인간으로서 사랑할 수 있어야 한다.
- 긍정적인 가치관과 태도를 지니고 유머감각이 있는 명랑한 성격의 소유자이어야 한다.
- 통찰력과 판단력, 주의력이 풍부한 사람이어야 한다.
- 교양이 높은 사람이어야 한다.
- 남을 돌보고 참을성 있으며 온화함을 지닌 사람이어야 한다.
- 투철한 사명의식과 직업관이 뚜렷한 사람이어야 한다.
- 창의력이 풍부한 사람이어야 한다.
- 용모가 단정하고 센스가 있는 사람이어야 한다.

토론 및 요약

1. 과거에서 현대에 이르기까지 시대적 변화에 따른 보육서비스의 개념에 대해 알아본다.
2. 운영주체 및 규모에 따른 보육시설의 유형에 대해 알아보고, 운영시간에 따른 보육유형에 대한 개선점은 없는지 토론해 본다.
3. 보육사업의 현황을 살펴보고 앞으로 해결해야 할 과제는 무엇인지 파악해 본다.
4. 보육교사의 등급별 자격기준 및 자격증 발급에 대해 숙지하고 보육교사의 자질과 역할에 대한 자신의 견해를 이야기해 본다.

Chapter 8

장애아동을 위한 서비스

이 장에서는 장애아동을 위한 서비스에 대해 이해하고 장애아동의 유형 및 특성에 관해 살펴보고자 한다. 또한 장애아동을 위한 복지서비스에 대해 알고 장애아동의 현황 및 실태 분석을 통해 장애아동을 위한 교사의 역할에 대해 살펴보고자 한다.

학습목표

1. 장애아동의 개념과 장애인 선정기준 및 분류에 대해 안다.
2. 장애유형에 따른 정의와 특성에 대해 파악한다.
3. 장애아동을 위한 복지서비스의 정책과 복지서비스의 종류에 대해 안다.
4. 장애아동의 현황 및 실태를 분석하고 장애아동을 위한 교사의 역할에 대해 탐색한다.

1. 장애아동을 위한 서비스에 대한 이해

1) 장애아동의 개념

우리나라 장애인복지법 제2조에 따르면 장애인은 '신체적 · 정신적 장애로 오랫동안 일상생활이나 사회생활에서 상당한 제약을 받는 자'라고 명시하고 있다. 신체적 장애란 주요 외부 신체기능의 장애, 내부기관의 장애 등을 말하고 정신적 장애는 지적장애, 정신장애 및 발달장애를 말한다. 즉, "장애 아동" 이란 18세 미만의 아동 중에서 장애인복지법 제32조에 따라 등록된 장애인이라고 정의할 수 있다. 또한 장애인으로 등록되지 않았을지라도 6세 미만의 아동으로서 장애가 있다고 보건복지부장관이 별도로 인정하는 아동도 포함하고 있다.

2) 장애인의 종류 및 기준

장애인복지법 시행령에 따른 장애인의 종류 및 기준은 〈표 8-1〉과 같다.

〈표 8-1〉 장애인의 종류 및 기준(장애인복지법 시행령 제2조 관련)

장애인 선정기준	
지체장애인	• 한 팔, 한 다리 또는 몸통의 기능에 영속적인 장애가 있는 사람 • 한 손의 엄지손가락을 지골 관절 이상의 부위에서 잃은 사람 또는 한 손의 둘째 손가락을 포함한 두 개 이상의 손가락을 모두 제1지골 관절 이상의 부위에서 잃은 사람 • 한 다리를 리스프랑 관절 이상의 부위에서 잃은 사람 • 두 발의 발가락을 모두 잃은 사람 • 한 손의 엄지손가락 기능을 잃은 사람 또는 한 손의 둘째 손가락을 포함한 손가락 두 개 이상의 기능을 잃은 사람 • 왜소증으로 키가 심하게 작거나 척추에 현저한 변형 또는 기형이 있는 사람 • 지체에 위 각 목의 어느 하나에 해당하는 장애 정도 이상의 장애가 있다고 인정되는 사람
뇌병변장애인	뇌성마비, 외상성 뇌손상, 뇌졸중 등 뇌의 기질적 병변으로 인하여 발생한 신체적 장애로 보행이나 일상생활의 동작 등에 상당한 제약을 받는 사람

시각장애인	• 나쁜 눈의 시력(공인된 시력표에 따라 측정된 교정시력을 말한다. 이하 같다)이 0.02 이하인 사람 • 좋은 눈의 시력이 0.2 이하인 사람 • 두 눈의 시야가 각각 주시점에서 10도 이하로 남은 사람 • 두 눈의 시야 2분의 1 이상을 잃은 사람 • 두 눈의 중심 시야에서 20도 이내에 겹보임[복시(複視)]이 있는 사람
청각장애인	• 두 귀의 청력 손실이 각각 60데시벨 이상인 사람 • 한 귀의 청력 손실이 80데시벨 이상, 다른 귀의 청력 손실이 40데시벨 이상인 사람 • 두 귀에 들리는 보통 말소리의 명료도가 50퍼센트 이하인 사람 • 평형기능에 상당한 장애가 있는 사람
언어장애인	음성기능이나 언어기능에 영속적으로 상당한 장애가 있는 사람
지적장애인	정신발육이 항구적으로 지체되어 지적 능력의 발달이 불충분하거나 불완전하고 자신의 일을 처리하는 것과 사회생활에 적응하는 것이 상당히 곤란한 사람
자폐성장애인	소아기 자폐증, 비전형적 자폐증에 따른 언어 · 신체표현 · 자기조절 · 사회적응 기능 및 능력의 장애로 인하여 일상생활이나 사회생활에 상당한 제약을 받아 다른 사람의 도움이 필요한 사람
정신장애인	지속적인 양극성 정동장애(情動障碍, 여러 현실 상황에서 부적절한 정서 반응을 보이는 장애), 조현병, 조현정동장애(調絃情動障碍) 및 재발성 우울장애에 따른 감정조절 · 행동 · 사고 기능 및 능력의 장애로 인하여 일상생활이나 사회생활에 상당한 제약을 받아 다른 사람의 도움이 필요한 사람
신장장애인	신장의 기능장애로 인하여 혈액투석이나 복막투석을 지속적으로 받아야 하거나 신장기능의 영속적인 장애로 인하여 일상생활에 상당한 제약을 받는 사람
심장장애인	심장의 기능부전으로 인한 호흡곤란 등의 장애로 일상생활에 상당한 제약을 받는 사람
호흡기장애인	폐나 기관지 등 호흡기관의 만성적 기능부전으로 인한 호흡기능의 장애로 일상생활에 상당한 제약을 받는 사람
간장애인	간의 만성적 기능부전과 그에 따른 합병증 등으로 인한 간기능 장애로 일상생활에 상당한 제약을 받는 사람
안면장애인	안면 부위의 변형이나 기형으로 사회생활에 상당한 제약을 받는 사람
장루 · 요루 장애인	배변기능이나 배뇨기능의 장애로 인해 장루 또는 요루를 시술하여 일상생활에 상당한 제약을 받는 사람
뇌전증장애인	뇌전증에 의한 뇌신경세포의 장애로 인하여 일상생활이나 사회생활에 상당한 제약을 받아 다른 사람의 도움이 필요한 사람

출처 : 보건복지부(2023). 2024년 보육사업안내.

3) 장애의 분류

우리나라 장애인복지법시행령 제2조 관련 장애인의 분류를 살펴보면 〈표 8-2〉와 같다.

〈표 8-2〉 장애인복지법에 따른 장애 분류

대분류	중분류	소분류	세부분류
신체적 장애	외부 신체 기능의 장애	지체장애	절단장애, 관절장애, 지체기능장애, 변형 등의 장애
		뇌병변장애	중추신경의 손상으로 인한 복합적인 장애
		시각장애	시력장애, 시야결손장애
		청각장애	청력장애, 평형기능장애
		언어장애	언어장애, 음성장애
		안면장애	안면부의 변형으로 인한 장애가 지속되며, 이로 인하여 사회생활 활동이 현저하게 제한
	내부 기관의 장애	신장장애	투석치료 중이거나 신장을 이식받은 경우
		심장장애	일상생활이 현저히 제한되는 심장기능 이상
		호흡기장애	폐나 기관지 등 호흡기관의 기능장애로 일상생활 및 사회생활 활동이 제한
		간장애	간의 기능에 장애가 지속되며, 이로 인하여 기본적인 일상생활 및 사회생활 활동이 제한
		장루 · 요루장애	장루 · 요루기능에 장애가 지속되며, 이로 인하여 일상생활 및 사회생활 활동이 제한
		뇌전증장애	뇌전증으로 인한 기능 및 능력 장애가 지속되며, 이로 인하여 일상생활 및 사회생활 활동이 제한
정신적 장애	지적장애		지능지수가 70 이하인 경우
	정신장애		정신분열, 분열형 정동장애, 양극성 정동장애, 반복성 우울장애
	자폐성장애		소아자폐 등 자폐성 장애

출처 : 충청북도 홈페이지(2024).

2. 장애아동의 유형 및 특성

장애의 유형에 따른 정의와 특성을 윤매자, 신혜경, 주정현(2014)의 입장을 토대로 보다 구체적으로 살펴보면 다음과 같다.

1) 신체적 장애

(1) 지체장애

① 정의

신체의 일부를 잃은 사람, 관절장애가 있는 사람, 지체기능장애가 있는 사람, 신체에 변형 등의 장애가 있는 사람(왜소증 포함)으로 마비, 관절운동장애, 절단, 변형 등으로 구분된다.

- 한 팔, 한 다리 또는 몸통의 기능에 영속적인 장애가 있는 사람
- 한 손의 엄지손가락을 지골(손가락 뼈) 관절 이상 부위에서 잃은 사람 또는 둘째 손가락을 포함한 두 개 이상의 손가락을 제1지골 관절 이상 부위에서 잃은 사람
- 한 다리를 리스프랑(Lisfranc, 발등뼈와 발목을 이어주는) 관절 이상 부위에서 잃은 사람
- 두 발의 발가락을 모두 잃은 사람
- 한 손의 엄지손가락 기능을 잃은 사람 또는 둘째 손가락을 포함한 손가락 두 개 이상의 기능을 잃은 사람
- 왜소증으로 키가 심하게 작거나, 척추에 변형 또는 기형이 있는 사람
- 지체에 위의 한 가지에 해당하는 장애 정도 이상의 장애가 있다고 인정되는 사람

② 특성

지체장애는 그 범위가 넓고 다양하다. 지체장애는 일반적으로 신체행동의 제한으로 경험의 영역이 협소하고 견문도 한정되는 경우가 있어, 유전적 소질이 보통 이상이더라도 이 때문에 지능의 개발·발달이 지체되기도 한다. 장애인 성격에 있어 성격 그 자체도 중요하지만 정서적 반응, 감정, 태도, 개인의 상황 등에 의해서 여러 가지로 변화한다. 즉, 좋은 감정에 의하면 적극적인 행동이 되지만 좋지 않은 감정이 강하면 욕구의 감퇴, 행동의 저하와 같은 현상이 나타난다.

(2) 뇌병변장애

① 정의

뇌병변장애란 중추신경의 손상으로 인한 복합적인 장애로 뇌성마비, 외상성 뇌손상, 뇌졸중 등 뇌의 기질적 병변으로 인해 보행 또는 일상생활의 동작에 제약을 받는 것을 의미한다. 즉, 뇌성마비, 외상성 뇌손상, 뇌졸중 등 뇌의 기질적 병변에 기인한 신체적 장애로 보행 또는 일상생활의 동작 등에 상당한 제약을 받는 장애를 말한다.

② 특성

뇌성마비로 인한 신체적·기능적 제한으로는 폐의 고통, 밀기, 압박하기 등 근력 부족, 힘의 조절, 근육운동의 협응 작용, 속력, 구부리기, 올라가기, 서 있기, 이동, 웅크리기, 글씨쓰기, 운전하기, 옷 입기 등 일상생활의 운동관리에 있다.

정신적인 부분을 포함하는 장애로는 의사소통의 문제로 발음, 표현, 시각적 지각과 운동, 기억력, 사회적 고립, 비독립적, 자기중심적, 책임성 결여를 들 수 있다. 하지만 이는 장애유형에 따른 일반적 특성이므로 개인의 차가 있음을 인지해야 한다.

또한 뇌병변장애 아동은 신체적 특성으로 인한 언어장애가 있고 혼자서 컵을 들어 음료수를 마실 수 없는 경우가 많으므로, 의견을 물어보고 빨대를 꽂아주는 것도 좋고, 말하는 내용을 알아듣기 어려운 경우는 다시 한번 말해달라고 요청한다.

(3) 시각장애

① 정의

시각장애는 시력장애와 시야결손장애로 구분되는데, 감각능력인 시각의 손상으로 한쪽 눈, 혹은 양쪽 눈 모두가 시력이 없거나 시력을 교정한 후에도 시력의 제한 때문에 일상생활을 하는 데 치명적 또는 상당한 지장을 받는 경우를 말한다.

의학적으로는 실명 또는 맹(blind)은 눈앞의 광선을 전혀 느끼지 못하는 절대맹이라 하고, 그리 심하지 않으나 사회활동이 불가능할 정도의 감소는 사회적 맹, 법적 맹이라 한다. 우리나라 장애인복지법에서의 시각장애의 분류는 다음과 같다.

- 나쁜 눈의 시력(만국식시력표에 따라 측정된 교정시력)이 0.02 이하인 사람
- 좋은 눈의 시력이 0.2 이하인 사람
- 두 눈의 시야가 각각 주시점에서 10도 이하로 남은 사람
- 두 눈의 시야 2분의 1 이상을 잃은 사람

② 특성

시각장애의 지능은 전체적으로 정상 범주에 속한다. 그러나 그들은 외부환경으로부터 시각적인 정보를 통해 자료를 받아들일 수 없기 때문에, 시각적 개념과 관련된 인지와 언어발달에 제한이 있다(Terzieff, 1988). 예를 들면, 시각장애아동들은 공간개념에 대해 학습이 어렵고 감각적 경험과 일치하지 않는 말

이나 단어를 사용하기도 한다(Custworth, 1951). 또한 이동이 불편하기 때문에, 운동기능의 발달이 느린 경우도 있다. 시각장애를 도울 경우 외부 정보를 쉽게 알아챌 수 없기 때문에 시각장애의 입장에서 설명을 자세히 해주며, 의견을 수시로 물어보는 것이 좋다.

(4) 청각장애

① 정의

청각장애란 청각능력의 결여 또는 결손에 의해 귀로 소리를 듣는 데 어려움이 있는 상태로서 언어 정보를 처리하는 데 장애가 있다. 다른 사람과의 의사소통에 지장이 있고, 일상생활에 어려움을 받는 경우를 말한다. 청각장애는 일반적으로 농과 난청으로 분류되는데, 보청기 착용에 관계없이 청력손실이 심하여 말을 듣지 못하는 사람을 농인이라 하고, 청력손실이 있는 상태이지만 일차적으로 의사소통수단으로 청각을 이용하며 듣지 못하는 것은 아니지만 곤란을 겪는 이를 난청인이라고 한다.

- 두 귀의 청력손실이 각각 60데시벨(dB) 이상인 사람
- 한 귀의 청력손실이 80데시벨(dB) 이상 다른 귀의 청력 손실이 40데시벨(dB) 이상인 사람
- 두 귀에 들리는 보통 말소리의 명료도가 50% 이하인 사람
- 평형 기능에 상당한 장애가 있는 사람

일반적으로 청각장애를 분류하면 다음과 같다.

- 정상 청력 : 0~26데시벨(dB)
- 경도 난청 : 27~40데시벨(dB)
- 중등도 난청 : 41~55데시벨(dB)

- 중등고도 난청 : 56~70데시벨(dB)
- 고도 난청 : 71~90데시벨(dB)
- 최고도 난청 : 91데시벨(dB)

② 특성

청각장애 아동은 상대방의 말을 들을 수 없기 때문에 말과 언어발달은 물론 사회적 상호작용이 지속적이지 못하는 등 심각한 문제를 초래하며, 언어를 통한 의사소통에 어려움을 겪는다.

일반아동에 비해 정서적 불안이나 신경증 및 부적응 행동을 나타내 보이는 경향이 많다.

의사소통의 어려움이 있다고 해서 이를 더욱 심각한 장애로 간주해서는 안 되며, 지식, 기술, 능력이 정상아동에 비해 현저히 떨어지나 적절하게 평가받지 못하는 결과를 초래해서는 안 된다.

아동기에 발생하는 청각장애는 원인불명인 경우가 많다. 청각장애 아동에게 이야기를 할 때에는 얼굴을 마주 보며, 자신의 의도와 태도를 강조하기 위하여 의미 있는 표정이나 몸짓을 이용한다. 표정과 몸짓은 목소리를 대신하여 의사소통을 원활하게 하는 역할을 하며, 기본 수화의 도움을 받아 청각장애 아동과 의사소통을 할 수 있다. 청력손실의 정도의 따라 사회적 고립감도 다르게 나타난다.

(5) 언어장애

① 정의

언어장애는 음성 기능 또는 언어 기능에 영속적으로 현저한 장애가 있는 사람으로 소리를 전혀 낼 수 없거나, 소리는 낼 수 있더라도 말이 없다는 것과 같이 음성이나 언어에 의해서 의사를 전달하는 것이 곤란한 장애를 말한다.

② 특성

음이나 음절을 자주 반복하거나 길게 또는 말 더듬기 등 말이나 언어장애를 보이는 아동들은 정서적으로 대개 불안감을 가지며 상대방으로부터 거절당하거나 열등감을 경험하기도 한다. 이러한 부정적 경험들은 좌절감과 분노를 경험하게 하고 때로는 적대감이나 행동을 위축하게 만드는 경우도 있다.

따라서 언어장애 아동은 불안이 야기되는 상황에서는 더욱 혼란스러움을 나타내므로 아동을 대할 때는 얼굴, 눈을 바라보고 대화에 충분한 주의를 기울이고, 말이 끝날 때까지 기다려 주며, 장애아동의 말을 함부로 추측하여 이해하는 경우가 없도록 해야 한다. 장애아동의 말을 재촉하거나, 말을 이어가고 있는 가운데 주변에 시선을 두지 말고 끝까지 경청하며, 분명하게 알아듣지 못했을 때는 재차 물어보는 것이 중요하다.

(6) 안면장애

① 정의

안면장애는 사회가 고도로 발달하고 산업화되면서 발생하는 산업재해나 각종 사고, 의학의 발달로 인한 유전적 질환을 가진 환자들의 생존율 증가와 환경오염으로 인한 유전적 질환의 증가 등과 더불어 지속적인 증가 추세에 있다.

② 특성

안면장애 아동은 자신의 상처를 보고 사람들이 보이는 반응이나 시선을 꺼리므로 한여름에는 긴 상의나 하의를 입거나, 모자 또는 장갑 등으로 상처를 가리고 다니는데, 이들에게 무리하게 상의나 하의를 걷게 하거나 모자나 장갑 등을 벗기는 행위는 삼가야 하며, 냉방이 잘 되는 곳에서 일할 수 있도록 배려한다.

(7) 신장장애

① 정의

신장의 기능부전으로 인하여 혈액투석이나 복막투석을 지속적으로 받아야 하거나, 신장의 기능에 영속적인 장애가 있어 일상생활 활동에 현저히 제한을 받는 사람을 말한다.

② 특성

신장장애는 일반적 기능장애로 혈액투석을 하는 팔목에 무리가 가지 않도록 무거운 물건을 들어야 하는 일 등은 피하는 것이 좋으며, 운동과 자극적인 장난을 하면서 갑작스럽게 힘을 주어 혈액투석을 하는 팔목이나 복막투석을 하는 복강 부분을 잡거나 밀치는 일이 없도록 주의해야 한다.

(8) 심장장애

① 정의

심장장애란 "심장의 기능부전으로 인한 호흡곤란 등의 장애로 일상생활에 상당한 제약을 받는 사람"으로 규정하고 있다. 이러한 심장장애는 심장수축력의 정도와 운동능력의 정도에 따라 판정하고 있다.

② 특성

심장장애 아동에게서 가장 큰 문제는 심리적 문제로, 과도한 스트레스를 받지 않도록 주위 환경에 신경을 써주어야 하며, 무리하게 이동을 권하는 경우 증상이 악화될 우려가 있다.

(9) 호흡기장애

① 정의

주로 만성 호흡기질환에 의한 호흡 기능의 손실로 인한 장애로서, 일단 장애가 오면 환기 기능의 손실이나 산소와 이산화탄소의 가스 교환에 이상이 발생하여 호흡 기능의 회복이나 호전이 불가능한 내부장애이다.

② 특성

호흡기장애에서는 청정한 공기 등 환경적 요소가 다른 장애유형보다 더 중요하며 호흡기장애 아동이 생활하는 공간의 위생과 환경에 대한 세심한 배려가 필요하다.

(10) 간장애

① 정의

간장애는 만성 간질환으로 인한 장애로 6개월 이상 간 기능의 이상이 지속되는 경우를 말하며, 만성 간염, 간경변증, 간세포 암종 등의 질환이 여기에 포함된다. 간기능장애 아동에게는 무력감, 피로감, 식욕부진, 구토, 복부팽만감 등 여러 가지 증상이나 증후가 나타나고, 간 기능 저하와 함께 황달, 복수, 간성뇌증, 상부위장관 출혈 등 다양한 종류의 합병증이 나타나 만성장애의 상태를 초래한다.

② 특성

지나친 안정보다는 효율적인 활동을 권하는 것이 좋다. 힘을 쓰는 작업, 특히 운반작업 또는 구부리거나 상체를 굽히는 경우는 어려움을 느낄 수 있기 때문에 이에 대한 배려가 필요하며, 세균이나 바이러스에 감염되지 않도록 깨끗한 위생환경이 요구된다.

(11) 장루 · 요루장애

① 정의

장루는 소장, 대장 혹은 그 외의 질병으로 인하여 대변의 배설 기능에 어려움이 있으며 요루는 방광암, 방광손상 등의 질병으로 소변배출이 어려워 일상생활이나 사회생활 활동에 현저히 제한을 받는 상태를 말한다.

② 특성

장루 · 요루장애는 대부분 암으로 인하여 발생하는 후천적인 장애로 다른 장애유형에 비해 장애로 인한 환경이나 보장구 등에 큰 제약은 없으며 내부기관 장애로 외관상으로는 드러나지 않는다. 배변이나 배뇨에 어려움이 없도록 환경을 갖추어 주며, 오랜 시간 이동하거나 무거운 물건을 드는 등의 경우는 건강상의 어려움이 있다.

(12) 뇌전증장애

① 정의

뇌전증은 뇌의 비정상적인 전기활동에 기인하는 운동, 감각, 행동, 의식장애로 뇌전증 발작 증세를 보이는 병으로서, 일시적으로 과도한 전기적 흥분 상태가 발생하며 뇌신경세포 기능에 장애가 오는 것이 뇌전증 발작이다. 뇌전증 발작은 경련, 비정상적인 행동 등과 같이 뇌신경이 흥분된 상태에서 보이는 증상이 주로 나타난다. 뇌전증은 질병이 아니며 발작을 보이는 동안만 나타나는 장애이다.

② 특성

왕성한 성장기에 발작을 보이는 경우에는 성장함에 따라 발작의 강도가 감소하거나 사라지는 경우가 많다. 뇌전증 발작이 일어날 경우에는 즉각적으로 주변의 위험한 물건에 부딪히지 않도록 치우고 안경은 벗겨주며 넥타이, 단추, 허리 벨트를 느슨하게 풀어주어 기도 유지를 해주어야 한다. 또한 발작증세가 나타날 경우 신체적 문제뿐만 아니라 심리적 문제도 동반하므로 안정을 찾을 수 있도록 후처리를 대비해야 한다.

2) 정신적 장애

(1) 지적장애

① 정의

지적장애라 함은 "현재 지적 기능에서 실질적인 장애가 동반된 상태"를 말한다. 미국 지적장애 및 발달장애협회(AAIDD : American Association on Intellectual and Developmental Disabilities)는 지능지수가 대략 70이거나 그 이하인 경우, 대화, 자기보호, 사회 인간관계 기술, 지역사회·자원 활용, 자기지시, 기능적 학술 기술, 건강, 안전 등 본인이 처한 환경에 대한 적응기능 영역 중 두 가지 영역에서 결함이나 손상을 보이는 경우, 18세 이전에 앞서 언급한 경우들을 보일 때 지적장애의 진단을 내린다. 경증 지적장애는 지능지수 50~55에서 대략 70까지, 중증 지적장애는 지능지수가 35~40에서 50~55까지, 심한 지적장애는 지능지수 20~35에서 35~40까지, 극심한 정도의 지적장애는 지능지수 20~25 이하를 말한다. 또한 경계선 지적 기능은 지능지수가 71~85 사이를 보인다.

② 특성

지적장애 아동의 발달상의 특징을 박정란과 서홍란(2010)의 입장에 근거하여 살펴보면 다음과 같다.

- 신체성장은 비교적 정상아와 유사하지만 신장, 체중, 흉위, 압력, 폐활량 등이 정상아보다 약간 뒤지기는 하나 인지, 언어, 사회성 발달에 비해 신

체성장은 좋은 편이다.

- 운동능력은 신체성장에 비해 뒤떨어지며, 지적장애가 심할수록 운동기능도 뒤떨어지는 편이다.
- 지능적으로 균형적 발달과 추상적 사고를 하기에 어려움이 있으며 언어발달은 정상아의 50% 정도에 그친다.
- 인격행동 면에서는 프로이트(Freud)가 말한 본능(id)은 정상아와 유사하게 발달하나 자아(ego)와 초자아(superego)의 발달은 늦어서 욕구조절과 도덕적·사회적 가치에 대한 의식수준이 낮다. 사회적 적응능력의 부족으로 인해 대인관계가 원만하지 않아 또래와의 상호작용 능력도 정상아에 비해 현저히 떨어진다.
- 주의력 결핍, 복잡한 수 개념에 대한 이해 부족, 추상능력 부족 등으로 학습능력이 낮다. 특히 학습의 전이가 어려워 응용문제 해결이 어렵고, 이해 부족으로 문제해결 과정을 이해하는 데 한계가 있다.
- 환경에 대한 민감한 감수성을 보이며 지적 활동과 상황에 대한 반응이 늦고 주의집중 시간이 짧으며 언어의 제약성, 계획성 부족, 상상력 제한 등을 보이는 행동 특성을 가지고 있다.

(2) 정신장애

① 정의

정신장애란 개인에게 발생되고 있는 임상적으로 중요한 행동적, 심리적 증후군이나 양상으로 지속적인 정신분열병, 분열형정동장애, 양극성정동장애, 반복성우울장애에 의한 기능과 능력장애로 일상생활 혹은 사회생활을 영위하기 위한 기능 수행에 상당한 제약을 받아 도움이 필요한 사람이다. 영구적이거나 반영구적인 정신장애를 갖거나 질병으로 인하여 이전의 정신적 기능으로 되돌아갈 수 없는 것을 말한다.

② 특성

정신장애는 심리나 행동에 나타나는 마음의 기능부전, 정신의학적으로는 그 원인에서 원인과 유전에 기초된다고 하지만 그 원인은 뚜렷하지가 않다. 즉, 정신장애는 생각·느낌·행동 등 사회적 기능이 저하되어 질병이전의 상태로 회복하지는 못하나, 재활서비스기관에서 제공되는 재활훈련 프로그램을 지속적으로 수행할 경우 스스로 일상생활을 하는 데 큰 어려움이 없으며 자신의 능력에 맞는 과업을 수행할 수 있다.

(3) 자폐성장애

① 정의

자폐성장애를 장애인복지법상에는 "소아기 자폐증, 비전형적 자폐증에 따른 언어·신체표현·자기조절·사회적응 기능 및 능력의 장애로 인하여 일상생활이나 사회생활에 상당한 제약을 받아 다른 사람의 도움이 필요한 사람"이라고 정의하고 있다.

특히 아동기에 나타나는 자폐증의 원인은 사회적 상호작용이나 의사소통을 담당하는 뇌 기능의 이상 또는 그 발달에 부정적인 영향을 끼치는 신경학적 이상으로 짐작한다. 다른 장애를 수반하기도 하나 언어구사 능력이 현저히 떨어지고 다른 발달에도 심각한 지연이 있으며, 반복적이고 상동적 행동, 과잉운동증, 공격적 행동, 자해적 행동 등의 행동장애가 동반되기도 한다.

② 특성

자폐성장애는 전반적 발달장애로서 처음에는 발달이 느려서 발달지체처럼 보이는 경우가 많다. 유아기에 전형적으로 나타나는 특징으로는 웃지 않고 상대방과 눈 마주침을 피하며 접촉을 하면 몸이 뻣뻣해진다. 자폐성장애는 물리적 환경에 대해 비정상적 반응을 보이며 학습을 통해 향상될 수 있기는 하나

지적장애나 뇌성마비같이 일반적으로 평생 동안 지속되며, 대인관계, 사회적·언어적 결함, 주의력 결핍, 심한 위축과 공격성, 자해행위 등 다양한 행동 문제를 보인다.

캔너(Kanner, 1943)는 자폐성장애 아동에게서 볼 수 있는 증상을 다음과 같이 언급하였다.

- 유아 초기부터 타인과 환경에 대해 일반적인 방법으로 관계를 갖지 못한다.
- 의사소통의 목적으로 언어를 사용하지 못한다.
- 적절한 자발적 반응이 부족하여 사물을 언제까지나 있는 그대로 놓아두는 강한 강박적 욕구가 있다.
- 특정 물건에 대해 매혹되어 그것을 뛰어난 솜씨로 조작한다.
- 뛰어난 잠재적 인지능력을 지닌다.

3. 장애아동을 위한 복지서비스

1) 정책의 이해

유엔이 1981년을 '세계장애인의 해'로 지정한 이후에 전 세계적으로 장애인에 대한 관심이 증대되었으며 우리나라는 1981년 심신장애자복지법을 제정하면서부터 장애인 복지에 대한 연구 및 정책을 수립하고 추진하였다. 1990년대에 들어와서는 저소득 중증·중복장애인 생계보조수당 지급 및 의료비 지원, 「장애인고용촉진 등에 관한 법률」을 제정하면서 장애인의 권리보장을 위한 기틀을 마련하였으며 2000년대는 장애인 편의시설 설치확대, 장애수당도입, 「장애인차별금지 및 권리구제 등에 관한 법률」 제정, 활동보조지원사업 실시 등 장애인 복지·건강 서비스 확대, 장애인 생애주기별 교육 강화 및 문화 확대, 장애인 경제자립기반 강화, 장애인의 사회참여 및 권익증진 등 장애인의 생활영역 전반으로 정책을 확대·발전시키고 있다.

2) 장애아동을 위한 복지서비스의 종류

장애아동을 위한 복지서비스의 종류를 살펴보고자 한다.

(1) 보육 · 교육

장애아 및 장애인 보육 · 교육에 따른 지원대상과 지원내용을 살펴보면 〈표 8-3〉과 같다.

〈표 8-3〉 장애아 및 장애인 보육 · 교육에 따른 지원대상과 지원내용

사업명	지원대상	지원내용
장애아 무상보육료 지원	• 만 0~12세 장애아동 – 장애소견이 있는 의사진단서(만 5세 이하만 해당) 제출자 – 특수교육대상자 진단 · 평가 결과 통지서 제출자(만 3~8세까지만 해당)	• 지원단가 – 종일반 : 47만 8천 원/ 월 – 방과후 : 23만 9천 원/ 월 – 만 3~5세 누리장애아보육 : 47만 8천 원/ 월 * 가구소득수준과 무관
여성장애인 교육지원	• 장애인복지법 제32조(장애인등록)에 의한 등록 여성장애인	• 여성장애인에 대한 교육지원 – 기초학습, 인문, 사회 및 체험, 보건 및 가족 등

출처 : 보건복지부 홈페이지(2023).

(2) 서비스

① 장애인 활동 지원

만 6~64세의 장애인복지법상 등록된 1~2급 장애인 중 활동지원 인정 조사표에 의한 방문조사 결과 220점 이상인 사람에게 지원을 하고 있다.

② 장애아 가족 양육지원

장애인복지법에 근거한 만 18세 미만 장애아동에게 전국가구 평균소득

100% 이하인 아동가족에게 한 아동당 연 480시간 범위 내 지원과 아동의 가정에 돌봄이를 파견하여 장애아동 보호 및 휴식지원을 하고 있다.

③ 장애인거주시설 운영

입양기관 보호 장애아동에게 일정 기간 거주 · 요양 · 지원 등의 서비스를 제공하고 있다.

(3) 지역사회복지사업 및 기타

인공 달팽이관 수술로 청력회복이 가능한 저소득 청각장애 아동에게 인공 달팽이관 수술비 지원 및 재활치료비를 지원한다.

(4) 의료 및 재활지원

의료급여법에 의한 의료급여 2종 수급권자인 등록장애인과 만성질환 및 18세 미만 장애인의 건강보험의 차상위 본인부담 경감 대상자인 장애인에게 의료 급여기관 진료를 받을 수 있도록 지원한다.

① 장애인 등록 진단비 지급

국민기초생활보장법상의 생계급여 또는 의료급여 수급자로서 신규 등록 장애인 및 재판정 시기가 도래한 장애인에게 진단서 발급 비용을 지원한다.

② 장애검사비 지원

기존에 등록되어 있는 장애인 가운데 장애인연금, 활동 지원 및 중증장애아동 수당 신청으로 인한 서비스 재판정 및 의무 재판정 등으로 재진단을 받아야 하는 수급자 및 차상위계층인 사람과 행정청 직권으로 재진단을 받는 자에게 소요되는 비용을 지원한다.

③ 발달재활서비스

만 18세 미만의 뇌병변, 지적, 자폐증, 언어, 청각, 시각 장애아동으로 소득기준과 기타요건을 갖춘 아동에 한하여 언어, 미술, 음악, 놀이, 심리 등 서비스를 선택하여 이용할 수 있다.

④ 언어발달 지원

만 10세 미만 비장애아동의 한쪽 부모 및 조손가정의 한쪽 조부모가 시각, 청각, 언어, 지적, 뇌병변, 자폐성 등록 장애인에 해당되면 언어발달 진단서비스, 독서지도, 수화지도 등 언어재활에 따른 지원을 하고 있다.

⑤ 장애인 보조기구 교부 및 보장구 건강보험급여 적용

국민기초생활보장법상의 수급자 및 차상위계층을 대상으로 욕창방지용 방석 및 커버, 와상용 욕창예방 보조기구, 보행차, 시각장애인을 위한 음성유도장치, 문자판독기 등과 청각장애인을 위한 시각신호표시기, 헤드폰 등을 교부한다. 또한 장애인 분류 기준에 따른 적용대상 품목의 보장구 구매 시 건강보험공단에서 금액을 지원하고 있다.

⑥ 장애아동 의료재활시설 운영

등록장애인으로 장애의 진단 및 치료, 보장구 제작 및 수리, 장애인 의료재활상담 등을 지원한다.

(5) 장애인등록 및 장애등급 심사제도

2011년 4월부터 시행되었으며 18세 미만의 아동, 거동이 불가능한 경우와 본인이 등록 신청하기 어려운 경우 보호자 신청이 가능하다. 장애등급 심사제도는 |그림 8-1|과 같이 장애인 등록절차에 따라 진행된다.

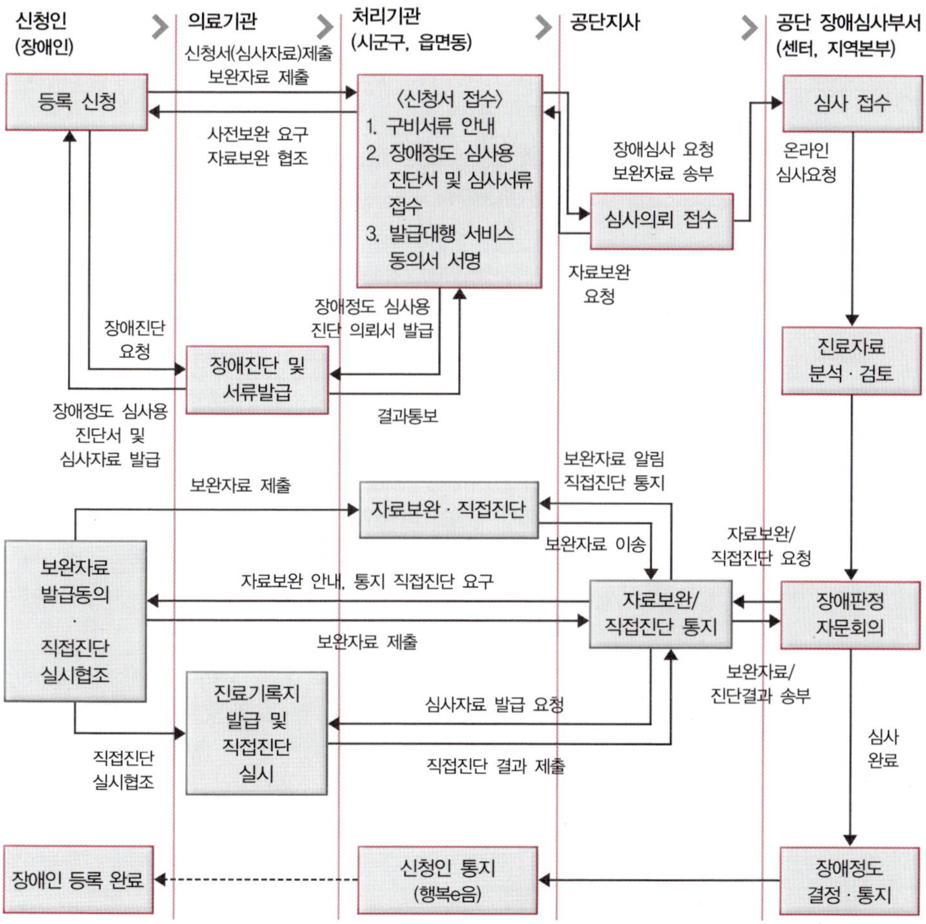

|그림 8-1| 장애인 등록절차

* 장애인등급심사는 2011년부터 모든 등급의 장애인이 받아야 함
* 기존 등록장애인 모두 장애등급심사를 받은 것이 아님. 재진단 사유 없는 장애인은 기존 등록상태 유지
출처 : 보건복지부 홈페이지(2023).

최초 장애진단에 따른 장애유형과 장애진단시기는 〈표 8-4〉와 같다.

〈표 8-4〉 장애진단에 따른 장애유형과 장애진단시기

장애유형	장애진단시기
지체 · 시각 · 청각 · 언어 · 지적장애 · 안면장애	장애의 원인 질환 등에 관하여 충분히 치료하여 장애가 고착되었을 때 진단하며, 그 기준 시기는 원인 질환 또는 부상 등의 발생 후 또는 수술 후 규정기간(6개월 또는 2년) 이상 지속적으로 치료한 후로 한다(지체절단, 척추고정술, 안구적출, 청력기관의 결손, 후두전적출술, 선천적 지적장애 등 장애상태의 고착이 명백한 경우는 예외로 한다).
뇌병변장애	1. 뇌성마비, 뇌졸중, 뇌손상 등과 기타 뇌병변(파킨슨병 제외)이 있는 경우는 발병 또는 외상 후 6개월 이상 지속적으로 치료한 후에 장애진단 2. 파킨슨병은 1년 이상의 성실하고 지속적인 치료 후에 장애진단
정신장애	1년 또는 2년 이상의 성실하고, 지속적인 치료 후에 호전의 기미가 거의 없을 정도로 장애가 고착된 시점
자폐성 장애	전반성발달장애(자폐증)가 확실해진 시점(최소 만 2세 이상)
신장장애	혈액투석 또는 복막투석치료를 3개월 이상 지속적으로 받고 있는 사람 또는 신장을 이식받은 사람에 대하여 장애진단
심장장애	1년 이상의 성실하고, 지속적인 치료 후에 호전의 기미가 거의 없을 정도로 장애가 고착되었거나 심장을 이식받은 사람에 대하여 장애진단
호흡기 · 간 장애	현재의 상태와 관련한 최초 진단 이후 1년 이상이 경과하고, 최근 2개월 이상의 지속적인 치료 후에 호전의 기미가 거의 없을 정도로 장애가 고착되었거나 폐 또는 간을 이식받은 사람에 대하여 장애진단
장루 · 요루 장애	복원수술이 불가능한 장루(복회음절제술 후 에스결장루, 전대장절제술 후 시행한 말단형 회장루 등), 요루(요관피부루, 회장도관 등)의 경우에는 장루(요루)조성술 이후 진단이 가능하며, 그 외 복원수술이 가능한 장루(요루)의 경우에는 장루(요루)조성술 후 1년이 지난 시점에 진단
뇌전증장애	1. 성인의 경우 현재의 상태와 관련하여 최초 진단 이후 2년 이상의 지속적이고 적극적인 치료를 받음에도 불구하고 호전의 기미가 거의 없을 정도로 장애가 고착된 시점에 진단 2. 소아청소년의 경우 뇌전증 증상에 따라 최초 진단 이후 규정기간(1년 내지 2년) 이상의 지속적인 치료를 받음에도 불구하고 호전의 기미가 거의 없을 정도로 장애가 고착된 시점에 진단

출처 : 보건복지부 홈페이지(2023).

(6) 세제혜택

장애인의료비, 장애인 특수교육비, 장애인 보험료 공제, 장애인 보장구 부가가치세 영세율 적용, 장애인용 수입물품 관세 감면 등의 혜택을 지원해 주고 있다.

4. 장애아동의 현황 및 실태

1) 생애주기별 장애아동 분포 현황

생애주기별 장애아동 분포 현황은 〈표 8-5〉와 같다.

〈표 8-5〉 생애주기별 장애아동 분포 현황 (단위 : 명)

장애유형	인구 현황				
	영아기 (0~3세)	학령기 전 (4~7세)	학령기 (8~13세)	청소년기 (14~18세)	합 계
지체	179	406	1,024	2,084	3,693
뇌병변	1,583	2,902	3,423	3,232	11,140
시각	105	360	862	338	1,665
청각	528	863	1,456	1,432	4,279
언어	257	2,415	896	333	3,901
지적	394	5,627	16,145	17,541	39,707
자폐	134	3,852	6,989	4,309	15,284
정신	0	0	0	0	0
신장	14	17	64	124	219
심장	8	58	94	163	323
호흡기	3	9	19	21	52

간	39	84	163	150	436
안면	3	2	9	35	49
장루 · 요루	7	16	24	36	83
뇌전증	8	37	78	79	202
전체	3,262	16,648	31,246	29,877	81,033

출처 : 보건복지부(2023). 2022 장애인 등록현황 참조.

2) 발달재활서비스

(1) 발달재활서비스 실시 배경

우리나라 장애아동의 수가 증가함에 따라 장애아동에 대한 재활치료 수요도 급격하게 증가하게 되었다. 국가인권위원회의 「경제 · 사회 · 문화적 권리 국가인권정책 기본계획 수립을 위한 건강권 기초현황자료」에 따르면 장애아동의 치료지원에 관한 요구는 증대되고 있으나 국가와 지방자치단체의 공식적인 무상 재활치료서비스 지원체계는 미비한 단계였다(국가인권위원회, 2004). 이에 정부에서는 장애아동의 재활치료 지원에 대한 필요성을 공감하여 '뉴 스타트 2008'을 시작하였고 이를 통하여 저소득층 서민생활 안정을 위한 세부대책을 마련하였으며, 같은 해 5월에는 국정과제의 핵심사업으로 저소득층 자녀 지원을 위한 드림스타트 사업을 시행하였다. 이후 9월에는 생활공감정책 67개 주요 과제 중에서 '장애아동 재활치료 사업'이 채택되었다. 이후 장애인복지법 제9조에 의해 장애인 의료 · 보호 복지시책, 장애인복지법 제72조를 법적 근거로 하여 2009년 2월부터 장애아동 가족지원사업의 일환으로 '장애아동 재활치료 사업'을 시행하게 되었다. 이에 보다 체계적이고 종합적인 지원대책을 위하여 2010년에 '장애아동복지지원'이 발의되어 2012년 8월부터 시행되면서 본 사업의 명칭이 2013년부터 '장애 아동 재활치료사업'에서 '발달재활서비스'로 변경되었다.

〈표 8-6〉 소득수준에 따른 정부 지원금 및 본인 부담금

소득수준	등급	정부지원금	본인부담금
기초생활수급자	다형	22만 원	면제
차상위계층	가형	20만 원	2만 원
차상위 초과~전국가구 평균소득 50% 이하	나형	18만 원	4만 원
전국가구 평균소득 50% 초과~100% 이하	라형	16만 원	6만 원
전국가구 평균소득 100% 초과~150% 이하	마형	14만 원	8만 원

출처 : 보건복지부 홈페이지(2024).

(2) 서비스 신청 방법

서비스 신청은 본인, 친족 및 기타 관계인이 신청할 수 있으며 복지담당공무원이 직권으로도 신청할 수 있다. 신청서 제출은 서비스 대상자의 주민등록상 주소지 읍 · 면 · 동 주민센터에서 매월 1~21일까지 신청할 수 있다. 신청 시에는 신청서와 함께 신분증과 소득증명에 대한 자료를 제출하면 된다. 서비스 대상자로 최종 선정이 되면 신청 당월부터 서비스를 받을 수 있는 것이 아니라 다음 달부터 서비스를 받을 수 있게 된다.

(3) 서비스 실시

발달재활서비스는 |그림 8-2|와 같은 절차로 실시된다. 서비스 이용자는 서비스 제공기관을 선택하여 서비스 접수를 실시하고, 제공기관과 함께 서비스 제공계획을 수립한 후에 서비스 이용 계약을 체결한다. 제공기관에서는 이용자의 바우처 잔량을 확인 후에 서비스를 이용자에게 제공한 후 모니터링을 실시한다. 이후 이용자는 서비스를 계속 이용하거나 계약 종료 후에 타 제공기관을 이용할 수도 있다.

서비스 실시 절차

① 제공기관 선택(이용자) 및 접수(제공기관)

② 서비스제공계획 수립(제공기관)

③ 서비스 이용 계약 체결(이용자 · 제공기관)

④ 바우처 잔량 확인 후 서비스 실시(제공기관)

⑤ 모니터링(제공기관)

⑥ 서비스 종료 또는 계속(이용자 · 제공기관)

| 그림 8-2 | 발달재활서비스 실시절차

출처 : 보건복지부 홈페이지(2024).

5. 장애아동을 위한 교사의 역할

1) 교사의 역할

자롤리멕과 패스터(Jarolimek & Faster)는 교사의 역할을 크게 심리적인 역할과 수업의 역할로 나누고 이를 세분하여 수업의 역할, 학급경영의 역할, 생활지도 및 상담의 역할, 평가의 역할, 사회화의 역할, 잡무수행의 역할, 개인성장을 위한 역할, 교사의 사회적 역할로 구분하였다.

유아특수교사들에게는 일반교사에게 해당되는 역할 외에 장애아동을 가르쳐야 하는 데서 오는 부가적인 역할이 있다. 장애아의 유형별 일반적 특성을 이해하여야 하고, 아동들의 독특한 요구를 확인해야 하며, 동시에 다양한 요구를 충족할 수 있는 보육계획안을 수립해야 한다. 이 외에 성공적인 장애아 보육이 되려면 교사들은 다음의 역할에 능숙해야 한다(김종현 · 윤치연 · 이성현 · 이은림, 2015).

① 교육과정 개발 및 수정
② 교육수준, 인적 개발, 생활유지 등을 포함한 교수 기초 기능
③ 그룹기술, 위기 조정, 생태학적 조정 등을 포함한 학급경영
④ 성인그룹의 문제해결 능력을 개선하려는 전문가 상담과 의사소통
⑤ 가족생활, 부모와 형제들을 다루는 기술과 감수성에 대한 지식을 포함한 교사 · 부모 · 학생과의 관계형성
⑥ 적극적인 태도에 생산적인 동료 상호작용을 전달하는 학생 간의 관계형성
⑦ 장애조건과 특별한 요구에 관한 이해
⑧ 참여자의 참여과정, 책임 및 기능의 기초적인 이해
⑨ 개인의 요구를 충족시켜 주기 위한 평가 및 방법과 자료의 적용을 포함한 개별화 교수
⑩ 모든 학생들의 요구와 권리를 강조하는 전문적인 가치

통합교육을 실시하는 데 있어 유아특수교사는 다음과 같은 점에 유의하여 통합교육의 효과를 높이도록 해야 한다(전경원 · 권미은, 2015).

(1) 장애유형별 특성을 이해

통합교육을 하기 위해서는 장애유형별로 어떤 특성이 있는지 알고 있어야 한다. 지적장애, 정서장애 유아들의 지적 · 성격적 · 학습 면에 있어서의 특성을

잘 이해하고, 장애유형별로 지닌 문제 행동 및 건강상의 특성도 이해해야 교실 내외에서 발생하는 다양한 문제를 해결할 수 있다.

(2) 장애유아의 독립적인 기회 제공

장애유아가 일반 유치원에 입학하면, 교사들은 너무 많은 것을 도와주려고 한다. 장애유아 스스로 할 수 있는 기본 생활과 관련된 일들을 교사가 대신해 주게 되면, 장애유아가 일반아와 상호작용하는 기회가 적어진다. 또한 장애유아가 규칙과 같은 것을 어길 때 이를 묵인하거나 잘못을 했을 때 이를 허용하게 되면, 장애유아가 사회 기술을 습득하는 데 어려움을 초래할 수 있다. 장애유아에게도 잘못하면 벌이 있을 수 있다는 것을 인식시키고, 스스로 할 수 있는 기회를 제공해야 한다.

(3) 효과적인 학습 환경을 구성

통합교육에 영향을 주는 요인으로는 크게 물리적 환경, 인적 환경을 말할 수 있다. 그 가운데 일과 계획, 좌석 배치와 같은 학습 환경 요인이 있다. 유치원과 같이 규칙적인 일과 계획이 있는 경우에는 이러한 계획을 규칙적으로 반복하게 하여 생활에 안정감을 가져다주는 것이 좋다. 또한 학습장애나 정서장애 유아의 경우 한 자리에 오랫동안 있지 못하고 산만한 경우가 있는데, 이런 경우에는 교사 가까이에 자리를 배치하는 것이 좋다.

살렌드(Salend, 2011)는 장애이해를 위한 교수전략의 핵심요소를 다음과 같이 제안하였다.

- 모든 사람들을 특별한 기질과 자질, 좋아하는 것과 싫어하는 것, 강점과 모험심을 가진 유능한 사람으로 여긴다.
- 비슷한 점과 차이점은 자연스럽고 긍정적인 것이며 우리는 모두 다양성과 개별적인 차이로 인하여 혜택을 누리고 있다는 관점을 안다.
- 동정보다는 배려하는 마음을 가진다.

- 우리는 차이점보다는 비슷한 점을 많이 가지고 있다. 차이점은 우리를 특별하게 만들고 비슷한 점은 우리를 하나로 만든다.
- 우리는 어떠한 유형으로든 지원이 필요하며 특별히 어려움을 겪는 사람을 위한 지원은 모든 사람을 위해 필요하다.
- 서로를 동등한 사회적 · 교육적 · 직업적 지위를 가진 사람으로 생각하면서 협력적 상호작용과 지속적인 동등한 지위의 관계를 지닌다.
- 의미 있고 신뢰할 수 있는 정보를 공유하고 개방적이고 적절하게 객관적으로 특별한 문제를 해결한다.
- 각자의 개성과 자립, 존엄성, 자기결정의 중요성에 대해 이해를 증진하며 동정 및 보호적인 반응은 배제한다.
- 편향된 시각에 대처하는 정보와 경험을 나눈다.
- 타인을 지원하는 활동에 참여한다.

(4) 통합교육을 위한 부모교육 준비

장애유아와 통합을 하게 되면 일반아에게 부정적인 영향을 미칠 것이라는 우려를 하는 부모가 있다. 그러나 많은 연구들에서 통합교육의 경우 일반아에게도 많은 장점이 있으므로 이러한 장점을 일반아의 부모에게 잘 소개하여 불안해하지 않도록 해야 한다고 밝히고 있다. 그러므로 통합교육에 적극적으로 참여할 수 있도록 사전에 부모교육을 실시하여, 장애아와 일반아의 부모들의 만족도가 높아지도록 노력해야 한다.

또한 가족참여의 효율적 운영을 위한 교사의 태도에서 가족들과 긍정적인 관계를 형성하는 것은 교사의 가장 기본적인 원칙으로 그 가족들을 순수한 마음으로 존중해야 한다(김수진 · 이정화 · 곡교어린이집통합교사연구회, 2013).

- 부모의 동의하에 이루어져야 하며, 가족에 대한 교육은 아동교육의 일부분이다.

- 가족에 대한 교육은 무능한 가족을 능력 있는 가족으로 변화시키려는 노력이 아닌 가족과의 협조를 의미한다.
- 가족참여의 형태와 내용, 참여 정도는 각각의 가족상황에 적합한 것이어야 한다.
- 아동의 교육과정에 대해 가족의 동의를 구해야 한다.
- 부모의 능력에 맞는 것이어야 한다.
- 개인적인 문제에 관한 상담은 충분한 시간을 할애한다.
- 가족이 도움을 원할 때에는 언제나 도움을 받을 수 있는 지원체계가 마련되어 있어야 한다.

장애 가운데 특히 자폐성 장애유아를 지도하는 방법은 다음과 같다(조윤경 · 김수진, 2014).

- **유아가 선호하는 것에 대한 체크리스트 작성하기** : 유아가 매우 좋아하거나 싫어하는 물건이나 활동을 알기 위해 유아의 부모와 상담한다. 유아는 물건이나 활동에 집착하는 경향이 있으므로 교사는 유아의 두려움과 갈등을 이해하기 위해 이러한 것을 알고 있어야 한다.
- **유아를 불안이나 발작적인 부적응 행동으로부터 누그러뜨리려 할 때는 가벼운 터치보다는 확실한 압력을 느끼도록 하기** : 유아를 누그러뜨리려 할 때 가볍게 하는 터치는 오히려 방해가 되지만, 확실한 터치는 유아의 과잉행동이나 긴장을 줄여줄 수 있다. 유아에게 접근할 때는 미리 알려주거나 유아의 이러한 행동을 교사가 제지할 것이라는 예상을 미리 알 수 있도록 표현하고 누그러뜨리는 것이 바람직하다.
- **또래들에게 자폐성 장애유아 이해시키기** : 또래들에게 자폐성 장애를 가진 유아를 이해할 수 있는 정보를 제공하고 상호작용할 수 있는 구체적인 방법을 가르친다.

- **또래와 상호작용 방법 가르치기** : 자폐성 장애를 가진 유아에게 또래와 상호작용을 하기 위한 구체적인 방법을 가르친다.
- **시각적 의사소통기제 사용하기** : 자폐성 장애유아의 경우에 목소리를 듣고 반응하기보다는 시각적 단서에 좀 더 잘 반응하므로 그림이나 사진을 이용하는 것이 효율적이다. 사진이나 그림을 통해 하루일과를 알 수 있는 일과표를 제공하고, 활동을 미리 알 수 있게 해주거나, 학급 내에서 해야 하는 행동과 하지 말아야 하는 행동에 대하여 시각적인 자료를 제시해 준다.
- **상황에 적절한 의사표현 돕기** : 자폐성 장애를 가진 유아는 반향어나 기타 적절하지 않은 행동을 통해 자신의 의사를 표현하기도 한다. 따라서 의사소통의 기능에 따라 적절한 행동이나 말로 표현할 수 있게 돕는다.

토론 및 요약

1. 장애인의 선정기준 및 분류에 대해 알고 개선해야 할 점을 토론해 본다.
2. 장애유형에 따른 정의와 특성에 대해 살펴보고 자신의 견해에 대해 이야기해 본다.
3. 장애아동을 위한 복지서비스의 정책 및 종류에 대해 살펴보고 선진국의 사례를 중심으로 토론해 본다.
4. 장애아동의 현황 및 실태를 파악함으로써 앞으로 개선해야 할 과제는 무엇인지 이야기해 본다.

Chapter 9

다양한 가정의 아동을 위한 서비스

현대사회의 가족은 전통적 개념의 가족유형뿐만 아니라 광범위하게 존재하는 다양한 가족유형을 포함한다. 이 장에서는 한부모가정, 재혼가정, 국제결혼가정, 북한이탈주민가정, 조손가정을 중심으로 다양한 가정을 살펴보고 각 가정에 필요한 아동서비스를 제시하고자 한다.

학습목표

1. 한부모가정의 개념과 현황, 한부모가정의 자녀가 겪고 있는 어려움을 이해하고, 한부모가정을 위한 복지사업을 살펴보며, 복지사업의 개선방향을 모색할 수 있다.
2. 재혼가정의 개념과 현황, 재혼가정의 자녀가 겪고 있는 어려움을 이해하고, 재혼가정을 위한 복지사업을 살펴보며, 복지사업의 개선방향을 모색할 수 있다.
3. 국제결혼가정의 개념과 현황, 국제결혼가정의 자녀가 겪고 있는 어려움을 이해하고, 국제결혼가정을 위한 복지사업을 살펴보며, 복지사업의 개선방향을 모색할 수 있다.
4. 북한이탈주민가정의 개념과 현황, 북한이탈주민가정의 자녀가 겪고 있는 어려움을 이해하고, 북한이탈주민 가정을 위한 복지사업을 살펴보며, 복지사업의 개선방향을 모색할 수 있다.
5. 조손가정의 개념과 현황, 조손가정의 자녀가 겪고 있는 어려움을 이해하고, 조손가정을 위한 복지사업을 살펴보며, 복지사업의 개선방향을 모색할 수 있다.

1. 한부모가정

1) 한부모가정의 개념

최근 들어 우리나라에서는 이혼과 별거 또는 미혼모 출산에 의한 한부모가정이 점차 증가하고 있다. 일반적으로 한부모가정은 이혼이나 사별 또는 미혼모의 출산으로 인해 아버지나 어머니 중 한 사람이 18세 미만의 자녀를 양육하며 부모역할을 담당하고 있는 가정형태이다. 한부모가족지원법에 의하면, 한부모가족은 모자가족 또는 부자가족을 총칭하는 것으로, 이때 '모' 또는 '부'란 배우자와 사별 또는 이혼하거나 배우자로부터 유기된 자, 정신이나 신체 장애로 장기간 노동능력을 상실한 배우자를 가진 자, 교정시설, 치료감호시설에 입소한 배우자 또는 병역복무 중인 배우자를 가진 사람, 미혼자(사실혼 관계에 있는 자 제외)로 아동인 자녀를 양육하는 자를 말한다. '청소년 한부모'란 24세 이하의 모 또는 부를 말한다. 과거 한부모가정을 편부모가족이라는 용어로 지칭하였으나 이는 결손가족 혹은 불완전한 가족을 의미하여 사회적 편견이나 부정적 시각을 초래한다는 비판을 받았다. 한부모가정은 하나의 완성된 가족의 형태로 이해되어야 하며, 다양한 가족유형의 하나로 이해하는 것이 바람직하다. 배우자의 부재로 인해 가족경제나 자녀양육에 있어 한부모가정이 지닌 여러 가지 문제점들은 아동복지의 중요한 과제가 된다.

2) 한부모가정의 현황

2022년 한부모가구는 149만 4,000여 가구이다. 사별로 인한 한부모가구의 비율은 현저히 감소하는 경향인 반면, 이혼에 의한 한부모가구의 비율은 급격하게 증가하고 있다. 이혼을 경험하는 가족의 약 60~70%가 한부모의 재혼 시까지 일시적 혹은 영구적으로 한부모가정을 형성한다. 유형별로 보면, 한부모가정 중 모자가정의 수는 부자가정 수의 4배에 달하는데, 모자가정의 발생원인은 이혼보다 사별인 경우가 많았으며, 부자가정의 발생원인은 사별보다 이혼인 경우가 많았다. 다음의 〈표 9-1〉은 한부모가구 수의 변화추이를 보여준다.

〈표 9-1〉 한부모가구 수 (단위 : 가구)

구 분	2017년	2018년	2019년	2020년	2021년	2022년
전체가구	19,673,875	19,979,188	20,343,188	20,926,710	21,448,463	21,773,507
한부모가족	1,533,166	1,539,362	1,529,151	1,532,751	1,509,958	1,494,067

출처 : 통계청. 해당 연도별 인구주택 총조사 kosis.kr/index/index.do

3) 한부모가정의 자녀들이 겪는 어려움

한부모가정 자녀들의 어려움을 살펴보면 다음과 같다.

① 한쪽 부모를 잃게 됨으로써 분노, 좌절, 우울 등의 다양한 정서적 어려움을 경험할 수 있다.

② 지속적인 남녀관계를 경험해 볼 기회가 없고 이에 대한 모델이 없는 채 성장하므로 남녀관계에 대해 왜곡된 정보를 배운다.

③ 역할수행의 문제가 생긴다. 큰 아이가 아버지 역할로써 동생을 지도하게 되면서 형제간의 관계가 수직적인 관계를 형성한다.

④ 이혼가정의 자녀라는 이유 때문에 학교에서 적응이 어려우며 교우 관계에서 자신감이 상실될 수 있다.

⑤ 부나 모 없이 자녀를 양육해야 하는 관계로 주변 사람들의 눈을 의식하여 양육을 책임지는 한부모는 자녀들의 많은 행동을 통제하는 경향이 있다. 부부가 함께 부모역할을 수행하는 경우 상호보완되거나 지지나 격려를 받을 수 있는 데 반해, 한부모의 경우 지지체계를 잃게 됨으로써 한부모 자신이 심리적·정서적 어려움을 겪을 수 있다(이재연 외, 2011).

대다수의 한부모가정이 모자가정인 점을 고려할 때, 한부모가정에서 나타나는 여러 가지 심리적 · 정서적 문제를 지원함과 동시에 모자가정을 중심으로 한 경제적 지원이 절실히 요구된다.

4) 한부모가정을 위한 복지사업

① 한부모가정을 위한 관련 법과 제도

〈표 9-2〉 한부모가정 관련 법 · 제도

연도/ 관련 법	내 용
1989년 모자복지법 개정 ↓ 2002년 모 · 부자복지법	• 모자가정뿐만 아니라 부자가정을 포함한 한부모가정에 대한 국가 차원의 지원이 법적으로 명시화 • 18세 미만의 자녀를 혼자 데리고 살고 있거나 배우자가 있더라도 신체적 · 정신적 이유로 장기간 근로능력을 상실한 한부모가정을 지원대상으로 명시 • 지원 내용 : 복지급여(생계비, 아동교육지원비, 직업훈련 및 훈련기간 중의 생계비, 아동양육비), 복지자금대여, 고용촉진, 공공시설 내 매점 및 시설설치, 시설우선내용, 전문사회사업 서비스, 국민주택의 분양 및 임대 • 비판점 : 모 · 부자복지법의 수혜대상이 극빈층 한부모가정을 중심으로 한 제한적 지원
2003년 12월 건강가정기본법	다양한 가정에 대한 지원이 구체화됨. 건강가정지원센터를 통하여 한부모가정에 대한 심층적이고 전문적인 사례관리서비스를 제공하기 위하여 노력
2007년 한부모가족지원법	한부모가족이 건강하고 문화적인 생활을 영위할 수 있도록 함으로써 한부모가정의 생활 안정과 복지 증진에 이바지함을 목적으로 제정되어 시행
2011년 한부모가족지원법 의미조항 신설	• 제2조 국가와 지방자치단체는 한부모가족의 복지를 증진할 책임을 질 뿐만 아니라, 한부모가족의 권익을 보호하기 위해 노력하여야 하며 모든 국민은 한부모가족의 복지 증진에 협력하여야 한다. • 제3조 한부모가족의 모 또는 부는 임신과 출산 및 양육을 사유로 합리적인 이유 없이 교육 · 고용 등에서 차별을 받지 아니하여야 하며, 한부모가족의 모 또는 부와 아동은 그가 가지고 있는 자산과 노동능력 등을 최대한으로 활용하여 자립과 생활 향상을 위해 노력하여야 한다.

2013년 한부모가족지원법 개정	국가와 지방자치단체는 한부모가족에 대한 사회적 편견과 차별을 예방하고, 사회 구성원이 한부모가족을 이해하고 존중할 수 있도록 교육 및 홍보 등 필요한 조치를 할 수 있다고 규정하여 한부모가정에 대한 국가와 지방단체의 책임을 강화
2018년 한부모가족지원법 개정	• 2015. 11. 30. 타법개정, 2015. 12. 14. 일부개정된 시행령과 시행규칙이 2016. 1. 1. 시행 • 2016년 2월 4일 국회 본회의 통과 한부모가족복지시설의 장은 한부모가족복지시설을 폐지하거나 그 시설의 운영을 일시적으로 중단하는 경우에는 해당 시설 입소자의 권익을 보호하기 위한 조치를 하도록 하고, 지방자치단체의 장은 한부모가족복지시설의 폐지 또는 휴지의 신고를 받은 경우 한부모가족복지시설의 장이 입소자의 권익 보호 조치를 했는지 여부를 확인하도록 하는 내용 • 2018. 1. 16. 개정 제1조(목적) 이 법은 한부모가족이 안정적인 가족 기능을 유지하고 자립할 수 있도록 지원함으로써 한부모가족의 생활 안정과 복지 증진에 이바지함을 목적으로 한다. 제2조(국가 등의 책임) ①국가와 지방자치단체는 한부모가족의 복지를 증진할 책임을 진다. ② 국가와 지방자치단체는 한부모가족의 권익과 자립을 지원하기 위한 여건을 조성하고 이를 위한 시책을 수립 · 시행하여야 한다.
2023년 한부모가족지원법 개정	• 2020. 10. 20. 신설 제5조의5(한부모가족 정책에 관한 기본계획의 수립) ① 여성가족부장관은 한부모가족 지원을 위하여 한부모가족 정책에 관한 기본계획(이하 "기본계획"이라 한다)을 5년마다 수립하여야 한다. ② 기본계획에는 다음 각 호의 사항이 포함되어야 한다. 1. 한부모가족 지원 정책의 기본방향 2. 한부모가족 지원을 위한 분야별 발전시책과 평가에 관한 사항 3. 한부모가족 지원을 위한 제도 개선에 관한 사항 4. 한부모가족 구성원의 경제 · 사회 · 문화 등 각 분야에서의 활동 증진에 관한 사항 5. 한부모가족 지원을 위한 재원 확보 및 배분에 관한 사항 6. 그 밖에 한부모가족 지원을 위하여 필요한 사항 ③ 여성가족부장관은 기본계획을 수립하려는 경우에는 특별시장 · 광역시장 · 특별자치시장 · 도지사 · 특별자치도지사(이하 "시 · 도지사"라 한다)의 의견을 들은 후 관계 중앙행정기관의 장과 협의하여야 한다.

④ 여성가족부장관은 제1항에 따라 기본계획을 수립한 때에는 지체없이 국회 소관 상임위원회에 보고하고, 관계 중앙행정기관의 장과 시 · 도지사에게 알려야 한다.
⑤ 여성가족부장관은 기본계획을 수립하기 위하여 필요하다고 인정하는 경우 관계 기관의 장에게 기본계획의 수립에 필요한 자료의 제출을 요구할 수 있다. 이 경우 자료의 제출을 요구받은 관계 기관의 장은 정당한 사유가 없으면 이에 따라야 한다.
제5조의6(연도별 시행계획의 수립 · 시행 등) ① 여성가족부장관, 관계 중앙행정기관의 장과 시 · 도지사는 매년 기본계획에 따라 한부모가족정책에 관한 시행계획(이하 "시행계획"이라 한다)을 수립 · 시행하여야 한다.
② 관계 중앙행정기관의 장과 시 · 도지사는 전년도의 시행계획에 따른 추진실적 및 다음 연도의 시행계획을 대통령령으로 정하는 바에 따라 매년 여성가족부장관에게 제출하여야 한다.
③ 시행계획의 수립 · 시행 및 추진실적의 평가 등에 필요한 사항은 대통령령으로 정한다.

② 한부모가정을 위한 복지사업

한부모가정을 위한 사회복지서비스의 현황을 제시하면 〈표 9-3〉과 같다. 크게 모자가족 복지시설과 부자가족 복지시설, 미혼모자가족 복지시설, 일시지원 복지시설로 구분된다.

〈표 9-3〉 한부모가정 복지시설

시설유형	서비스 내용
모자가족 복지시설	모자가족에게 편의를 제공하는 시설 – 기본생활지원 : 생계가 어려운 모자가족에게 일정 기간 주거, 생계 지원 – 공동생활지원 : 독립적인 생활이 어려운 모자가족에게 일정 기간 공동생활을 통해 자립을 준비할 수 있도록 주거 등을 지원 – 자립생활지원 : 자립욕구가 강한 모자가족에게 일정 기간 주거 제공
부자가족 복지시설	부자가족에게 편의를 제공하는 시설. 모자가족 복지시설과 서비스 내용은 유사함

미혼모자가족 복지시설	미혼모자가족과 미혼모에게 편의를 제공하는 시설 – 기본생활지원 : 미혼여성의 임신, 출산 시 안전분만 및 심신의 건강회복과 출산 후의 아동양육지원을 위해 일정 기간 주거와 생계 지원 – 공동생활지원 : 출산 후 해당 아동을 양육하지 않는 미혼모 또는 미혼모와 그 출산 아동으로 구성된 미혼모자가족에게 일정 기간 동안 공동생활을 통한 자립 준비 가능한 주거 등 지원
일시지원 복지시설	배우자가 있으나 배우자의 물리적 · 정신적 학대로 아동의 건전한 양육이나 모의 건강에 지장을 초래할 우려가 있을 경우 일시적 또는 일정 기간 동안 모와 아동 또는 모에게 주거와 생계를 지원하는 시설

한부모가정을 위한 지원기관의 현황을 제시하면 〈표 9-4〉와 같다.

〈표 9-4〉 한부모가정을 위한 지원기관 및 서비스 내용

지원 기관	서비스 내용
여성가족부 맞춤형 서비스	https://www.mogef.go.kr/singleparent/main.do 여성가족부의 한부모가족 자녀양육 지원 양육비지원, 취업지원, 상담 및 교육지원, 저소득 한부모지원, 미혼한부모지원, 양육비이행지원, 가족상담 등의 사업
사단법인 한국한부모가정사랑회	www.hanbumo.org 한부모가정만을 체계적으로 지원하는 기관 한부모가족을 위한 상담 및 교육활동, 한부모가정 후원사업, 한부모가족에 대한 인권증진을 위한 캠페인 등의 사업
한국가정법률상담소	https://lawhome.or.kr/new21/law01/index.asp 한부모가족의 법률 지원
한국여성재단	https://womenfund.or.kr/ 빈곤 한부모가족 여성의 의료비 및 생계비 지원 지역사회복지관은 한부모가족의 아동을 위한 학습지도, 문화적 지원, 심리 · 정서적 지원, 급식 지원 등 제공
한국여성민우회	https://womenlink.or.kr/ 한부모가족운동, 한부모자조모임, 한부모지원상담, 법률서비스

5) 한부모가정을 위한 복지사업의 개선방향

현재 이루어지고 있는 한부모가족의 복지사업은 주로 저소득층 한부모가족의 경제적 지원을 중심으로 이루어지고 있다. 한부모가족에게 요구되는 복지실천의 방향이 경제적 지원과 더불어 심리사회적 지원, 그리고 자립능력을 기르는 것임을 생각할 때 한부모가정의 복지 실천에 있어 다양한 프로그램의 도입이 요구된다. 정책적 대안으로는 공공부조제도 내에 한부모가정을 위한 수당제도의 마련이 필요하며, 아동수당제도, 아동양육비의 현실적인 지원이 필요하다. 또한 사별로 인한 한부모가정뿐 아니라 이혼이나 별거 등의 실질적 의미의 한부모가정까지 포함하여 제도적 지원을 확대함으로써 최저생계비 이하 가정 내에서 근로능력이 있는 한부모가 본인이 원하는 경우 자활사업에 참여할 수 있도록 자활지원의 폭을 확대하는 것이 요구된다. 실천방안으로는 부모교육 및 훈련, 가족상담 및 치료, 지지적 관계망의 형성, 가족결속을 위한 사회교육 프로그램의 개발과 실시가 필요하다. 한부모가정의 기능을 강화하고 한부모 개인의 다양한 욕구를 충족시키면서 동시에 가족의 욕구를 지원하는 정책과 서비스와 프로그램들이 지속적으로 요구된다.

2. 재혼가정

1) 재혼가정의 개념

최근 우리나라의 이혼율은 급격하게 상승하였고, 이와 더불어 재혼율도 증가하고 있다. 재혼율의 증가는 재혼가족에 대한 사회적 · 학문적 관심의 증가를 초래하였다(한미현 외, 2013). 재혼가족은 이혼, 별거, 사망, 유기 등으로 인해 한부모가정이 형성된 후, 부나 모의 재혼으로 이어져 형성되는 특성을 지닌다.

재혼가정과 유사한 용어로는 재결합가족, 재구성가족, 혼합가족, 두 개의 핵가족 등이 있다. 무자녀 재혼가족은 초혼가족과 가족구조 면에서 거의 유사한 측면이 있고, 유자녀 재혼가족은 재혼부부 중 한쪽 혹은 양쪽이 전혼자녀가 있는 경우와 재혼부부 양쪽이 전혼자녀가 있고 재혼 후에도 자녀가 있는 경우가 있다. 우리나라의 경우, 유교문화의 영향으로 재혼가족에 대한 부정적인 시각이 강하게 지배하고 있어 재혼가족을 문제가족 혹은 비정상적 가족의 하나로 이해하는 사회적 통념이 여전히 존재한다. 이에 따라 재혼가족에 대한 사회적·심리적·법적 지원이 필요하다. 유자녀 재혼가족의 경우, 재혼과 더불어 새롭게 형성되는 부모-자녀 관계와 형제관계로 인해 가족 내 문제가 발생할 가능성을 지니고 있다(한미현 외, 2013). 계부모와 자녀 간의 관계는 재혼가족 구성원의 적응 및 심리적 복지에 있어 중요한 부분을 차지하며 동시에 재혼가족 구성원들에게 가장 스트레스를 주는 부분이기도 하다. 재혼가족이 과거의 가족관계의 경험 위에 새로운 가족관계를 형성함으로써 만들어지는 가족 구성원의 친밀성과 유대감이 적절히 가능할 수 있도록 하기 위해서는 적절한 사회복지 지원 및 서비스가 요구된다.

2) 재혼가정의 현황

우리나라 재혼가족의 비율은 이혼의 증가와 함께 급격하게 상승하고 있다. 2021년 기준 OECD 9위, 아시아 1위의 이혼 현실이다. 이혼건수는 2000년 이후부터 총 혼인건수의 1/3 이상을 차지하며 재혼건수는 1990년보다 큰 폭으로 상승하여 2022년 총 혼인건수의 18.2%에 이른다. 과거와는 다른 재혼가정의 특성은 재혼의 여성화 및 재혼에 대한 가부장제적인 사고의 변화이며 재혼연령의 감소가 있다.

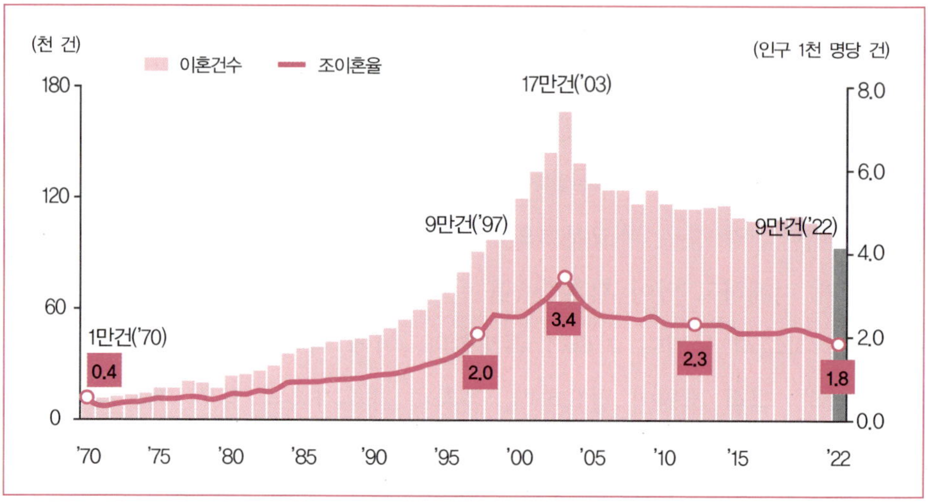

| 그림 9-1 | 이혼건수 및 조이혼율 추이

출처 : 통계청(2022). 혼인 · 이혼 통계.

3) 재혼가정의 자녀들이 겪는 어려움

재혼가정 자녀들의 어려움을 살펴보면 다음과 같다.

① 재혼가정 내 아동은 친부모를 뺏겼다는 생각에서 오는 상실감을 느끼고 친부모 간의 재결합이 더 이상 불가능하다는 사실을 깨닫는다. 또한 재혼하여 함께 살고 있는 계부모와 떨어져 있는 친부모 한쪽 사이에서 누구에게 애정을 주고 충성을 할 것인지에 대한 충성심 갈등을 경험할 수 있다.

② 재혼가정 내 아동은 계부모의 훈육방법과 관리감독, 지시 등에 순종해야 하는데, 이에 대한 갈등을 느낄 경우 자신의 통제력이 부족하여 감정조절의 어려움을 경험한다. 가족 경계의 모호성과 가족원에 대한 비현실적 기대, 친부모가족과 계부모가족 간의 상이한 가족 역사, 생활주기의 부조화, 계부모와 그들 자녀와의 친밀성 부족을 경험한다.

③ 재혼가족의 경우, 아동학대의 사례가 빈번하게 발생한다. 친부모나 편모

슬하에 있는 경우보다 양친이 없거나 편부, 친부계모, 친모계부, 양부모인 경우가 아동학대 발생률이 더 많은 것으로 나타난다(현은민, 2003).

4) 재혼가정을 위한 복지사업

① 재혼가족을 위한 관련 법과 제도

우리나라에서는 2005년 호주제를 폐지하기 위한 민법개정안이 국회를 통과하였고, 2007년 4월 새로운 신분등록제를 위한 가족관계의 등록 및 양육비 등에 관한 법률이 제정되었다. 자녀의 성은 아버지의 성을 따르도록 하는 부계혈통주의의 원칙을 고수하고는 있으나 부모의 협의에 따라 모의 성을 따를 수 있게 하여, 자녀의 복리를 위하여 아동의 성을 변경할 수 있는 가능성을 열어둠으로써 부성강제조항을 부분적으로 완화하였다(민법 제781조). 그러나 전반적으로 한국의 가족 관련 법에서 재혼가족은 별도의 법적 고려대상이 되지 못하였다. 계부모와 계자녀 간의 관계, 경제적 지원 등과 관련한 재혼가족의 아동권리와 복지를 위한 재혼가족 관련 법안이 마련될 필요가 있다. 2007년 민법 제836조와 제837조 개정으로 이혼가정 자녀의 양육 환경을 개선하기 위해 협의이혼 시 자녀 양육사항 합의를 의무화하는 등 현행 규정의 운영상 나타난 일부 미비점을 개선하고 보완하였다. 2009년 부분개정에서는 이혼 시 양육비를 효율적으로 확보하기 위해 양육비의 부담에 대하여 당사자가 협의하여 그 부담내용이 확정된 경우, 가정법원이 그 내용을 확인하는 양육비 부담조서를 작성하도록 하고 있다.

② 재혼가족을 위한 복지사업 내용

현재 재혼가족에 대한 정부 차원의 정책이나 복지사업이 미비한 실정이다. 민간 주도의 복지사업도 거의 활성화되지 못하고 있다. 민간 차원의 상담 및 교육 프로그램을 중심으로 재혼가족의 사회복지지원이 이루어지고 있다. 〈표 9-5〉는 재혼가족을 위한 프로그램 사례이다.

〈표 9-5〉 재혼가족을 위한 프로그램

기 관	프로그램	내 용
한국가정법률상담소 https://lawhome.or.kr/new21/law01/index.asp	부부관계 향상 교육 프로그램	재혼가정에서 발생할 수 있는 복잡한 갈등관계에 대한 대안을 마련하고 건강한 관계형성을 위한 예방, 치료적 기능을 기대

5) 재혼가정을 위한 복지사업의 개선방향

재혼가족의 경우 새로운 부부관계, 계부모-자녀 관계, 의붓형제관계 속에서 심리적 갈등과 정서적 불일치로 인한 어려움을 겪게 된다. 가족 구성원 간의 적응과 통합을 위한 노력, 정서적 적응과 통합을 위한 다양한 지원이 요구된다. 무엇보다 재혼가족에 대한 사회적 편견과 부정적 시각을 벗어날 수 있는 사회적 노력이 요구된다.

〈표 9-6〉 재혼가정 복지사업의 문제점 및 개선방향

구분	내용
문제점	• 현재 재혼가족을 위한 복지 프로그램은 재혼을 준비하는 부부 위주로 개발되어 있어 재혼가족이 지닌 여러 가지 갈등과 어려움을 해결하기 위해서는 양적 · 질적인 면에서 어려움을 지니고 있음 • 대부분의 프로그램이 부부중심 프로그램이기 때문에 재혼가족 아동의 심리적 적응과 정서적 안정을 지원하기 위한 프로그램 개발이 절실히 요구됨
개선 방향	• 재혼가족 구성원의 올바른 관계형성 및 적응을 위한 폭넓은 프로그램의 개발이 요구됨 • 재혼가족들 간의 교류를 통하여 재혼가족에 대한 사회적 공감대를 형성하고, 재혼가족 상호 간 지속적인 교류가 가능한 지원 프로그램을 개발 • 재혼가족 아동의 심리적 안정과 적응을 지원하기 위한 복지대책의 마련

3. 국제결혼가정

1) 국제결혼가정의 개념

국제결혼가정은 국적을 달리하는 남녀가 결혼하여 가정을 형성하는 것이다. 우리 사회는 혈연중심적인 전통적 가족관으로 인하여 국제결혼가족에 대해 부정적 시각을 갖는 경우가 많았다. 최근 들어 국제화로 인한 국제적 교류의 증가, 농촌총각의 결혼문제 해결을 위한 국제결혼의 증가, 외국노동자의 대량 유입으로 인한 국내체류 외국인과 내국인의 결혼 증가 등의 이유로 국제결혼가족이 증가하는 추세이다. 국제결혼가족의 증가는 국제결혼에 대한 거부감이나 부정적 시각을 감소시키는 데 기여하고 있다. 그러나 국제결혼가족 구성원의 경제적·정서적 문제와 더불어 문화적 배경이나 의사소통의 문제 등으로 인한 가족 구성원 간의 갈등은 사회적인 문제로 인식되고 있다(한미현 외, 2013).

2) 국제결혼가정의 현황

1990년의 국제결혼건수는 전체 결혼건수의 1.2% 정도였으나 2005년에는 전체의 13.6%으로 정점에 달한 후, 2012년까지 다소 안정화되는 추세이다. 1990년대 이전까지는 국제결혼이란 주로 외국인 남성과 결혼한 여성이 대부분이었으나, 1990년 이후부터는 외국인 여성과 혼인한 남성이 더 많은 비율을 차지하고 있다.

2022년도 국제결혼 현황 조사에 따르면 약 16,666명이 해당되었고, 이 중 여성이 12,007명으로 남성에 비해 압도적인 비율을 차지한다. 국제결혼가족이 증가하고 있는 가장 큰 원인은 혼인적령기의 남성과 여성의 성비가 불균형하다는 데 있다. 이 중 농촌지역의 국제결혼건수는 날로 증가하고 있다.

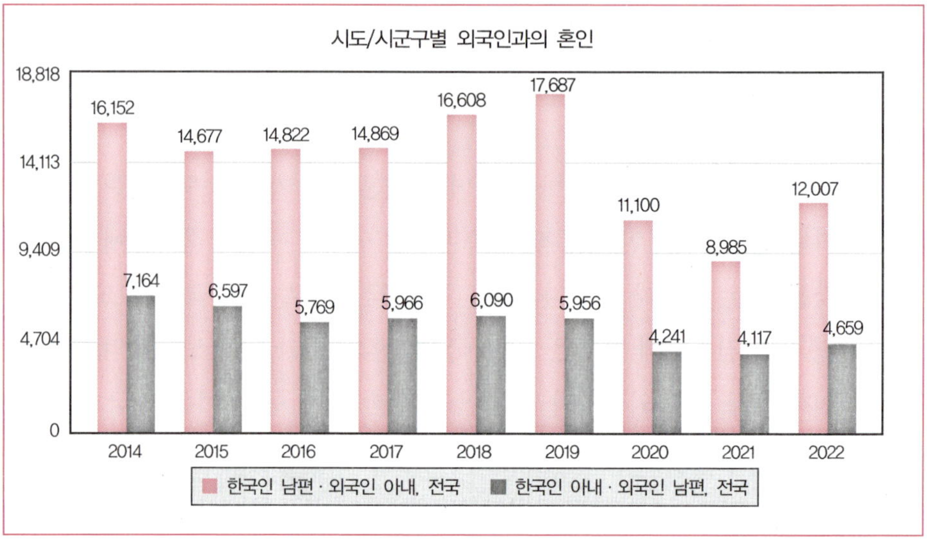

| 그림 9-2 | 국제결혼 현황

출처 : 통계청. 국제결혼 현황 2014~2022.

다문화가족 자녀(만 18세 이하)는 2015년 197,550명에서 2022년 289,529명으로 약 2배 증가하였다. 다문화가족 자녀의 연령대별 분포를 보면, 6세 이하 자녀의 비중이 가장 크다. 2021년 통계청이 발표한 '국민 다문화 수용성 조사 결과'에 따르면 다문화 수용성 지수가 60대 이상(100점 기준 49.98점)이 가장 낮았고 연령대가 내려가면서 점차 올라가 20대(100점 기준 54.40점)가 가장 높다.

〈표 9-7〉 다문화가족 자녀 연령별 현황 (단위 : 명)

연도	연령별 현황				
	계	만 6세 이하	만 7~12세	만 13~15세	만 16~18세
2021	289,529(100%)	114,555(39.6%)	108,953(37.6%)	43,433(15.0%)	22,588(7.8%)
2020	275,990(100%)	115,576(41.9%)	107,286(38.9%)	34,445(12.4%)	18,680(6.8%)
2019	264,626(100%)	117,045(44.3%)	104,064(39.3%)	26,524(10.0%)	16,993(6.4%)
2018	237,506(100%)	114,125(48.1%)	92,368(38.9%)	19,164(8.1%)	11,849(5.0%)

2017	222,455(100%)	115,085(52.1%)	81,826(36.8%)	15,753(7.1%)	9,791(4.4%)
2016	201,333(100%)	113,506(56.4%)	56,768(28.2%)	17,453(8.7%)	13,606(6.8%)
2015	197,550(100%)	116,068(58.8%)	61,625(31.2%)	12,567(6.4%)	7,290(3.7%)
2014	204,204(100%)	121,310(59.4%)	49,929(24.5%)	19,499(9.5%)	13,466(6.6%)
2013	191,328(100%)	116,696(61.0%)	45,156(23.6%)	18,395(9.6%)	11,081(5.8%)
2012	168,583(100%)	104,694(62.1%)	40,235(23.9%)	15,038(8.9%)	8,616(5.1%)
2011	151,154(100%)	93,537(61.9%)	37,590(24.9%)	12,392(8.2%)	7,635(5.0%)
2010	121,935(100%)	75,776(62.1%)	30,587(25.1%)	8,688(7.1%)	6,884(5.7%)

출처 : 행정자치부. 외국인주민 현황 조사(2022. 11).

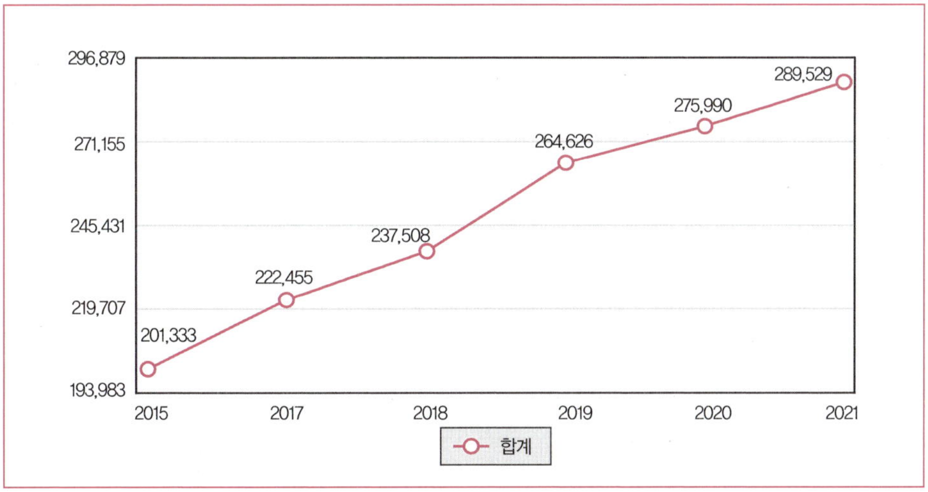

| 그림 9-3 | 연도별 다문화가족 자녀 추이

출처 : 행정안전부. 외국인주민 현황 조사(2022).

국제결혼(결혼이민자)한 경우 도움이 필요할 때 의논하거나 여가·취미활동을 함께 할 상대가 없다고 응답한 비율이 2016년에 비해 2022년에는 다소 감소하였고, 자녀교육 관련한 사회적 관계 맺음에서도 2016년에 비해 2022년이 다소 낮았다. 일자리 관련한 사회적 관계의 부족의 경우는 2016년에는 31.2%, 2022년에는 29.0%에 해당하였다.

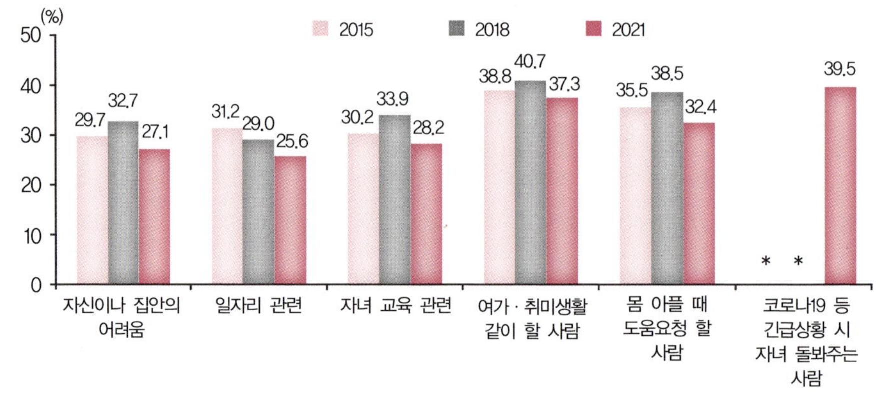

주 : *는 2015년, 2018년 조사의 응답 항목에 포함되지 않음.

| 그림 9-4 | 결혼이민자 · 귀화자의 사회적 관계 '없음' 비율(2015, 2018, 2021)

출처 : 여성가족부(2022). 2021년 전국다문화가족.

국제결혼가족의 유형에 따라 아동들이 경험하는 어려움과 복지적 욕구는 매우 다양한 양상으로 나타나고 있으나 이에 대한 구체적 자료는 부족한 실정이다. 다문화가족 자녀의 실태파악과 더불어 이들이 경험하는 현실적 어려움과 장애에 대한 구체적인 조사가 요구된다. 국내성장자녀는 진로상담 및 진로교육, 학습지원에 대한 욕구가 큰 반면, 중도입국자녀는 일자리 소개, 직업기술 훈련에 대한 서비스 지원 요구가 크므로 성장배경별 정책 설계가 필요하다.

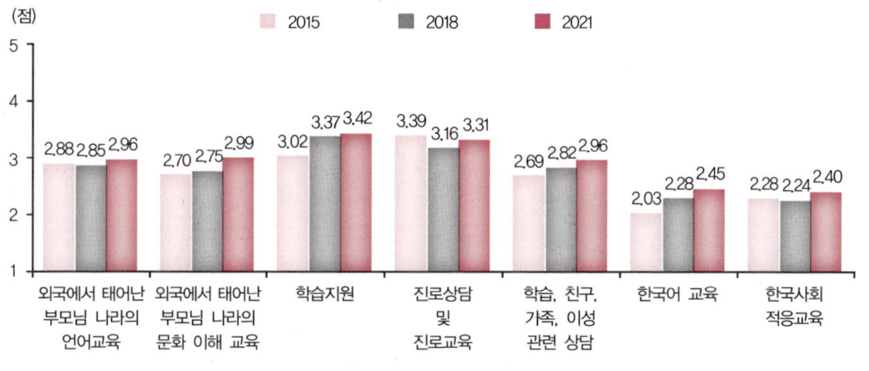

주 : 전혀 필요하지 않다=1점, 별로 필요하지 않다=2점, 보통이다=3점, 약간 필요하다=4점, 매우 필요하다=5점

| 그림 9-5 | 다문화가족자녀의 서비스 필요성

출처 : 여성가족부(2022). 2021년 전국다문화가족.

〈표 9-8〉은 국가별 국제결혼 건수에 대한 분석결과이다. 한국남성과 외국여성의 국제결혼 수치는 베트남여성이 가장 많은 비중을 차지하였고, 한국여성과 외국남성의 국제결혼 수치는 미국과 중국, 캐나다가 많은 비중을 차지함을 알 수 있다.

〈표 9-8〉 국가별 국제결혼 건수 (단위 : 건)

구 분	2015	2016	2017	2018	2019	2020	2021	2022
국제결혼 총건수	21,274	20,835	20,835	22,698	23,643	15,341	13,102	16,666
한국남자+외국여자	14,677	14,822	14,869	16,608	17,687	11,100	8,985	12,007
– 중국	4,545	4,198	3,880	3,671	3,649	2,524	2,426	2,524
– 베트남	4,651	5,377	5,364	6,338	6,712	3,316	1,319	3,163
– 필리핀	1,006	864	842	852	816	367	260	367
– 일본	1,030	838	843	987	903	758	723	758
– 캄보디아	524	466	480	455	432	275	137	275

– 태국	543	720	1,017	1,560	2,050	1,735	1,589	1,735
– 미국	577	570	541	567	597	432	457	432
– 몽골	145	145	170	174	197	195	195	154
– 기타	425	410	459	536	716	611	616	862
한국여자+외국남자	6,597	5,769	5,966	6,090	5,956	4,241	4,117	4,659
– 일본	808	381	311	313	265	135	140	125
– 중국	1,434	1,463	1,523	1,489	1,407	942	777	750
– 미국	1,612	1,377	1,392	1,439	1,468	1,101	1,276	1,380
– 캐나다	465	398	436	402	363	257	223	310
– 영국	196	186	185	184	190	146	112	166
– 독일	130	92	88	100	95	54	65	65
– 파키스탄	65	44	69	60	54	38	52	36
– 기타	571	555	589	744	859	577	585	679

출처 : 통계청(인구동태통계연보). 국제결혼 현황(2022).

3) 국제결혼가정의 자녀들이 겪는 어려움

국제결혼가정 자녀의 어려움을 살펴보면 다음과 같다.

① 국제결혼가족의 문제는 관습의 차이, 생활습관의 차이에서 오는 문화적 이질감, 의사소통의 어려움과 언어장벽 등으로 인한 가족 구성원 간의 소통의 문제 등으로 나타난다. 우리나라의 폐쇄적 단일문화로 인해 겪는 소외감과 남성 위주의 가족문화는 자녀양육과 교육을 책임지는 국제결혼 여성의 심리적 안정과 적응, 나아가 국제결혼가족 내 아동의 발달 및 적응에 있어 큰 장애물이 된다.

② 여성 결혼이민자의 상당수가 사교육비 부담, 아동을 돌볼 적절한 대안 부족, 아동 건강관리상의 어려움을 겪는다.

③ 국제결혼가족의 아동들은 언어발달 지체, 장애 등으로 인한 기초학습부진, 학교 적응력 저하로 소외감과 따돌림 등을 빈번하게 겪는 것으로 조사된다.

④ 다문화 학생의 학업 중단율은 전체 학생의 학업 중단율에 비해 높은 수준이다. |그림 9-6|은 다문화가족 자녀의 학업중단 사유를 보여준다.

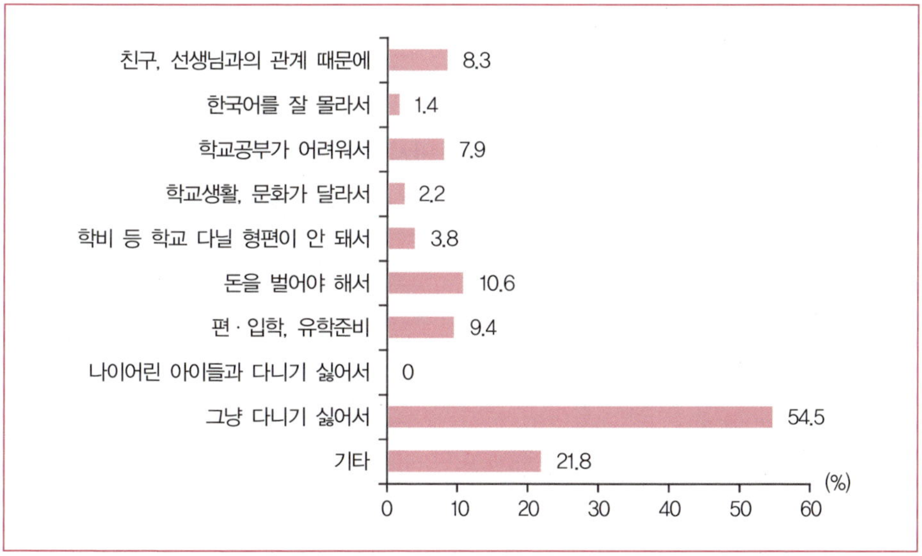

| 그림 9-6 | 다문화가족 자녀의 학업중단 사유

출처 : 여성가족부(2022). 2021년 전국다문화가족 실태조사.

4) 국제결혼가정을 위한 복지사업

① 국제결혼가족을 위한 관련 법과 제도

국제결혼에 관한 법률은 외국인 배우자가 한국국적을 취득한 경우에 한하여 결혼을 인정하고 국적을 취득한 국제결혼가족의 경우 국민연금, 건강보험 등의 지원을 받을 수 있게 제정되어 있다. 한국국적을 취득하지 못한 불법체류자의 결혼은 인정되지 않으며 사회보장 혜택을 받을 수 없을 뿐만 아니라 자녀의 출생에 따른 호적문제, 교육 및 취업에 이르기까지 어려움이 많다. 2006년 4월 26일 다문화가족 사회통합지원대책을 처음으로 마련하였고, 2008년 다문화가족지원법(2008. 3. 제정, 2008. 9. 시행)에 실태조사 실시 근거를 마련하였다. 2009년에 다문화가족실태조사를 최초로 실시(3년 주기)하였고, 2015년 다문화가족실태의 본 조사를 실시하였으며(2015. 7. 22.~8. 18), 2015년 11월 12일 다문화가족지원법 일부개정안이 국회 본회의를 통과하였다. '다문화가족 방문교육 서비스'에 수익자부담원칙을 적용하고, 소득수준 등에 따라 차등 지원할 수 있도록 지원 방식을 효율화하였다. 또한 다문화가족지원사업의 합리적 지원기준을 마련함에 따라 '복지부담 증가'라는 다문화가족지원사업에 대한 부정적 인식 개선에 기여할 것으로 기대된다.

다문화가족지원법 주요 개정 내용

① 방문교육의 비용을 차등 지원할 수 있도록 하는 규정을 신설하고, 비용지원의 신청 등 절차를 마련함(법 제6조 제3항부터 제4항까지 신설)

② 교육기관의 장이 보육·교육을 실시함에 있어 다문화가족 구성원인 아동·청소년이 차별받지 않도록 필요한 조치를 하도록 함(법 제10조 제4항 신설)

③ 국가와 지방자치단체가 '아동·청소년'에 대하여 실태조사와 보육·교육 지원을 할 수 있도록 법문의 표현을 명확하게 정비함(법 제4조 제3항 및 법 제10조)

④ 다문화가족 구성원이 결혼이민자가 한국어교육 등 한국사회 적응을 위해 필요한 교육을 받을 수 있도록 노력할 것을 명문화함(법 제6조 제5항 신설)

⑤ 다문화가족에 대한 이해를 증진하는 홍보영상을 제작하고, 지상파방송사업자에게 공익광고에 송출하도록 요청할 수 있는 근거를 마련함(법 제5조 제2항부터 제4항까지 신설)

2016년 2월 4일 다문화가족지원법 개정안이 국회 본회의를 통과하였다. 국가나 지방자치단체가 다문화가족에게 아동·청소년에 대한 학습 및 생활지도

정보를 제공하도록 하고, 다문화가족지원센터에 대한 운영비 지원의 법적 근거를 마련하는 내용이다. 2016년 3월 9일 국무총리 주재로 제12차 다문화가족정책위원회를 개최하였고, 다문화가족 자녀지원종합정책을 심의, 의결하였다. 다문화 자녀를 영유아기, 학령기, 청년기로 나누어 성장주기별 다문화가족 자녀 지원정책을 마련하였다.

〈표 9-9〉 생애성장주기별 다문화 정책

성장주기	정책 내용
영유아기	다문화 자녀의 가장 큰 난관이 '언어문제'인 만큼 영유아기 자녀의 언어발달이 지체되지 않도록 지난해 기준 30개소였던 다문화유치원을 올해 60개소로 확대하는 등 언어 및 기초 학습을 지원할 계획
학령기	'다(多)재다능 프로그램'이 다문화가족지원센터 81개소에서 추진. 다문화가족 자녀의 잠재적인 역량을 개발하고 사회성 발달을 지원하는 방안. 학령기 자녀들과 초기상담을 통해 맞춤형 지원 프로그램을 만들고, 상담 · 심리 치료부터 부모-자녀 관계 향상, 사회성 발달, 미래설계 서비스까지 제공할 예정
청년기	• 청년기 다문화 자녀의 노동시장 진입을 위한 직업교육, 취업연계도 지원. 다문화 이중언어 인재 데이터베이스(DB)를 구축해 어학능력을 갖춘 인재를 발굴하고, 정부 또는 민간기관 채용 추천에 활용할 계획 • 다문화 장병 복무 개선방안 연구를 통해 각 군의 병영생활규정을 보완하고 군 부대 개방 행사, 병영체험캠프를 통해 군 복무에 대한 이해를 높이는 방안

② 국제결혼가족을 위한 복지사업 내용

국제결혼가족의 상당수가 언어 소통 문제, 문화적 차이 등으로 한국 사회에 적응하는 데 어려움을 겪고 있으며, 자녀교육 문제, 가정폭력 등 가족관계에 있어서도 많은 문화적 장애를 경험한다.

〈표 9-10〉 여성가족부 국제결혼가족 지원내용

지원사업	사업내용
다문화가족지원센터	• 건강가정지원센터, 여성회관, NGO 등 21개소를 지정 • 한국어교육, 부부 · 가족교육, 다문화이해교육, 정보화교육, 자녀보호 및 상담서비스 등 제공 • 정서적 · 문화적 지원 및 다문화사회 수용분위기 조성 • 결혼이민여성에게 한국어교육과 상담 서비스를 제공하고, 이들을 통 · 번역 전문가로 키워 취업까지 연결하는 역할 • 2006년 21곳에서 2016년 217곳으로 늘어남
결혼이민자 자조집단	• 모국인 간 정보교환 및 정서적 유대감을 갖도록 지원 • 한국어가 능통한 지도자로 양성
결혼이민자 찾아가는 서비스	• 육아, 접근성, 가족의 반대 등으로 참여가 어려운 결혼이민자가족을 직접 방문하여 한국어교육, 가족교육, 자녀지원, 출산전후 도우미 지원 등 제공
결혼이민자 초기 정착 시 인포메이션 키트	• 초기 이민자 정착을 위한 한국어교재, 모성보호교재, 종합정보자료, 환영메시지 등을 담은 인포메이션 키트 제공, 조기의 안정적 체류
결혼이민여성 1366센터	• 6개 언어로 연중 24시간 전화상담 • 가정폭력 피해자의 보호와 지원
여성결혼이민자와 자녀 의료서비스 지원	• 빈곤 여성결혼이민자와 자녀를 위한 외국인노동자 전용 의원 • 전액무료로 진료 및 수술을 위한 협력체계 유지
결혼이민자가족 전국 실태조사	• 가족관계, 자녀문제, 지역사회와 갈등요소, 정책지원욕구 등 조사 • 조사결과에 기초한 중장기 정책방안 제시
결혼이민자가족 아동양육 지원사업	• 아동양육 지원 • 취학 전 유아 및 저학년 아동의 발달에 적합한 교육 지원 • 전직 교사, 사회복지사, 건강가정사, 사회활동가, 자원봉사자, 결혼이민자 등 아동양육 지원 도우미 양성

출처 : 한미현 외(2013).

2005년 건강가정기본법 제정 이후 2023년에는 전국에 다문화가족지원센터 211개소가 설치, 확대되어 운영되고 다문화가족지원을 위해 힘쓰고 있다. 재단법인 한국건강가정진흥원은 2006년 여성가족부의 결혼이민자가족지원센터에서 출발하였고, 2011년 다문화가족지원사업을 위탁 운영하면서 다문화 가족을 위한 다양한 사업을 수행하였다.

| 그림 9-7 | 여성가족부 산하 다문화가족지원포털 「다누리」 홈페이지(www.liveinkorea.kr)

5) 국제결혼가정을 위한 복지사업의 개선방향

현대사회는 국제화와 다문화의 가치를 강조하고 있으며 이러한 가치에 부응하는 새로운 법적 기반을 마련할 필요가 있다. 문화적, 언어적으로 어려움을 겪고 있는 국제결혼가족을 현대사회 가족의 한 유형으로 인정하고 국제결혼가정이 건강한 가족을 형성하고 그 속에서 건강한 아동을 양육해 나가기 위한 적절한 조처들이 요구된다. 국제결혼여성의 복지적 관심에만 머무를 것이 아니라 국제결혼가정 내 아동의 적응과 발달에 보다 많은 관심을 기울여야 한다. 국제결혼가정의 아동이 한국의 사회에 적응하기 위해서는 한국문화체험 및 이해, 한국어교육, 교과보충 학습지원, 부모교육, 상담 등 여러 가지 프로그램을 발달 특징에 기초하여 제공해야 한다.

4. 북한이탈주민가정

1) 북한이탈주민가정의 개념

북한이탈주민은 북한 체제와 사회를 떠나 남한사회에 정착하고 공식적으로 대한민국 국적을 취득한 북한지역 출신 주민들을 의미한다. 「북한이탈주민의 보호 및 정착지원에 관한 법률」 제2조에 의하면 북한이탈주민은 '군사분계선 이북지역에 주소, 직계가족, 배우자, 직장 등을 두고 있는 사람으로서 북한을 벗어난 후 외국 국적을 취득하지 아니한 사람'을 말한다.

북한이탈주민가정 아동이란 북한이탈주민의 아동을 말한다. 남한지역의 문화와 다른 점을 가지고 있고, 사회적응이 쉽지 않다는 점에서 이주아동의 한 유형으로 보고 있다. 북한 이탈 후 중국 등 제3국에서 체류하는 동안 영양공급을 원활하게 받지 못해 신체적으로 왜소하고 제도권 교육으로부터 소외되었기 때문에 신체적으로나 교육적으로 남한의 아동에 비해 지체된 모습을 보인다. 이 때문에 북한이탈주민가정 아동에 대한 연령 기준을 법적 연령 외에 학업적 · 신체적 · 정서적 측면 등을 복합적으로 고려해 확대할 필요가 있다(이상욱 외, 2016).

2) 북한이탈주민가정의 현황

2023년 기준 통일부 통계자료에 따르면 북한이탈주민의 입국 현황은 2023년 현재 34,078명이다. 〈표 9-11〉에서와 같이, 전체 입국자의 여성비율이 2023년 기준으로 83.7%가 해당된다. 이를 통해 볼 때, 남한사회에 정착이 필요한 대부분의 대상이 탈북여성이라는 점과 생계유지의 책임과 결혼과 관계된 법적 문제, 자녀출산, 자녀양육 등의 생활 전선의 책임을 대체로 여성이 맡고 있음을 알 수 있다(강은주, 2015). 또한 탈북여성들이 남한사회에 정착하기 위해서는 취업, 자기개발과 결혼, 자녀출산과 양육 등의 각 영역에서의 사회적 지원이 요구됨을 예상할 수 있다.

〈표 9-11〉 북한이탈주민 입국 현황표 (단위 : 명)

구 분	'14	'15	'16	'17	'18	'19	'20	'21	'22	'23	합계
남	305	251	299	188	168	202	72	40	35	32	9,542
여	1,092	1,025	1,119	939	969	845	157	23	32	164	24,536
합	1,397	1,276	1,418	1,127	1,137	1,047	229	63	67	196	34,078
여성비	78.2%	80.3%	78.7%	83.3%	85.2%	80.7%	68.6%	36.5%	47.8%	83.7%	72.0%

출처 : 통일부(2023년 12월 말 기준). 입국 현황. www.unikorea.go.kr/main.do.

북한이탈 여성인구의 입국비율이 급격히 증가하는 이유는 식량난으로 인한 죽음, 생계부담과 장사행위에 대한 규제, 가부장적인 국가체제와 부부관계에 대한 반발, 남편의 폭력과 외도, 가족해체 등 결혼생활에 대한 불만족과 연관되어 있다(국가인권위원회, 2008).

2015년 통일부에서 집계한 2014년 12월 입국 당시의 연령기준에 따른 북한이탈주민의 입국 연령 현황을 살펴보면, 총 27,519명 중 만 0~9세의 연령대가 1,197명, 10~19세가 3,315명으로 2014년 탈북입국자의 미성년 자녀들이 차지하는 비율은 탈북입국자들의 16.4%에 해당한다. 입국한 탈북여성들 중 가임여성들이 차지하는 비율은 74%(20,365명)에 해당하여 이에 따라 미성년 자녀들의 인구수는 더욱 증가할 가능성이 있다. 따라서 탈북여성과 미성년 자녀들의 수치를 고려하면 탈북여성들이 해결해야 할 과제 중 하나가 양육 관련 문제임을 예상할 수 있다.

3) 북한이탈주민가정의 자녀들이 겪는 어려움(채경희, 2015)

① 학업부진

북한이탈주민 자녀의 경우, 북한의 교육시스템 붕괴와 중국 및 제3국에서 체류한 기간 동안의 교육 공백으로 인해 제대로 된 교육을 받을 기회를 놓친 경우가 많고, 교육을 받았다 하더라도 남북한의 교육체계, 교과과정, 교육내용, 학교운영방식 등의 이질성 때문에 별도의 준비와 지원체계 없이 남한의 교육과정을 따라가는 데에 어려움을 겪는다. 오랜 탈북과정에서 몸에 밴 습관이 훈육적 교실 환경에 맞지 않는 경우가 많고, '언어 차이'는 어려움을 배가시킨다. 외국어와 외래어가 다량 섞인 데다 남한사회의 가치관이 그대로 배어 있는 한국말은 이들에게 '외국어'와 같다.

② 교우관계 어려움

공부가 어렵더라도 교우관계가 즐거우면 학교생활을 하기가 상대적으로 쉬운데, 여러 가지 이유로 학교에서 친구 사귀기가 쉽지 않다. 70년이 넘는 세월 동안 분단과 이념적 갈등이 여전한 상황에서, '북한'은 여전히 위험한 상대다. 또 우리 사회에서 '북한'은 남한보다 열등하고 촌스럽다는 이미지를 가지고 있다. 이러한 환경에서 북한이탈주민가정 자녀들은 심리적으로 큰 위축감을 느낀다.

③ 연령과 학력차이

북한이탈주민가정 자녀의 경우, 북한에서 수학한 기간에 따라 편입학 학년이 결정되는 것이 일반적이다. 따라서 탈북과정에서 긴 학습 공백을 겪은 자녀들이 남한 학교에 편입하려 했을 때 자신의 연령보다 한두 살 정도 아래 학년에 편입하는 것이 불가피하다. 그런데 수학연령을 기준으로 입학하는 경우, 작은 키에 대한 열등감, 동생들과 함께 수업을 받는다는 데에 대한 좌절감, 성적부진으로 인한 분노, 문화적 차이에서 비롯되는 갈등 등이 중첩되어 학교생활에 어려움이 많다.

④ 경제적 어려움

북한이탈주민가정들은 대부분 저소득층인 경우가 많다. 게다가 가족해체를 겪은 경우가 많다. 모자가정이 다수(32%)이며, 조손, 형제 가정도 많다(10%). 부모가 있다 하더라도 탈북과정 및 제3국에서의 어려운 생활로 여러 가지 질병에 시달리는 경우가 많으며, 신변불안, 죄의식과 외로움 등으로 심리적으로 불안정한 경우가 많은 데다, 사회문화적 자본의 부족으로 안정적인 직장생활을 하지 않는 경우가 많다(채경희, 2015). 정부에서 일정 정도의 지원금을 주고 있지만 가족 구성원들의 안정적인 수입이 없는 상황에서 생활비를 모두 감당하기가 쉽지 않다.

⑤ 심리적 외상

북한이탈주민 가정의 자녀들은 기대와 현실의 차이로 인한 혼란을 겪는다. 대다수의 탈북가정 자녀들은 탈북 후 한국 사회 현실에 대한 부정확한 정보를 갖게 된다. '같은 민족이니까 의사소통에는 문제가 없겠지', '부유한 남한에서 남부럽지 않은 생활을 할 수 있겠지'라는 기대는 이러한 부정확한 정보에서 기인하며, 막상 정착하여 생활을 시작했을 때 기대에 미치지 못하는 현실에 좌절 · 분노하는 경향이 있다.

4) 북한이탈주민가정을 위한 복지사업

북한이탈주민가정이 남한에 이주해 새로운 생활과 문화에 적응할 수 있도록 지원하는 과정은 다음과 같다(이순자 외, 2012).

① 보호 요청 및 국내 이송

- 보호 요청 시 외교부, 관계부처에 상황 보고 및 전파
- 해외 공관 또는 주재국 임시 보호시설 수용
- 신원 확인 후 주재국과 입국 교섭 및 국내 입국 지원

② 합동 신문

- 입국 후 국가정보원, 경찰청 등 관계기관의 합동 신문
- 조사종료 후 사회적응 교육시설인 하나원으로 신병 이관

③ 보호결정

- 북한이탈주민대책협의회 심의를 거쳐 보호 여부 결정
- 보호결정 세대단위 결정

④ 하나원의 정착 준비

- 사회적응교육(12주)
- 문화적 이질감 해소, 심리 안정, 진로지도 상담 등
- 가족관계 등록, 주거 알선 등 정착 준비를 마친 후 거주지 전입

⑤ 거주지보호

- 사회적 안전망 편입(생계 · 의료급여)
- 취업지원 : 고용지원금, 무료 직업훈련, 자격 인정 등
- 교육지원 : 특례 편입학과 등록금 지원
- 보호담당관제 : 거주지 · 취업 · 신변보호 담당관제 운영

⑥ 민간 참여

- 주민지역적응센터(하나센터) 지정 운영
- 정착도우미제 : 민간자원봉사자와의 연계
- 북한이탈주민지원재단(정부예산 지원)
- 종합상담, 생활 안정, 취업, 교육 및 장학, 연구, 인식 개선에 관한 지원
- 민간 지원 역량을 연계하는 거점 역할 간 참여

5) 북한이탈주민가정을 위한 복지사업의 개선방향

북한이탈주민가정 자녀들이 남한의 획일적인 제도권교육에 눈높이를 맞추고 교육을 받기에는 어려움이 많다. 이와 관련하여 다양한 교육기관 간의 체계적 역할분담 및 연계를 고려하여야 한다. 북한이탈주민가정 자녀들의 급증에 대비하고 지역사회에 기반을 둔 통합교육의 틀을 마련하기 위해서는 일반학교가 교육의 중심축으로 작동할 수밖에 없지만, 일반학교는 부적응을 겪는

북한이탈주민가정 자녀들을 지원하는 전담교사와 프로그램이 충분히 마련되어 있지 못하다. 이러한 가운데 사회적인 지원과 가족 내의 문화개선이 필요하다. 먼저 전문상담가가 적극 개입하여 가족 간의 적극적인 소통방식을 권장하고 실현하여 부모-자녀 간 관계를 원만하게 유지하는 것이 요구된다. 즉, 부모교육 및 가족 상담을 통한 의식전환이 필요하다. 북한이탈주민가정 자녀들의 경우 남한사회와 문화에 대한 이해가 부족한 부모들이 학업이나 진로결정 등에서 적절하지 못한 지도를 하거나 세대 간의 갈등이 심각해지는 경우가 많다. 남한사회의 문화나 가치관을 상담이나 교육을 통해 인식시켜 주어 과감한 의식전환을 가져오는 것이 매우 바람직하다. 반면 북한이탈주민가정 자녀들에 대한 교육지원 내용에서 주의할 점이 있다. 먼저 정치적 의미를 부여하는 태도는 적응의 방해요소가 된다. 또한 일방적 적응 위주의 교육 및 지원은 자존감을 갖기 어렵게 하고, 낮은 자존감은 이들의 성장에 큰 장애가 된다. 탈북가정 자녀들이 당당하게 자신을 밝히고, 다양한 경험 위에서 새로운 환경과 상호작용하며 자아실현을 해나가는 주체라는 인식을 가질 수 있도록 지원하여야 한다.

5. 조손가정

1) 조손가정의 개념

이혼율의 증가와 더불어 농촌지역을 중심으로 조부모와 동거하는 아동 수가 증가하고 있다. 부모와 동거하지 않고 조부모와 손자녀가 함께 살고 있는 가족의 형태를 조손가족이라고 하며 조부모와 함께 생활하는 18세 미만의 손자녀를 조손가족 아동이라고 한다. 즉, 자녀세대의 해체로 자녀를 양육할 수 없을 경우 조부모가 만 18세 미만의 손자녀와 생활하며 기본적인 의식주 및 생활 전반을 일차적으로 책임지고 있는 가족을 조손가족이라 한다(이혜연, 2009). 아동이 조부모에게 양육되는 원인은 친부모의 이혼과 재혼에 따른 가족해체와 친부모의 사망, 가출과 실종으로 인한 것 등이다(송정애, 2013). 일반적으로 조부모들은 그들의 기혼자녀들이 어려운 일을 경험하거나 예기치 못한 사건에 직면했을 때 조용한 구원자, 이차적 방어선 등으로 표현되며 기혼자녀들의 가족을 위한 안전망 혹은 충격완화장치 역할을 담당하였다(송정애, 2013). 조부모들은 손자녀들이 부모와의 분리로 인한 불안감을 최소화하고 가족정체성을 유지할 수 있도록 돕는 긍정적인 측면이 있다. 반면 조손가족은 조부모의 신체건강상 문제나 심리 및 정서적인 문제, 경제적인 문제를 겪게 되는 경우에 자녀로부터 부양을 받아야 함에도 불구하고 아동양육을 맡게 되기 때문에 아동에게도 적절한 양육환경이 제공되지 못할 수 있다. 이러한 이유로 이 가정에서 양육되는 아동은 다른 가족 아동보다 성장·발달의 어려움을 더 많이 경험한다. 조손가정의 증가에 따라 2007년 조손가족을 한부모가족지원법의 보호지원대상으로 포함하여 지원할 수 있는 법적 근거를 마련하였다. 조손가족을 위한 지원은 조부모와 손자녀의 특성을 반영하고 조손가족 아동이 보다 더 안정적이고 적절한 양육환경에서 성장·발달할 수 있는 정책과 지원서비스가 요구되고 있다.

2) 조손가정의 현황 및 자녀들이 겪는 어려움

조손가정은 최근 계속 증가하는 추세에 있다. 통계청 자료에 의하면, 1995년에는 120,075명이었고, 2000년에는 153,117명이었으며, 2005년에는 196,070명, 2015년에는 297,880명이 되었다. 조손가정에 대한 분석 결과 일부의 경우 조부모들이 부모들로부터 가족해체나 학대 및 방임을 경험한 손자녀들에게 개입함으로써 손자녀의 정서적인 안정과 사회적응에 긍정적 영향을 미치는 것으로 나타났다(경기도가족여성연구원, 2012). 즉, 조부모의 개입은 손자녀가 과거에 경험한 부정적인 결과를 완화시키는 경향이 있으며, 손자녀들이 더 이상 부모들로부터 사랑, 보살핌을 받을 수 없는 상황에서 조부모들이 손자녀들에게 필요한 지지적 가족 분위기와 훈육구조를 제공할 수 있다는 점에서 긍정적인 효과를 기대할 수 있다(김혜선, 2004).

이처럼 조손가정이 부모의 양육을 대신할 수 있는 긍정적인 면이 있다고 할지라도 조손가정에서 양육되는 아동들은 여러 가지 어려움을 경험할 수 있다. 조손가정이 경험하게 되는 문제들을 살펴보면 다음과 같다.

① 조손가정 아동은 성장·발달에 필요한 발달적 욕구를 충족시켜 줄 수 없는 환경 속에서 부모의 부재, 빈곤, 낮은 가족응집력, 가족의 해체 등을 경험하고 그것으로 인한 부정적 영향을 받기 쉽다. 다양한 이유로 가족해체와 부모와의 분리 후 선택의 여지 없이 조부모와 함께 생활하는 아동들은 발달적 문제가 있을 가능성이 있다.

② 적절한 학습환경이 제공되기 어렵기 때문에 인지능력의 저하와 학습능력의 부진을 보일 수 있다. 김혜영(2011)의 연구에 의하면 조손가족 아동의 경우 한부모나 양부모가족 아동에 비하여 상위학교 진학률이 낮으며 그러한 이유는 동일한 연령대의 다른 아동에 비하여 열악한 상황과 학업지도 등 교육지원에 있어서 제한적이기 때문이라고 하였다.

③ 조손가정에 대하여 가족해체의 결과물로 간주하고 결손이라는 감정적 가치를 부여하기 때문에 조손가정의 청소년들은 심한 정서적 어려움을 경험할 수 있다. 또한 조손가족 청소년은 우울, 불안 정도가 높으며 청소년 위기요소에 해당되는 공격성, 충동성, 부주의의 정도와 부모 및 조부모의 방임 정도가 가장 높은 것으로 나타났다(김혜영, 2011).

이처럼 적절한 훈육과 지도를 받지 못하고 아동의 욕구가 빈번하게 좌절되면서 행동장애를 보이기 쉽고, 이는 대인관계 문제와 사회적 상호작용 능력을 저하시키는 원인이 된다.

3) 조손가정을 위한 복지사업

① 조손가족 지원정책

국민기초생활보장제도의 수급대상이 되는 조손가족은 차등적으로 생계비 및 의료서비스를 받을 수 있고 디딤씨앗통장(CDA) 등을 지원받을 수 있다. 2007년 10월 모 · 부자복지법이 한부모가족지원법으로 개정되면서 조손가족은 한부모가족에 포함되어 지원받을 수 있는 법적 근거가 마련되었다. 조손가족은 한부모 가족 자녀 양육비지원, 저소득 한부모가족 건강보험료 지원, 가족역량강화지원서비스(취약 한부모 역량강화서비스, 위기가족지원서비스, 가족보듬서비스, 조손가족통합지원서비스)를 받을 수 있다. 소득인정액기준 최저생계비 130% 이하이며 국민기초생활보장 수급자가 아닌 경우 한부모가족 자녀양육비를 지원받을 수 있다. 조손가족 및 만 25세 이하 미혼부모가족의 5세 이하 자녀에게 아동양육비가 지급된다. 또한 학용품비가 중 · 고생 자녀에게 지급된다. 그 밖에 건강보험료 감면 등의 혜택이 있으며 조손가족 지원정책은 〈표 9-12〉와 같다.

〈표 9-12〉 조손가족 지원정책

구 분	내 용	부 처
손자녀	대리양육가정위탁에 대한 양육보조금지원제도	보건복지부
	아이돌보미지원사업	여성가족부
	드림스타트사업	보건복지부
	지역아동센터 등 아동복지서비스	지방자치단체
조부모	기초노령연금제도	보건복지부
	노인돌봄종합서비스사업	보건복지부
	노인복지관 등 기타노인복지서비스	지방자치단체
저소득 조손 가족	국민기초생활보장제도	보건복지부
	한부모가족지원제도	여성가족부
	건강가정지원센터 조손가족 희망사다리서비스	여성가족부

출처 : 경기도가족여성연구원(2012). 경기도조손가족지원방안연구.

② 조손가족 아동대상 정책

조손가족아동을 대상으로 한 사업은 〈표 9-13〉에 제시한 바와 같이 아이돌보미지원사업과 가정위탁 대리양육, 드림스타트 사업 등을 통해 운영되고 있다.

〈표 9-13〉 조손가족 아동대상 사업

사업명	내 용
아이돌보미 지원사업	생후 3개월~만 12세 이하 아동을 대상으로 직접 아이돌보미를 가정으로 파견하여 서비스 제공. 조손가족은 한부모가족 및 맞벌이가족과 함께 지원대상자 우선순위로 지원받을 수 있음
가정위탁 대리양육	친조부모, 외조부모 등에 의하여 양육하는 경우 이를 대리가정 가정위탁으로 보고 있으며 조손가족의 경우 대리가정 가정위탁에 해당. 가정위탁 대리양육에 해당되는 조손가족 아동에게 양육보조금 지급. 국민기초생활수급자로 책정 지원 가능. 부양능력이 있는 부양의무자가 존재하더라도 실질적인 가족관계 단절로 인정될 경우 국민기초생활수급자로 책정될 수 있음. 위탁아동 종결 시 아동복지시설 퇴소아동에 준하는 자립지원정착금, 대학진학자금 등이 지원되도록 권고. 상해보험료, 전세자금지원금 등이 지원됨
드림스타트 사업	0세(임산부)~12세의 저소득아동 및 가족을 대상으로 시 · 군 · 구별 저소득가구 밀집지역에 맞춤형 통합사례관리 서비스를 제공하는 사업. 저소득아동을 둘러싼 환경(가족, 학교, 지역사회) 간 긴밀한 협조 및 연계체제 구축. 지역사회 특성을 고려한 건강서비스, 보육, 교육, 복지서비스를 포함한 통합서비스 제공. 지역아동센터, 청소년공부방, 방과후 아카데미 등의 기관 이용

4) 조손가정을 위한 복지사업의 개선방향

조손가족은 가족해체 과정에서 만들어진 일탈적 가족유형이기보다는 사회구조적 변화과정에서 만들어진 새로운 가족유형으로 보고 있다. 일시적으로 조부모와 손자녀가 생활하는 것이 아니고 혈연적 유대와 양육에 대한 강한 책임, 적극적 의지를 가진 조부모가 손자녀가 독립할 때까지 함께 생활하는 정상적 가족이라고 볼 수 있다. 이런 의미에서 조손가족을 비정상 가족으로 규정하여 지원 방안을 고려하는 것은 이들의 생활조건을 부정하고 정서적 안정을 깨뜨리게 되어 생활적응에 부정적 영향을 미치게 된다(여성가족부, 2007). 이러한 측면에서 조손가족 아동의 성장·발달을 지원하기 위한 보다 체계적이고 통합적인 정책과 서비스가 마련되어야 한다. 무엇보다 조손가족 손자녀들의 학습에 대한 종합적인 진단과 처방으로 개별적인 특성에 따른 학습능력 향상을 지원할 수 있어야 한다. 또한 심리·정서적 측면을 위한 지원서비스와 더불어 아동의 적성과 능력, 진로지도, 성교육을 위한 프로그램이 필요하며 다양한 문화체험을 할 수 있는 기회를 제공하여 아동의 건강한 성장·발달을 지원할 수 있어야 한다. 앞으로의 조손가족지원사업은 아동의 부모가 생존해 있는 경우 원가족과의 재결합을 유도할 수 있도록 부모세대를 포함한 단계별 종합적인 지원서비스가 마련되어야 한다.

토론 및 요약

1. 교육현장에서 내가 맡고 있는 학급의 아동 중 한부모가정이나 재혼가정의 자녀가 있다면 교사로서 유의해야 할 사항이 무엇인지 이야기해 본다.
2. 내가 맡고 있는 학급의 아동 중 어머니가 국제결혼여성으로 한국말에 익숙하지 않아 학부모상담을 하기가 어렵다면 상담을 위한 다른 방법은 무엇이 있는지 토의해 본다.
3. 북한이탈주민가정에 대한 우리 주변의 인식을 조사해 보고, 부정적인 인식과 긍정적인 인식을 정리해 본다.

Chapter 10

빈곤가정의 아동을 위한 서비스

빈곤에 대한 정의는 국가와 시대에 따라 달라질 수 있다. 아동의 빈곤은 교육기회의 감소와 이로 인해 성인이 된 후에도 생산성을 저하시키고 실업에 처할 위험을 높이기 때문에 빈곤의 악순환을 초래할 수 있다. 최근 증가하고 있는 가족해체와 경제적으로 불안전한 상황은 아동으로 하여금 경제적 박탈뿐 아니라 신체적 · 사회적 · 문화적 · 심리적 박탈 등을 경험하게 하고 있다. 즉, 경제적 빈곤과 가족기능의 약화는 아동에게 경제적 박탈뿐 아니라 신체적 · 사회적 · 문화적 · 심리적 박탈 등 매우 광범위하고 복합적인 영향을 미친다. 부모가 경제활동을 하고 있어 돌보아 줄 양육자가 없는 저소득층 아동들은 방임되거나 사회적으로 방치된 상태에서 성장하게 될 위험을 안고 있고, 자존감 저하나 인간관계에서 어려움을 느껴 비행청소년이 될 위험성이 높다. 이러한 맥락을 감안하여 이 장에서는 빈곤아동을 위한 복지서비스 실태 분석을 통해 빈곤아동을 위한 복지사업과 정책적 개선 방향을 살펴본다.

학습목표

1. 빈곤의 개념과 빈곤가정, 빈곤아동의 특징을 설명할 수 있다.
2. 빈곤아동의 발생원인을 제시할 수 있다.
3. 빈곤아동을 대상으로 한 복지사업과 복지정책의 개선과제를 제시할 수 있다.

1. 빈곤과 아동발달

아동빈곤이란 성인빈곤이나 노인빈곤과 대비되는 개념으로, 보통 18세 미만의 아동이 빈곤한 가족에 속해 있는 경우를 말한다. 즉, 아동빈곤은 아동을 양육하는 가족의 빈곤이라고 할 수 있다. 아동들은 다른 연령층에 비해서 빈곤할 확률이 높은데, 이를 빈곤의 아동화(juveilization of poverty)라고 한다(김미숙 · 양심영, 2007).

1) 빈곤의 개념

빈곤은 인간다운 삶을 최소한으로 영위하기 위해 요구되는 물적 자원의 상태가 부족한 것을 뜻한다(오정윤, 2016). 빈곤의 규모와 변화의 추이는 빈곤을 어떻게 정의하는지에 따라 달라지는데, 빈곤에 대한 정의와 기준에 따라 절대적 빈곤(absolute poverty), 상대적 빈곤(relative poverty), 주관적 빈곤(subjective sense of poverty) 등으로 제시할 수 있다.

(1) 경제적 빈곤

① 절대적 빈곤

절대적 빈곤은 생활하는 데 요구되는 최소한의 자원이 확보되지 못한 상태를 의미한다. 최소한의 자원을 화폐 단위로 환산한 것을 빈곤선이라고 한다. 절대적 빈곤아동의 개념은 빈곤선 이하 또는 최저생계비 이하의 소득을 가진 가정의 아동으로 우리나라에서는 국민기초생활보장제도 수급가정의 아동이다. 측정방법에는 기본적 욕구 방법인 의식주의 기본 욕구를 해결하는 데 드는 비용을 계산하는 방법과, 음식비 비율 방법인 음식비가 소득에서 차지하는 일정한 비율을 빈곤선으로 산정하는 방법이 있다. 엥겔방식(높은 비율의 음식비를 사용하는 가구는 빈곤가구)으로도 불린다(한미현 외, 2013).

② 상대적 빈곤

상대적 빈곤은 기본적으로 생활을 유지하는 데 관련되는 소득 수준을 상대적으로 비교함으로써 도출된다. 즉, 상대적 빈곤은 빈곤선을 설정하는 데 있어 다른 사회 구성원들의 일반적인 소득 수준을 중요하게 다룬다. 이 경우 빈곤 가구는 중위소득 또는 평균적인 소득 이하의 소득을 보이는 가구로 분류된다. 상대적 빈곤아동의 개념은 우리나라 평균가구 소득의 하위 20% 이하에 포함되는 가정의 아동을 의미하며, 차상위계층의 아동까지 빈곤아동으로 볼 때에는 평균가구 소득의 하위 50% 이하에 포함되는 가정의 아동을 의미한다.

③ 주관적 빈곤

주관적 빈곤의 특징은 구성원이 속해 있는 상황에 따라 스스로 평가함으로써 생활에 대한 직접적·구체적 느낌이 반영될 수 있다(임채홍·현승현·김수용, 2009). 이를 통해 사회 구성원들이 빈곤하다고 생각하는 정도가 어느 수준인지 직접적으로 확인할 수 있다. 하지만 객관적인 확인은 어렵다는 한계가 지적되기도 한다(World Bank, 2005). 주관적 빈곤의 측정방법은 사회조사에 의한 방법인 한 세대가 지역사회에서 살아가는 데 필요한 최소한의 비용이 얼마인지 설문조사를 실시하여 응답한 금액을 평균하여 산출한 금액을 빈곤선으로 산출한다. 또는 사람들에게 자신들의 사회, 경제적 상황을 고려하여 살아가는 데 필요한 최소 소득이 얼마인지 묻고 이를 바탕으로 응답한 최소 소득과 그들의 실제 소득을 비교하여 최소 소득과 실제 소득이 일치하는 점을 빈곤선으로 정하는 것이 있다.

(2) 빈곤문화론

빈곤문화는 빈곤층의 생활과 관련되어 소득뿐만 아니라 주거조건, 직업의 안정성, 교육기회 등을 포괄한 사회적 불평등이나 문화 개입의 도입이 필요하다는 관점으로 1959년에 루이스(Lewis)에 의해 처음 주장되었다(한미현 외, 2013). 빈곤문화의 특징(Lewis, 1968)은 다음과 같다.

첫째, 기존 경제, 사회, 정치제도에 참여가 제한되어 사회의 지배적 가치를 수용하지 못하는 사람들이 많다. 즉, 일반지배문화와 하위문화와의 관계에 있어 빈민들이 주요한 사회제도에 통합되지 못하고 이탈되어 있다. 하위문화 내의 빈곤한 사람들은 노동조합이나 정당에 가입되어 있지 않으며 은행, 종합병원, 백화점, 박물관 등을 거의 이용하지 않고 있다. 빈곤층은 만성적인 실업과 저임금, 저축의 부족, 불충분한 음식, 현금부족으로 생활의 궁핍함을 경험한다. 기존 제도에 대한 적대감과 정부 및 공무원에 대한 불신감, 종교기관에 대한 불심감이 만연해 있다(송정애, 2013).

둘째, 결혼생활의 불안정으로 인하여 모계중심의 가족생활을 하며 형식적으로는 가족유대를 강조하지만 형제간의 갈등이 많고 자녀에 대한 학대 및 폭력 등이 자주 일어난다.

셋째, 빈민층은 체념주의와 숙명주의를 가지고 있어 근로 동기나 빈곤탈피 그리고 변화에 대한 동기를 거의 가지지 못한다. 개인의 성격이나 가치관과 관련하여 빈곤문화에서 성장한 개인은 무력감, 의타심, 열등감, 낮은 자아존중감, 남성우월주의, 병리현상에 대한 지나친 관용 등의 특성을 지니고 있다.

넷째, 미래에 대한 계획 부재는 자녀 교육에 관련된 의지를 감소시키고, 자녀들의 낮은 학력은 직업선택의 기회를 좁게 하여 결국 빈곤이 대물림되고 생활에 대한 만족감을 느끼지 못하게 한다.

2) 빈곤아동의 발생원인

빈곤아동이란 빈곤가정에서 생활하는 18세 미만의 아동을 말한다. 우리나라의 경우 일반적으로 국민기초생활보장법에 따라 국가로부터 보호를 받는 가정에서 생활하는 아동으로 정의된다(이순자 외, 2012). 즉, 개인과 가구의 소득이 최저생활을 하는 데 필요한 최저생계비 이하인 가구는 절대빈곤층 가구(국민기초생활보장수급 가구), 최저생계비의 120% 이하인 가구(차상위계층), 최저생계비 150% 이하인 가구(차차상위계층)의 만 18세 미만의 아동을 의미한다. 우리 사회에서 빈곤아동은 한부모가정과 소년소녀가장 아동, 조손가정 등에서 높은 비중을 차지한다.

빈곤아동의 발생원인은 가정의 구조적인 문제와 사회적인 문제에서 찾을 수 있다.

(1) 한부모가정 아동

한부모가정이란 부모 중 한쪽의 사망, 이혼, 별거, 가출, 유기 등으로 인해 양친 중의 한쪽과 보호를 필요로 하는 미혼 자녀로 구성된 가족 형태를 말한다. 한부모가정은 보통 경제적인 어려움을 겪게 된다. 가족해체를 겪는 가족은 경제적 빈곤에 처하고, 자녀양육비와 양육에 따른 추가 경비를 지출하는 데 어려움을 겪는다. 이는 일반적으로 부자가족보다는 모자가족에서 더 심각하게 나타난다. 통계청에서 제시한 2022년 기준 차상위 및 한부모가족 수급자는 1,007,698명에 해당한다.

(2) 소년소녀가장 아동

소년소녀가장이란 부모의 사망, 이혼, 질병, 심신장애, 가출, 복역 등으로 부모가 없거나 노동력과 생활 능력이 없는 직계 혈족 또는 방계 혈족을 모시고 있으며, 이로 인해 생계가 곤란한 결손 세대로서 만 18세 이하의 청소년이 경제적, 정신적으로 가사의 실질적인 책임을 지고 생활하는 세대로 정의된다. 부모가 생존해 있음에도 불구하고 버려지고 방치되거나 또는 학대되는 경우가 많으며, 가족으로부터 경제적인 지원을 받지 못하기 때문에 빈곤가정을 형성하게 된다.

(3) 조손가정 빈곤아동

일반적으로 조손가정은 손자녀가 부모로부터 직접 양육받을 수 없는 상황에서 부모와 떨어져 조부모에게 양육되고 있는 가정을 지칭한다. 조손가정은 조부모가 생계를 책임지고 있는 경우보다 전적으로 정부나 공공기관의 지원에 의존하는 경우가 대부분이다. 이러한 현황을 통해 볼 때 조손가정의 빈곤아동률은 일반가정에 비해 높다고 볼 수 있다.

(4) 가난의 대물림

빈곤가정의 가정환경은 경제적 빈곤과 열악한 주거환경, 학습 환경의 결핍, 학업지도의 부족함으로 인해 학업결손뿐 아니라 사회·정서 발달 측면에서 어려움을 경험하게 된다. 이는 학교에서의 부적응과 비행행동으로 이어질 수 있다. 성인이 되어서도 계속적인 문제상황에 노출되고, 무능함을 경험할 가능성이 높아 가난의 대물림이라는 상황에 놓이게 된다.

(5) 사회경제적 위기 및 복지정책의 부실

국가의 취업구조와 고용의 불안정성, 임금차별 등에 따른 가장의 실직과 이로 인한 가정경제의 어려움이 발생할 때 빈곤가정이 형성되고 이 가운데 빈곤아동이 성장하게 된다(이순자 외, 2012). 사회보장제도를 포함한 복지정책의 부실함은 빈곤가정의 어려움을 더 가속화할 수 있다.

3) 빈곤과 아동발달

(1) 빈곤아동의 특성

빈곤아동이란 경제적 어려움을 겪는 가정 아동을 의미하기 때문에 빈곤가구의 아동을 빈곤아동으로 볼 수 있다. 아동에 대한 연령 기준은 UN 및 주요 OECD

국가 등에서 법적으로 설정한 18세 미만으로 볼 수 있다. 이에 따라 빈곤아동이란 빈곤가족에 속해 있는 18세 미만의 아동을 의미한다(김미숙 · 정경희, 2010).

아동기 시절의 빈곤 경험은 아동의 사회 · 인지 · 심리 및 신체 발달 영역에 광범위한 영향을 미칠 수 있다. 빈곤아동들은 중산층 아동들에 비해 환경적으로 불리한 위치에 있고, 경제적 어려움에서 파생하는 여러 어려움으로 인해 적절한 부모의 역할수행이나 양육지원을 받지 못함으로써 심리적 불안이나, 부정적인 자아개념을 형성할 가능성이 있다(김선하, 2009). 이처럼 저소득층 아동이 빈곤으로 인해 겪을 수 있는 어려움은 인적자본이론과 가족과정모델(family process model)로 설명할 수 있다(오정윤, 2016).

① 인적자본

인적자본은 개인이 지식이나 기술향상에 투자하게 하여 개인의 생산성을 증대시킴으로써 시장에서 얻을 수 있는 수입을 증가시키는 결과를 유도한다. 이러한 인적자본은 개인에게 통합되어 개인적, 사회적, 경제적 복지 창출을 촉진시키는 지식, 기술, 능력으로 정의된다(조유리, 2011). 이를 가정 내 부모와 자녀 간의 관계에 적용시킬 경우, 부모가 경제적으로 어려운 상황에서는 자녀에 대한 지원이나 관심, 기대가 낮아지는 것으로 해석된다. 즉, 빈곤상황에서는 부모가 아동에게 경제적 지원을 즉, 빈곤은 부모가 아동에게 경제적 지원을 하는 것에 부담을 느껴 아동의 발달 기회를 제한할 수 있다(장혜림, 2012). 인적자본이론에서 부모는 아동의 인적자본 형성을 위해 비용과 편익을 고려해 경제적 자원과 시간을 투자한다고 본다.

하지만 소득수준이 낮은 가정의 경우, 부모는 의식주에 필요한 필수적 생활비에 압박을 받기 때문에 자녀의 교육에 대한 지출을 낮추게 된다. 그 결과 아동은 학습에 필요한 물품 구입이 어렵고, 교육 관련 활동이나 사교육을 하는데 어려움을 겪을 수 있다(구인회 외, 2009). 결국 저소득층 아동은 빈곤으로 인해 학업능력이 뒤처질 수 있고, 대학입학이나 학력 등에 부정적인 영향을 미쳐, 빈곤이 다시 대물림될 가능성이 있다.

② 가족과정모델

가족과정모델은 빈곤이 저소득층 가정 부모의 갈등과 스트레스를 유발하고, 이로 인해 아동발달에 부정적인 영향을 미친다고 하였다. 즉, 빈곤은 아동뿐만 아니라 부모의 심리상태와 양육태도에도 영향을 미쳐 아동의 발달에 부정적인 영향을 미칠 수 있다(장혜림, 2012). 저소득층 가정에는 빈곤으로 인해 역기능적인 상호작용이나 낮은 질의 양육태도 등 다양한 형태의 위험요인이 존재한다. 또한 빈곤가정은 가족갈등이 지속되면서 이혼이나 부모역할의 부재, 학대 등 여러 문제들이 발생할 수 있다(김보경, 2001). 하지만 취약한 환경은 항상 아동의 발달에 부정적인 영향을 미치는 것은 아니며, 긍정적인 영향을 미치기도 하는데, 이는 보호요인이 많을수록 긍정적인 영향을 받을 수 있다. 보호요인이란 아동이 겪을 수 있는 위험으로부터 아동을 보호하는 역할을 하는 요소로서 보호요인이 적을수록 위험요인에 노출될 가능성이 높아 발달에 부정적인 영향을 미칠 수 있다(장희선 · 김기현, 2014).

〈빈곤아동과 관련된 국내연구〉

- 김수주(2004) : 가정의 경제적 어려움이 부모의 양육 방법 중 체벌이나 강압적인 양육을 증가시켜 아동의 자존감 저하 및 반사회적 행동 등 문제행동을 야기한다.
- 민하영 · 김경화(2007) : 저소득층 아동은 비저소득층 아동에 비해 영유아 시기의 건강 문제와 아동기 시기의 정서 · 행동 문제가 상대적으로 많은 것으로 나타났다.
- 김선하(2009) : 심리적 압박과 낮은 자존감, 불안전한 양육환경으로 타인과의 관계에 대한 어려움이나 위축된 행동, 열등감, 수치심을 느낄 수 있다.
- 한준아(2010) : 저소득층 아동의 문제행동이 부모의 이혼 여부에 따라 내재화 문제 행

동에 영향을 미친다. 즉, 부모의 안정된 양육은 저소득층 아동의 정서 및 인지 발달에 긍정적인 영향을 미치지만, 저소득층 가정은 역기능적이고 불안정한 환경에 지속적으로 노출될 가능성이 높아 저소득층 아동의 문제행동이 다양한 형태로 나타날 수 있다.

- 송미령 · 김정화(2014) : 부모의 심리적 안녕감이 저소득층 아동의 학교적응에 영향을 미치고 있다.
- 이경애(2020) : 저소득층 아동의 정서발달과 사회성 향상에 타악기연주중심 음악치료 프로그램이 유의미한 영향이 있었다.

(2) 빈곤아동의 건강

가정이 빈곤해지면 부모는 생계유지에 몰두하여 자녀양육에 투자할 시간과 정신적 여유가 부족하기 때문에, 학대와 방임이 발생하기 쉽다. 또한 부모나 지역사회로부터의 적절한 자극과 역할 모델이 부재하므로 아동은 인지발달, 언어발달, 행동발달 및 성격발달에 지체나 장애를 보이기 쉽다. 빈곤은 태내기부터 아동의 건강한 성장 · 발달에 필요한 충분한 영양섭취를 어렵게 하여 저체중아 출생, 출생 후 발육부진 등과 같은 신체발달의 문제를 가져올 수 있다. 태내기와 영아기의 부실한 영양공급과 빈곤으로 인해 평균적인 수준의 조기교육을 제공하지 못하거나 부모와의 충분한 상호작용을 통한 적절한 자극이 부족하게 되면 인지발달의 지연을 초래하여 차차 학업부진, 학교중퇴 등의 문제를 가져올 수 있다.

(3) 빈곤아동의 공격성

아동의 공격성은 개인 내적 요인과 환경적 요인에 의해 발생한다. 개인 내적 요인은 아동의 욕구 좌절, 또는 낮은 자존감 등에 의해 생기고, 외적 요인은 가족 교우 관계에서의 경험, 빈곤이나 낮은 사회경제적 지위, 학대 경험 등에 의해 나타난다(최유경, 2008). 빈곤아동은 빈곤으로 인한 일상생활에서의 경제적 어려움 때문에 심리적으로 긴장 상태에 놓이기 쉽고, 자신의 여러 욕구가 좌절되면서 심리적 결핍을 경험하게 된다(이완정 · 권혜진 · 양성은, 2009).

따라서 양육자로부터 부정적인 양육을 받은 빈곤아동은 정서조절에 어려움을 보이고 스트레스가 높아 공격적인 행동을 보이기 쉽다. 또한 빈곤아동은 이러한 경험들에 계속적으로 노출되고 누적되기 때문에 많은 위험요인에 놓여 공격성을 증가시키는 요인이 되는데, 사람을 직접적으로 공격하거나 물체에 공격적인 행동을 보일 수 있다(최유경, 2008). 공격적인 행동으로 인해 아동은 사회적 관계에서 배척당하기 쉽고, 미숙하게 공격성을 표출함으로써 또래나 부모, 교사와 갈등을 겪게 될 가능성이 높다. 아동기에 보이는 행동문제는 청소년기와 성인기까지 이어질 수 있는데, 공격적이고 반사회적인 문제행동이 계속적으로 발현될 경우 범죄나 중독, 심각한 정서 불안 등의 문제를 초래할 수 있다(정현주, 2011).

〈빈곤아동과 공격성에 관한 국내연구〉

- 김효정(1991) : 저소득층 아동들이 비저소득층 아동에 비해 좀 더 공격적이고 자극적인 행동을 보이며, 문제행동의 발생 빈도가 높았다.
- 노치영 · 박성연(1992) : 가정폭력을 경험한 아동이 그렇지 않은 아동에 비해 높은 공격성을 보였다.
- 이경혜(2004) : 유아기 시기의 빈곤 경험은 아동의 공격성을 야기하고, 부모 양육태도는 매개체로 작용한다.
- 최정숙(2005) : 부모의 적대적, 폭력적인 태도가 자녀의 외현적 문제에 악영향을 미쳤다.
- 구인회 외(2009) : 빈곤과 아동발달의 관계에 관한 종단 분석 결과 또한 저소득층 아동이 비저소득층 아동에 비해 공격성이 유의한 차이를 보였다.
- 박종란(2012) : 빈곤아동이 겪는 스트레스가 아동의 공격성에 유의한 영향을 미쳤다.
- 장신재(2014) : 빈곤아동이 겪는 스트레스가 아동의 공격성에 유의한 영향을 미쳤다.

(4) 빈곤아동의 사회성

사회성은 인간이 집단 구성원으로서 조화롭게 살아가기 위한 하나의 필수적인 부분으로(전홍주 · 최유경 · 최항준, 2013), 가정에서 가족 구성원과의 상호작용을 통해 후천적으로 습득하게 된다. 부모와 아동 간의 상호작용은 아동의 사회성 발달에 많은 영향을 미친다. 특히 또래집단과 상호작용 범위가 넓어지는 학령기에는 또래와 어울릴 수 있는 기술을 배우고, 집단에 적응하기 위해 이기적인 태도를 버리며 사회적 기술을 습득한다. 사회성이 높으면 집단 안에서 타인과의 관계가 원만하고, 새로운 환경에 적응하는 능력이 뛰어나고, 집단 구성원 간의 관계에서 적절히 대처하지 못하거나, 문제해결 능력이 부족할 경우 사회에 적응하는 데 어려움을 겪을 수 있다(정현숙, 2014).

저소득층 아동의 경우 가정 경제의 어려움들로 인하여 심한 스트레스를 받은 부모에게서 충분한 지지나 공감을 받기 어려울 수 있고, 이럴 경우 부모와의 긍정적 상호작용의 기회가 상대적으로 적을 수 있다(김영순 · 신효정, 2014). 또한 저소득층 가정 부모의 역기능적 상호작용으로, 저소득층 아동은 긍정적 상호작용의 기술을 학습하고, 효과적으로 사용하는 방법을 익힐 기회가 적다. 결국 저소득층 아동 중 아동기 시절의 중요한 발달 과업을 수행하지 못하고 성장하게 된 아동은 심리적 부적응과 대인관계 기술, 성장 제한, 학교 및 사회에서의 적응에 문제를 일으킬 수 있는 가능성이 있다(유정이, 2010).

〈빈곤아동과 사회성에 관한 국내연구〉

- 이정숙 외(2008) : 가정의 경제적 수준에 따른 제한적 경험을 비저소득층 가정보다 저소득층 가정에서 더 많이 경험하고 있으며, 저소득층 가정의 부모들은 자녀들을 지지하고 격려하는 능력이 결여되어 아동들이 타인과의 상호작용에서 어려움을 보였다.
- 김진미(2006) : 저소득층 아동이 양육자로부터의 충분한 지지와 격려, 관심 등의 긍정적인 상호작용을 접할 기회가 적어 사회성 발달에 부정적인 영향을 미치게 되었다.

2. 빈곤아동을 위한 복지사업의 내용

1) 지역아동센터 운영

지역아동센터사업은 1970년대 도시빈곤층의 문제해결을 위한 방안으로 학령기아동을 위한 활동의 일환으로 시작되었다. 이후 1980년 빈민·노동운동을 위한 방안으로 빈민, 노동계층의 주거지역에 탁아소를 설치하였고 1990년대 공부방 설립이 확대되어, 빈민지역 내에 통합적인 사회복지를 바탕으로 지역운동이 전개되었다.

① 지역아동센터의 목적과 기능

아동복지법 제52조에 의하면 지역아동센터는 지역사회아동의 보호·교육·건전한 놀이와 오락의 제공, 보호자와 지역사회 연계 등 아동의 건전육성을 위하여 종합적인 복지서비스를 제공하는 것을 목적으로 하고 있다. 이러한 목적을 달성하기 위한 지역아동센터의 주요 기능은 〈표 10-1〉과 같다.

〈표 10-1〉 지역아동센터 서비스 내용

지원유형	지원내용
정서적 지원	아동의 심리·정서적 안정 및 건강한 신체발달 기능 강화
문화서비스 제공	문화적으로 소외되어 있는 아동에 대하여 문화체험 및 다양한 문화경험의 장 제공
지역사회연계	지역사회 자원 발굴 및 지원강화, 지역사회 내 아동문제에 대한 사전 예방적 기능 및 사후 연계
교육적 기능	아동의 학습능력 제고, 학교부적응 해소, 일상생활지도, 학교생활, 유지 및 적응력 강화
취약계층 아동 지역사회보호개념 실현	지역사회 내에서 아동의 권리보장과 안전한 보호급식 지원으로 결식 예방

② 지역아동센터 보호서비스

지역아동센터 보호서비스의 기본 프로그램은 크게 이론과 프로그램, 기술로 구분하여 구성할 수 있다. 프로그램은 아동안전, 아동건강, 일상생활 프로그램을 포함하고, 이러한 프로그램을 운영하는 데 적용되는 기술은 아동을 만나는 기술, 아동관찰 면담기술, 가족지원기술 등이 있다(송정애, 2013).

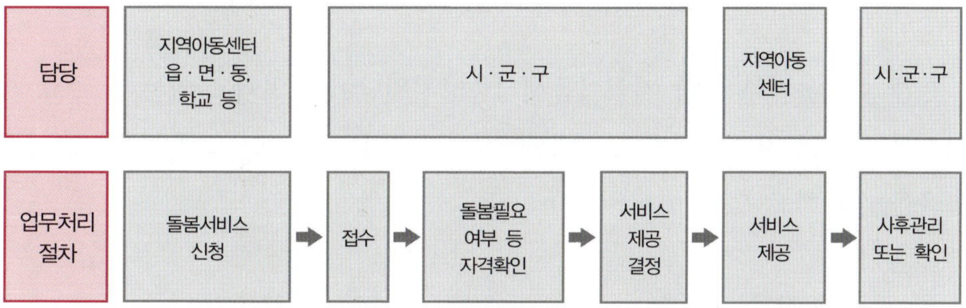

| 그림 10-1 | 지역아동센터 이용절차

〈지역아동센터 이용아동 기준〉

1. 발굴 및 지원

- 지방자치단체 및 지역아동센터는 지역 내 빈곤 · 학대 · 방임 가정, 한부모 · 조손, 맞벌이 · 이혼가정의 아동 · 다문화가정 아동 등 돌봄이 필요한 아동들을 적극 발굴 · 보호하여 아동방임을 예방할 것
- 시설은 지역사회 서비스 및 자원체계를 개발 · 연계하여 아동에게 필요한 서비스를 지원할 수 있도록 노력해야 함
- 사례관리가 필요한 아동에 대해서는 드림스타트 또는 지역사회 전문기관에 의뢰하고, 지속적이며 종합적인 서비스 제공을 위해 사례관리 기관에서 요청하는 아동정보 등을 제공하고 협조

2. 지원아동 이용기준

- 신고정원의 90% 이상 우선보호아동 유지, 일반아동 10% 이내 이용 가능
- (우선보호아동) 중위소득 100% 이하 지역사회 방과후 돌봄을 필요로 하는 18세 미만의 아동
- (일반아동) 지역사회 방과후 돌봄이 필요한 아동

출처 : 보건복지부(2017). 2017 지역아동센터 지원 사업안내.

현재 보건복지부 위탁 지역아동센터중앙지원단이 운영되고 있는데, 주요 사업으로 전국의 지역아동센터에 대한 정보 제공과 교육 프로그램 소개 및 각종 교육을 실시하고 있다.

출처 : 지역아동센터중앙지원단 홈페이지. www.icareinfo.go.kr

2) 드림스타트

드림스타트란 취약계층 아동에게 맞춤형 통합서비스를 제공하여 아동의 건강한 성장과 발달을 도모하고 공평한 출발기회를 보장함으로써 건강하고 행복한 사회 구성원으로 성장할 수 있도록 지원하는 사업이다. 가족해체, 사회양극화 등에 따라 아동빈곤 문제의 심각성이 대두되면서 빈곤아동에 대한 사회투자 가치의 중요성이 사회적으로 강조되었다. 빈곤아동에 대한 사회적 투자는 취업률, 소득수준, 교육성취, 복지수급 등의 측면에서 경제적 효과가 높다는 연구결과들을 통해 드림스타트 사업이 출발하게 되었다. 아동과 가족에게 초점을 둔 통합사례관리를 통해 모든 아동에게 공평한 출발기회를 보장하는 것이 이 사업의 추진배경이다.

① 사업운영

- **사업지역** : 시 · 군 · 구
- **사업대상** : 0세(임산부)~만 12세(초등학생 이하)의 아동 및 가족
  ※ 국민기초수급 및 차상위계층 가정, 법정 한부모가정(조손가정 포함), 학대 및 성폭력피해아동 등에 대한 우선 지원 원칙
- **지원내용** : 가정방문을 통해 인적조사, 욕구조사, 양육환경 및 아동발달 사정 실시. 사례관리 대상 아동과 그 가족에게 지역자원과 연계한 맞춤형 서비스 지원, 주기적 재사정 및 지속적인 모니터링 등 통합사례관리 실시
- **인력구성** : 전담공무원 및 아동통합서비스 전문요원으로 구성

〈표 10-2〉 드림스타트 서비스 내용

서비스 구분	서비스 내용
신체 · 건강	• 아동의 건강한 성장과 신체발달 증진 • 건강한 생활을 위한 건강검진 및 예방, 치료 • 아동발달에 필요한 신체/ 건강 정보 제공

인지 · 언어	• 아동의 의사소통 및 기초학습 능력 강화 • 맞춤형 인지/ 언어 서비스를 통한 아동의 강점 개발
정서 · 행동	• 자아존중감 및 긍정적 성격 형성을 위한 정서발달 서비스 제공 • 사회성 발달 및 아동권리 신장을 위한 교육
부모 · 가족	• 부모-자녀 상호작용 및 적합한 교육환경을 위한 부모 역량 강화 • 부모의 유능감 및 자존감 강화 • 부모의 양육기술 지원 • 임산부의 건강한 출산 및 양육 지원

② 지원대상 : 0세(임산부)~만 12세(초등학생 이하)의 아동 및 가족

- 만 12세 이상 아동 중 초등학교 재학 아동 포함
- 국민기초수급 및 차상위계층 가정, 법정 한부모가정(조손 가정 포함), 학대 및 성폭력피해아동 등에 대한 우선 지원 원칙

③ 지원과정

가정방문을 통해 파악한 대상 아동과 가족의 기초정보 및 아동의 양육환경과 발달 정보를 기준으로 지역자원과 연계한 맞춤형 통합 서비스를 제공한다.

출처 : 드림스타트 홈페이지. www.dreamstart.go.kr

3) 교육복지투자우선지역 지원사업

① 교육복지투자우선지역 지원사업 추진배경

교육복지투자우선지역 지원사업 추진배경은 소득분배구조 악화와 취약계층 확대 경향이 심해지고, 지역별 · 학교별 계층 분화 및 교육적 성취에 대한 계층 영향력이 증가하고 있는 상황에서 취약계층의 교육기회 불평등을 완화하고 교육적 성장을 지원할 수 있는 정책 추진의 요구에 의해 실시되었다. 교육복지투자우선지역 지원사업은 모든 아동 · 청소년의 교육적 성취를 위한 통합 지원시스템을 구축하고, 학교중심 지역교육공동체를 구축하며, 모든 이를 위한 교육을 실현하려는 데 그 의의가 있다.

② 교육복지투자우선지역 지원사업 목표

교육복지투자우선지역 지원사업 목표는 통합지원체제 구축을 통한 교육취약 집단의 교육적 성취를 높여서 모든 아동 · 청소년이 일정 학령기에 갖추어야 할 기초학습 능력, 자기주도적 학습능력, 사회적 관계형성 능력, 자기관리 능력 등을 갖출 수 있도록 하는 것이다. 가정–학교–지역사회를 연결하는 통합지원체제 구축을 통해서 학습, 문화, 심리 · 정서, 복지 등 아동 · 청소년의 삶의 전 영역에서의 필요에 대응하고자 하는 것에 목표를 두었다. 교육복지투자우선지역 지원사업 추진 단계는 일부지역 시범사업에서 출발하여 전국적으로 확대해 가는 방향으로 진행되었다.

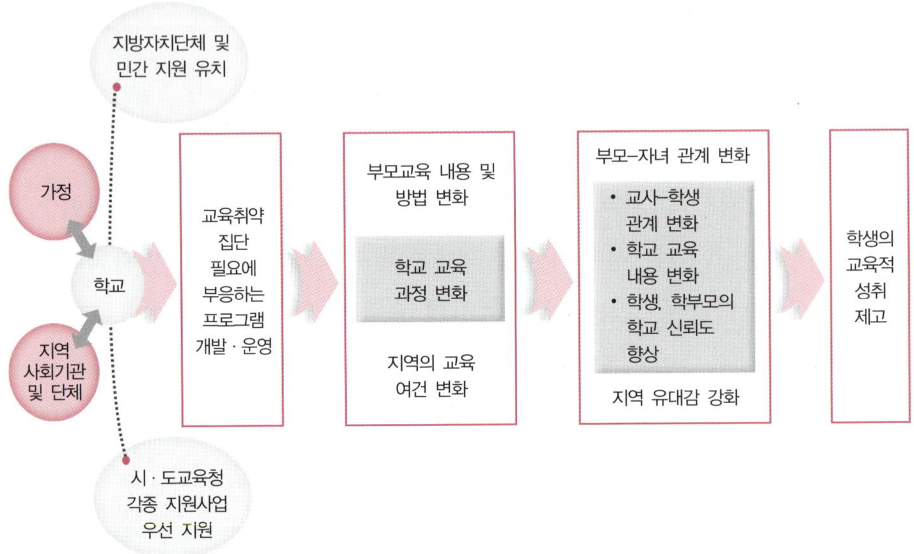

| 그림 10-2 | 교육복지투자우선지역 지원사업 추진전략

출처 : 한국교육개발원(2009).

③ 교육복지투자우선지역 지원사업 내용

교육복지투자우선지역 지원사업 내용은 첫째, 학습능력증진사업이다. 즉, 교육취약 아동 · 청소년 학습의 결손과 누적 방지를 위한 학습 동기 유발에 역량을 집중시키기 위하여 지역사회의 자원을 활용하는 일이다. 둘째, 다양한 문화체험을 제공함으로써 문화결손을 줄여주려는 활동이다. 셋째, 심리적 정서발달을 지원하여 학교와 일상생활에 적응하기 어려운 학생들을 위한 치유와 지원을 제공하는 일이다. 넷째, 교사와 학부모 지원, 복지 프로그램 활성화, 영유아교육 · 보육 활성화 자원을 활용하는 활동 등이다.

〈표 10-3〉 교육복지투자우선지역 지원사업의 주요 영역과 프로그램 예시

영 역	목 표	프로그램 예시
학습 (주지 교과 학습 보충)	학력증진과 학습지원	• 도서관 활성화 사업 • 기초학력 부진 학생 학습지도 • 일대일 학습지원 및 학습멘토링 • 정규 교과, 재량활동 등을 통한 체험학습 • 교과 관련 보충 학습 지원 활동
문화 · 체험 (예 · 기 · 체능 및 관련 자치활동)	다양한 문화 · 체험	• 특기 · 적성 및 문화 체험 관련 방과후 활동 등 • 동아리활동 • 학급활동 • 축제
심리 · 정서 (정서적 지원 및 심리 상담 치료)	심리적 문제해결을 통한 정신건강 도모	• 개별상담 및 집단상담 • 가정 방문 및 가족상담 • 학습장애 요소 진단 및 치료 • 부적응 학생 진단 및 치료 • 정서적 지원 멘토링
복지 (보육 및 보건)	건강한 신체발달 지원 및 보호	• 방과후 보육 교실, 야간 보호 교실 • 건강 검진 및 치료 • 학습 준비물 지원
지원	사업운영 지원	• 학부모 연수 • 교사연수 • 사업 홍보 • 지역사회교육전문가 및 교사의 사업 활동 지원 • 학습자료 개발, 교과연구 등 교원전문성 신장

출처 : 한국교육개발원(2009).

4) 아동발달 지원계좌(디딤씨앗통장)

2007년부터 미래 성장동력인 아동에 대한 사회투자로 빈곤의 대물림을 방지하고 저소득층 아동의 사회진출 시 학자금, 취업, 창업, 주거마련에 소요되는 초기비용 마련을 위하여 아동발달지원계좌(CDA : Child Development Account) 사업을 시작하였고 2011년 국민기초수급가정아동에 대한 지원을 확대하였다.

출처 : 디딤씨앗통장 홈페이지. www.adongcda.or.kr/

① 지원 대상 및 기간

지원대상은 만 18세 미만의 시설보호아동, 가정위탁보호아동, 소년소녀가정아동, 공동생활가정(그룹홈)아동, 장애인시설보호아동, 가정복귀아동, 기초생활수급자가구아동 등이다. 기간은 요보호 아동의 경우 0세부터 만 18세 미만까지, 기초생활수급아동은 가입 시부터 18세 미만까지 지원한다.

〈표 10-4〉 아동발달지원계좌 가입자 수

(단위 : 명)

구 분	총계	기초생활 수급	시설보호	가정위탁	공동생활 가정	가정복귀	장애인 시설
총가입자	64,791 (100%)	40,904 (63.1%)	11,193 (17.3%)	6,502 (10%)	2,881 (4.5%)	2,000 (3.1%)	932 (1.4%)

가입 아동 : 64,791명(2022. 12. 기준).
출처 : 디딤씨앗통장 홈페이지(2024. 01). www.adongcda.or.kr

② 적립방법 및 적립금 사용용도

아동이 후원자 또는 보호자의 도움으로 일정 금액을 적립할 경우 국가(지방자치단체)가 월 5만 원 내에서 1:1 매칭으로 지원한다. 적립금은 만 18세 이후 학자금, 창업지원, 결혼지원, 기술자격 및 취업훈련, 의료비 지원, 주거비 마련 지원 등 자립을 위한 용도에 한하여 사용 가능하다. 만 24세까지 사용용도가 발생하지 않을 경우 사용용도 제한 없이 아동적립금 및 정부매칭지원금의 지급이 가능하다.

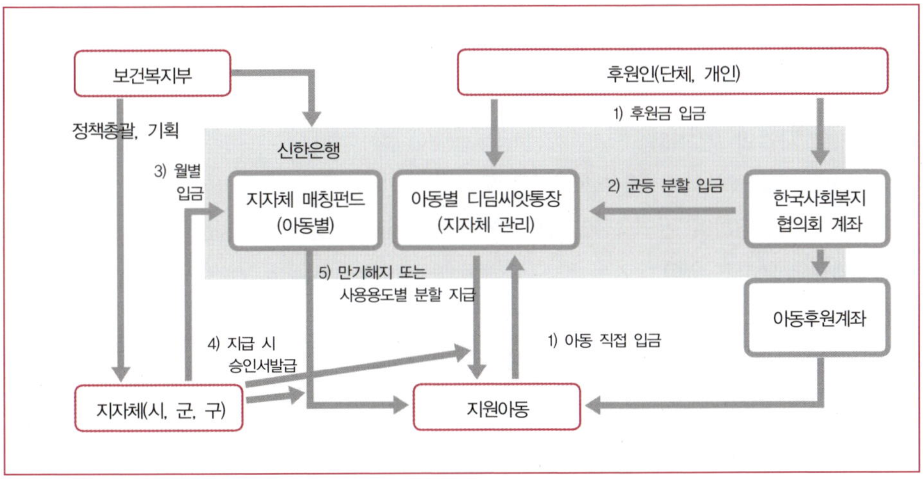

| 그림 10-3 | CDA 계좌 운영절차

5) 위스타트

위스타트(We Start) 운동은 사회 모두(We)가 나서서 빈곤층 아동의 출발(Start)을 도와줌으로써 가난의 대물림을 끊어주자는 취지의 빈곤아동 시민운동으로 2004년 5월에 시작되었다. WE는 복지(Welfare)와 교육(Education)의 영문 머리글자로 이 두 부분이 운동의 핵심영역이라는 의미가 포함되었다. 50여 개 민간단체로 시작된 운동본부는 학교, 사회복지관, 보건소, 지방자체단체가 연계해 빈곤아동이 지역사회에서 최소한의 교육, 복지 권리를 누릴 수 있게 연결해 주는 지역교육복지망 만들기와 희망의 집 꾸미기 등으로 공부방 활성화 사업을 전개하고 있다.

위스타트 운동에서 전개하고 있는 서비스는, 첫째로, 건강지킴이 사업이다. 열악한 주거환경과 의료비 부족 때문에 건강을 위협받는 빈곤층 아동에 대한 건강을 증진시켜 주는 사업과 보건소, 병원, 약국 등과 협력해 정기검진을 실시하고 충치, 영양결핍 등을 조기에 발견해 치료하고 있다. 둘째로, 위스타트 마을 사업으로 빈곤층 가정에 대한 상담을 실시하여 희망의 집 꾸미기, 교육출발선 만들기, 후견인 맺어주기 등의 활동을 하고 있다.

◈ 위스타트 사업의 세 기둥

위스타트는 양질의 서비스를 제공하여 이용자의 낙인감을 줄이고 효과성 · 효율성을 증대하고자 한다. 이를 위하여 '논리모델(Logic Model)'을 토대로 발달단계에 맞는 복지, 교육, 건강 프로그램을 진행하고 있다.

| 그림 10-4 | 가정방문을 통한 통합 사례관리

출처 : 위스타트 운동본부. westart.or.kr

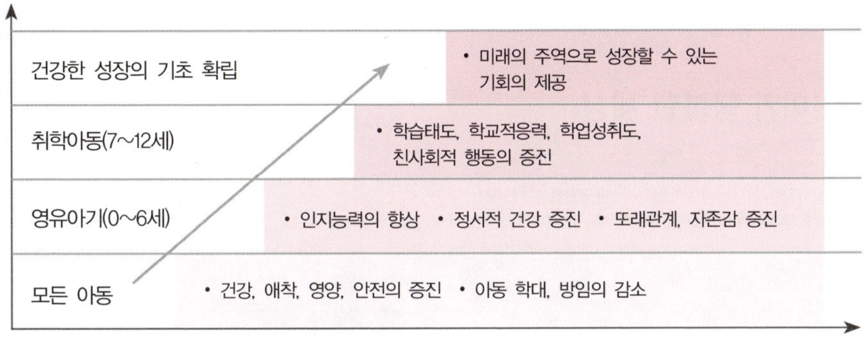

| 그림 10-5 | 위스타트 운동의 사업방향

〈위스타트의 운동성과〉

- ▶ 2004년 - 시범마을 운영 : 경기도에 시범마을 개소 시작
- ▶ 2007년 – 지속적인 위스타트 마을 확대 운영
- ▶ 2010년 – 글로벌아동센터 개소(다문화 아동과 가족 대상)/위스타트 캄보디아(해외센터) 센터 개소
- ▶ 2012년 – 위스타트 인성교육 프로그램 개발
- ▶ 2015년 – 인성교육 프로그램 시작 : 위스타트 폴리텍다솜 인성센터 개소
- ▶ 2016년 – 위스타트–평택대학교 인성교육 협약
- ▶ 2017년 – 전국 10개 인성교육 프로그램 협력 지역지역아동센터 선정 및 협약
- ▶ 2018년 - 위스타트 : 아미 에우제니 용인인성센터 개소
- ▶ 2019년 - 찾아가는 금융스쿨 시작
- ▶ 2020년 - 위스타트 안성인성센터 개소
- ▶ 2021년 – KT&G · 중앙그룹 에너지 취약계층 지원사업 공동협약
- ▶ 2022년 – 삼척시 학대피해아동 쉼터 개소

출처 : 위스타트 홈페이지. http://westart.or.kr/

6) 아동급식 지원서비스

아동급식 지원서비스는 가정빈곤, 가정해체, 가정위탁, 소년소녀가정, 부모의 실직, 질병, 가출과 직업적 특성, 아동학대, 방임, 유기, 부양 기피와 거부 등과 같은 가정사정으로 인해 아동이 끼니를 거르거나 필요한 영양을 충분히 공급받지 못하는 경우에 아동의 건강한 성장과 발달을 위해 식사 제공과 식사 지원 식품을 지원하는 서비스이다. 아동급식지원의 목적은 저소득층 가정의 아동이 건강하게 자랄 수 있도록 민·관이 협조체제를 구축하여 지역 실정과 아동의 가정환경과 욕구에 맞는 급식을 효율적으로 제공하는 것이다(보건복지부, 2007).

아동급식의 대상 연령은 아동복지법 제2조에 명시된 18세 미만의 취학 및 미취학 아동이고, 18세 미만인 학업중단 아동의 경우와 18세 이후라도 고등학교 재학 중인 아동을 포함한다. 또한 국민기초생활보장 수급자와 차상위 저소득계층 중 가정으로 인해 급식 지원이 필요한 아동과, 지역아동센터와 사회복지관 등의 아동복지 프로그램을 이용하는 아동도 대상이 된다. 아동급식의 지원방법은 아동개인별 급식방법, 급식장소, 담당 공무원 및 자원봉사자 전화번호를 포함한 급식 지원이 있다. 지원은 아동의 취사능력 유무, 지역사회의 식사 제공 가능 시설 등을 고려하여 아동에게 적합한 방법으로 지원한다(이순자 외, 2012).

〈급식지원 내용〉

1) 미취학아동 : 조·중·석식 중 아동별 특성에 따라 급식형태 선택 지원
   ※ 미취학 아동의 특성과 지역여건에 따라 다양한 급식방법으로 지원
2) 취학아동 : 조·중·석식 중 아동별 특성에 따라 급식형태 선택 지원
   – 조·석식 연중 지원 : 지방자치단체
   – 중식 지원
   ① 학기 중 중식 지원 : 교육청(학교급식)
   ② 학기 중 토·일·공휴일 중식 지원 : 시·도교육비특별회계를 지원받아 지방자치단체에서 실시(※ 교육청과 협의)
   ③ 방학 중 중식 지원 : 지방자치단체
   ※ 취학 아동의 특성과 지역여건에 따라 다양한 급식방법으로 지원

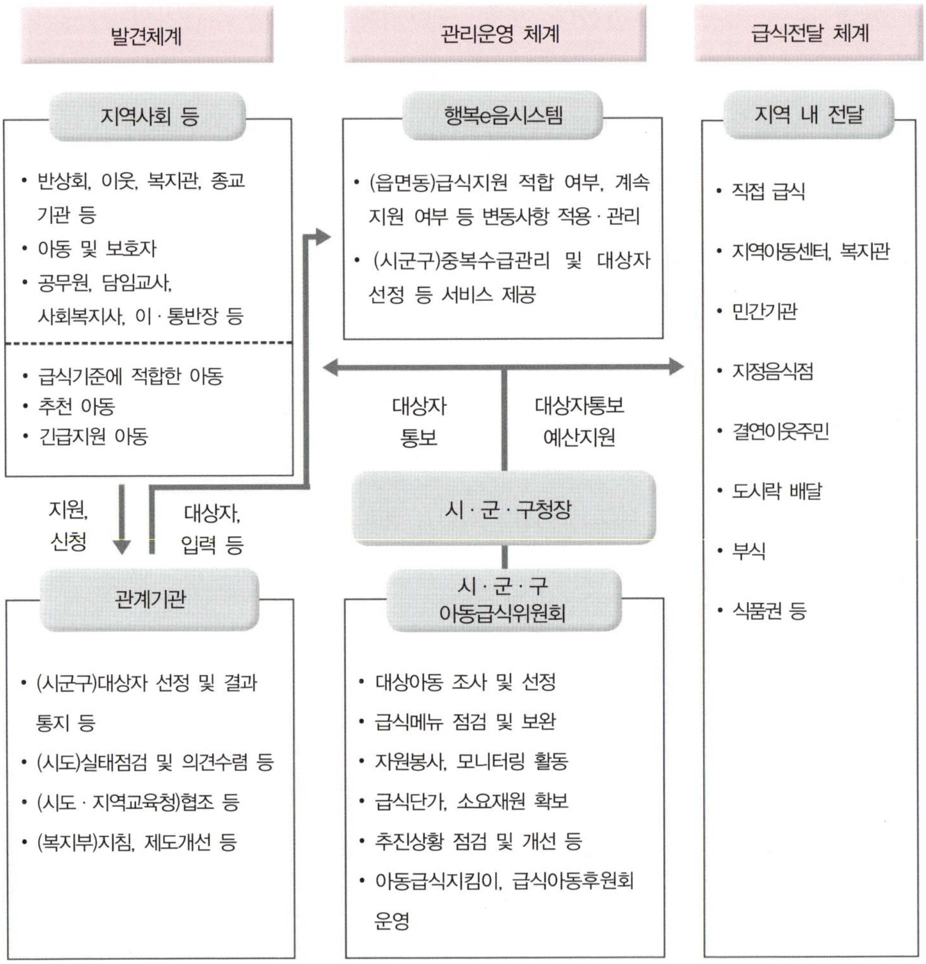

| 그림 10-6 | 아동급식전달체계 및 지원체계

출처 : 보건복지부(2017). 2017년 아동분야 사업안내(2).

3. 빈곤아동 복지정책의 개선과제

1) 아동수당제도 도입

빈곤이 아동발달에 미치는 부정적 영향을 최소화하기 위해 아동수당제도 도입을 생각할 수 있다. 아동수당제도는 대다수의 OECD 국가에서 실시하고 있는 아동복지정책이다. 우리나라에서는 저출산·고령화 문제를 해결하기 위한 방편으로 아동수당제도가 논의되고 있지만 아직 사회적 합의가 이루어지지 않았다. 현재 우리나라는 소년소녀가장 아동, 국민기초생활보장사업 수급가정 아동들을 대상으로 생계급여, 교육급여 등을 지원하고 있다. 0~5세 영유아가 있는 가구에는 보육수당을 지급하고 있다. 그러나 이러한 보호수준은 최소한의 수준이며 현실적으로 빈곤가정의 양육비지원을 보장하기에는 미흡한 수준이다.

아동수당제도는 아동양육으로 인해 가정이 경제적, 심리사회적으로 어려움을 경험할 수 있음을 인정하고 이를 해소하고자 경제적으로 지원해 주는 제도이다. 따라서 아동수당제도는 빈곤가정의 양육비 부담을 일정 정도 해소해 줌으로써 가정의 경제적 어려움이 아동발달에 미치는 부정적인 효과를 낮춰주는 역할을 할 것이다.

2) 교육급여의 현실화와 서비스 전문성 확보

빈곤아동의 교육급여를 그들의 교육 욕구과 교육 관련 문제를 해결해 나갈 수 있는 현실적 수준으로 향상시켜야 한다. 지역사회 아동이 보호와 교육, 놀이와 여가생활, 보호자와 지역사회의 연계 등의 현실적으로 이용 가능한 서비스를 제공받기 위해 교육과 복지, 보건이 연계된 통합서비스가 구축되는 것이 필요하다. 지역아동센터에서 제공하는 방과후 프로그램 또한 전문인력 확충과 예산의 지원을 통해 질적으로 운영될 수 있는 여건을 마련해야 한다.

3) 지원서비스의 양적 확대와 질적 수준의 제고

현재 취약계층 밀집지역 위주로 드림스타트, 위스타트, 교육복지투자우선지원 사업 등을 실시해 오고 있다. 이와 더불어 서비스의 질적 향상이 요구되는데 지역아동센터의 경우 사례관리와 같은 전문적 복지서비스가 제공되어야 한다(노명희 외, 2014). 교육복지투자우선지원사업의 경우 가정과 학교와 지역사회 간의 네트워크를 활성화시켜야 한다. 담당인력의 네트워크 관련 전문성 향상과 해당 사업에 대한 학교 및 가정의 이해와 동의, 학교 조직의 재편 등이 이루어질 필요가 있다.

4) 아동가구 부양자를 위한 적극적 취업지원

아동빈곤을 경감시키기 위해서는 빈곤가정의 소득을 증대시키는 것이 가장 효과적이다. 선행연구에서도 가족 내 생계부양자가 증가할 때 탈빈곤 효과가 훨씬 더 크게 나타났다. 통계에서도 맞벌이가족에 비해 한부모가정의 빈곤율이 높은 것을 볼 수 있다. 따라서 아동가구 가족성원의 경제활동 참여를 증대할 수 있는 정부의 적극적 노동시장정책이 요구되며(김성경 외, 2013), 여성을 위한 일자리 창출 또한 필요하다.

5) 가족기능 강화 및 빈곤아동 발생 예방대책 마련

가족기능 강화 및 빈곤아동 발생 예방대책 서비스 제공이 요구된다. 빈곤가정의 아동은 부모의 부적절한 양육행동, 지도감독 및 가족문제로 인하여 부정적인 영향을 받는 경향이 있어 보호자를 비롯한 빈곤가족에 대한 다양한 서비스가 필요하다. 학교나 지역사회복지관을 통하여 빈곤아동에게 사회적 지원체계와 자원을 제공해야 한다. 빈곤가정에 대한 경제적 지원과 해체가족에 대한 다양한 가족상담의 제공, 취업의 기회를 높일 수 있는 프로그램 등을 마련해야 한다.

6) 빈곤아동을 위한 진로지도 프로그램의 개발 및 실시

빈곤가정아동의 사회적 자립을 위한 교육과 진로지도를 위한 프로그램의 개발이 요구된다. 진로지도상담과 프로그램을 운영하여 빈곤가정 아동이 학교를 중퇴하거나 직장생활과 학업을 병행하는 경우 사전에 준비할 수 있는 연결 프로그램이 있어야 한다. 정서적 안정과 성장을 위한 지지집단 프로그램이나 인성교육 프로그램과 같은 장기적인 프로그램을 제공하는 것이 도움을 줄 수 있다.

토론 및 요약

1. 빈곤아동의 발생원인을 정리해 보고 빈곤아동의 특성을 발달 측면에서 정리해 본다.
2. 교육현장에서 빈곤아동을 대상으로 기본생활습관을 지도할 때 교사가 유의해야 할 점이 무엇인지 토의해 본다.
3. 빈곤아동이 겪는 정서적 어려움을 해결할 수 있는 방안을 교사 입장에서 제시해 본다.

Chapter 11

학대받는 아동을 위한 서비스

이 장에서는 아동학대에 대한 이해를 바탕으로 아동학대의 최근 현황을 분석하고 학대아동을 위한 복지사업의 내용을 구체적으로 제시하면서, 아동복지정책의 개선방향을 탐색하고자 한다.

학습목표

1. 아동학대의 개념과 유형, 원인에 대해 이해한다.
2. 아동학대의 현황을 분석한다.
3. 학대아동을 위한 복지사업의 내용과 개선과제에 대해 설명할 수 있다.

1. 아동학대의 이해

1) 아동학대의 개념

아동복지법 제3조에 의하면 아동학대는 보호자를 포함한 성인이 아동의 건강 또는 복지를 해치거나 정상적 발달을 저해할 수 있는 신체적 · 정신적 · 성적 폭력이나 가혹행위를 하는 것과 아동의 보호자가 아동을 유기하거나 방임하는 것이다. 이러한 아동학대는 친권자, 후견인을 포함한 성인이 자신의 보호와 양육, 교육 또는 감독을 받는 18세 미만의 자에게 가하는 신체적 · 성적 · 정신적 학대 행위와 물리적 · 교육적 · 정서적 · 의료적 방임과 유기 행위가 포함된다. 과거에는 협의의 개념으로 아동학대를 판단하였으나 현재는 광의의 개념으로 보고 있다.

〈표 11-1〉 아동학대의 정의

협의의 정의	광의의 정의
• 신체적 학대로 제한함 • 상처를 남기지 않는 신체적 학대와 심리적 학대를 포괄하지 못함	• 아동발달상의 욕구를 충족하기 어려운 모든 환경과 방임을 포함함 • Gil(1970) : 아동의 평등한 자유와 권리를 박탈하거나 아동의 적절한 발달을 저해하는 행위와 조건 제도를 모두 학대로 정의함 • 아동의 권리를 보호하고 예방적 개입을 지지할 수 있다는 점에서 바람직한 정의임

2) 아동학대의 유형

아동학대의 유형은 크게 네 가지로 분류될 수 있는데, 신체학대, 정서학대, 성학대, 방임이 해당된다. 각 학대유형별로 학대행위의 실례와 징후를 보건복지부 산하 중앙아동보호전문기관 홈페이지(korea1391.go.kr)에서 정리한 내용을 중심으로 제시하면 다음과 같다.

(1) 신체학대(physical abuse)

보호자를 포함한 성인이 아동의 건강 또는 복지를 해치거나 정상적 발달을 저해할 수 있는 신체적 폭력이나 가혹행위를 하는 것이다(아동복지법 제3조 제7호).

〈표 11-2〉 신체학대

내 용	보호자를 포함한 성인이 아동에게 우발적인 사고가 아닌 상황에서 신체적 손상을 입히거나 또는 신체손상을 입도록 허용한 모든 행위를 말한다.
구체적인 신체학대 행위 예	• 직접적으로 신체에 가해지는 행위(손, 발 등으로 때림, 꼬집고 물어뜯는 행위, 조르고 비트는 행위, 할퀴는 행위 등) • 도구를 사용하여 신체를 가해하는 행위(도구로 때림, 흉기 및 뾰족한 도구로 찌름 등) • 완력을 사용하여 신체를 위협하는 행위(강하게 흔듦, 신체 부위 묶음, 벽에 밀어붙임, 떠밀고 잡음, 아동 던짐, 거꾸로 매닮, 물에 빠트림 등) • 신체에 유해한 물질로 신체에 가해지는 행위(화학물질 혹은 약물 등으로 신체에 상해를 입히는 행위, 화상을 입힘 등)
신체적 징후	• 설명하기 어려운 신체적 상흔 • 발생 및 회복에 시간차가 있는 상처 • 비슷한 크기의 반복적으로 긁힌 상처 • 사용된 도구의 모양이 그대로 나타나는 상처 • 담뱃불 자국, 뜨거운 물에 잠겨 생긴 화상자국, 회음부에 있는 화상자국, 알고 있는 물체 모양(다리미 등)의 화상자국, 회복속도가 다양한 화상자국 • 입, 입술, 치은, 눈, 외음부 상처 • 긁히거나 물린 자국에 의한 상처 • 손목이나 발목에 긁힌 상처, 영유아에게 발견된 붉게 긁힌 상처 • 성인에 의해 물린 상처 • 겨드랑이, 팔뚝 안쪽, 허벅지 안쪽 등 다치기 어려운 부위의 상처 • 대뇌 출혈, 망막 출혈, 양쪽 안구 손상, 머리카락이 뜯겨나간 두피 혈종 등을 동반한 복잡한 두부 손상 • 고막 천공이나 귓불이 찢겨진 상처와 같은 귀 손상
행동적 징후	• 어른과의 접촉 회피 • 다른 아동이 울 때 공포를 나타냄 • 공격적이거나 위축된 극단적 행동 • 부모에 대한 두려움 • 집에 가는 것을 두려워함 • 위험에 대한 지속적인 경계

(2) 정서학대(emotional abuse)

보호자를 포함한 성인이 아동의 건강 또는 복지를 해치거나 정상적인 발달을 저해할 수 있는 정신적 폭력이나 가혹행위를 하는 것이다(아동복지법 제3조 제7호).

〈표 11-3〉 정서학대

내 용	보호자를 포함한 성인이 아동에게 행하는 언어적 모욕, 정서적 위협, 감금이나 억제, 기타 가학적인 행위를 말하며 언어적 · 정신적 · 심리적 학대라고도 한다.
구체적인 정서학대 행위 예	• 원망적/ 거부적/ 적대적 또는 경멸적인 언어폭력 등 • 잠을 재우지 않는 것 • 벌거벗겨 내쫓는 행위 • 형제나 친구 등과 비교, 차별, 편애하는 행위 • 가족 내에서 왕따시키는 행위 • 아동이 가정폭력을 목격하도록 하는 행위 • 아동을 시설 등에 버리겠다고 위협하거나 짐을 싸서 쫓아내는 행위 • 미성년자 출입금지 업소에 아동을 데리고 다니는 행위 • 아동의 정서 발달 및 연령상 감당하기 어려운 것을 강요하는 행위(감금, 약취 및 유인, 아동 노동 착취) • 다른 아동을 학대하도록 강요하는 행위
신체적 징후	• 발달지연 및 성장장애 • 신체발달 저하
행동적 징후	• 특정 물건을 계속 빨고 있거나 물어뜯음 • 행동장애(반사회적 · 파괴적 행동장애) • 신경성 기질 장애(놀이장애) • 정신신경성 반응(히스테리, 강박, 공포) • 언어장애 • 극단행동, 과잉행동, 자살시도 • 실수에 대한 과잉 반응 • 부모와의 접촉에 대한 두려움

(3) 성학대(sexual abuse)

보호자를 포함한 성인이 아동의 건강 또는 복지를 해치거나 정상적 발달을 저해할 수 있는 성적 폭력이나 가혹행위를 하는 것이다(아동복지법 제3조 제7호).

〈표 11-4〉 성학대

내 용	보호자를 포함한 성인이 자신의 성적 충족을 목적으로 18세 미만의 아동에게 행하는 모든 성적 행위를 말한다.
구체적인 성학대 행위 예	• 자신의 성적 만족을 위해 아동을 관찰하거나 아동에게 성적인 노출을 하는 행위(옷을 벗기거나 벗겨서 관찰하는 등의 관음적 행위, 성관계 장면을 노출, 나체 및 성기 노출, 자위행위 노출 및 강요, 음란물을 노출하는 행위 등) • 아동을 성적으로 추행하는 행위(구강추행, 성기추행, 항문추행, 기타 신체 부위를 성적으로 추행하는 행위 등) • 아동에게 유사성행위를 하는 행위(드라이성교 등) • 성교를 하는 행위(성기삽입, 구강성교, 항문성교) • 성매매를 시키거나 성매매를 매개하는 행위
신체적 징후	〈신체적 지표〉 • 학령 전 아동의 성병감염 • 임신 〈생식기의 증거〉 • 아동의 질에 있는 정액 • 찢기거나 손실된 처녀막 • 질에 생긴 상처나 긁힌 자국 〈항문증후〉 • 항문 괄약근의 손상 • 항문 주변의 멍이나 찰과상 • 항문 내장이 짧아지거나 뒤집힘 • 항문 입구에 생긴 열창 • 항문이 좁아짐 〈구강증후〉 • 입천장의 손상 • 인두(咽頭)임질(pharyngeal gonorrhea)

행동적 징후	〈성적 행동지표〉 • 나이에 맞지 않는 성적 행동 • 해박하고 조숙한 성지식 • 명백하게 성적인 묘사를 한 그림들 • 타인과의 성적인 상호관계 • 동물이나 장난감을 대상으로 하는 성적인 상호관계 〈비(非)성적인 행동지표〉 • 위축, 환상, 유아적 행동(퇴행행동) • 자기파괴적 또는 위험을 무릅쓴 모험적인 행동 • 충동성, 산만함 및 주의집중장애 • 혼자 남아 있기를 거부 또는 외톨이 • 특정 유형의 사람들 또는 성에 대한 두려움 • 방화/ 동물에게 잔혹함(주로 남아의 특징), 비행, 가출 • 약물 및 알코올 남용, 자기 파괴적 행동(자살시도), 범죄행위 • 우울, 불안, 사회관계의 단절 • 수면장애, 유뇨증/ 유분증, 섭식장애(폭식증/ 거식증), 야뇨증 • 외상 후 스트레스 장애 • 저조한 학업수행

(4) 방임(neglect)

아동의 보호자가 아동을 유기하거나 방임하는 것이다(아동복지법 제3조 제7호).

〈표 11-5〉 방임

내 용	보호자가 아동에게 위험한 환경에 처하게 하거나 아동에게 필요한 의식주, 의무교육, 의료적 조치 등을 제공하지 않는 행위를 말하며, 유기란 보호자가 아동을 보호하지 않고 버리는 행위를 말한다.
구체적인 방임 행위 예	〈물리적 방임〉 • 기본적인 의식주를 제공하지 않는 행위 • 불결한 환경이나 위험한 상태에 아동을 방치하는 행위 • 아동의 출생신고를 하지 않는 행위, 보호자가 아동들을 가정 내 두고 가출한 경우 • 보호자가 아동을 시설 근처에 두고 사라진 경우 • 보호자가 친족에게 연락하지 않고 무작정 아동을 친족 집 근처에 두고 사라진 경우 등

	〈교육적 방임〉 보호자가 아동을 특별한 사유 없이 학교(의무교육)에 보내지 않거나 아동의 무단결석을 방치하는 행위 ※ 의무교육은 6년의 초등교육 및 3년의 중학교를 의미함(교육기본법 제8조 제1항) ※ 초등학교 및 중학교의 장은 해당 학교에 취학할 예정인 아동이나 취학 중인 학생이 ① 입학 · 재취학 · 전학 또는 편입학 기일 이후 2일 이내에 입학 · 재취학 · 전학 또는 편입학하지 아니한 경우 ② 정당한 사유 없이 계속하여 2일 이상 결석하는 경우 ③ 학생의 고용자에 의하여 의무교육을 받는 것이 방해당하는 때 지체 없이 그 보호자 또는 고용자에게 해당 아동이나 학생의 취학 또는 출석을 독촉하거나 의무교육을 받는 것을 방해하지 아니하도록 경고하여야 함(초 · 중등교육법 시행령 제25조)
	〈의료적 방임〉 아동에게 필요한 의료적 처치 및 개입을 하지 않는 행위
	〈유기〉 • 아동을 보호하지 않고 버리는 행위 • 아동을 병원에 입원시키고 사라진 경우 • 시설 근처에 버리고 가는 행위
신체적 징후	• 발달지연 및 성장장애 • 비위생적인 신체상태 • 예방접종과 의학적 치료 불이행으로 인한 건강상태 불량 • 아동에게 악취가 지속적으로 나는 경우
행동적 징후	• 계절에 맞지 않는 부적절한 옷차림 • 음식을 구걸하거나 훔침 • 비행 또는 도벽 • 학교에 일찍 등교하고 집에 늦게 귀가함 • 지속적인 피로 또는 불안정감 호소, 수업 중 조는 태도 • 잦은 결석

3) 아동학대의 원인

아동학대의 원인은 상황에 따라 다양하게 해석될 수 있는데, 크게 부모요인과 아동요인, 가정적·사회적 요인으로 살펴볼 수 있다.

(1) 부모요인

① **부모의 미성숙** : 나이가 어리고 안정되지 못한 부모들은 아동의 행동이나 욕구를 이해하지 못하여 아동학대를 쉽게 행하고 건전한 가족관계의 형성에도 어려움을 겪게 된다.

② **아동양육에 대한 지식 부족** : 아동발달에 대한 지식의 부족은 아동을 적절하게 양육하기 어렵고, 건전한 가족관계를 형성하는 데에도 어려움을 초래한다.

③ **지나친 기대** : 부모들은 종종 자녀가 능력 이상으로 부모의 기대수준에 맞게 행동해 주기를 기대하는데, 높은 기대는 아동학대의 가능성을 높이는 원인이 된다.

④ **잦은 가정의 위기** : 경제적 어려움, 실직, 잦은 병치레, 가정불화 등 가정 내 위기요인으로 인해 부모들이 자녀를 학대하는 경우가 있다.

⑤ **정서적 욕구불만** : 부모들은 자신의 욕구가 충족되지 못하거나 스트레스를 받을 때 아동에게 그 불만을 터뜨리게 된다.

⑥ **사회적 고립** : 아동양육의 부담을 도와줄 수 있는 친척이나 친구, 이웃이 주위에 아무도 없는 경우에 아동을 학대하기도 한다.

⑦ **어릴 적 학대받은 경험** : 아동을 학대하는 부모들 중 30~60% 정도는 자신들이 어릴 때 부모로부터 학대받은 경험이 있다.

⑧ **알코올 중독, 약물중독** : 알코올 중독, 약물중독에 빠진 부모들은 자신을 잘 통제하지 못하고 아동을 학대하기도 한다.

⑨ **부모의 그릇된 아동관 및 양육관** : 아동을 소유물로 생각하며, 아동에 대한 권리의식에 대한 이해가 부족하다. 또한 체벌과 훈육을 혼동한다.

그 밖에도 부모의 낮은 자아존중감, 낮은 감성, 의기소침이 아동학대의 원인이 될 수 있다. 부모의 분노, 좌절 혹은 성적 욕구와 같은 충동과 감정조절의 무능력 또한 학대를 발생시킬 가능성이 높으며, 원치 않는 아동의 출생에서 오는 학대와 부모의 불안, 우울증, 기타 정신질환에서도 학대원인을 찾을 수 있다.

(2) 아동요인

아동요인이 학대의 유발요인인지, 학대로 인한 결과인지는 확실하지 않다. 그러나 다음의 특성을 보이는 아동들은 부모나 양육자의 신체적 · 심리적 부담감을 가중시키고 부모들을 쉽게 지치게 만든다. 또한 신체적, 심리적으로 지친 상태에서는 부모와의 애착형성이 어려운 경우가 많아 아동에게 지속적인 관심과 애정을 주는 것이 어려울 뿐만 아니라 장애아나 기형아에 대한 사회적 편견은 부모에게 큰 스트레스로 작용하여 아동을 학대할 가능성이 높아지게 된다.

〈표 11-6〉 아동학대의 아동요인

구분	내용
특 성	• 미숙아, 기형아 • 만성 혹은 급성질환아 • 신체적 · 정신적 · 기질적으로 특이하거나 장애를 가진 아동 • 운동 및 언어 등 발달이 늦은 아동 • 심하게 보채거나 밤에 잘 자지 않는 아동 • 문제행동을 보이는 아동 • 음식을 먹거나 잠을 자는 데 어려움을 나타내는 아동 • 사회적 반응의 결핍, 고집스러운 울음과 외모 • 수유의 어려움 • 분리 불안의 경험 • 자신감 결여, 지나친 경계, 무반응, 겁이 많음 • 적대적 행위, 충동적 특성, 폭력적 행동, 고집이 셈 • 대인관계에 둔감하고 매력이 없음, 운동 조절 결함

(3) 가정적 · 사회적 요인

가정적 · 사회적 요인은 가족관계 및 구조의 문제, 사회 전반의 분위기 등이 포함되며, 이 요인은 복합적으로 상호작용하여 발생하게 된다.

① **가족관계의 문제** : 가족 구성원 간에 갈등이 존재하거나 가족 상호작용이 약하여 아동학대가 발생한다.

② **가족구조의 문제** : 미성년가족, 한부모가족, 이혼가족, 재혼가족 등 가족구조의 특성이 아동학대의 원인이 될 수 있다. 이는 양육에 대한 지식의 부족, 높은 스트레스, 가족 간의 긴밀한 상호작용의 결여 등에 기인하는 것으로 보인다.

③ **폭력에 대한 가치와 규범** : 체벌이나 훈육의 의미가 포함된 폭력은 필요하고 정당하다는 관념이 존재한다.

그 밖에도 사회적 고립 및 사회적 지지체계가 결여되는 경우와 신체적인 체벌에 대해 허용적인 문화에 의한 아동학대가 유발될 수 있다. 또한 아동을 존중하지 않는 문화와 자녀에 대한 부모의 소유의식 등이 아동학대의 주요 요인이 되고 있다.

2. 아동학대 현황

아동학대현황은 중앙아동보호전문기관에서 매년 보고되고 있다.

출처 : 중앙아동보호전문기관 홈페이지 https://www.ncrc.or.kr/ncrc/main.do

1) 연도별 신고접수 건수

2014년부터 2022년까지 아동보호전문기관에 아동학대로 신고접수된 현황을 살펴보면 꾸준하게 증가하는 추세이다. 이는 2013년 10월 울산 초등생 구타 사망사건을 계기로 2014년 아동학대처벌법 제정안 및 아동복지법 개정안이 국회에 의결, 관계부처 합동 아동학대 종합대책 수립 등 아동학대 대응체계가 구축되면서 신고의무가 강화되고, 아동학대에 대한 전반적인 사회적 관심이 높아지면서 신고건수가 증가한 것으로 볼 수 있다. 또한 이러한 법·제도적 변화와 사회적 인식 확대를 통해 2015년의 전년 대비 증가율은 8.0%로 상승하였다.

아동학대 신고 중 아동학대 의심사례가 차지하는 비중 또한 지속적으로 증

가하였는데, 이는 기존에 '가정 내 훈육'으로 치부되던 아동학대를 '중대한 범죄'로 인식하게 되면서 신고·발견 건수가 크게 증가하였고 이에 따라 실제로 아동학대 의심사례를 신고하는 비율이 높아졌다고 할 수 있다. |그림 11-1|은 2018년부터 2022년까지 연도별 신고접수 건수에 대한 분석결과이다.

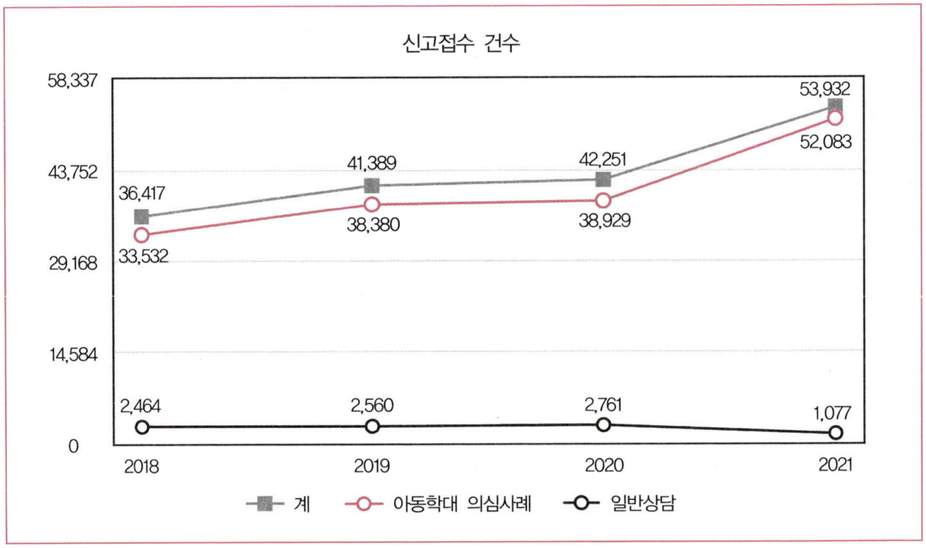

|그림 11-1| 연도별 신고접수 건수

출처 : 보건복지부. 2022년 아동학대 주요통계.

2) 연도별 아동학대사례 유형

중복학대를 별도의 항목으로 구분하여 아동학대사례 유형을 〈표 11-7〉과 같이 연도별로 살펴보면, 2014년부터 2022년까지 중복학대가 가장 높은 비율을 차지하였다. 이는 여러 유형의 아동학대가 복합적으로 나타나고 있다는 것을 알 수 있다.

〈표 11-7〉 연도별 아동학대사례 유형 (단위 : 건, %)

연도 \ 학대유형	신체학대		정서학대		성학대		방임		중복학대		계	
2018년	3,436	(14.0)	5,862	(23.8)	910	(3.7)	2,604	(10.6)	11,792	(47.9)	24,604	(100.0)
2019년	4,179	(13.9)	7,622	(25.4)	883	(2.9)	2,885	(9.6)	14,476	(48.2)	30,045	(100.0)
2020년	3,807	(12.3)	8,732	(28.3)	695	(2.2)	2,737	(8.9)	14,934	(48.3)	30,905	(100.0)
2021년	5,780	(15.4)	12,531	(32.8)	655	(1.7)	2,793	(7.4)	16,026	(42.6)	37,605	(100.0)
2022년	4,911	(17.6)	10,632	(38.0)	609	(2.2)	2,044	(7.3)	9,775	(34.9)	27,971	(100.0)

출처 : 보건복지부(2022). 2022년 아동학대 주요통계.

각 아동학대 유형별로 나누어 피해아동의 연령 현황을 〈표 11-8〉과 같이 살펴본 결과, 학령기인 만 10~12세, 만 13~15세, 만 7~9세 구간에 피해아동이 집중되어 있는 것을 볼 수 있으다. 영아를 대상으로 발생하는 방임의 경우, 가시적으로 드러나는 상흔은 없으나 낮은 연령으로 인해 자신의 의사를 표현하기에는 한계가 있기 때문에 아동의 성장 및 발달에 있어 매우 치명적일 수 있다. 그러므로 영유아 건강검진 · 타 진료기록 · 예방접종 기록이 없는 영유아 또는 양육수당 · 보육료 등을 신청하지 않은 가정에 대한 상시적 양육환경 점검 등 아동학대 조기발견을 위한 체계가 구축되어야 할 것이다. 또한 예방접종 및 영유아건강검진 시 부모의 양육방식에 대한 확인 및 아동학대예방교육이 이루어져야 할 것이다.

〈표 11-8〉 아동학대사례 유형별 피해아동 연령 (단위 : 건, %)

학대유형 / 연령	신체학대		정서학대		성학대		방임		계	
1세 미만	108	(0.8)	227	(1.1)	3	(0.3)	207	(6.6)	545	(1.4)
1~3세	664	(4.8)	1,636	(8.1)	2	(0.2)	467	(14.9)	2,769	(7.2)
4~6세	1,172	(8.4)	2,504	(12.4)	35	(4.0)	578	(18.5)	4,289	(11.2)
7~9세	2,462	(17.6)	3,941	(19.5)	120	(13.9)	677	(21.6)	7,200	(18.9)
10~12세	3,465	(24.8)	4,755	(23.5)	184	(21.2)	610	(19.5)	9,014	(23.6)
13~15세	4,160	(29.8)	4,899	(24.2)	320	(37.0)	439	(14.0)	9,818	(25.7)
16~17세	1,926	(13.8)	2,283	(11.3)	202	(23.3)	150	(4.8)	4,561	(11.9)
계	13,957	(100.0)	20,245	(100.0)	866	(100.0)	3,128	(100.0)	38,196	(100.0)

출처 : 보건복지부(2022). 2022년 아동학대 주요통계.

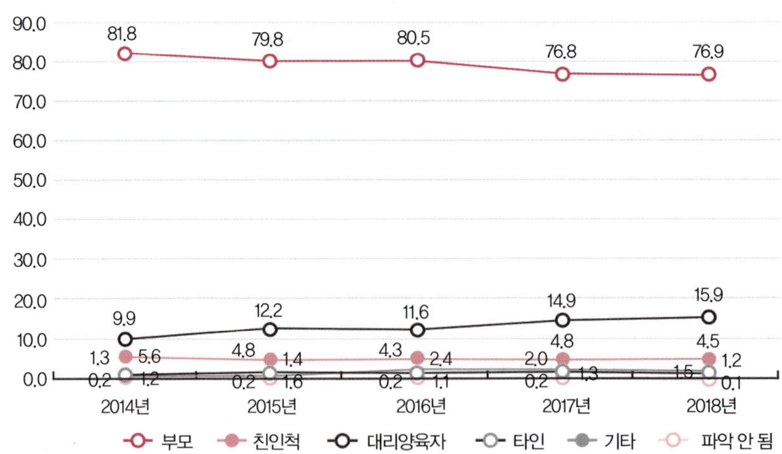

| 그림 11-2 | 연도별 학대행위자와 피해아동과의 관계

출처 : 보건복지부(2022). 2022년 아동학대 주요통계.

3) 피해아동 특성

피해아동의 특성을 살펴보면 여아가 남아에 비해 조금 더 많은 비중이었으며, 친부모 가족유형이 64.9%에 해당하였다.

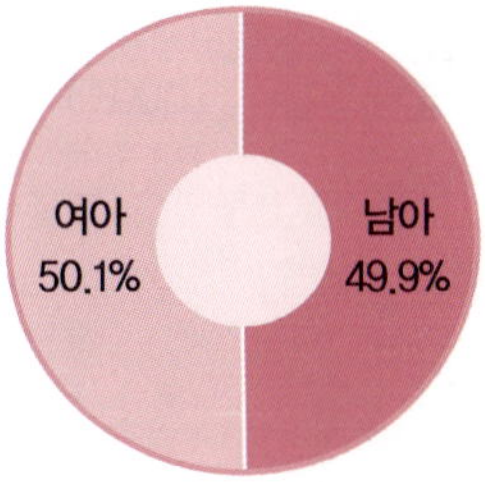

피해아동 성별

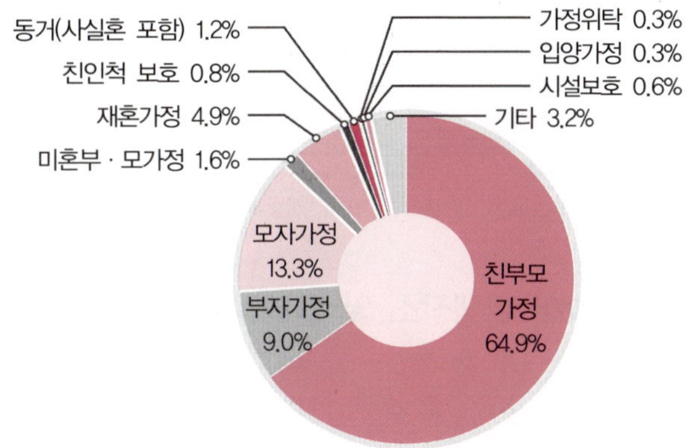

피해아동 가족유형

| 그림 11-3 | 피해아동 특성

출처 : 보건복지부(2022). 2022 아동학대 주요통계.

4) 학대행위자 연령

학대행위자의 연령을 〈표 11-9〉를 통해 살펴보면 40~49세가 48.4%로 가장 많은 비중을 차지하였고, 30~39세가 24.6%로 그 다음으로 비중이 높았다.

〈표 11-9〉 학대행위자 연령 (단위 : 건, 명, %)

연령	건수(비율)		명수(비율)	
20대 미만	80	(0.3)	65	(0.3)
20대(20~29세)	1,884	(6.7)	1,212	(6.5)

30대(30~39세)	6,880	(24.6)	4,230	(22.7)
40대(40~49세)	13,542	(48.4)	9,197	(49.4)
50대(50~59세)	4,311	(15.4)	3,099	(16.6)
60대(60~69세)	968	(3.5)	587	(3.2)
70세 이상	256	(0.9)	190	(1.0)
파악불가	50	(0.2)	35	(0.2)
계	27,971	(100.0)	18,615	(100.0)

출처 : 보건복지부(2022). 2022 아동학대 주요통계.

5) 아동학대 발생장소 및 발생빈도

아동학대 발생장소를 〈표 11-10〉과 같이 살펴본 결과 가정 내에서 발생한 사례가 전체 아동학대사례의 81.3%로 가장 높게 나타났다. 이 중 아동의 가정 내에서 발생한 사례는 21,995건(78.6%)으로 10명 중 8명이 아동의 가정 내에서 학대가 발생하는 것으로 볼 수 있다. 어린이집, 학교, 유치원과 같이 아동을 돌보고 교육하는 기관에서는 각각 613건(2.2%), 1,654건(5.9%), 101건(0.4%)으로 나타났다. 또한 복지시설의 경우, 아동복지시설이 178건(0.6%), 기타복지시설 51건(0.2%)으로 전체 사례 중 0.8%에 해당한다. 위와 같은 기관들은 아동학대 신고의무자 직군으로 아동학대를 예방하고 조기에 학대 징후를 발견, 대처할 수 있으므로 신고의무자 교육 등을 자격취득 과정 시 또는 교원연수과정, 보수교육 과정 시 실시하는 등 보다 실효성 있는 방안이 제도적으로 도입되어야 할 것이다.

〈표 11-10〉 아동학대 발생장소

(단위 : 건, %)

발생장소		건수(비율)	
가정 내	아동 가정 내	21,995	(78.6)
	학대행위자 가정 내	743	(2.7)
소계		22,738	(81.3)
집근처 또는 길가		1,353	(4.8)
친척집		331	(1.2)
이웃집		172	(0.6)
어린이집		613	(2.2)
유치원		101	(0.4)
학교		1,654	(5.9)
학원		200	(0.7)
병원		46	(0.2)
복지시설	아동복지시설	178	(0.6)
	기타복지시설	51	(0.2)
숙박업소		113	(0.4)
종교시설		18	(0.1)
기타		403	(1.4)
계		27,971	(100.0)

출처 : 보건복지부(2022). 2022 아동학대 주요통계.

|그림 11-4|에서처럼 아동학대 사례와 피해아동 발견율의 경우, 2018년부터 2021년까지 해마다 증가하는 양상을 보였다(2022년 하락). 아동학대가 장기화될 경우 일회성의 학대보다 아동의 생애 전반에 심각하고 부정적 영향을 끼칠 수 있다. 선행연구에서 지적되듯이 아동은 학대로 인해 지속적인 정신적 · 신체적 손상을 입게 될 뿐만 아니라 사회적으로 심각한 문제를 겪게 되고 성인이 된 후에도 학대의 후유증에 시달리게 되어 이를 후대에 전승하게 되는 문제까지

발생할 수 있다. 따라서 반복적이고 만성적으로 발생하는 학대를 방지하기 위하여 학대의 근본적인 원인을 파악하여 아동의 학대 후유증 최소화를 위한 전문적인 의료·심리치료 지원이 필요하다. 또한 사례개입 종결 이후에도 재학대 방지를 위해 지역사회 내 아동보호서비스 연계를 통해 사후관리가 지속적으로 이루어지도록 관리·감독해야 할 것이다.

(단위 : 명, 건, %)

구분 \ 연도	2018년	2019년	2020년	2021년	2022년
추계아동인구*(0~17세)	8,255,490	7,888,218	7,678,893	7,487,738	7,256,021
아동학대사례	24,604	30,045	30,905	37,605	27,971
피해아동 발견율	2.98	3.81	4.02	5.02	3.85

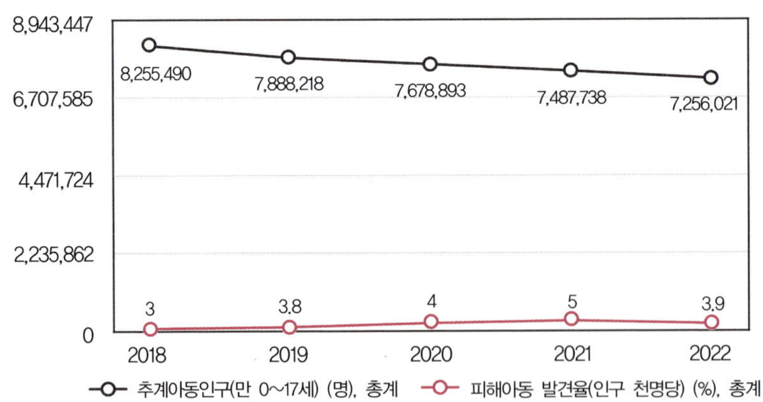

| 그림 11-4 | 아동학대 발생빈도

출처 : 보건복지부(2022). 2022 아동학대 주요통계.

3. 학대아동을 위한 복지사업의 내용

1) 아동보호서비스

(1) 신고 및 접수

「아동학대범죄의 처벌 등에 관한 특례법」에 의하면 아동학대 범죄를 알게 된 경우나 그 의심이 있는 경우에는 누구든지 아동보호전문기관 또는 수사기관에 신고할 수 있다. 신고의무자는 직무를 수행하면서 아동학대 범죄를 알게 된 경우나 그 의심이 있는 경우에는 아동보호전문기관 또는 수사기관에 신고하여야 한다. 〈표 11-11〉은 「아동학대범죄의 처벌 등에 관한 특례법」 제10조에 명시된 아동학대 신고의무자들이다.

〈표 11-11〉 아동학대 신고의무자 직군

직군	내용
교사 직군	• 영유아보육법 제7조에 따른 육아종합지원센터의 장과 그 종사자, 제10조에 따른 어린이집의 원장 등 • 유아교육법 제20조에 따른 교직원 및 같은 법 제23조에 따른 강사 등 • 초 · 중등교육법 제19조에 따른 교직원, 같은 법 제19조의2에 따른 전문상담 교사 및 같은 법 제22조에 따른 산학겸임교사 등 • 「학원의 설립 · 운영 및 과외교습에 관한 법률」 제6조에 따른 학원의 운영자 · 강사 · 직원 및 같은 법 제14조에 따른 교습소의 교습자 · 직원
의료인 직군	• 의료법 제3조 제1항에 따른 의료기관의 장과 그 의료기관에 종사하는 의료인 및 의료기사 • 「응급의료에 관한 법률」 제2조 제7호에 따른 응급의료기관 등에 종사하는 응급구조사 • 장애인복지법 제58조에 따른 장애인복지시설의 장과 그 종사자로서 시설에서 장애아동에 대한 상담 · 치료 · 훈련 또는 요양 업무를 수행하는 사람 • 「정신건강증진 및 정신질환자 복지서비스지원에 관한 법률」 제3조 제3호에 따른 정신건강복지센터, 같은 조 제5호에 따른 정신의료기관, 같은 조 제6호에 따른 정신요양시설 및 같은 조 제7호에 따른 정신재활시설의 장과 그 종사자

시설 종사자 및 공무원 직군	• 아동복지시설의 장과 그 종사자 • 아동복지법 제13조에 따른 아동복지전담공무원 • 「가정폭력방지 및 피해자보호 등에 관한 법률」 제5조에 따른 가정폭력 관련 상담소 및 같은 법 제7조의2에 따른 가정폭력피해자 보호시설의 장과 그 종사자 • 가정위탁지원센터의 장과 그 종사자 • 건강가정기본법 제35조에 따른 건강가정지원센터의 장과 그 종사자 • 다문화가족지원법 제12조에 따른 다문화가족지원센터의 장과 그 종사자 • 사회복지사업법 제14조에 따른 사회복지 전담공무원 및 같은 법 제34조에 따른 사회복지시설의 장과 그 종사자 • 「성매매방지 및 피해자보호 등에 관한 법률」 제5조에 따른 지원시설 및 같은 법 제10조에 따른 성매매피해상담소의 장과 그 종사자 • 「성폭력방지 및 피해자보호 등에 관한 법률」 제10조에 따른 성폭력피해상담소, 같은 법 제12조에 따른 성폭력피해자보호시설의 장과 그 종사자 및 같은 법 제18조에 따른 성폭력피해자통합지원센터의 장과 그 종사자 • 소방기본법 제34조에 따른 구급대의 대원 • 한부모가족지원법 제19조에 따른 한부모가족복지시설의 장과 그 종사자 • 청소년 기본법 제3조 제6호에 따른 청소년시설 및 같은 조 제8호에 따른 청소년단체의 장과 그 종사자 • 청소년 보호법 제35조에 따른 청소년 보호 · 재활센터의 장과 그 종사자 • 아이돌봄 지원법 제2조 제4호에 따른 아이돌보미 • 아동복지법 제37조에 따른 취약계층 아동에 대한 통합서비스지원 수행인력 • 입양특례법 제20조에 따른 입양기관의 장과 그 종사자

출처 : 아동학대범죄의 처벌 등에 관한 특례법 제10조.

아동학대 예방과 신고를 위한 긴급전화의 설치규정(아동복지법 제22조)에 따라 아동학대신고번호는 2014년 9월부터 112로 통합 운영되고 있다.

(2) 현장조사 및 사례판정

아동학대신고를 받은 아동보호전문기관의 직원 또는 사법경찰관은 지체 없이 그 현장에 출동하여 조사하고 현장조사서를 작성해야 한다. 현장조사의 목적은 아동보호전문기관에 신고 · 접수된 아동학대 의심 사례에 대하여 학대 발생 여부와 위험 정도를 파악하고 정보를 수집하는 데 있다. 사례판정은 현장조사를 통해 수집된 아동학대 사례 관련 정보를 바탕으로 아동학대 사례, 잠재위험 사례, 일반 사례로 분류 및 결정하는 것이다. 아동학대행위자로부터의 격리 또는 치료 등의 조치가 필요하다고 판단되거나 피해아동이 아동학대행위자로부터 격리 등을 원하는 경우에 조사자는 피해아동을 아동보호전문기관 또는 의료기관에 인도하거나 필요한 보호조치를 의뢰할 수 있다. 〈표 11-12〉는 아동학대 신고접수 및 사례판정에 따른 사례유형이다.

〈표 11-12〉 아동학대 신고접수 및 사례판정에 따른 사례유형

신고접수		사례판정	
응급 아동 학대 의심 사례	신고 접수 당시 응급한 아동학대 상황으로 의심되며, 아동의 안전을 위하여 12시간 이내에 현장조사를 실시해야 한다고 판단되는 사례	아동 학대 사례	학대의 정황이 뚜렷하고 아동학대로 판단할 만한 증거 또는 진술이 뒷받침되어 아동학대로 판정된 사례
아동 학대 의심 사례	신고 접수 당시 아동학대로 의심되어 현장 조사가 필요하다고 판단되는 사례 가운데, 응급아동학대 의심사례를 제외한 모든 사례를 의미하며, 신고 접수를 받은 후 72시간 이내에 현장조사를 실시해야 한다고 판단되는 사례	잠재 위험 사례	아동학대가 발생하지는 않았지만 향후 학대 발생 가능성이 높아 교육 및 모니터링이 필요한 사례
일반 상담 사례	아동보호전문기관에 신고 접수된 사례 중 아동학대 의심사례로 보기 어려운 사례와 성인이 아닌 자에 의해 발생한 사례, 아동학대가 의심되지만 정보 부족으로 현장조사를 실시할 수 없는 사례	일반 사례	신고 접수 시 아동학대 의심사례로 판단하였으나 현장조사 결과 아동학대가 발생하지 않은 사례

(3) 사례개입

사례개입이란 사례판정을 근거로 피해아동의 안전과 회복, 학대행위자의 재학대 방지를 위해 피해아동과 학대행위자에 대해 취해지는 조치 결과와 그들에게 제공되는 서비스를 말한다. 피해아동의 경우, 실제 양육을 담당하는 주 양육자가 아동을 보호하도록 하는 원가정 보호, 주 양육자로부터 분리하여 보호하는 격리 보호, 아동 일시 보호시설이나 그룹홈에서 일시적으로 보호·양육하는 일시 보호, 아동양육시설에 입소시키는 장기 보호, 병원 입원 등의 기타 보호와 같은 조치 결정에 따라 보호될 수 있다. 학대행위자에 대해서는 아동의 안전 확보와 재학대 발생 여부를 확인하기 위해 주기적으로 모니터링하는 지속 관찰, 고소, 고발, 보호관찰·사회봉사·수강명령·치료감호 등의 보호처분, 형사처분 등이 내려질 수 있다.

(4) 사례종결 및 사후관리

아동학대의 위험성 감소 정도, 아동과 해당 가족의 욕구충족 정도, 가족의 변화 등을 고려할 때 개입의 목표가 이루어졌다고 판단되면 아동보호기관의 상담원과 피해아동 및 가족과의 관계를 정리하여 사례를 종결할 수 있다. 사후관리는 가족의 안정 유지 및 학대 재발의 예방을 목적으로 한다. 아동보호전문기관의 장은 종결 후 전화상담이나 가정방문 등을 통해 학대의 재발생 여부를 확인해야 한다(아동복지법 제28조).

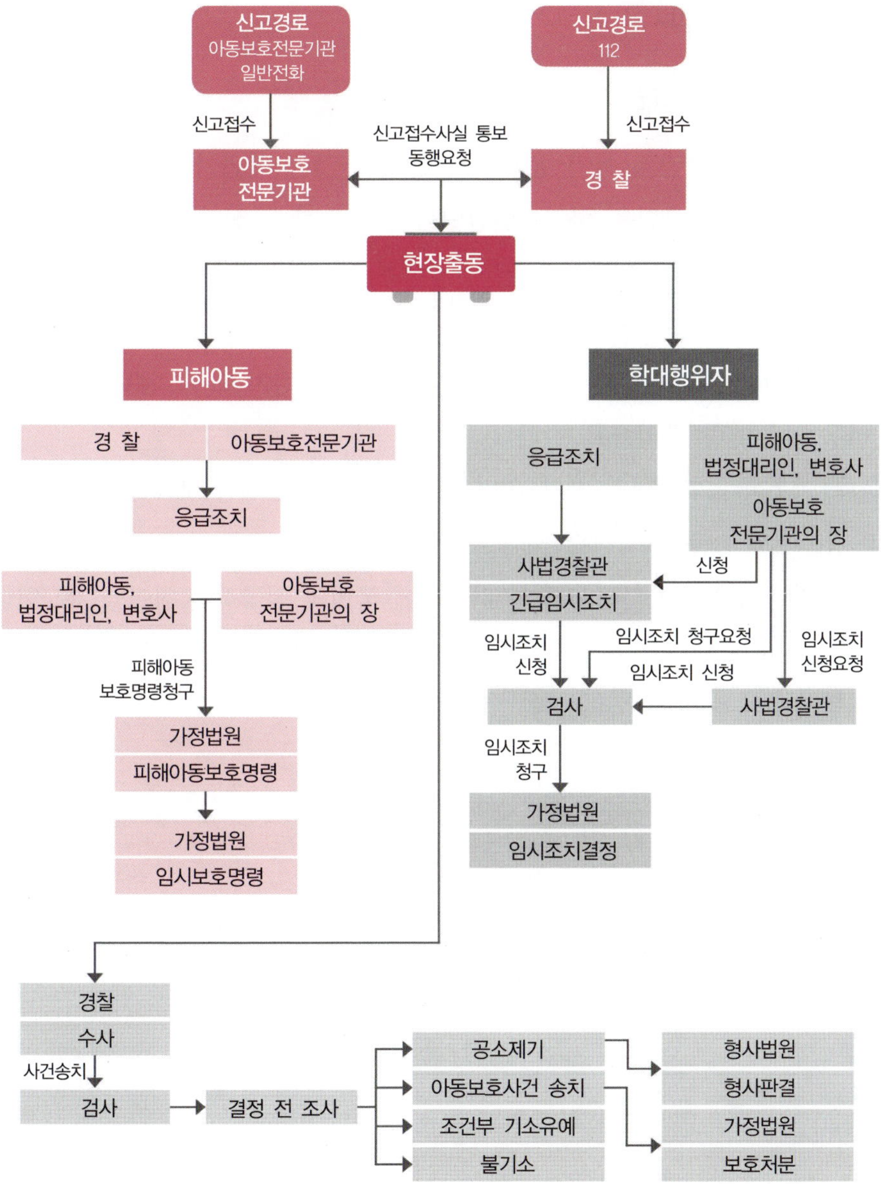

| 그림 11-5 | 아동보호전문기관 업무진행도

출처 : 중앙아동보호전문기관. www.korea1391.go.kr

2) 아동학대 예방서비스

(1) 1차 예방 프로그램

1차 예방 프로그램은 아직 문제가 발생하지 않은 일반가정과 아동에 대해 안전·건강·복지 지원을 하고, 일반인들의 아동학대 심각성에 대한 인식을 제고하는 데 목적이 있다. 이를 위해 정부는 2012년부터 다음과 같은 아동학대 예방 정책을 추진하고 있다(보건복지부, 2012).

첫째, 매년 11월 19일을 아동학대 예방의 날을 지정하고, 그 날로부터 1주일을 아동학대 예방 주간으로 한다.

둘째, 아동학대의 예방과 방지, 위반 행위자의 계도를 위한 교육 홍보영상을 공중파 방송에서 송출하고, 전광판·무료 옥외 광고를 실시하고, SNS서비스와 기업체 프로모션 등을 활용하여 아동학대 예방에 국민의 적극적인 참여를 유도한다.

셋째, 건강가정지원센터 등과 연계하여 예비부모와 부모를 교육하여 가정 내 아동학대의 예방에 노력한다.

〈표 11-13〉 성폭력 및 아동학대 예방 교육 기준

	초등학교 취학 전	초등학교	중·고등학교
교육내용	1. 내 몸의 소중함 2. 내 몸의 정확한 명칭 3. 좋은 느낌과 싫은 느낌 4. 성폭력 예방법과 대처법	1. 성폭력을 포함한 아동학대 개념 2. 성폭력의 위험상황 3. 성폭력 예방법과 대처법 4. 나와 타인의 권리 인식	1. 학대 및 성폭력의 개념 2. 위험상황에 따른 대처법 및 예방법 3. 학대·성폭력 범죄 신고요령 4. 나와 타인의 권리 존중하기
실시 주기 (총 시간)	6개월에 1회 이상(연간 8시간 이상)		
교육방법	1. 전문가 또는 담당자 강의 3. 시청각 교육	2. 장소·상황별 역할극 실시 4. 사례 분석	

출처 : 아동복지법 시행령 제28조.

(2) 2차 예방 프로그램

2차 예방 프로그램은 아동학대의 발생 위험이 높은 집단을 파악하여 위험요인을 최소화하고 아동학대로 진전되지 않도록 하는 데 목적을 둔다. 미혼모 가정, 스트레스가 많은 가족, 사회경제적 지위가 낮은 가족 등 아동학대 고위험 집단의 부모를 대상으로 실시되는 사회적응훈련, 분노조절훈련, 효과적인 의사소통훈련 등의 태도와 행동 개선 프로그램이 해당된다.

(3) 3차 예방 프로그램

3차 예방 프로그램의 목적은 이미 아동학대가 발생한 가정에 개입하여 치료하고 재발을 방지하는 데 있다. 이와 관련하여, 아동복지법(제29조)에 의해 아동보호전문기관의 장은 아동의 안전 확보와 재학대의 방지, 건전한 가정기능의 유지를 위해 피해아동과 보호자를 포함한 가족을 대상으로 상담, 교육, 의료적 · 심리적 치료 등의 지원을 해야 하며, 보호자를 포함한 피해아동의 가족은 이러한 지원에 성실하게 참여해야 한다.

4. 학대아동을 위한 복지정책의 개선과제

1) 아동보호전문기관 상담원의 법적 신변안전 보장

2012년 개정 아동복지법에서는 학대행위자가 학대신고 현장에 출동한 아동보호전문기관 직원의 업무수행 방해하는 행위를 금지하고 이를 위반하면 처벌을 내리도록 명시하고 있다. 그러나 학대행위자가 아동보호전문기관으로 찾아와 업무를 방해하거나 위협, 폭행, 기물을 파손하는 행위가 빈번하므로, 장소나 개입의 단계를 한정하지 않고 모든 아동학대 사업 수행 시에 상담원의 신변안전이 보장되도록 법령을 개정할 필요가 있다.

2) 가족지원서비스의 강화 및 다양화

현재 아동보호서비스는 피해아동이나 부모에 대한 개별상담 및 교육에 편중되어 있다. 학대부모 및 아동의 상담 및 치료뿐 아니라, 가정환경의 개선과 가족 기능을 강화하는 가족지원서비스를 적극적으로 제공함으로써 학대를 예방하고, 아동이 원가정에서 보호될 수 있도록 최대한의 노력을 기울여야 한다. 이를 위해서는 가정의 스트레스 대처를 위한 상담서비스, 소득지원서비스, 직업훈련과 취업연계서비스, 보육 및 방과후보육서비스 연계, 집안일 돕기를 위한 가정봉사원서비스, 자조집단 참여 등의 각종 다양한 서비스를 제공해야 한다.

3) 아동학대 전담 재판부 제도의 도입

학대피해아동을 친권자인 학대행위자로부터 격리 보호하는 것은 친권의 일시적인 제한과 관련된 제재이다. 그러나 우리나라에서는 아동학대에 관한 사법적 대응체계가 매우 취약해서 아동격리를 비롯한 강제적인 친권 개입과 피해아동 보호조치를 행정처분으로 실시하고 있다.

4) 아동학대사례의 질적 수준 제고

피해아동의 학대유형, 학대 정도 등을 고려하여 상담 및 치료, 가정방문, 가사 지원 서비스, 경제적 지원, 지역연계 프로그램 등 다양한 아동복지서비스가 개발되고 제공되어야 한다. 피해아동 및 부모, 가족을 위한 치료서비스를 제공할 수 있는 임상심리치료 인력을 증원해야 한다. 재신고의 60%가 사례 종결 이후에 발생함을 고려했을 때, 사후관리를 위한 전문인력을 배치하고 양성할 필요가 있다.

5) 아동보호전문기관과 수사기관 간의 공조체계 강화

경찰에 접수된 아동학대 사례는 아동보호전문기관과 공유되지 않는 경우가 많아 아동학대의 파악과 그에 따른 신속한 개입에 어려움을 겪게 된다. 따라서 두 기관 간의 공조체계 강화를 위한 법적 근거의 마련이 필요하다. 사법경찰관리는 아동학대로 신고 접수된 사건뿐만 아니라 아동의 사망이나 상해사건을 다루면서 아동학대 의심 사유가 발견되면 아동보호전문기관에 통보하도록 의무화해야 한다.

6) 학대행위자에 대한 상담과 치료서비스 강화

아동학대를 예방하고 재발을 방지하기 위해서는 학대행위자에 대한 개입이 필수적이다. 학대유형, 학대 정도 등과 학대행위자 부모의 특성에 맞는 학대행위자 개입 프로그램, 가족치료, 생활기술훈련, 경제적 지원, 스트레스 관리, 가정방문 프로그램 등의 개발을 통해 다양한 지원을 제공하여 아동학대의 재발을 방지하도록 해야 한다.

토론 및 요약

1. 이웃의 가정에서 부모에 의한 학대가 의심될 경우 어떻게 행동할 것인지를 구체적으로 이야기해 본다.
2. 최근 유아교육기관에서 발생하는 영유아 학대사건들에 대한 대중매체의 보도자료들을 분석하여 그에 따른 문제점을 토의해 본다.
3. 가정에서 아동학대를 예방하기 위한 부모의 실천행동을 구체적으로 작성해 본다.

Chapter 12

가정이 필요한 아동을 위한 서비스 (입양, 가정위탁보호, 시설보호)

이 장에서는 입양과 가정위탁보호, 시설보호 등이 필요한 아동을 위한 서비스를 구체적으로 살펴보고자 한다. 각 유형별로 개념과 현황을 제시하고, 복지서비스의 방향을 살펴보고 개선해야 할 부분에 대해 모색하고자 한다.

학습목표

1. 입양을 정의하고, 입양의 특징 및 현황, 입양정책에 대해 설명할 수 있다.
2. 가정위탁보호를 정의하고, 위탁보호 가정의 특징 및 현황, 위탁보호 가정의 정책에 대해 설명할 수 있다.
3. 시설보호를 정의하고, 시설보호의 특징 및 현황, 시설보호정책에 대해 설명할 수 있다.

1. 입 양

1) 입양의 이해

입양이란 생물학적·혈연적 과정에 의해서가 아니라 법적·사회적 과정에 의해서 친자관계가 형성되는 것이다. 입양은 아동복지 관점에 의해 몇 가지 가정과 가치에 근거하여 이루어져야 한다(한미현 외, 2013; Adamec & Pierce, 2000). 첫째, 아동은 안전하고 양육적인 가정환경에서 성장할 권리를 가진다. 둘째, 생물학적 가정이 아동의 필요를 제공할 수 없을 경우 아동은 대리가정에 대한 권리를 가진다. 셋째, 아동에게 더 많은 일관성을 제공하기 위해 가능한 한 일찍 입양되어야 한다. 넷째, 입양은 모든 참여자들에게 평생에 걸쳐 지속되는 경험이다. 다섯째, 입양된 아동은 자신의 출생, 친가정, 유전적 정보 그리고 입양에 관한 특별한 사항에 대한 권리를 가진다. 여섯째, 입양은 법적으로 인정되고 영구적인 관계를 제공하기 때문에 위탁보호에서 우선시된다.

입양의 역사를 볼 때, 입양의 출발은 아동복지적 관점보다는 가문계승, 재산관리, 노후봉양 등을 위한 수단으로 사용되어 왔다. 국내입양 부모들의 입양 동기는 불임이 주된 원인이다. 최근 국내입양이 증가하면서 유자녀 입양이 증가하고 있어 아동복지를 우선적으로 고려하는 방향으로 입양동기 및 태도가 서서히 변화하고 있다. 2000년도 초에는 공개입양부모모임인 한인입양홍보회가 생겼다.

2) 입양의 유형

① 친족입양과 비친족 입양

친족입양은 아동이 혈연관계를 가지는 가정에 입양되는 경우이며 비친족입양은 아동이 가족관계나 혈연관계를 갖지 않는 가정에 입양되는 경우이다.

② 독립입양과 기관입양

입양의 성립을 주도하는 주체에 따라 구분하는 유형이다. 독립입양은 기관을 통하지 않고 친부모와 입양부모 간의 협의에 의해 성립되는 것으로 직접입양(부모의 동의에 의해 잘 아는 사람에게 입양시킴), 회색시장 입양(선의의 중개에 의해 입양을 원하는 친부모와 양부모, 아는 사람을 통해 이루어지는 입양), 암시장 입양(이익을 목적으로 아동을 매매하는 경우, 불법의 형태)의 세 가지 형태가 있다.

③ 공개입양과 비밀입양

공개입양과 비밀입양은 입양의 공개 여부에 따라 구분된다.

④ 국내입양과 국외입양

국내입양은 아동이 태어난 나라에서 입양하는 것이며, 국외입양은 모국이 아닌 다른 나라로 입양되는 것이다.

3) 입양의 요인과 절차

(1) 입양의 요인

① 입양대상 아동

일반적으로 입양대상 아동은 첫째, 입양대상 아동이 미혼모가정 등 건전한 가정에서 성장할 수 없는 경우에 해당된다. 둘째, 부모가 아동을 돌볼 수 없는 경우, 부모가 사망하였거나 앞으로도 돌볼 수 있는 능력이 없을 경우의 아동이 해당된다. 셋째, 친부모가 판명되지 않거나 아동양육을 거절하거나 싫어하는 경우에 해당되는 아동이다. 넷째, 부모가 자발적으로 아동에 대한 권리를 포기한 경우에 해당되는 아동이다.

② 친부모

친권을 포기하고 입양을 의뢰하는 경우는 경제적 빈곤, 부모의 사망 및 이혼 등으로 인한 가정해체, 친부모가 아동을 심각하게 학대하거나 유기하여 법적으로 친권을 상실하였을 때와, 미혼부모가 아동을 양육할 의사가 없거나 양육할 능력이 없을 때 등이다.

③ 입양부모

입양부모의 동기는 다양하다. 국내 입양부모의 입양동기에 관한 연구에 의하면(정용주, 2011), 불임이 주된 원인이며 유자녀 입양이 증가하는 추세를 보이고 있다.

출처 : 입양인지원센터 홈페이지 www.kadoption.or.kr

입양특례법에 따른 입양대상 아동과 양부모의 자격기준

제9조(양자가 될 자격)

이 법에 따라 양자가 될 사람은 요보호 아동으로서 다음 각 호의 어느 하나에 해당하는 사람이어야 한다.

1. 보호자로부터 이탈된 사람으로서 특별시장 · 광역시장 · 도지사 및 특별자치도지사(이하 "시 · 도지사"라 한다) 또는 시장 · 군수 · 구청장(자치구의 구청장을 말한다. 이하 같다)이 부양의무자를 확인할 수 없어 국민기초생활보장법에 따른 보장시설(이하 "보장시설"이라 한다)에 보호의뢰한 사람
2. 부모(부모가 사망이나 그 밖의 사유로 동의할 수 없는 경우에는 다른 직계존속을 말한다) 또는 후견인이 입양에 동의하여 보장시설 또는 제20조에 따른 입양기관에 보호의뢰한 사람
3. 법원에 의하여 친권상실의 선고를 받은 사람의 자녀로서 시 · 도지사 또는 시장 · 군수 · 구청장이 보장시설에 보호의뢰한 사람
4. 그 밖에 부양의무자를 알 수 없는 경우로서 시 · 도지사 또는 시장 · 군수 · 구청장이 보장시설에 보호의뢰한 사람

제10조(양친이 될 자격 등)

① 이 법에 따라 양친이 될 사람은 다음 각 호의 요건을 모두 갖추어야 한다.
  1. 양자를 부양하기에 충분한 재산이 있을 것
  2. 양자에 대하여 종교의 자유를 인정하고 사회의 구성원으로서 그에 상응하는 양육과 교육을 할 수 있을 것
  3. 양친이 될 사람이 아동학대 · 가정폭력 · 성폭력 · 마약 등의 범죄나 알코올 등 약물중독의 경력이 없을 것
  4. 양친이 될 사람이 대한민국 국민이 아닌 경우 해당 국가의 법에 따라 양친이 될 수 있는 자격이 있을 것
  5. 그 밖에 양자가 될 사람의 복지를 위하여 보건복지부령으로 정하는 필요한 요건을 갖출 것

② 양친이 될 사람은 양자가 될 아동이 복리에 반하는 직업이나 그 밖에 인권침해의 우려가 있는 직업에 종사하지 아니하도록 하여야 한다.

③ 양친이 되려는 사람은 입양의 성립 전에 입양기관 등으로부터 보건복지부령으로 정하는 소정의 교육을 마쳐야 한다.

(2) 입양의 절차

단계	내용
1. 가족과의 충분한 합의	입양에 대한 가족 구성원들 간의 의견 교류
2. 입양상담 및 신청	입양기관에 입양상담 및 양친가정 조사신청서 제출 〈구비서류〉 1. 양친가정조사신청서(별지 제6호 서식) 2. 가족관계증명서 3. 혼인관계증명서 4. 주민등록등본
3. 입양부모의 가정조사 및 가정방문	1. 입양기관 사회복지사의 가정방문(2회 이상) 2. 양친가정조사서 작성(입양기관/ 별지 제7호 서식) 3. 신청인에게 양친가정조사서 발급(입양기관) 4. 양친될 자의 범죄경력 조회(입양기관, 경찰관서)
4. 입양부모 교육	입양기관으로부터 소정의 입양 관련 내용 교육 이수 후 양친교육이수서(별지 제1호 서식) 발급
5. 아이 선보기	입양기관의 아동 추천 후 아이 선보기
6. 가정법원에 입양서류 제출	가정법원에 입양허가 신청 〈구비서류〉 1. 입양허가신청서 2. 신청 관련 사항 목록 3. 기본증명서, 가족관계증명서, 주민등록등본(사건 본인) 4. 혼인관계증명서, 가족관계증명서, 주민등록등본(청구인들) 5. 입양대상아동확인서 6. 양친될 사람의 범죄경력 조회 회보 7. 양친가정조사서 8. 양친될 사람의 교육이수증명서 9. 입양동의서

7. 입양의 허가	가정법원의 인용심판 확정으로 입양허
8. 입양 · 아동의 인도	1. 가정법원의 입양허가가 결정된 후 아동을 양부모에게 인도 2. 인도 시 아동 관련 기록 및 물품 전달
9. 입양신고	가정법원의 허가서를 첨부하여 가족관계 등록 등에 관한 법률에 정하는 바에 따라 신고(친양자 입양신고)
10. 사후관리	입양 성립 이후 입양기관은 1년 동안 양친과 양자의 상호적응을 위하여 사후서비스를 제공하여야 함

4) 입양의 현황

다음의 〈표 12-1〉, 〈표 12-2〉, 〈표 12-3〉, 〈표 12-4〉를 살펴보면, 국내입양이 국외입양보다 최근 몇 년간 비중이 높음을 알 수 있으며, 국외 입양의 경우 미국이 가장 높은 비중을 차지하였다. 건강이 양호한 아동의 입양은 건강 이상의 경우보다 국내외 모두에서 높은 수치를 보여주고 있다. 입양대상아동의 성별유형을 보면 국내에서는 남아보다 여아를 선호하고 있으며, 국외의 경우 반대로 남아를 더 선호함을 볼 수 있다.

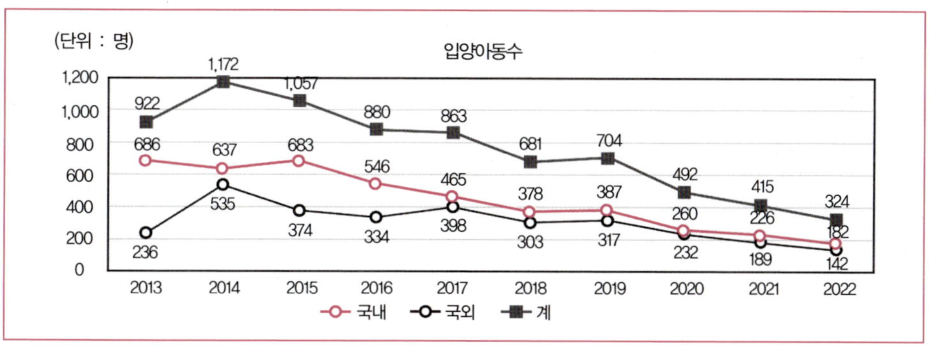

〈표 12-1〉 국내외 입양 현황 (단위 : 명)

구 분	계	2012	2013	2014	2015	2016	2017	2018	2019	2020	2021	2022
계	9,390 (100%)	1,880 (100%)	922 (100%)	1,172 (100%)	1,057 (100%)	880 (100%)	863 (100%)	681 (100%)	704 (100%)	492 (100%)	415 (100%)	324 (100%)
국내	5,575 (59.0%)	1,125 (59.8%)	686 (74.4%)	637 (54.4%)	683 (64.7%)	546 (62%)	465 (53.9%)	378 (56%)	387 (55%)	260 (52.8%)	226 (54.5%)	182 (56.2%)
국외	3,815 (40.6%)	755 (40%)	236 (25.6%)	535 (45.6%)	374 (35.3%)	334 (38%)	398 (46.1%)	303 (44.5%)	317 (45%)	232 (47.2%)	189 (45.5%)	142 (43.8%)

출처 : 보건복지부(2022).

〈표 12-2〉 해외입양 대상 국가별 현황 (단위 : 건)

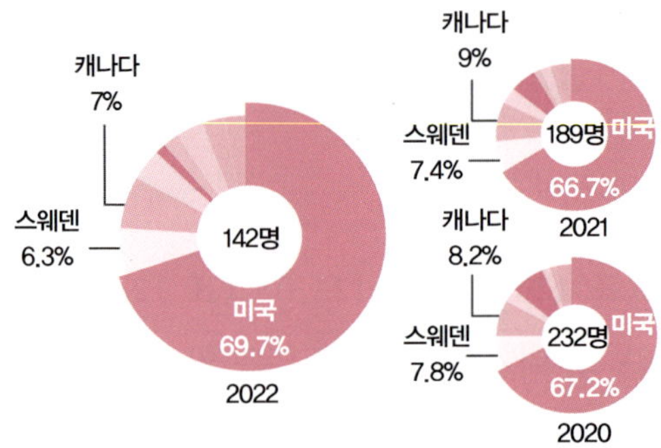

(단위 : 건)

연 도	계	미국	스웨덴	캐나다	노르웨이	호주	룩셈부르크	덴마크	프랑스	이탈리아	영국
2019	317	232 (73.2%)	13 (4.1%)	23 (7.3%)	12 (3.8%)	10 (3.2%)	3 (0.9%)	3 (0.9%)	5 (1.6%)	15 (4.7%)	1 (0.3%)
2020	232	156 (67.2%)	18 (7.8%)	19 (8.2%)	7 (3.0%)	17 (7.3%)	1 (1.3%)	3 (1.3%)	3 (0.9%)	9 (3.9%)	–
2021	189	126 (66.7%)	14 (7.4%)	17 (9.0%)	7 (3.7%)	11 (5.8%)	3 (1.6%)	3 (1.6%)	1 (0.5%)	7 (3.7%)	–

출처 : 아동권리보장원 · 보건복지부(2022).

〈표 12-3〉 아동 건강상태별 입양 현황

(단위 : 명, 괄호안은 비율=%)

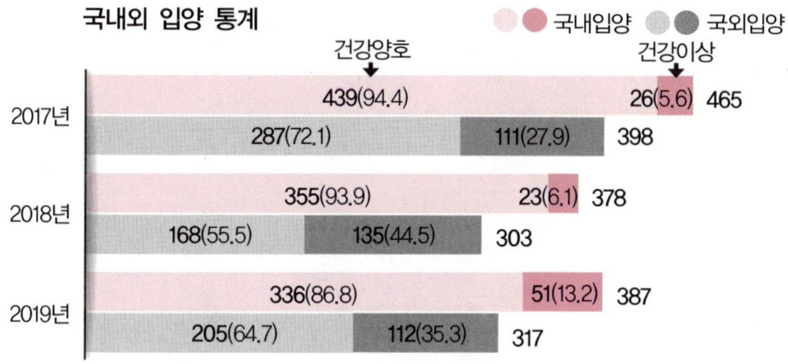

연도	국내입양			국외입양		
	계	건강양호	건강이상	계	건강양호	건강이상
2017	465	439 94.9%	25 5.6%	398	287 72.1%	111 27.9%
2018	378	355 93.3%	23 6.1%	303	168 55.5%	135 44.5%
2019	387	336 64.7%	51 13.2%	317	205 64.7%	112 35.3%

출처 : 보건복지부(2020).

〈표 12-4〉 입양에 대한 성별 및 연령 분포

연도	국내입양							국외입양						
	계	성별		연령				계	성별		연령			
		남	여	3월 미만	3월~1세 미만	1~3 미만	3세		남	여	3월 미만	3월~1세 미만	1~3 미만	3세
2020	260	90	170	0	97 53.3%	97 39.6%	13 7.%	232	192	40	0	0	225 97%	7 3%
2021	226	78	148	12 5.3%	121 53.6%	69 30.5%	54 10.3%	189	133	56	0	0	185 97.9%	4 2.1%
2022	182	67	115	0	157 60.4%	80 30.8%	23 8.8%	142	92	50	0	1 0.7%	139 97.9%	2 1.4%

출처 : 아동권리보장원 · 보건복지부(2022).

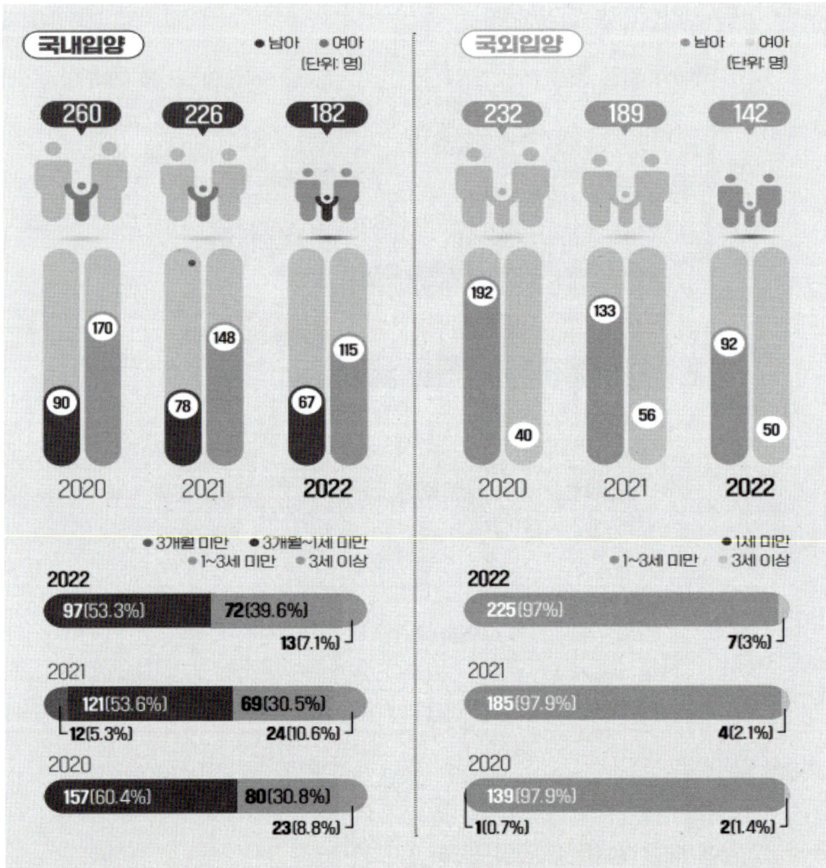

5) 입양정책

(1) 국내 입양정책의 역사

① 1950년대 입양정책

전쟁고아를 위한 대책의 일환으로 진행되었다. '고아양자 특별조치법'(1955)이 있다. 외국인부모의 양부모 자격요건, 절차, 입양가능 여부 등에 많은 문제점이 발생하였다.

② 1960년대 입양정책

'고아입양특례법'(1961)은 외국인이 대한민국 국민인 고아를 입양함에 있어 간소한 조치를 취함으로써 고아의 복리증진을 목적으로 하고, 양자 및 양친 될 자의 자격과 법원의 허가, 양친이 입양 자격 요건을 위반하였을 경우의 보호조치 등을 규정하는 것이다.

③ 1970년대 입양정책

'아동복지시설 정비요강'(1972)이 있다. '입양특례법'(1976)은 해외입양의 근거법인 고아입양특례법을 폐지하고 입양정책의 방향을 국내입양으로 전환하기 위해 제정하였다. 입양아동의 안전과 복지를 증진하고자 요보호 아동의 입양 절차를 간소화하였다. '쿼터제'는 국내입양의 활성화를 위해 국내입양 실적에 따라 국외입양을 할당하는 것이다.

④ 1980년대 입양정책

국외입양이 급증함에 따라, 입양기관 간 입양대상 아동을 확보하기 위한 과대경쟁이 발생하였다. '입양사업 개선지침'은 국외입양과 시설입소를 지양하고 국내가정에서의 양육을 도모하고, 세부지침으로 국내입양기관을 지정하였으며, 가정위탁보호제도를 확대하여 실시하였다.

⑤ 1990년대 이후 입양정책

'입양촉진 및 절차에 관한 특례법'(1995)은 보호가 필요한 아동의 입양을 촉진하고 입양되는 아동의 보호와 복지증진 도모를 위해 필요한 규정이다. '입양의 날'은 2005년 5월 11일에 제정되었다. '친양자제도'(2008)는 양부모가 친양자 입양을 원할 경우 만 15세 미만자의 양자에 대해 가정법원의 재판을 통해 친자녀로 등록할 수 있는 제도이다.

⑥ 최근 정부의 입양정책 방향

개정된 입양특례법에서는 국내입양을 우선으로 하며, 국외입양은 차선책으로 추진하고 있다. 입양가정에 대한 사후관리를 강화하고, 경제적 · 제도적 지원을 통한 국내입양 활성화를 추진하고 있다. 관련법규를 신설하여 국가 및 지방자치단체가 입양이 의뢰된 아동의 양친 될 사람을 국내에서 찾기 위한 시책을 최우선으로 시행하도록 명시하였다. 구체적으로 아동의 입양 의뢰 후 5개월간은 입양기관 간 자료공유 등을 통해 국내입양을 우선 추진하고, 이후에만 국외입양을 추진할 수 있다. 혈연중심의 가족문화, 비밀입양 위주의 입양인식 개선을 위해 대국민홍보를 강화하는 것을 방향으로 삼고 있다.

(2) 입양의 역사

입양의 역사는 기원전 1750년경 함무라비 법전(함무라비왕 집권기. BC 1792~1750)에서 양자에 대한 법적 근거를 찾을 수 있다. 고대 로마제국에서의 입양은 가계의 혈통을 계승하기 위한 것으로 아동의 복지는 고려되지 않았고 남성중심의 사회로 인해 남자아이만 입양하였다. 로마 전통은 프랑스의 나폴레옹 법전(1804년 제정)에서 발견되는 입양에 관한 조항에 영향을 미쳤고, 이후 법전은 서구 각국의 입양에 관한 법률의 기원이 되고 있다.

미국에서 1851년 매사추세스주에서 최초로 양자법이 제정되었으며 그 후 영국은 1926년 입양법이 제정되었고 프랑스는 1928년 양자법이 제정되었다. 입양은 제2차 세계대전 이후 전문적 사회복지서비스 분야로 발전하였으며 전쟁고아의 발생은 입양서비스에 대한 수요를 증가시켰으며 입양서비스 제공을 위한 전문가가 필요하다는 인식을 높였다.

〈표 12-5〉 국가별 입양정책 비교

구 분	한 국	스웨덴	미 국	영 국	일 본
기준 법규	입양특례법, 민법	아동복지법	이민 및 국적법 주법	아동법	신민법
입양의 정책	요보호 아동 보호 정책은 가정보호 우선 정책	예방적 · 지지적 서비스 및 국가의 가족에 대한 지원 강화	민간부문(시장)에 대한 보조의 방법으로 장려	아동의 복리를 최대한 존중, 가정위탁보호 제도 확대	양육과 보호에 대한 국가의 역할 강조 (특별양자제 등)
입양의 취소	입양 후 1년 내에 특수한 사유가 있을 시 가능	인정하지 않고 있으나, 재입양의 기회 부여	가능	가능	가능
입양의 효력	신분상의 자녀로서 인정되어 양부모의 친생자와 동등한 권리(상속권 포함)를 갖는다. 입양된 아동은 양부모의 성을 따를 수 있다.	양부모의 친생자와 동등한 권리 및 상속권을 갖는다. 입양된 아동은 양부모의 성을 따른다. 양부모는 아동의 후견인이 되고 보호자가 된다.	스웨덴과 동일	스웨덴과 동일	• 특별입양 : 양친과 양자 간에는 친자관계가 성립하며, 부양의 권리의무 및 상속권이 생기며 양자는 양친의 권리에 복종한다. 양자는 양친의 가족관계기록부에 입적하며 양친의 성을 따른다. 친생부모와 그 친족 사이의 법률상 친족관계가 완료된다.
입양 완료	국내입양은 가족관계등록법에 정한 바에 따라 신고함으로써 입양 완료된다. 국외 입양은 본적지 관할 가정법원에서의 국적 제적이 되어야 한다.	법원의 입양 판결에 의하여 완료된다. 일정한 시험동거 기간 중 적응 상태가 좋아야 한다. 입양을 하면 각종 부담 급여금 및 교육 기타 혜택이 정부로부터 부여된다.	스웨덴과 동일	스웨덴과 동일	입양은 가족관계등록법이 정한 바에 따라 신고하고 가정재판소의 판결에 의해서만 입양이 성립된다.

출처 : 윤매자 · 신혜경 · 주정현(2004) 재구성.

6) 입양정책의 개선방안

(1) 입양대상 아동의 발생 예방

가정의 복지를 위한 서비스가 강화되어야 하며 십대 미혼모 발생 예방을 위해 청소년기의 올바른 성교육과 미혼모가구 지원 정책이 필요하다.

(2) 개방적 입양 실무 강화

불법의 개인입양을 제도적 정비강화를 통해서 막아야 한다. 자녀를 가족관계기록부에 입적하는 절차의 정비가 필요하고, 입양기관의 입양실무와 서비스 개선이 이루어져야 한다. 양부모의 입양에 대한 태도, 책임과 헌신, 양부모의 성격, 생활양식을 고려하여 입양대상 아동과 조화를 이루는 가정을 선정한다.

(3) 입양문화 개선과 국내입양 활성화를 위한 홍보

입양에 대한 국민의 의식과 태도가 전환되어야 한다. 입양을 자랑스럽게 여기는 문화가 활성화된다면 비밀입양으로 인한 사후문제를 예방하고 가족의 다양성을 인정할 수 있다. 다양한 대중매체를 통한 홍보활동이 적극적으로 요구된다.

(4) 정부지원의 강화

정부의 재정적 · 제도적 지원을 강화한다. 입양가정에 필요한 실질적 금액을 지원한다. 나이 많은 아동이나 장애아동 등 입양이 어려운 아동을 입양하는 경우, 더욱 많은 지원이 필요하다. 입양보조금과 입양휴가제를 확대하고, 파양 규정과 파양 후 지원 제도 등을 점검하여 아동의 복지와 권익을 도모한다.

(5) 사전 · 사후 관리 서비스의 강화

입양 전에 입양부모 교육 제공을 강화한다. 입양 후 발생하는 여러 문제에 잘 대처할 수 있도록 지속적인 서비스가 제공되어야 한다. 문제행동을 위한 기관의 상담과 적절한 치료서비스의 의뢰, 양부모가 갖는 스트레스를 경감시킬 수 있는 서비스 제공이 필요하다. 입양 사후관리 서비스에 입양부모의 참여 및 협조를 의무적으로 요구하는 규정이 필요하다.

2. 가정위탁보호

1) 가정위탁보호의 이해

(1) 가정위탁보호의 개념

가정위탁보호란 아동이 가정 내외의 여러 가지 요인(부모의 사망이나 실직, 질병, 학대, 방임, 알코올 중독, 약물중독, 수감 등)으로 친가정에서 정상적으로 양육될 수 없을 때 일정 기간 동안 다른 가정에서 아동을 보호양육하며 친가정이 정상화되어 가족기능을 회복할 수 있도록 지원하는 전문적인 가정지원서비스이다.

보호가 필요한 아동을 양육하기를 희망하는 가정에서 위탁 양육함으로써 가정적인 분위기에서 건전한 사회인으로서 성장할 수 있도록 도울 수 있다. 아동과 친부모의 관계는 아동이 보호받는 동안 아동과 친가정 사이의 연결고리를 유지해 준다. 그러므로 안전한 접촉을 유지하고 위기에 처한 부모와 자녀 간 관계를 회복하기 위해서 위탁보호 아동의 친부모 방문을 지원하여 위탁보호 아동이 조속한 시일에 친부모와 재결합할 수 있도록 한다. 사회문제 예방 차원에서 부적절한 양육으로 인한 다양한 사회문제(범죄, 알코올 · 약물 중독)를 예방하는 데 가정위탁보호가 기여한다고 볼 수 있다.

(2) 가정위탁보호 서비스의 발전

부모의 보호를 받지 못하는 아동은 부모와 가정을 대신해 줄 수 있는 환경이 필요하지만, 많은 경우 가정과 격리된 시설에서 아동이 보호되어 왔다. 시설에서 성장한 아동은 일반가정에서 성장한 아동에 비해 부적응을 보였다.

1990년대 후반에 들어서 소년소녀가장제도와 시설보호 사업에 대한 한계와 문제가 제기되면서 국가 차원에서 요보호 아동 보호방법을 시설보호나 소년소녀가장세대 보호 형태에서 그룹홈 형태나 가정위탁보호 형태의 보호방식으로 전환하는 방향으로 추진하였다. 그 결과로 1990년 가정위탁사업이 시범적으로 실시되었다.

1999년에 가정위탁보호에 대한 법적 근거를 마련하였고, 2000년에 가정위탁 양육보조금이 지원되었고, 2000년부터 2002년까지 강원도에서 가정위탁지원센터가 시범 운영되었다. 2003년 가정위탁지원센터가 전국으로 확대(16개 시·도, 총 17개소)되었고, 2004년 7월 중앙가정위탁지원센터가 설치되었으며, 2005년 7월 아동복지법에 '가정위탁보호의 법적 근거 규정'이 개정되었다. 2006년 1월 가정위탁 아동 상해 보험료가 지원되었고, 2010년 1월 입양 및 가정위탁 아동 심리치료비 등의 지원이 확대되었다. 2012년 8월 아동복지법이 개정됨에 따라 시·군·구 가정위탁지원센터 설치 근거 규정과 가정위탁보호 아동자립지원 근거 규정이 마련되었다.

(3) 가정위탁보호 가정의 필요성

가정위탁보호 가정의 필요성을 구체적으로 살펴보면 다음과 같다. 첫째, 시설입소보다는 가정에서의 보호방법을 모색하여 요보호 아동에게 대리가정을 제공할 필요가 있다. 둘째, 장기간의 보호를 필요로 하는 아동들을 친인척들이 양육하도록 지원함으로써 그들이 안정된 가정에서 건전하게 성장할 수 있도록 도와야 한다. 셋째, 아동학대를 경험한 아동 등을 부모로부터 일정 기간 분리하여 아동과 부모를 치료하기 위한 방법의 하나로서 가정위탁보호가 필요하다. 넷째, 소년소녀가장가정에서는 아동들이 겪는 문제의 종류와 필요로 하는 욕구에 기초한 적절한 서비스를 제공할 수 있는 준비가 미흡하고, 전달체계가 마련되어 있지 않기 때문에 가정위탁으로 전환할 필요가 있다. 다섯째, 해외입양정책의 변화에 따른 요보호 아동들에 대한 대책으로 사용될 수 있다. 여섯째, 아동복지의 장을 넓히고 선택의 폭을 넓힌다는 점에서 가정위탁보호 서비스를 도입하는 것이 필요하다.

(4) 가정위탁보호의 4주체 및 6가지 실천원칙

가정위탁보호의 4주체와 6가지 실천원칙은 다음 〈표 12-6〉, 〈표 12-7〉과 같다.

〈표 12-6〉 가정위탁보호의 4주체

구분	내용
위탁아동	보호를 필요로 하는 아동 중 친가정에서 양육할 수 없다고 판단되어 위탁보호로 의뢰된 아동
위탁부모(가정)	일정 기간 동안 친가정(부모)의 역할을 대신해 위탁아동을 보호 · 양육하여 친가정 복귀를 돕는 가정(부모)
친부모(가정)	위탁아동의 친권을 가지고 있는 친부모이며, 아동의 정상적인 보호 · 양육이 어려워 일정 기간 가정위탁보호를 요청한 가정(부모)
가정위탁지원센터	시 · 도(시 · 군 · 구)의 가정위탁보호 업무를 지원 · 협력하며, 위탁아동이 건전하고 안정적인 가정 내에서 보호 · 양육되도록 지원하는 기관

〈표 12-7〉 가정위탁보호의 6가지 실천원칙

아동중심의 원칙	아동의 건전한 인격 형성을 최우선으로 고려한다.
가족보존의 원칙	친가정의 가족기능을 회복시켜 아동이 친가정으로 복귀하는 것을 돕고, 친가정 유지가 어려운 경우에는 대리가정을 발굴하여 건강한 위탁가정을 유지한다.
친인척 가정 우선 배치의 원칙	친인척 가정에 특별한 결격사유가 없는 한 아동의 문화적 · 정서적 충격을 최소화하고자 아동 본인의 의사를 고려하여 친인척 가정에 우선 배치한다.
연계성의 원칙	아동의 건강한 성장과 친가정의 가족기능 회복을 위해 지역사회 협력기관과 네트워크체계를 구축하여 맞춤 서비스를 제공한다.
적절성의 원칙	아동 및 위탁가정의 특성이 고려된 적합한 위탁가정에 아동을 배치하고 사례개입에 요구되는 적절한 서비스를 제공한다.
전문성의 원칙	위탁보호 과정에서 발생되는 다양한 문제에 효과적으로 대처하기 위해 각 분야별 전문적인 서비스를 제공하고 지속적인 교육을 통한 전문성을 향상한다.

2) 가정위탁보호의 관련 법 및 관련 기관

(1) 가정위탁보호의 관련 법

① 아동복지법 제2조 제6호(가정위탁 용어의 정의), 제15조(보호조치), 제48조(가정위탁지원센터의 설치), 제49조(가정위탁지원센터의 업무), 제59조(가정위탁지원센터의 설치, 운영에 소요되는 비용 보조) 등이 있다.

② 의료급여법 제3조(수급권자)

③ 유엔 아동권리협약(1991, 제20조)은 "당사국 정부는 가족과 분리된 아동을 특별히 보호하기 위하여 적절한 위탁가정이나 입양가정의 보호를 받을 수 있도록 하는 한편 필요한 경우 보호시설을 제공해야 한다. 이러한 아동보호에 있어 인종, 종교, 문화적인 배경을 충분히 고려해야 한다"이다.

④ 아동권리협약 이행에 관한 2차 보고서에 대한 유엔 아동권리위원회의 권고의견(2003. 1. 31. 유엔 아동권리위원회 제862차 회의)은 "위원회는 위탁양육

이 여전히 제한적으로 시행됨을 우려하며, 특히 위탁양육가정에 대한 재정지원과 상담지원제도를 증대함으로써 위탁양육을 확장할 것과 대안양육이 되고 있거나 취약가정에 있는 아동들을 지원할 수 있는 사회복지사의 역량 강화를 권고한다"이다.

(2) 가정위탁보호의 관련 기관

2003년부터 강원가정위탁지원센터를 시작으로 가정위탁지원센터가 설치되었고, 2020년 기준 중앙가정위탁지원센터 1개소와 지역가정위탁지원센터 17개가 운영되고 있다. 중앙가정위탁지원센터는 지역가정위탁지원센터를 지원하며, 가정위탁제도와 관련한 정책수립 및 교육, 가정위탁 인식 증진을 위한 대국민 홍보사업 등을 전개하는 보건복지부 산하 위탁기관이다. 지역가정위탁지원센터는 친가정 내 보호가 어려운 아동에게 위탁가정을 제공하여 건강한 성장과 발달을 돕고 위탁부모를 발굴, 교육하고 가정위탁보호 아동의 전문적인 관리와 지원을 담당한다.

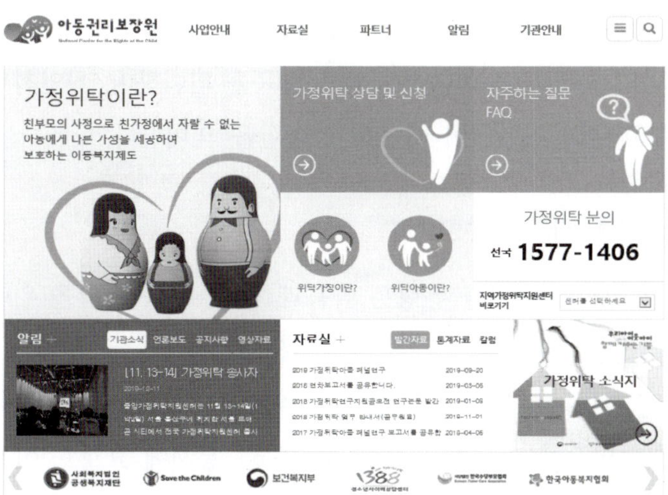

출처 : 중앙가정위탁지원센터 홈페이지 https://www.fostercare.or.kr/

(3) 가정위탁보호의 진행

가정위탁보호의 진행은 먼저 지역가정위탁지원센터에서 위탁가정의 결정 의뢰를 하면 시 · 군 · 구에서 위탁가정을 결정하고 읍 · 면 · 동과 지역가정위탁지원센터에 결정통보를 한다. 그 다음 가정위탁지원센터에서는 아동적응을 위한 상담 및 제반 서비스를 통해 위탁가정에는 위탁부모 교육, 가정조사, 양육상담 서비스를 제공하고 친가정에는 가정기능 회복을 위한 상담 및 제반 서비스를 제공하여 위탁아동이 친가정으로 돌아갈 수 있도록 한다.

3) 가정위탁보호의 유형

가정위탁보호의 유형은 위탁가정의 형태와 서비스 비용 지불의 여부로 나누어진다.

(1) 위탁가정의 형태

가정위탁의 유형은 위탁가정의 형태에 따라 아동과 관련 없는 일반가정에 아동을 위탁하는 일반가정위탁과 대리양육, 친인척위탁으로 나누어진다. 대리양육위탁은 친조부모나 외조부모에 의한 양육을 의미하며, 친인척위탁은 민법에 의한 8촌 이내의 친인척이 아동을 양육함을 의미한다.

(2) 서비스 비용 지불의 유형

서비스 비용지불과 관련한 유형은 다음과 같다. 양육 부담을 위탁가정이 부담하는 위탁보호인 무료 위탁호보, 양육비용의 전부 또는 일부를 친가정이나 사회복지관이 부담하는 위탁보호인 유료 위탁보호, 사업을 경영하는 사람이 요보호 아동의 양육에 필요한 비용을 부담함과 동시에 요보호 아동을 자기의 사업장에 취업시킴으로써 장차 자립생활을 할 수 있도록 하는 위탁보호인 고용 위탁보호, 수탁자가 요보호 아동을 자기의 양자로 하기 위한 위탁보호인 입양 위탁보호가 있다.

4) 위탁보호 가정사업선정 및 지원 서비스

(1) 가정위탁보호의 선정기준

① 위탁가정

위탁가정 선정 기준에서 친인척 및 일반인 공통 기본 요건은 가족에게 범죄, 가정폭력, 아동학대, 알코올 · 약물 중독 등의 기록이 없어야 하고, 건강진단서 등을 통하여 질환 여부를 확인하여 전염성 질환 및 정신 질환이 없어야 한다. 일반인에 의한 위탁보호 자격 요건은 2인 이상의 이웃, 공립아동상담소, 가정위탁사업을 하는 단체의 추천이 있어야 하고, 위탁가정의 아동 수는 자신의 자녀를 포함하여 4인을 초과하지 않아야 하며, 성별에 따라 별도의 방이 있어야 한다. 결혼하여 아이를 키워본 경험이 있는 가정을 원칙으로 하며, 위탁보호에 필요한 교육을 이수하여야 하고, 대상 아동이 형제인 경우는 같은 가정에 위탁하는 것을 원칙으로 한다.

② 위탁아동

만 18세 미만(18세 이상이어도 고등학교 재학 중일 경우 포함)으로서 아동 학대를 받은 경우, 보호자가 없거나 이탈하여 보호가 필요한 경우, 보호자가 아동을 양육하기에 적당하지 않거나 능력이 없는 경우가 해당된다.

(2) 위탁보호 가정의 선정절차

① 위탁아동 선정절차

가정위탁지원센터는 요보호 아동을 시설에서 보호하는 것보다 가정에 위탁하여 보호하는 것이 바람직하다고 판단될 경우 요보호 아동을 시설의 장과 협의하여 위탁보호 대상아동으로 선정한다. 또한 위탁보호가 필요한 아동이 발견될 경우에는 시 · 군 · 구나 가정위탁지원센터에 아동보호를 신청한다. 시 · 군 · 구는 보호를 필요로 하는 가정과 그 아동을 조사하여 위탁보호 여부를 결정하여 기초생활수급자로 책정하고 해당 가정위탁지원센터에 위탁결정을 통보하고 적합한 위탁가정을 연계하도록 한다.

② 위탁가정 선정절차

요보호 아동의 보호를 희망하는 가정은 아동보호신청서를 작성하여 가정위탁지원센터에 제출하고 가정위탁지원센터는 시장 · 군수 · 구청장에게 신청서를 제출하여 위탁가정으로 선정을 의뢰한다. 시장 · 군수 · 구청장은 공무원이나 가정위탁지원센터 상담원에게 위탁희망 가정을 방문하여 가족사항, 주변환경을 조사하도록 하고, 위탁가정 선정 여부를 결정하고 그 사실을 센터에 알려준다(정익중 외, 2013).

(3) 위탁보호 가정의 지원 서비스

① 위탁보호 가정의 경제적 지원

〈표 12-8〉 위탁보호 가정의 경제적 지원

급 여	지원내용
양육보조금	지원기준 : 위탁아동 1인당 월 12만 원 이상
생계비, 의료비 교육비 등의 지원	• 지원기준 : 위탁보호아동은 국민기초생활보장법에 의한 수급자 선정 기준에 따라 생계, 의료, 교육 등의 해당 급여를 개인단위로 실시 • 지원방법 : 생계비, 교육비는 위탁보호아동 통장으로 입급, 의료보호인 경우 치료비는 진료기관으로 입금
자립지원정착금 지원	• 지원기준 : 위탁아동 종결 시 아동복지시설 퇴소 아동에 준하여 자립지원 정착금 지급 • 지원내용 : 아동 1인당 3,000천 원 이상 지급

대학진학자금 지원	대학등록금 : 아동 1인당 3,000천 원 이상 지급
상해보험료 지원	• 지원내용 : 위탁아동 후유장해, 입원 · 통원 의료비 등 • 지원수준 : 위탁아동 1인당 연 7만 원 이내
심리치료비	• 지원내용 : 심리정서치료비, 검사비, 교통비 • 지원금액 : 심리정서치료비 월 20만 원 이내, 심리검사비 20만 원(1회), 교통비 월 2만 원 이내, 단 지역적 상황으로 택시를 이용해야 할 경우 월 4만 원 이내(아동 및 아동보호자 교통비 포함)
전세자금 지원 (국토해양부)	• 지원대상 : 소득이 도시근로자 가구당 월평균 이하로서 무주택인 대리양육, 친 · 인척위탁가정 • 지원내용 : 임차전용면적이 85m^2 이하인 주택을 대상, 일반주택 전세자금 및 공공임대 주택 임대보증금 지원, 대출한도액은 전세주택 4~7천만 원 및 공공 임대주택 임대보증금

② 가정위탁보호의 지원서비스

가정위탁지원센터는 아동의 심리사회적 적응을 돕기 위해 위탁아동, 위탁가정, 친가정에 대하여 다음의 직간접적인 서비스를 실시하고 있다(엄명용 외, 2016).

〈표 12-9〉 가정위탁보호 지원서비스

구 분	직접적 서비스	간접적 서비스
위탁아동	아동상담[위탁보호 초기(3~6월) 매월 가정방문 실시] 아동자립준비 프로그램 친부모와의 관계유지 친가정복귀 프로그램	심리치료비 지원 연계 결연 후원 서비스 연계 상해보험료 지원 연계 디딤씨앗통장(CDA) 지원 연계
위탁부모	예비위탁부모교육 위탁부모 보수교육 가정방문 및 상담	양육보조금 연계 자조모임 지원
친부모	가족재결합을 위한 직접서비스 : 친부모 상담 및 교육 아동과의 정기적 만남	가족재결합을 위한 간접서비스 : 자립지원서비스 의뢰 및 연계

5) 국내 위탁보호 가정의 현황

중앙가정위탁센터에서 제공한 2015년 국내 위탁보호 가정의 현황은 다음과 같다.

(1) 위탁보호 가정 유형 현황

위탁보호 가정 유형에는 일반위탁, 전문위탁, 일시위탁 세 가지 유형이 있는데, 2021년 기준 일반(친인척)위탁 88.6%로 제일 많고, 그 다음으로 일반(친인척 외)위탁, 전문위탁 순이다.

〈표 12-10〉 위탁보호 가정 유형 현황 (단위 : 명, %)

합 계	일 반		전 문	일 시
	친인척	친인척 외		
9,941	8,452	947	99	43
100.0	88.6	9.9	1.0	0.5

출처 : 보건복지부 · 아동권리보장원(2022). 2021 가정위탁보호 현황보고서.

(2) 가정위탁사유 현황

가정위탁사유를 보면, 2021년 기준 가장 많은 부분을 차지하는 것은 부모의 이혼으로 27.8%의 아동이 가정위탁이 필요하게 된다. 두 번째는 부모의 부나모의 사망으로 24.2%를 차지한다.

〈표 12-11〉 가정위탁사유 현황 (단위 : 명, %)

구 분	계	부모 모두 사망	부나 모의 사망	별거/가출	이혼	부모 수감	실직/빈곤	부모 질병	학대/방임	미혼모(부)/혼외 출생	시설 의뢰	부모 장애	기타
계	9,541	514	2,306	2,095	2,651	464	108	185	501	350	122	85	160
	100.0	5.4	24.2	22.0	27.8	4.9	1.1	1.9	5.3	3.7	1.3	0.9	1.7

일반 (친인척)	8,452	502	2,222	1,907	2,492	432	65	148	300	207	4	63	110
	100.0	5.9	26.3	22.6	29.5	5.1	0.8	1.8	3.5	2.4	0.0	0.7	1.3
일반 (친인척 외)	947	12	82	181	148	29	43	34	118	128	112	20	40
	100.0	1.3	8.7	19.1	15.6	3.1	4.5	3.6	12.5	13.5	11.8	2.1	4.2
전문	99	0	1	6	10	3	0	0	53	14	4	1	7
	100.0	0.0	1.0	6.1	10.1	3.0	0.0	0.0	53.5	14.1	4.0	1.0	7.1
일시	43	0	1	1	1	0	0	3	30	1	2	1	3
	100.0	0.0	2.3	2.3	2.3	0.0	0.0	7.0	69.8	2.3	4.7	2.3	7.0

출처 : 보건복지부 · 아동권리보장원(2022). 2021 가정위탁보호 현황보고서.

(3) 가정위탁아동 성별 및 연령 현황

가정위탁아동의 연령을 보면 2022년 기준 17세에서 19세 사이의 고등학생이 25.8%로 가장 많은 분포를 이루었고, 그 다음으로는 20세 이상이 23.4%를 이루었다.

〈표 12-12〉 가정위탁아동의 성별 · 연령 현황 (단위 : 명, %)

구 분		계	성 별		연 령						
			남	여	1~3세	4~7세	8~10세	11~13세	14~16세	17~19세	20세 이상
계	총계	9,541	4,930	4,611	201	564	894	1,332	1,856	2,462	2,232
		100.0	51.7	48.3	2.1	5.9	9.4	14.0	19.5	25.8	23.4
	일반 (친인척	8,452	4,331	4,121	58	374	736	1,211	1,723	2,268	2,082
		100.0	51.2	48.8	0.7	4.4	8.7	14.3	20.4	26.8	24.6
	일반 (친인척 외)	947	519	428	66	162	147	108	124	190	150
		100.0	54.8	45.2	7.0	17.1	15.5	11.4	13.1	20.1	15.8
	전문	99	61	38	45	19	9	13	9	4	0
		100.0	61.6	38.4	45.5	19.2	9.1	13.1	9.1	4.0	0.0
	일시	43	19	24	32	9	2	0	0	0	0
		100.0	44.2	55.8	74.4	20.9	4.7	0.0	0.0	0.0	0.0

출처 : 보건복지부 · 중앙가정위탁지원센터(2019). 2018 가정위탁보호 현황보고서.

위탁아동의 보호결정 시 연령대와 성별 분포를 위탁유형을 살펴보면 보호대상아동의 가정위탁보호 진입 시 연령은 2021년 기준 8~10세(23.7%), 11~13세(22.2%), 4~7세(21.2%) 순으로 높은 비중을 차지했고 영아기를 제외한 유아기부터 학령기 연령까지 대체로 고르게 분포되었다. 20세 이상(0.1%)은 전체 연령에서 가장 낮은 수치를 보였다.

〈표 12-13〉 아동 가정위탁보호 진입 시기 (단위 : 명, %)

구 분	계	성별		연령						
		남	여	1~3세	4~7세	8~10세	11~13세	14~16세	17~19세	20세 이상
계	9,541	4,930	4,611	783	2,020	2,261	2,121	1,594	752	10
	100.0	51.7	48.3	8.2	21.2	23.7	22.2	16.7	7.9	0.1
일반 (친인척)	8,452	4,331	4,121	371	1,687	2,122	2,030	1,521	712	9
	100.0	51.2	48.8	4.4	20.0	25.1	24.0	18.0	8.4	0.1
일반 (친인척 외)	947	519	428	319	306	129	83	71	38	1
	100.0	54.8	45.2	33.7	32.3	13.6	8.8	7.5	4.0	0.1
전 문	99	61	38	61	18	8	8	2	2	0
	100.0	61.6	38.4	61.6	18.2	8.1	8.1	2.0	2.0	0.0
일 시	43	19	24	32	9	2	0	0	0	0
	100.0	44.2	55.8	74.4	20.9	4.7	0.0	0.0	0.0	0.0

출처 : 보건복지부 · 아동권리보장원(2022). 2021 가정위탁보호 현황보고서.

(4) 가정위탁 종결사유 현황

'보호 연장 종결'의 경우가 49.5%로, 법적 보호 나이를 넘어서 종결된 것으로 볼 수 있다. 가정위탁의 궁극적 목적인 친가정 복귀는 13.5%에 그쳤다.

〈표 12-14〉 가정위탁 종결사유 현황 (단위 : 명, %)

구 분	계	친가정 복귀	위탁 가정의 환경변화	위탁 가정과 친가정의 문제	아동과 위탁 가정의 부적응	아동의 문제행동	만 18세 이상으로 종결	보호 연장 종결	입 양	기 타
계	1,581	214	21	1	8	7	260	782	10	278
	100.0	13.5	1.3	0.1	0.5	0.4	16.4	49.5	0.6	17.6
일반 (친인척)	1,428	169	14	1	2	2	248	750	2	240
	100.0	11.8	1.0	0.1	0.1	0.1	17.4	52.5	0.1	16.8
일반 (친인척 외)	107	21	6	0	6	5	12	32	4	21
	100.0	19.6	5.6	0.0	5.6	4.7	11.2	29.9	3.7	19.6
전 문	7	3	1	0	0	0	0	0	0	3
	100.0	42.9	14.3	0.0	0.0	0.0	0.0	0.0	0.0	42.9
일 시	39	21	0	0	0	0	0	0	4	14
	100.0	53.8	0.0	0.0	0.0	0.0	0.0	0.0	10.3	35.9

출처 : 보건복지부 · 아동권리보장원(2022). 2021 가정위탁보호 현황보고서.

(5) 가정위탁종결 후 배치 현황

〈표 12-15〉 가정위탁종결 후 배치 현황 (단위 : 명, %)

구 분	계	친가정 복귀	양육시설 입소	일시보호 시설입소	그룹홈 입소	소년소녀 가정세대 책정	입 양	진 학	취 업	군입대	자립준비		기 타
											보호 종료	연장 종료	
계	1,581	223	33	10	7	–	11	8	206	11	117	681	274
	100.0	14.1	2.1	0.6	0.4	–	0.7	0.5	13.0	0.7	7.4	43.1	17.3
일반 (친인척)	1,428	178	17	4	3	0	2	6	196	11	111	655	245
	100.0	12.5	1.2	0.3	0.2	0.0	0.1	0.4	13.7	0.8	7.8	45.9	17.2
일반 (친인척 외)	107	22	9	4	3	0	6	2	10	0	5	26	20
	100.0	20.6	8.4	3.7	2.8	0.0	5.6	1.9	9.3	0.0	4.7	24.3	18.7
전 문	7	3	2	1	1	0	0	0	0	0	0	0	0
	100.0	42.9	28.6	14.3	14.3	0.0	0.0	0.0	0.0	0.0	0.0	0.0	0.0
일 시	39	20	5	1	0	0	3	0	0	0	1	0	9
	100.0	51.3	12.8	2.6	0.0	0.0	7.7	0.0	0.0	0.0	2.6	0.0	23.1

출처 : 보건복지부 · 아동권리보장원(2022). 2021 가정위탁보호 현황보고서.

가정위탁 아동의 가정위탁 종결 후 배치 현황을 보면 자립준비가 50.5%로 가장 높다. 하지만 우리나라 아동복지법상 만 18세 이상의 아동이 법적 보호를 받기가 어려워서 현실적이거나 자발적인 자립이라고 보기는 힘들다.

6) 위탁보호가정 정책의 개선방안

(1) 종결위탁아동의 낮은 친가정 복귀율

친가정 복귀를 지원하는 서비스의 체계화가 필요하다. 아동을 양육하는데 필요한 경제적 지원, 아동의 친부모와 정기적 만남에 대한 책임 강화, 친 가정에 대한 서비스 체계화, 지역과 연계한 필요한 지원을 받을 수 있도록 해야 한다.

(2) 종결아동의 많은 경우가 2년 이상 장기보호

아동의 영구배치 및 친가정 복귀를 위한 심의위원회를 구성해야 한다. 일정 기간 안에 친가정 복귀가 어려울 경우 사후 배치에 대한 내용을 제도적으로 결정하고, 영구배치계획을 세우도록 하는 제도와 아동이 친가정 복귀를 하는 경우 역시 아동을 위해 안전한 환경인가에 대한 평가가 선행되는 정책이 만들어져야 한다.

(3) 가정위탁 담당기관 및 전담인력의 부족

위탁 담당기관 및 전담인력을 확대해야 한다. 현재 각 시·도에 있는 가정위탁지원센터를 거점센터로 지정하고, 기존의 사회복지관이나 아동복지관 등과 연계하여 지역 내 있는 위탁아동, 위탁가정, 친가정에 대한 사례관리를 체계적으로 해야 한다.

(4) 위탁부모가 아동을 양육하고 있음에도 불구하고 양육권은 여전히 친부모에게 남아 있는 불합리한 상태

위탁부모의 책임과 권리에 대한 규정을 마련해야 한다. 미국의 경우 일반적으로 위탁부모는 정부 혹은 지방자치단체와 체결한 계약을 통해 가정위탁서비스를 제공하는 사람으로 설명된다. 즉, 위탁부모가 계약을 통하여 제공하는 서비스는 정부의 사회보장에 관한 기능을 대행하는 것이므로 개인이 공적기능을 담당하는 형식으로 이루어진다. 또한 양육활동에서 발생하는 비용보조권리, 아동 관련 정보를 제공받을 권리, 가정위탁 정책 활동을 제공받을 권리, 휴식을 제공받을 권리, 능력에 따른 평가와 대우를 받을 권리 등 위탁부모 옹호에 대해 여러 주에서 법률을 통해 부모의 권리를 규정하고 있다.

(5) 양육비의 현실화 및 차별화에 대한 문제

양육비의 현실화 및 차별화가 필요하다. 일반위탁의 경우는 양육보조비를 조금 더 현실화할 필요가 있으며 아동의 장애나 문제행동 정도에 따라 양육보조금도 차별화할 필요가 있고, 아동들을 위해 필요한 교육비나 특별활동 문화체험 등의 다양한 기회를 받을 수 있도록 보다 적극적으로 연계해야 한다.

(6) 친가정 복귀가 어려운 아동의 문제

장기위탁 아동을 위한 후견인 제도와 입양지원이 필요하다. 일반가정에 위탁된 아동의 경우도 위탁부모가 법적 후견인이 되기를 원하면 그렇게 할 수 있도록 도와주고 부모가 그 책임을 다하지 않는 경우 부모의 친권상실을 통해 아동의 입양이 가능하도록 해야 한다. 위탁가정이 아동을 입양하고자 할 때에는 우선적으로 그 가정에 입양될 수 있도록 우선권을 부여해야 한다.

3. 시설보호

1) 시설보호의 이해

(1) 시설보호서비스의 개념 및 목적

아동복지시설에서 행해지는 시설보호 복지서비스는 부모나 아동 자신의 문제로 인해 원가정에서 생활하기가 불가능할 때 이들이 생활할 공간을 제공해 주어, 아동들이 혈연적으로 무관한 성인의 보호 아래 24시간 함께 거주함으로써 아동을 사회적으로 보호하는 아동복지서비스이다(이상욱 외, 2016).

부모가 자녀를 양육, 보호할 능력을 상실하였거나 그 역할을 회피할 때, 시설에서 제공하는 대리보호서비스로 다음과 같은 특성이 있다.

① 아동의 시설 배치는 공공기관 또는 민간기관에 의해 이루어진다.
② 아동보호에 대한 책임이 친부모로부터 시설로 이전된다.
③ 시설보호는 하루 24시간의 전일제 보호이며, 가정 외 보호이다.
④ 시설보호는 영구적인 보호가 아닌 일정 기간 동안의 보호이며, 친부모에게 되돌아갈 수 있도록 권장한다.

시설보호서비스의 목적은 아동의 주거보호 외에 교육과 사회화를 제공하고, 과거 부정적 생활 경험으로 인한 정서 · 신체적 문제를 치유하며, 아동의 욕구에 따라 개별화된 서비스를 제공하는 데 있다. 고아뿐만 아니라 가족해체나 부모의 이혼과 같은 가정의 붕괴로 가정의 역할이 순기능적으로 작동되지 않거나 욕구가 제대로 충족되기 어려운 아동에게 집단보호와 더불어 사회적 적응력을 향상시키기 위한 치료를 제공한다.

원가정에서 성장이 불가능할 경우 대리가정의 입양을 먼저 고려하여야 하며, 입양이 불가능할 경우에 마지막으로 시설에서 보호해야 한다. 즉, 친가정이 제1차 방어선 역할을 하고, 대리가정이 제2차 방어선, 시설보호사업은 제3차 방어선의 역할을 담당해야 한다. 시설보호서비스는 아동의 생존권 보장이라는 점에서 의의가 있으나 성장기의 아동을 집단으로 수용·보호한다는 점에서 아동의 인권, 발달 및 복지상의 효과성에 대한 논의가 제기된다. 아동을 위한 시설보호서비스의 개념에는 ① 부모역할을 대신하는 대리보호를 의미하는 역할론적 개념, ② 가정이 아닌 시설이라는 공간에서 이루어지는 시설보호작업을 의미하는 장소적 개념, ③ 시설에 장기간 거주함으로써 시설보호사업이 이루어짐을 의미하는 시간적 개념, ④ 아동에 대한 보호가 개별적으로 이루어지는 것이 아니라 집단적으로 이루어짐을 의미하는 형태적 개념, ⑤ 아동에 대한 보호의 주체가 일반 개인이 아닌 사회 전체임을 의미하는 제도적 개념이 있다(한미현 외, 2013).

(2) 시설보호서비스의 기능

① 기초기능

기초기능은 시설이 종래부터 담당해 오던 기능이다. 생명보존활동에 필요한 의식주서비스를 제공하는 일상적 보호와 이에 필요한 생활환경 정비를 수행하는 보호기능, 발달이 다른 시설아동들이 각자의 발달과정에 도달할 수 있도록 지원하는 교육기능, 시설아동이 해결하거나 도달해야 할 생활과제를 설정하여 이를 해결하기 위한 치료·교육·훈련·자립지원 등의 서비스를 제공하는 전문처우적 기능을 포함한다.

② 고유기능

고유기능은 수용보호 중심의 시설에서 시설아동이 주체적으로 자립생활을 할 수 있도록 하기 위해 정착되어야 하는 기능이다. 시설아동의 문화생활, 사회참여, 가치 있는 삶을 추구하기 위한 문화적 생활기반을 확충한다. 시설과 지역의 상호교류를 촉진하여 사회복지센터로서의 역할을 수행하는 문화적 기능을 하며, 시설아동에 대한 주민과 관계기관의 차별, 편견, 소외 등에 대응하여 시설아동의 권익을 옹호하고 시설아동의 친권 대행, 후견 등을 수행하는 변호적 기능을 포함한다.

③ 파생기능

파생기능은 기초기능과 고유기능이 상호관계를 유지하면서 앞으로 시설이 확충·강화해 나가야 하는 기능이다. 단위 시설로는 대처하기 어려운 시설아동의 복잡하고 다양한 생활문제를 여러 사회적 지원을 개발하고 연락을 조정하며, 네트워크체제를 통해 해결해 나가는 조정개발 기능과 긴급한 상황에 처한 아동에게 일시보호나 단기입소를 제공하여 응급상황을 잘 극복할 수 있도록 지원하는 긴급·단기지원 기능이 해당된다.

(3) 시설보호의 종류

서비스 기간에 따른 일시보호시설, 장기보호시설과 서비스 기능에 따른 양육, 보호, 교정, 치료의 기능을 수행하는 시설이 있다.

〈표 12-16〉 시설보호의 종류

종 류	대상 및 서비스 내용
아동양육시설	보호를 필요로 하는 아동을 입소시켜 보호, 양육 및 취업훈련, 자립지원서비스 등을 제공하는 것을 목적으로 하는 시설
아동일시보호시설	보호대상아동을 일시보호하고, 아동에 대한 향후의 양육 대책 수립 및 보호 조치를 행하는 것을 목적으로 하는 시설
아동보호치료시설	가. 불량행위를 하거나 불량행위를 할 우려가 있는 아동으로서 보호자가 없거나 친권자나 후견인이 입소를 신청한 아동 또는 가정법원, 지방법원 소년부지원에서 보호 위탁된 19세 미만인 사람을 입소시켜 그들을 선도하여 건전한 사회인으로 육성하는 것을 목적으로 하는 시설 나. 정서적 · 행동적 장애로 인하여 어려움을 겪고 있는 아동 또는 학대로 인하여 부모로부터 일시 격리되어 치료받을 필요가 있는 아동을 보호치료하는 시설
공동생활가정	보호대상아동에게 가정과 같은 주거여건과 보호, 양육, 자립지원 서비스를 제공하는 것을 목적으로 하는 시설
자립지원시설	아동복지시설을 퇴소한 사람에게 취업준비 기간 또는 취업 후 일정 기간 보호함으로써 자립을 지원하는 것을 목적으로 하는 시설
아동상담소	아동과 그 가족의 문제에 관한 상담, 치료, 예방 및 연구 등을 목적으로 하는 시설
아동전용시설	어린이공원, 어린이놀이터, 아동회관, 체육, 연극, 영화, 과학실험전시 시설, 아동휴게숙박시설, 야영장 등 아동에게 건전한 놀이, 오락, 기타 각종 편의를 제공하여 심신의 건강유지와 복지증진에 필요한 서비스를 제공하는 것을 목적으로 하는 시설
지역아동센터	지역사회 아동의 보호 · 교육, 건전한 놀이와 오락의 제공, 보호자와 지역사회의 연계 등 아동의 건전육성을 위하여 종합적 아동복지서비스를 제공하는 시설

출처 : 법제처(2017). 아동복지법 제52조(아동복지시설의 종류)[개정 2016. 3. 22].

〈표 12-17〉 공동생활가정의 유형

유 형	대상아동	입주기간
단기보호	일시적 보호자 또는 친인척이 함께 거주할 수 없는 아동 보호	1년 원칙, 1년 단위로 연장 가능
치료보호	시설보호에 적응하지 못하거나 약간의 정서적 문제 등으로 인하여 시설보호에 적합하지 않은 아동	
장기보호	기존의 소년소녀가정 또는 시설에서 보호 중인 아동 및 장기보호가 필요한 아동	18세 미만(출생일 기준) 아동복지법 시행령 제16조 해당 시 연장 가능

출처 : 보건복지부(2010).

(4) 시설보호아동의 특성

우리나라에서는 1990년대 들어 시설아동의 발달 현황이나 시설아동이 겪는 어려움이 쟁점으로 부각되기 시작하여 다양한 어려움이 보고되고 있다.

① 심리사회적 문제

시설아동들은 낮은 자존감, 자기주장 및 자기표현 능력의 부족, 자아통제력 부족 등이 일반아동에 비해 많이 나타난다. 시설아동이 경험하는 특별한 상황에 의해 겪게 되는 심리적 문제에 그 원인이 있다.

② 발달지체 문제

시설아동들이 겪는 문제는 다양한 측면의 발달지체로 나타난다. 첫째, 아동의 신장과 체중 면에서 한국소아발육표준치에 뒤떨어지고 있으며 영양소 섭취량도 권장량에 미치지 못하는 것으로 조사되었다. 둘째, 시설아동이 집단생활로 인해 개별적인 지적 자극을 받지 못하는 경우가 많아 인지발달지체, 학습

장애, 창의성 부족, 집중력 부족, 언어발달지체 등이 나타난다. 셋째, 사회성 발달 측면에서 어린 시절 시설보호의 경험이 있는 아동이 보이는 사회적 관계는 성인들의 관심과 인정을 보다 많이 추구하는 성인 지향적 특성을 보인다. 또래관계에서 어려움을 많이 겪고, 특별한 친구가 적어 불안할 때 또래로부터의 정서적 지지에 의존하는 경향이 적으며 또래관계 양상도 부적절하고 부정적이며, 또래관계의 질도 일반아동에 비해 낮은 것으로 나타난다(김진경 · 유안진, 2003).

2) 시설보호아동의 현황

(1) 시설보호서비스의 현황

시설보호서비스의 현황을 2022년 말 기준으로 보면, 양육시설에서 보호받는 아동이 10,067명으로 타 시설에 비해 가장 많은 비중을 차지하였다.

〈표 12-18〉 아동복지시설 보호아동 현황(2021. 12. 31. 기준) (단위 : 개소, 명)

구 분	시설수	계(현원)		양육시설		보호치료시설		자립지원시설		일시보호시설	
		정원	현원	정원	현원	정원	현원	정원	현원	정원	현원
계	299	16,089	11,005	14,396	10,067	618	404	442	233	441	247

출처 : 보건복지부(2022). 2022 아동복지시설 현황

(2) 시설아동의 발생원인

① 가족해체

〈표 12-19〉를 통해 요보호아동의 발생원인을 보면, 보통 미혼모 · 부의 경우와 부모이혼 등의 사유가 가장 많은 비중을 보였다. 〈표 12-20〉은 요보호 아동 보호조치 현황에 관한 것으로, 양육시설과 가정위탁으로 조치되는 비중이 가장 높았다.

〈표 12-19〉 연도별 요보호 아동 발생원인

(단위 : 명)

구 분	보호 대상 아동 발생 수	귀가 및 연고자 인도	요보호아동의 발생 원인										
			계	유기	미혼모·부(혼외자 포함)	미아	비행, 가출, 부랑	학대	부모 빈곤, 실직	부모 사망	부모 질병	부모 교정 시설 입소	부모 이혼 등
2022	3,756	1,467	2,289	73	252	0	11	1,103	139	235	70	110	296
2021	4,521	1,084	3,437	117	366	0	293	1,660	170	275	101	99	356
2020	5,053	933	4,120	172	463	11	468	1,767	181	279	74	166	166
2019	4,612	565	4,047	237	464	8	473	1,484	265	297	83	–	736
2018	4,538	620	3,918	320	623	18	231	1415	198	284	92	–	737
2017	4,850	725	4,125	261	847	12	227	1442	223	279	87	–	747
2016	5,221	638	4,583	264	855	11	314	1,532	290	286	126	–	905
2015	4,975	472	4,503	321	930	26	360	1,094	279	301	122	–	1,070
2014	6,014	1,020	4,994	282	1,226	13	508	1,105	308	450	65	–	1,037
2013	6,834	814	6,020	285	1,534	21	512	1,117	338	545	133	–	1,535
2012	8,003	1,077	6,926	235	1,989	50	708	1,122	448	533	166	–	1,675

출처 : 보건복지부(2022).

〈표 12-20〉 연도별 요보호 아동 보호조치 현황 (단위 : 명)

구 분	보호 대상 아동 발생수	귀가 및 연고자 인도	보호조치 현황										
			계	시설입소						가정보호			
				양육 시설 등	일시 보호 시설	자립 지원 시설	보호 지료 시설	공동 생활 가정	기타	소년 소녀 가장	입양	가정 위탁	입양 전 위탁
2022	3,756	1,467	913	567	0	0	12	287	47	0	52	802	114
2021	4,521	1,084	2,183	996	243	33	282	546	83	0	75	1,028	151
2020	5,053	933	2,727	1,131	342	30	452	714	68	0	88	1,068	237
2019	4,612	565	2,739	1,707	401	–	–	625	6	5	104	1,003	196
2018	4,538	620	3,918	1,300	494	–	–	648	–	1	174	937	357
2017	4,850	725	4,125	1,467	310	–	–	625	–	2	285	994	423
2016	5,221	638	4,583	1,736	548	–	–	592	–	6	243	1,022	425
2015	4,975	472	4,503	1,412	799	–	–	458	–	0	239	1,206	376
2014	6,014	1,020	4,994	1,818	566	–	–	506	–	13	393	1,300	388
2013	6,834	814	6,020	1,731	801	–	–	686	–	20	478	1,749	516
2012	8,003	1,077	6,926	2,272	676	–	–	775	–	117	772	2,289	–
2011	8,436	953	7,483	2,246	862	–	–	612	–	128	1,253	2,350	–
2010	9,960	1,370	8,590	2,445	1,751	–	–	623	–	231	1,393	2,124	–

출처 : 보건복지부(2022).

② 아동 문제

장애아동의 경우 가정보다는 시설에서 돌보는 것이 더 효과적이다. 장애아동들을 장애인복지시설이나 지적장애인을 대상으로 운영하는 그룹홈에 입소시킬 수 있다. 불량행위를 하거나 불량행위를 할 우려가 있는 아동 및 가정법원, 지방법원소년부지원 등으로부터 보호 위탁된 아동은 아동보호치료시설에 입소할 수 있다. 아동복지시설에 입소되어 있는 만 15세 이상의 청소년과 생활이 어려운 가정의 청소년은 자활에 필요한 지식과 기능을 습득시키는 것을 목적으로 아동직업 훈련시설에 입소시킬 수 있다.

(3) 시설보호서비스 대상 아동의 범위

① 부모의 심한 질병 또는 상해로 인하여 더 이상 가정에 머무를 수 없게 된 아동으로서 친부모와의 정서적인 밀착 관계로 인해 다른 가족과 같이 지내기를 거부하는 아동

② 가족의 역기능, 스트레스 또는 이혼에서 비롯된 아동의 문제가 가정에 남아 있을 수 없을 정도로 심각하나 위탁가정에서도 건전한 정서적 관계를 맺을 능력이 없는 아동

③ 이전의 위탁가정에서 크게 실망하였거나 깊은 마음의 상처를 입어 새로운 가정에 적응하기 어려운 아동

④ 위탁가정이 수용하기 곤란한 건강 또는 행동상의 문제를 가져 전문적 관찰과 지도와 통제된 환경에서 의료 또는 정신과적 치료가 필요한 아동

⑤ 형제가 많아 몇몇 위탁가정으로 분리되어야 하지만 서로 헤어지길 원치 않는 형제 집단

⑥ 원가족으로부터 독립하고자 하였고 위탁가정으로부터도 독립하려는 경향을 보이는 아동 및 청소년

⑦ 가족의 문제로 인하여 일정 기간의 보호가 필요하고 그 기간 동안 집단 생활을 경험을 하는 것이 보다 유익할 것으로 판단되는 청소년

(4) 아동의 시설보호 입소 대상 및 기간

〈표 12-21〉 아동의 시설보호 입소 대상 및 기간

시설명	입소 대상 아동	입소 기간
아동양육시설 및 일시보호시설	• 보호자가 없거나 보호자로부터 이탈된 아동 • 보호자로부터 학대받은 아동 • 보호자의 학대로 아동보호전문기관에 신고되어 동 기관이 시 · 도지사 또는 시장 · 군수 · 구청장에게 보호조치를 의뢰한 아동 • 기초생활보장 수급자로서 보호자의 질병, 가출 등으로 가정에서 보호하기 어려운 아동 • 시 · 도지사 또는 시장 · 군수 · 구청장이 특별히 보호가 필요하다고 결정한 아동	• 양육시설 : 18세 미만 (대학, 직업훈련시설 재학 중인 경우 연장 가능) • 일시보호시설 : 3월 (1회에 한해 3월 연장)
자립지원시설	• 시설퇴소아동 중 취업 중인 아동(우선) • 시설퇴소아동 중 취업 준비 중인 18세 이상 24세 이하인 사람 • 아동복지시설 퇴소자로서 24세 이하인 기초생활보장수급자	24세 이하 : 1년 (사유가 종료된 날까지 연장 가능)

출처 : 보건복지부(2013).

우리나라는 아동을 가족 구성원으로 받아들여야 하는 가정위탁 보호나 입양보다는 시설보호에 배치되는 비율이 상대적으로 높았다. 그러나 최근 들어 시설보다는 가정에서 아동을 양육하는 것이 바람직하다는 인식이 확산되고 있다.

(5) 아동의 시설보호 입소 경로

아동복지시설 입소는 발견 경로(기아, 미아, 가출아, 부모의 양육포기 등)가 어떠하든지 간에 일단 각 시·도의 아동상담소를 통하여 결정된다.

기아, 미아, 가출아 등은 경찰서 등을 거쳐 아동상담소로 의뢰되고, 부모나 후견인 또는 보호자가 아동을 일시 위탁 및 양육을 의뢰할 경우에는 전화상담이나 방문상담을 하게 된다. 아동이 기아 또는 미아라면 보호와 동시에 어린이 찾아주기센터에 유선으로 통보하여 부모가 아동을 찾을 때를 대비한다. 아동은 아동상담소(서울의 경우 아동복지센터)에서 개별상담을 통해 입소의 적합성을 결정하여 입소판정이 되면 관련 서류를 제출하고 생활관에 입소하여 일시보호를 받게 된다.

〈아동의 시설보호 입소 경로〉

아동발견 또는 보호자 의뢰 → 아동과 보호자 상담 · 지도 → 보호자 가정 복귀 또는 연고자 가정에 대리 양육 → 아동 보호 희망 가정에 위탁 → 입양/ 적합한 아동복지 시설 입소, 전문치료기관 · 요양소 입원 · 입소

3) 시설보호아동을 위한 복지사업

(1) 시설아동을 위한 복지사업 발달단계

① 사회방위적 단계

사회복지시설이 억압과 격리의 원칙을 기초로 운영되던 단계이다. 요보호자가 시설에 들어가는 것을 혐오스럽게 느끼도록 열악한 사회적 서비스를 제공함으로써 수치심과 굴욕감을 주어 시설보호를 받는 요보호자를 줄이려고 한 것이다. 대규모 수용방식을 취하여 요보호자를 효과적으로 통제하기 위하여

시설에 격리하였다. 시설보호 비용의 절감과 요보호자의 효과적인 통제, 일반 주민의 안전 등을 위함이었다.

② 사회보장적 단계

시설보호를 최저생활의 보장 수준으로 향상시키고 시설생활자가 보다 가정적인 분위기에서 생활할 수 있도록 하기 위해 대규모 집단시설에서 기숙사 형태의 시설로 전환하려는 노력을 기울이는 단계이다. 일정한 수급권을 가진 자에 대한 사후적인 수준으로 시설생활자가 자신의 문제 해결에 자발적으로 참여하는 것을 기대할 수가 없고, 지역사회 주민과는 이질적인 존재로 구분되어 지역주민과 공동의 연대감을 형성하기 어려운 상태이며, 시설생활자는 소수의 독지가나 자원봉사자의 관심대상이 된다.

③ 사회복지적 단계

보호의 연속체 안에서 하나의 선택적 기제로 기능한다. 정상화 이념의 확산으로 인하여 시설보호는 시설생활자의 인격적인 삶의 보장 수준으로 제공되며, 시설의 형태도 소규모의 다양한 구조를 취하게 된다. 시설생활자와 주민은 상호 간에 적극적인 교류를 통해 사회적 관계를 형성 · 강화하게 된다.

(2) 시설보호사업의 기본 방향(한미현 외, 2013)

① 시설 내에서 기숙사 제도 등 소규모 가정 단위의 보호방식으로 전환하여 가정적인 분위기에서의 성장을 유도한다.

② 조기 자립유도를 위한 시설아동 자립지원시책을 추진한다.

③ 기존 아동양육시설의 성격에 아동상담, 일시보호, 가정위탁, 입양, 급식 프로그램 제공 등을 추가하는 아동복지시설 기능의 다양화를 추진한다.

④ 인건비와 운영비를 지원하되 기준 인건비를 제외한 직접경비, 공통경

비, 간접경비를 통합, 총액 기준으로 지원하여 예산집행의 탄력성을 확보한다.

⑤ 시설운영자의 자율성을 보장하고 예산집행의 효율성과 투명성 제고를 위한 행정지도를 강화한다.

⑥ 시설종사자들의 이직을 방지하고 전문성을 강화하기 위한 처우개선과 지속적 교육 및 탄력적인 시설운영 등을 실시한다.

⑦ 시설 평가지표의 보완 및 표준화와 아동의 인권 관련 지표를 포함한 매뉴얼을 완성한다.

〈표 12-22〉 자립지원 표준화 프로그램(Ready?)

구분 \ 단계별	Level 1	Level 2	Level 3	Level 4
대상자 (미취학~퇴소 전)	미취학~초 2	초 3~6년	중 1~3	고 1~퇴소 전
해당 영역	1, 2, 3, 5	1, 2, 4, 5, 6	1, 2, 3, 4, 5, 6	8개 전 영역
중점 프로그램	기초학습지도, 독서지도, 원가족 유대 강화, 집단 프로그램	심리 · 정서 지지 체계, 학습지도, 경제교육	진로적성검사, 자립지원 예비사정 및 계획, 체크리스트	자립사정, 취업 및 진학 상담, 체크리스트
프로그램 수행인력	o 자립지원 전담요원 : 자립지원 프로그램 기획 및 진행 o 생활복지사 : 프로그램 운영 지원 o 생활지도원 : 프로그램 운영 o 자립지원위원회 : 정기적인 자문 및 평가(외부전문가 참여 의무화)			

출처 : 보건복지부(2013). 2013년 아동분야 사업안내.

〈표 12-23〉 자립지원 표준화 프로그램(Action!)

대상자 (퇴소 후)	퇴소(종결) 후~자립생활 정착까지
서비스 지원	o 취업형과 진학형으로 구분 o 상담 및 사례관리 o 긴급생활자금지원 및 의료지원 o 사회초기적응 및 자립기반 구축 o 진로지도 및 인턴십 프로그램 o 심리정서지원
프로그램 수행인력	o 자립지원 전담요원 : 상담, 사례관리, 필요서비스 연계(취업 · 진로 · 주거 · 의료 등) * 필요시 생활복지사, 생활지도원이 업무 지원

출처 : 보건복지부(2013). 2013년 아동분야 사업안내.

〈표 12-24〉 자립기술의 8대 영역 내용

영역	내용
1. 일상생활 기술	일상생활에 필요한 세탁, 청소, 예의범절, 요리하기 등 기술 습득
2. 자기보호 기술	개인위생관리, 응급처치방법, 성교육, 약물중독교육 통한 자기보호 기술 습득
3. 지역사회 자원활용 기술	지역 내 활용 가능한 서비스, 사회자원 방문조사 및 활용
4. 돈 관리 기술	교육을 통한 올바른 경제관념을 형성, 효율적인 용돈 관리 기술 습득
5. 사회적 기술	집단활동을 통해 긍정적인 대인관계 기술 습득, 봉사활동을 통한 사회 구성원으로서의 역할 습득
6. 진로탐색 및 취업 기술	적성검사를 통한 상급학교 진학 및 직업탐색
7. 직장생활 기술	이력서 작성법, 면접방법, 대처방법 등 직장생활 기술 습득
8. 다시 집 떠나기	집 구하기, 계약, 이사 등의 거주지 마련방법 습득

출처 : 보건복지부(2013). 2013년 아동분야 사업안내.

4) 시설보호복지사업의 개선방안

① 수용중심의 일반 아동복지시설은 정서장애 아동, 행동교정이 필요한 아동, 정서에 문제가 있는 아동들을 위한 전문치료 중심의 시설로 전환되어야 한다(한미현 외, 2016).

② 아동 수용시설들을 해당 지역사회 아동들을 위한 이용시설로 전환하는 것이 필요하다. 가정의 자녀양육 기능을 강화시킴으로써 가족해체를 사전에 예방해야 한다.

③ 아동 보호시설이 가정위탁시설과 공동생활가정으로 전환되는 것이 필요하다.

④ 아동양육시설의 지원이 요구된다. 프로그램에 드는 소요 비용 등 재정 지원을 확대해야 하며, 시설 인력의 처우개선 및 전문성을 강화해야 한다.

⑤ 퇴소아동을 위한 자립지원 정책 강화가 요구된다.

⑥ 시설평가지표의 보완 및 표준화가 요구된다. 아동의 생존권, 보호권, 발달권, 자유권, 참여권 등 관련 지표들을 개발하여 시설 평가지표에 포함시키는 것이 필요하다.

토론 및 요약

1. 이웃의 가정에서 입양의 사례가 있다면 부모를 인터뷰하여 입양의 동기와 현실적인 어려움, 또는 행복감, 자녀와의 관계 등에 대해 들어본다.
2. 위탁가정에서 양육되는 위탁아동과 그 가정의 원부모와 혈연관계에 있는 원자녀 사이의 예상되는 갈등이 있다면 제시해 보고 해결방안을 토의해 본다.
3. 현재 시설보호아동이 겪고 있는 갈등을 예측해 보고, 더 나은 복지정책에 대해 토의해 본다.

Part 4

우리의 과제와 발전방안

Chapter 13

우리의 과제와 발전방안

이 장에서는 아동의 권리를 증진시키고 복지를 정착화하기 위한 방안을 탐색해 보고 우리의 과제와 발전방안을 제시하고자 한다.

학습목표

1. 국제기준을 토대로 국내의 아동권리 수준을 진단할 수 있다.
2. 아동권리협약의 조항별 국내 이행수준을 탐구할 수 있다.
3. 아동권리의 발전방안을 제시할 수 있다.

1. 국제기준에 비추어 본 대한민국 아동권리 수준

1) 차별금지에 대한 국내 현황

유엔 아동권리협약을 관할하는 인권위원회에서는 차별이란 “인종, 피부색, 성별, 사용언어, 종교, 정치적 및 기타 견해, 출신 민족 및 사회계층, 빈부, 출생 및 기타에 의한 지위 등과 상관없이 모든 사람이 동등한 위치에서 권리와 자유를 향유하지 못하도록 무력화하거나 방해하는 모든 형태의 구분, 배척, 제한 또는 우대”를 의미하는 것으로 보았다. 차별은 그것이 가시적인 것이든 그렇지 않든 간에 아동이 인간으로서 가질 수 있는 존엄성을 침해하는 것이며, 교육의 기회를 통해 얻을 수 있는 능력을 훼손하거나 심지어는 파괴할 수 있다.

차별금지에 대한 국내 현황은 2022년 실시된 아동·청소년 권리에 관한 국제협약 이행 연구(김영지·최홍일·유성렬·이은주, 2022)에서 찾아볼 수 있다. 이 연구에서는 청소년의 차별에 대한 실태를 조사하였는데, 차별 경험은 성, 학업성적, 나이, 외모 및 신체조건, 경제적 이유, 고향/ 지역, 종교, 가족 유형, 장애, 다문화가정 등 10가지 차별유형에 대해 최근 1년간 차별받은 경험과 다른 사람을 차별한 차별 가해 경험에 대하여 질문하였다. 그 결과, 청소년들의 관점에서 1년에 한 번이라도 차별받은 경험은 외모 및 신체조건과 나이에서 동일한 수치로 가장 많이 차별을 받았다고 생각했다. 한편 1년에 한 번이라도 다른 사람을 차별한 경험에서도 외모·신체조건이 가장 많이 나타났고, 성차별, 학업성적이 다음 순으로 높게 나타났다. 즉, 청소년들에게 차별의 가장 심각한 요인은 외모·신체조건인 것이다.

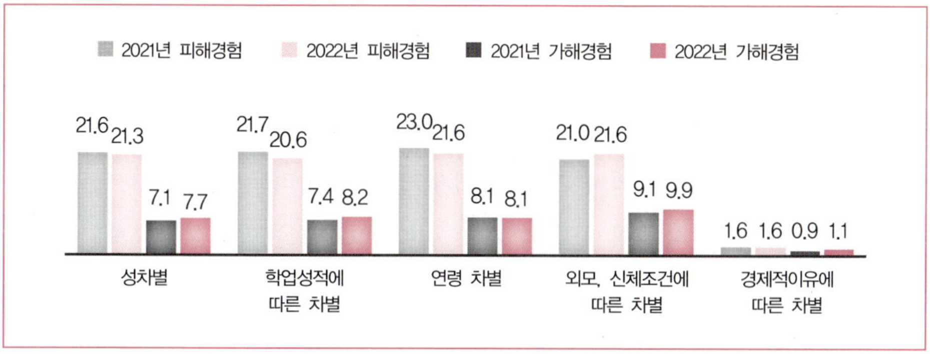

| 그림 13-1 | 2021, 2022년 청소년의 차별 피해경험과 가해경험

출처 : 김영지 · 최홍일 · 유성렬 · 이은주(2022).

외모와 신체조건에서 나타난 차별 경험에 대해 김경미(2021)는 자살생각과 주관적 행복감 등 청소년의 정신건강에 심각한 위험을 초래한다고 제시하였다. 그는 우리나라 중학생 2,435명을 대상으로 청소년의 성차별과 외모차별 경험이 자살생각과 주관적 행복감에 미치는 영향을 분석하였는데, 전체 중학생 중 성차별을 경험한 경우는 30%, 외모차별을 경험한 경우는 24.6%, 성차별과 외모차별의 중첩차별을 경험한 경우는 31.9%로 많은 비율의 중학생들이 성차별과 외모차별을 경험한다고 하였다. 또한 성차별과 외모차별은 자살생각과 주관적 행복감에 영향을 준다고 제시하였는데, 여학생의 성차별 경험은 자살생각을 약 2.1배 높이고 주관적 행복감을 감소시켰다. 남학생의 성차별 경험은 주관적 행복감을 감소시켰으며, 외모차별의 경험은 성별에 관계없이 자살생각을 2배 정도 증가시킨 것으로 나타났다.

우리 사회의 아동들이 경험하는 또 다른 차별은 교육이라는 이름으로 이루어지는 과도한 강요와 관련된다. 즉, 아동들은 미래를 대비한다는 명목으로 가정, 학교 등에서 끊임없이 학습과 교육을 강요받고 있다. 과도한 학업 부담 및 대학입시로 인한 비효율적 학습 및 경쟁구도 속에서 아동들은 정규교과 이외의 교육활동과 관련한 선택의 자유를 제한당하고 있으며, 학교 이외의 사회적 공간에서 생활하는 것을 쉽게 용납하지 못하는 사회적 분위기로 인해 개인의 특성과 능력을 공부 이외의 분야에서 쉽게 펼치기 어려운 상황이다. 전문가들의 관점에서도 우리 사회의 차별의 가장 심각한 요인을 학업성적으로 인한 차별로 보았으며, 그 다음으로는 학력 및 학벌에 따른 차별이 나타나고 있다고 생각하고 있어, 차별 문제가 우리 사회에서 가장 심각한 병폐 중 하나라고 파악할 수 있다.

이러한 차별 경험에 노출되는 주요 원인에 대해 전통적인 유교적 가치관, 외형적인 조건에 가치를 두는 사회적 분위기와 기득권 유지를 위한 이기주의, 강력한 법적 규제 및 신고시스템의 부재, 경쟁을 강조하는 사회적 분위기, 차별에 대한 낮은 민감성 등 일반적인 사항을 지적할 수 있으며, 특별히 아동이기 때문에 경험하게 되는 차별이 있을 수 있다(김승경 외, 2016). 이에 대해 김승경 등(2016)은 그 원인을 다음과 같이 서술하고 있다.

첫째, 차별 경험에 노출되는 주요 원인은 우리나라의 전통적인 유교적 가치관과 그로 인한 가부장적 사회 분위기이다. 가부장적인 사회 분위기는 나이, 성별 등에 대한 차별을 빈번히 발생시킨다. 성인은 청소년이나 아동이 어리기 때문에 당연히 지도받고 가르쳐야 하는 대상으로 보는 태도를 가지고 있기 때문에 차별에 쉽게 노출될 수 있다고 보았다.

둘째, 급속한 산업화의 영향으로 경제수준, 외모, 학력, 학벌 등과 같은 외형적인 조건에 가치를 두는 사회적 분위기가 만연하였고, 승자독식 위주의 경쟁사회에서 기득권을 유지하기 위한 끊임없는 구별 짓기와 정치, 경제, 사법 등의 분야에서 이루어지는 비정상적인 행태로 인해 개인주의 및 이기주의적인 사고가 팽배해짐에 따라 타인에 대한 배려나 존중 등 인권의식이 상대적으로 부족해진 것을 문제점으로 지적할 수 있다. 정치나 권력으로부터의 인권침해에는 관심이 많은 반면, 일상 생활 속에서의 인권침해에는 무관심한 사회 분위기뿐만 아니라 인권침해 피해자 역시 자신이 차별을 당하고 있음을 잘 인식하지 못하거나, 인식하더라도 항의하거나 저항하지 않는 소극적 태도가 차별을 더 심화시키고 있는 것으로 생각된다.

셋째, 이러한 차별이 심화되고 있음에도 불구하고, 우리나라의 경우 차별에 대한 강력한 법적 규제 및 신고시스템이 부재한 것을 볼 수 있다. 미국의 경우 태생적 차이에 따른 차별에 대한 법적 규제가 적용되는 데 비해 우리나라는 차이에 대한 인정이 부족하며, 이러한 차이로 인한 차별이 발생되고 있음에도 불구하고 차별을 사소하게 생각하여 강력한 법적 제재를 하지 않고 있는 실정이다. 또한 권력을 가진 사람들의 인권침해나 폭력 등의 범죄가 공정하게 처벌받지 않는 사회 환경은 차별을 보다 더 심화시키는 요인이 될 수 있다.

넷째, 개인의 다양성과 개성을 존중하기보다 경쟁을 강조하고 서로 비교하여 서열이나 순위를 정하려는 사회적 분위기로 인해 타인과의 차이를 인정하고 포용하는, 인간이 가져야 할 가치나 시민의식과 관련한 체계적인 인성교육이 부재인 것이 원인이라고 할 수 있다. 이러한 인성교육은 가정 및 학교에서 지속적으로 이루어져야 하는데, 이를 위해서는 부모 및 교사의 인식, 언어, 생각이 먼저 개선되어야 할 필요가 있다.

다섯째, 대중매체에 나타난 외모지상주의, 장애인 차별, 남녀차별, 지역주의 등 차별사안을 일상적으로 무의식적으로 접하면서 차별에 대한 민감성이 점차 낮아지는 것도 문제가 될 수 있다.

여섯째, 아동이기 때문에 경험하는 차별이 있다. 아동은 전통적으로 성인이 되기 위해 준비하는 시기로 보는 시각이 우리 사회에 만연해 있다. 그로 인해 발생하는 것은 아동에 대한 보호와 규제이며, 교육이라는 명목의 인권침해와 관련된다. 즉, 우리 사회의 아동들이 경험하는 1차적인 차별은 연령이 전제가 되어 과도한 보호와 규제의 대상이 되는 사항이라고 할 수 있다. 예를 들어, 청소년들의 경우, 정치적 참여를 제한하는 것을 대표적인 사례로 들 수 있다. 청소년들의 의사나 의견은 무시되기 일쑤이며, 심지어 청소년 정책의 입안이나 지원에 있어서도 그들의 의견은 반영되지 않는다.

우리 사회의 아동들이 경험하는 2차적인 차별은 교육이라는 이름으로 이루어지는 과도한 강요와 관련된다. 즉, 아동들은 미래를 대비한다는 명목으로 가정, 학교 등에서 끊임없이 학습과 교육을 강요받고 있다. 과도한 학업 부담 및 대학입시로 인한 비효율적 학습 및 경쟁구도 속에서 아동들은 정규교과 이외의 교육활동과 관련한 선택의 자유를 제한당하고 있으며, 학교 이외의 사회적 공간에서 생활하는 것을 쉽게 용납하지 못하는 사회적 분위기로 인해 개인의 특성과 능력을 공부 이외의 분야에서 쉽게 펼치기 어려운 상황이다.

2) 아동 최선의 이익에 대한 국내 현황

아동 최선의 이익은 아동과 관련된 모든 행위에서 아동이 최상의 이익을 완전히 추구하는 것이어야 한다는 내용을 담고 있다. 국가, 부모, 그리고 모든 관계자는 어떤 활동이든지 그것이 아동에게 최선의 이익이 되도록 조치를 취할 이행의무가 있다. 아동최선의 이익은 아동 자신의 판단에 따른 이익이어야 하며, 아동의 이익추구에 있어서 아동의 흥미와 동기가 존중되는 것이어야 한다. 즉, 아동의 이익추구를 도모한다는 것은 어떠한 결정에 있어서 아동의 권리보호와 복리증진을 우선적으로 고려하고, 아동에게 어떠한 제한이나 제재가 없는 자율을 보장해 주어야 함을 의미한다(김진숙, 2010). 오늘날 아동권리를 구현하는 아동복지정책은 국가발전에의 참여와 미래세대의 육성이라는 측면에서 중요한 국가의 정책과제이다. 국가의 정책은 아동최선의 이익 원칙을 지켜나가기 위한, 그리고 아동 최선의 이익 원칙을 이루어 나가기 위한 토대가 될 수 있다.

우리나라는 아동권리 증진을 위한 노력의 일환으로 유엔아동권리위원회 권고사항을 채택하여 이행하고 있는데 2011년 아동원리협약 이행 제3~4차 심의에서 아동영향평가 실시에 관한 권고를 받았다. 이에 우리나라는 2015년 「제1차 아동정책기본계획(2015-2019)」 추진과제에 '아동정책영향평가 도입'을 명시하였다. 이후 2016년에 아동복지법을 개정하여 법적 근거를 마련하고 2017년 권고사항에 관한 이행상황을 보고하였다(김시아 · 이정애 · 민소영, 2023). 아동정책영향평가(Child Policy Impact Assessment)란 국가와 지방자치단체가 아동과 직 · 간접적으로 관련된 각종 법령, 계획, 사업 등이 아동과 아동의 권리에 미치는 긍정적 · 부정적 영향을 평가하는 제도로, 아동의 관점에서 적절한 정책이 수립될 수 있도록 체계적 절차로 지원하는 것이다(아동권리보장원, 2024). 아동정책영향평가는 자체평가와 전문평가로 구분된다. 자체평가는 중앙행정기관 및 지방자치단체 공무원이 직접 실시하는 평가로 기초정보표, 점검표(평가지표), 총평으로 구성되어 있으며, 평가지표는 아동권리에 대한 법체계, 4대 기본권 및 아동권리협약의 4대 일반원칙 항목으로 구성되어 있다. 전문평가는 대상정책 관련 전문 연구기관이 실시하는 평가인데, 대상정책에 따라 구체적인 점검요소와 세부 평가내용이 달라진다.

국내에서 수행된 한 연구(김시아 · 이정애 · 민소영, 2023)에서는 아동정책영향평가 전문평가 대상정책을 4가지 범주 12가지 기준으로 도출하고 이를 제시하였다. 이는 '아동권리 보장 필요성', '정책개선 시급성', '정책개선 가능성', '사회적 파급효과'이다. 이를 자세히 살펴본다(김시아 · 이정애 · 민소영, 2023).

① 아동권리 보장 필요성

아동정책영향평가는 아동 최선의 이익을 반영하기 위한 도구로서 아동권리협약을 통해 권고된 것이므로, 이에 대한 아동권리협약의 방향성과 취지가 충분히 고려되어야 한다. 이를 기반으로 현재 아동권리가 고려되고 있지 않은 정책 혹은 정책의 수립 및 추진 과정에서 아동의 권리와 이익이 충분히 고려되어야 하는 대상정책을 선정할 필요가 있다.

② 정책개선 시급성

전문평가는 매년 주요 현안과 관련된 시의성 높은 주제를 다루어 사회적인 관심을 높이고, 정책개선에 주요한 영향을 미칠 수 있다는 점이 강조되었다. 그래서 실제 대상정책이 사회적으로 이슈가 되고 있는 문제에 관련된 정책인지, 아동권리관점에서 개선의 필요성뿐만 아니라 시급성이 높은 정책인지, 아동권리보장을 위한 정책개선이 필요한 정책인지에 대해 검토할 필요가 있다

③ 정책개선 가능성

아동정책영향평가는 대상정책이 아동에게 미치는 긍정적인 요인은 강화하고 부정적인 요인은 감소시키기 위한 정책개선과제가 도출된다. 이에 정책개선이 가능한 대상정책인지, 그리고 정책개선안 도출이 예상되는지에 대한 검토도 수반되어야 한다. 무엇보다 정책이 개선되도록 대상정책을 추진하는 소관부처가 있는지, 그 부처에서 아동정책영향평가 전문평가 필요성에 공감하고 있는지에 대한 논의도 필요하다.

④ 사회적 파급효과

전문평가 결과로 도출된 정책과제와 개선활동을 통해, 아동의 권리가 향상되는지, 아동권리의 개선 및 긍정적인 파급효과가 예상되는지, 아동의 삶에 미

치는 영향이 큰 정책인지, 그리고 아동의 삶의 질 개선에 실질적인 도움을 주는 정책인지에 대한 검토도 중요하다.

아동권리영향평가 자체평가 현황을 살펴보면, 2021년에는 100개 지방자치단체가 238건의 자체 평가서를 제출하였다. 2022년에는 140개 지방자치단체가 509건의 자체 평가서를 제출하여 참여하는 지방자치단체가 늘어났으며, 같은 해 전문평가는 방송콘텐츠 심의정책, 재난관리정책, 건강형평정책, 여가 · 놀이 · 문화정책 등 4개 분야 정책에 대해서도 진행하였다(김영지 · 최홍일 · 유성렬 · 이은주, 2022).

우리나라 아동 관련 서비스는 국가의 행정체계인 보건복지부, 여성가족부, 고용노동부, 문화체육관광부 및 교육부 등 중앙정부와 시 · 도, 시 · 군 · 구 등의 자치단체를 통해 제공된다. 아동정책영향평가의 경우에도 보건복지부가 사업을 총괄하고, 중앙행정기관과 지방자치단계가 사업에 참여하고 결과를 반영하며, 아동권리보장원이 사업지원을 한다. 이러한 서비스의 체계는 매우 다양하여 부처 간, 단체 간의 협력운영이 반드시 필요하다.

3) 생존과 발달의 권리에 대한 국내 현황

생존과 발달의 권리에 대한 국내 현황은 2022년 실시된 아동 · 청소년 권리에 관한 국제협약 이행 연구(김영지 · 최홍일 · 유성렬 · 이은주, 2022)에서 찾아볼 수 있다. 이 연구에서는 코로나 팬데믹 상황에서 아동 · 청소년은 단연코 가장 취약한 집단 중 하나였지만, 이들의 특성을 고려한 개별화되고 특화된 국가의 대책은 거의 찾아보기 어려웠다고 평가하고 있다. 코로나 팬데믹과 같은 국가적 위기 상황은 청소년의 정신건강에 더 직접적이고 중대한 영향을 미칠 수 있다. 국가적 위기 상황은 장애아동, 이주배경아동, 사회 · 경제적으로 취약한 여건의 아동들에게 차별과 편견, 배제와 낙인, 무관심을 더욱 심화시킬 수 있다. 예를 들면, 장애아동의 발달 지원을 위한 의료적 · 교육적 · 복지적 개입이 사실상 전면 중단되었던 사례, 시설보호 아동을 위한 비대면 교육환경과 전자학습기기가 제대로 제공되지 못하였던 사례, 긴급재난지원금 지급에서 이주아동을 배제한 사례 등이 그 대표적인 예시라 할 수 있다.

생존과 발달을 위하여 아동 · 청소년은 충분한 수면을 취해야 한다. 우리나라 아동 · 청소년의 수면시간에 대한 질문에 평균 수면시간은 7.2시간으로 나타났는데, 성별과 학교급 등에 따라 차이가 있는 것으로 나타났다. 성별의 경우 남학생이 여학생에 비해 평균 수면시간이 많았고, 초등학교보다는 중학교, 중학교보다는 고등학교 학생의 평균 수면시간이 줄어들었다. 수면시간에 대해 부족함을 느끼는지에 대해 질문한 결과, 전체 대상자의 54.4%가 수면이 부족하다고 응답하였다.

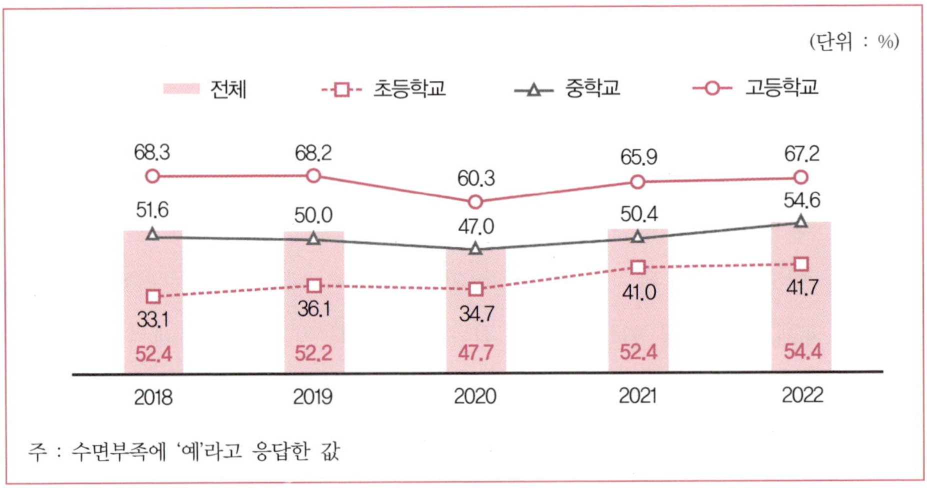

| 그림 13-2 | 최근 5년간 수면 부족 추이

출처 : 김영지 · 최홍일 · 유성렬 · 이은주(2022).

수면부족에 대한 연도별 추이를 관찰한 결과, 최근 5년간 수면이 부족하다고 응답한 수준이 전반적으로 상승하고 있다는 것을 알 수 있다. 수면이 부족한 이유에 대한 응답을 성별에 따라 나타내면 다음 그림과 같다.

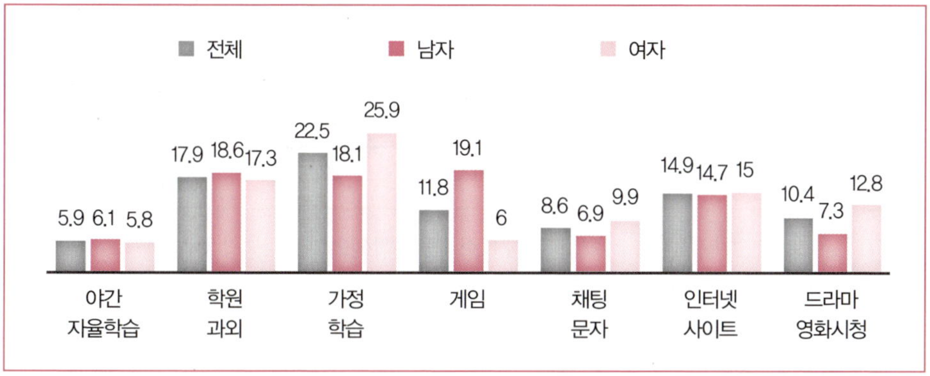

| 그림 13-3 | 수면이 부족한 이유

출처 : 김영지 · 최홍일 · 유성렬 · 이은주(2022).

우리나라 아동 · 청소년이 수면 부족을 느끼는 이유는 가정 학습이라고 응답한 경우가 가장 많았고, 학원 및 과외, 인터넷 사이트가 그 다음 순으로 나타났다. 성별에 따라서 남학생의 경우 게임이 가장 큰 이유로 나타났고, 여학생의 경우 가정 학습이 가장 큰 이유로 나타나, 성별에 따른 차이가 있었다. 학교 급에 따라서 초등학생은 학원 및 과외로 인한 수면 부족이 가장 많았고, 중학생과 고등학생은 가정 학습으로 인한 수면 부족이 가장 많았다.

김영지 · 최홍일 · 유성렬 · 이은주(2022)는 중 · 고등학생의 자살생각에 대해 조사하였다. 전체적으로 33.5%의 학생들이 자상에 대해 가끔 또는 자주 생각해 본 것이 있는 것으로 조사되었다. 학교 급에 따라서 중학교 33.1%, 고등학교 33.9%가 자살에 대해 생각해 본 것으로 분석되었다.

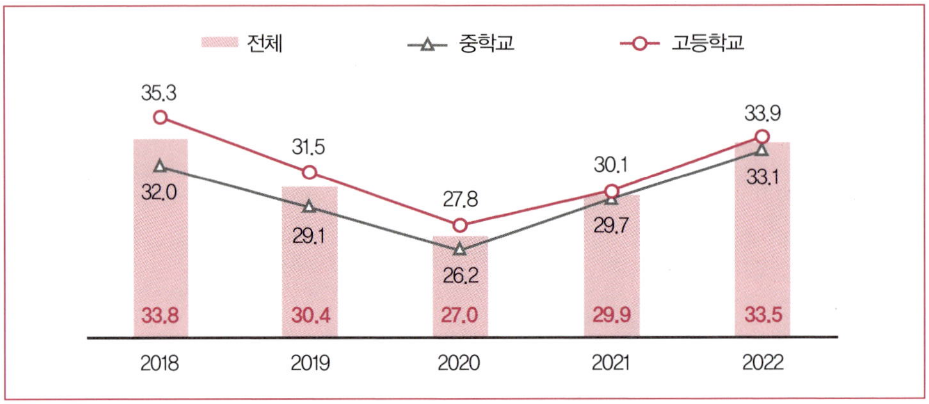

| 그림 13-4 | 최근 5년간 중 · 고등학생의 자살 생각 여부

출처 : 김영지 · 최홍일 · 유성렬 · 이은주(2022).

자살생각에 대한 연도별 추이를 살펴보면, 2018년에서 2020년까지 점차 감소하였으나, 2020년 이후에는 계속해서 증가하여 2022년에는 중 · 고등학생의 33.5%가 자살을 가끔 또는 자주 생각하는 경향이 있는 것으로 파악되었다. 자살을 가끔 또는 자주 생각하는 이유에 대한 응답을 나타내면 다음 그림과 같다.

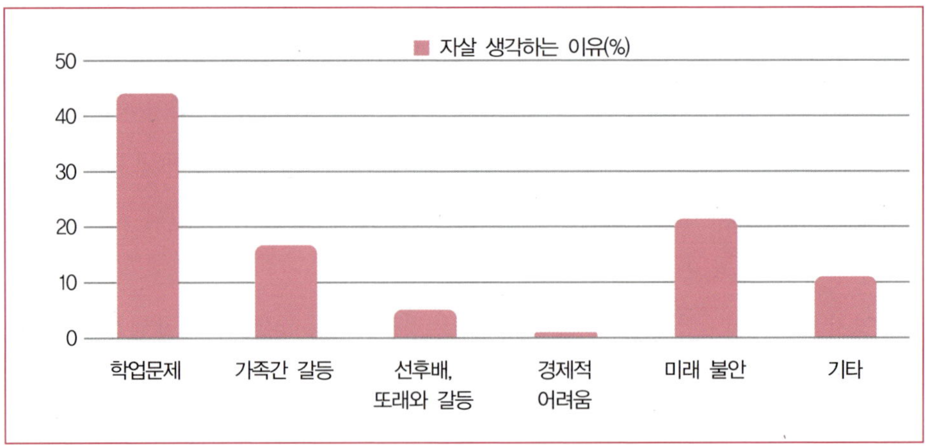

| 그림 13-5 | 자살을 생각하는 이유

출처 : 김영지 · 최홍일 · 유성렬 · 이은주(2022) 재구성.

우리나라 중·고등학생이 자살을 생각하는 이유는 전체 대상자의 44.3%가 학업문제라고 응답하여, 학업문제는 자살을 생각하게 하는 가장 큰 원인으로 조사되었다. 미래(진로)에 대한 불안은 21.6%, 가족 간의 갈등은 16.8%의 순으로 나타났다. 학교 급에 따라서 중학생과 고등학생 모두 학업의 문제가 자살을 생각하게 하는 가장 큰 원인으로 나타났다. 그런데 다음 순위의 원인은 중학생과 고등학생이 다른 양상을 나타내었는데, 중학생의 경우 가족 간의 갈등(21.5%)이 다음 순위로 나타난 반면, 고등학생의 경우 미래(진로)에 대한 불안감(26.4%)이 다음 순위로 나타났다. 학업성적의 경우 성적이 높을수록 학업문제가 자살생각의 원인인 경우가 많았으나, 성적이 낮을수록 미래(진로)에 대한 문제가 원인인 경우가 많아지는 것으로 분석되었다(김영지·최홍일·유성렬·이은주, 2022).

4) 의견 존중의 권리에 대한 국내 현황

의견 존중의 권리에 대한 국내 현황을 파악하기 위해 가정, 학교, 사회에서 아동·청소년의 참여 정도를 분석해 볼 수 있다(김영지·최홍일·유성렬·이은주, 2022). 가정에서의 참여 정도로 가정의 중대사, 진학, 진로(직업), 학업 등의 결정 시 의견을 존중받는 정도를 알아보았다.

가정의 중대사 결정 시 자녀의 의견을 듣고 존중하는 경우는 90.3%, 상급학교 진학 시 자녀가 원하는 학교를 존중하는 경우는 93.8%, 진로(직업) 결정 시 존중 정도는 94.1%, 공부시간이나 방법 결정 시 존중 정도는 90.5% 등으로 전체 응답의 90% 이상의 높은 비율을 나타내었다. 또한 가정 중대사, 진학, 학업 결정 시 존중의 정도는 학교 급이 높을수록 응답률이 높게 나타났다.

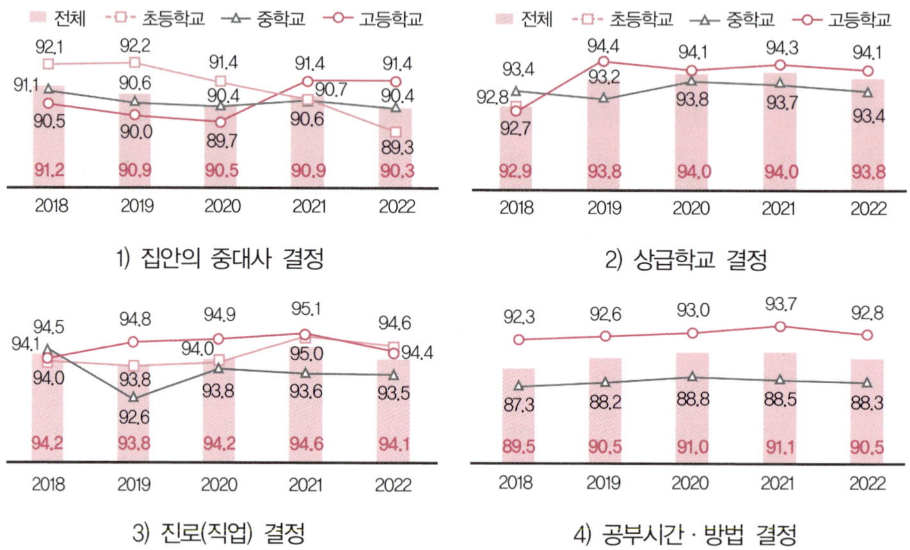

| 그림 13-6 | 가정에서의 의견 존중 현황

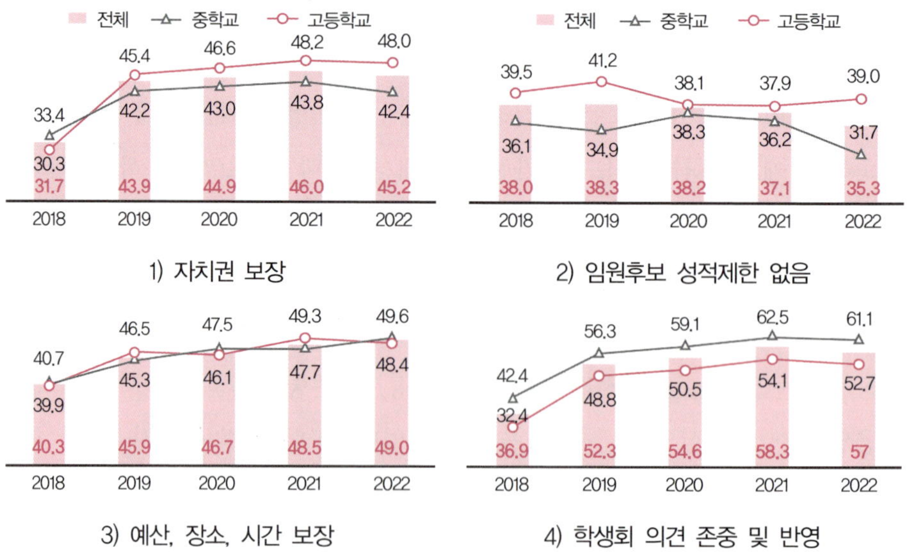

| 그림 13-7 | 학교에서의 의견 존중 현황

출처 : 김영지 · 최홍일 · 유성렬 · 이은주(2022).

학교 학생회 활동에서의 자율성 정도를 보여주는 자치권 보장, 임원 자격기준, 예산·장소·시간 등 활동지원, 의견 반영 등 참여 정도를 알아보았다.

선생님의 간섭 없이 학생회 활동의 자치권을 보장받고 있다고 응답한 경우는 45.2%, 임원후보의 성적을 제한한 기준이 없는 경우는 35.3%, 학생회 활동을 위한 예산, 장소, 시간을 보장받는 경우는 49.0%, 학생회 의견이 존중되고 반영된다고 생각하는 경우는 57.0%로 나타났다. 자치권과 임원 후보자격에서 고등학생이 자율권을 보장받는다고 응답한 경우가 더 많았고, 활동지원과 의견반영은 중학생이 보장받는다고 응답한 경우가 더 많았다.

사회에서의 참여 정도를 파악하기 위해 아동총회, 청소년참여위원회, 청소년운영위원회, 청소년특별회의 등 정책참여기구에 대한 인지도 및 활동 경험을 알아보았다. 그 결과, 전체 응답자 중 11.0%만이 정책참여기구를 알고 있었고, 그중 1.9%만이 참여기구 활동을 해본 적이 있다고 응답하여, 소수의 아동·청소년이 사회에서의 정책참여기구 활동을 경험한 것으로 나타났다.

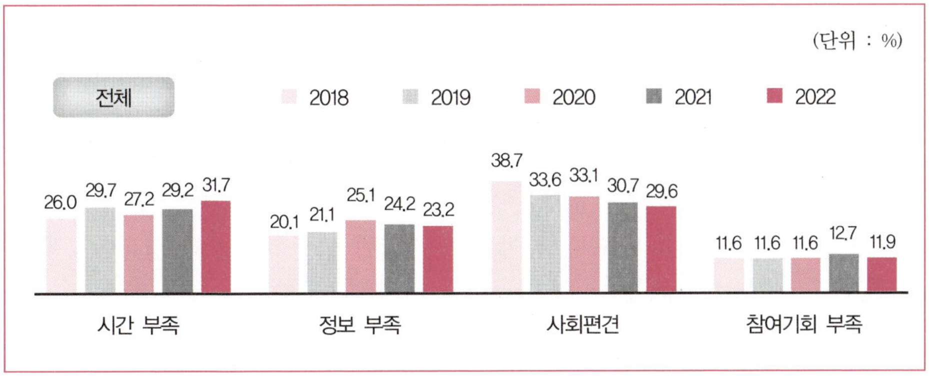

| 그림 13-8 | 아동·청소년의 사회 참여가 어려운 이유

출처 : 김영지·최홍일·유성렬·이은주(2022).

아동 · 청소년의 사회 참여가 어려운 이유로는 시간 부족(31.7%), 청소년을 미성숙한 존재로 보는 사회의 편견(29.6%), 참여활동정보 부족(23.2%), 참여 기회나 방법 부족(11.9%), 그 밖에 부모님 반대(1.9%), 학교에서 못하게 함(1.7%) 순서로 나타났다. 남학생은 여학생에 비해 시간 보족과 부모님과 학교의 반대 때문에 사회 참여가 어려웠다고 응답하였고, 여학생은 남학생에 비해 정보의 부족, 사회의 편견, 참여기회나 방법의 부족에 더 많은 응답을 하였다.

2. 아동권리의 발전방안

1) 차별금지를 위한 개선방안

아동은 차별을 받는다고 해도 성장해 가면서 아동이라는 범주를 벗어나기 때문에 차별에서 벗어날 수 있다고 판단되어 왔다. 그러나 이러한 판단은 언제나 아동이라는 분류가 남아 있게 되고 이러한 분류는 항상 차별대우를 낳게 되며, 아동의 권리는 언제나 제한당할 것이라는 문제를 고려하지 않는 것이다.

차별금지를 위한 방법으로 차별금지를 위한 원칙의 입법화, 차별적 관습의 극복 전략 개발, 차별과 비차별에 대한 이해 증진 등을 제시할 수 있다(황옥경 외, 2015).

첫째, 기존 아동 관련 법률을 검토하여 차별금지 원칙을 입법화하고 차별사례를 법원에서 다룰 수 있도록 해야 한다. 현행 아동복지법과 영유아보육법, 유아교육법 등은 법률에서 차별금지를 법 제정 이념으로 규정하고 있지만 아동차별사례를 법원에서 다루는 데 충분한 것은 아니다.

둘째, 아동에 대한 차별적 태도나 관습을 극복하기 위한 전략을 개발해야 한다. 유엔 아동권리협약은 아동을 양육하는 부모의 가부장적인 태도와 아동의 자율성과의 관계를 정리하였다. 협약에 따르면 부모의 가부장적인 태도와 아동의 자율성이 빚어내는 갈등은 아동 최선의 이익에 의해 다소 해소될 수 있다. 유엔 아동권리위원회는 아동에 대한 관습적인 차별을 해소하기 위한 방편으로 차별에 대한 연구, 종합전략의 개발, 홍보, 정책결정자에 대한 인식개선 노력 등이 필요하다고 보았다.

셋째, 비차별과 차별적 대우에 대한 분명한 이해가 필요하다. 비차별을 간혹 모두가 평등하다는 개념으로만 이해하면 특별한 요구를 가진 아동에 대한 차별적 보호가 소홀해질 수 있다. 유엔 아동권리위원회는 여아, 장애아, 집 없는 거리 아동, 혼인 외 출생자 아동 등에 대한 차별적 대우가 필요하다고 본다. 이런 측면에서 빈곤아동, 학대피해아동, 근로아동, 학교밖 아동, 이주가정의 아동 등은 아른 아동들과 다른 특별한 보호가 필요하다.

2) 아동 최선의 이익을 위한 개선방안

아동 최선의 이익을 추구하기 위한 기초는 합리적인 정책과 제도에 있다. 국내 아동서비스 정책의 전달체계의 문제점을 파악하고 개선하는 것은 매우 중요한 일이다. 보건복지부와 한국보건사회연구원(2012)이 제시하는 전달체계의 문제점을 공공전달체계와 민간전달체계로 분류하여 살펴본다.

첫째, 아동청소년정책을 관할하는 전달체계는 담당부처마다 상이하게 운영되고 있다. 담당부처별로 전문화된 서비스를 제공한다는 면에서는 이와 같은 분절적인 체계가 장점이 될 수 있으나, 유사한 아동정책이 중복적으로 부처에서 수행되는 점과 부처에 따라서 아동과 청소년 중 일부만을 선택적으로 지원하는 점 등은 정책의 효율성과 연속성을 도모하는 데에 장애가 될 수 있다.

둘째, 중앙과 지방의 아동정책 관할부서의 연계성이 모호하다. 중앙부처의 경우 조직의 규모가 크고 각 대상자와 사업 특성별로 부처와 부서가 구분되어 운영되고 있으나, 지방 혹은 지역단위로 내려올수록 조직규모의 한계로 인하여 대상별 및 사업 특성별 담당부서와 담당자의 구분이 어렵다. 또한 통합성의 원칙 측면에서 시 · 군 · 구 공무원에게 지역사회 아동서비스를 연계, 조정, 통합할 수 있는 실질적인 권한이 부여되어 있지 않다. 일선 시 · 군 · 구 공무원은 중앙에서 내려오는 지침 안에서 사업대상자에게 업무내용을 전달하는 단순 기능을 담당할 뿐 지역사회 아동서비스 정책을 조사하고 제안하는 실질적인 활동을 할 수 없는 구조로 이루어져 사업이 전체적으로 정체될 수밖에 없다.

셋째, 아동복지인력의 전문성, 특히 공공전달체계의 전문성이 부족하다. 복지전담 공무원이나 아동청소년전문성이 있는 인력 확충의 문제가 해결되지 않은 상태에서 공무원을 배치하는 것은 단순히 업무시달이나 지침수준의 일만 진행할 가능성이 많다. 아동에게 제공되는 서비스가 효과를 극대화하기 위해서는 조직과 인력이 적절한 기능과 역할을 수행할 수 있는 전문성을 가지고 있어야 한다.

넷째, 민간기관과 관련된 전달체계의 문제점으로 민간위탁기관과 정부와 종속적인 관계를 들 수 있다. 사업 전반에 대한 공공부문의 규제를 받음으로써 실질적인 권한이 주어지지 않아 자율성이 침해됨으로써 사업이 정체될 가능성이 있다. 민간과 공공의 동등한 파트너십 관계를 통해 공적영역의 체계적인 정보와 민간영역의 자발성이 재결합할 수 있는 전달체계로의 개선이 필요하다.

다섯째, 민간영역의 전달체계는 각 사업에 따라 시 · 도, 시 · 군 · 구마다 다양하게 설치되어 있으며, 설치된 기관이나 시설도 각기 다른 위탁법인을 선정하여 업무를 수행하도록 하고 있다. 이에 따라 중앙과 지방 사업수행체 간의 유기적인 연계와 협력을 이끌어 내는 데 드는 시간과 에너지가 크다. 또한 위탁법인이 다르면 사업내용이 통일성을 유지하기 어렵고, 위탁법인에 따라 구체적인 서비스 내용들이 상이할 수 있다는 측면에서 아동의 서비스 전달의 연속성과 통일성이라는 측면을 고려하여 재고해야 할 문제이다.

마지막으로 효과적이고 효율적인 아동복지정책의 수립을 위해서는 아동정책조정위원회와 같은 부처 간 정책조정기구의 역할과 아동에 대한 기초적인 자료의 수집과 구축, 그에 따른 연구를 수행할 수 있는 아동 대상 전문 연구기관의 설립이 필요하다.

3) 더 나은 진보를 위하여

아동의 권리실현을 위한 실천적 노력을 강조하는 아동의 권리에 관한 국제협약은 1989년 유엔에서 채택되고 1991년 발효되었다. 종전의 아동권리가 단순한 보호대상으로서 아동을 다루는 보호중심적 시각이었다면, 이 협약은 아동이 인간으로서의 존엄을 가지며 그들의 삶을 위해 권리가 존중되어야 한다는 권리중심적 시각을 강조한다. 즉, 아동의 권리가 보호되지 않으면 적극적으로 개입이 가능한 '적극적인 권리의 주체'로서 인정함을 의미한다. 이러한 의미에서 우리나라의 아동권리는 매우 열악한 상태에 있으며, 국가의 노력이 미흡한 것이 현 실정임을 부인할 수 없는 상황이며 아동권리협약을 준수하기 위한 국가의 노력이 절실히 필요하다(김승권, 2000).

(1) 아동보호를 위한 국가의 제도 개선

아동에 대한 보호 육성의 일차적인 책임은 부모에게 있다. 부모는 부모의 자격으로 교육, 종교, 직업과 같은 자녀와 관련된 거의 모든 환경과 삶의 조건을 결정하는 권리를 가지는 것으로 생각된다. 이렇듯 부모의 자녀에 대한 권리는 종종 잘못 수행되는 경우가 있다. 부모의 권리가 잘못 수행되는 경우, 아동의 삶의 질은 매우 저하될 수 있으며 그들의 안전마저도 위협하는 결과를 가져올 수도 있다. 그러므로 아동의 건전한 성장과 발달을 위해서 부모가 재정적 지원, 신체적 보호, 정서적 지지 등을 제대로 이행하지 않는 경우에는 적극적인 국가의 개입이 필요하다. 즉, 보호자가 아동보호를 적절히 수행하지 않거나 소홀히 하는 경우 그리고 아동을 학대하는 경우, 보호자를 아동으로부터 분리하여 국가의 보호 아래 두는 일련의 법률적 조치가 있어야 할 것이다(김승권, 2000).

아동의 출생등록을 보장하는 것은 아동의 권리를 실현시키기 위해 가장 기본적으로 국가가 해야 하는 기본적인 전제이다. 그러나 우리나라는 출생등록제도를 도입하지 않고 있어, 미혼모나 불법체류 외국인의 자녀와 같이 출생신고로 인한 불이익을 두려워하는 어머니로부터 태어난 아동은 직접적인 피해를 받고 있는 실정이다. 따라서 출생미신고아동에 대한 국가의 보호시스템을 갖추고 누락되는 아동이 없도록 출생등록제도를 정비해야 할 것이다(황옥경 외, 2015).

(2) 보육의 사회적 책임 및 질적 제고 강화

장애아동에 대한 사회적 책임 강화와 관련하여, 지방자치단체들은 「장애인 등에 대한 특수교육법」, 영유아보육법, 장애아동 복지지원법 등에서 장애 영유아를 위한 보육 및 교육 지원을 위해 노력해 온 것이 사실이다. 그러나 지방자치단체들은 충분하지 않은 예산 지원으로 어려움에 처하는 경우가 많다. 향후 예산지원의 현실화를 위하여 관련 법과 지침 등에 예산에 대한 내용이 더욱 분명하게 제시될 필요가 있다. 또한 통합교육의 내실화를 위해 우수사례를 개발 확산시키고, 이를 바탕으로 한 교수 · 학습 자료와 매뉴얼 등을 개발하고 보급에 힘쓸 필요가 있다. 특히 통합교육기관 설치운영과 통합교육 방식 및 내용에 있어 부모와 아동의 관점을 우선 반영하여야 하며 이를 선택할 수 있는 권리가 주어져야 한다(김영지 · 김희진, 2015).

아동복지는 전통적으로 요보호 아동에 대한 정책을 우선적으로 실시한 것이 사실이다. 이러한 정책은 복지적 차원에서 아동권리를 강화하는 차원으로의 변화를 위해 다양한 상황의 아동과 그들의 부모를 위한 포괄적 정책으로 변화하는 것이 필요하다. 다양한 상황에 놓인 아동과 부모의 권리를 보장하고 확충하기 위한 첫걸음은 부모의 양육부담 완화를 위해 사회 내의 돌봄여건을 확충하는 것이라 할 수 있다. 예를 들면, 초등돌봄 교실 운영의 내실화를 위해 학년별 발달 특성에 맞는 서비스를 개발하는 것이 필요하며, 지구대와의 연계를 통해 안전한 환경을 만들 필요가 있다. 양육친화적 환경 조성을 위해 영유아기 보육 및 양육 서비스를 수요자 맞춤형으로 전환하고, 국공립 공공형 직장 등 부모의 선호가 높은 유아교육기관을 지속적으로 확충할 필요가 있다. 영유아기 보육 및 양육 서비스의 질적 향상을 위해 보육교사 양성기관 및 재교육기관에서의 교육 연한을 강화하고, 보조교사 및 대체교사의 확대지원과 그들의 처우개선도 매우 필요한 사항이다. 더욱이 영유아기 자녀의 양육은 부와 모의 동등한 양육 참여 환경을 마련하는 것이 중요하다. 부와 모가 동등하게 양육에 참여하는 환경을 마련하기 위해서는 마음 놓고 육아휴직을 사용할 수 있는 제도적 기반과 근로시간의 단축과 같은 제도의 실행을 활성화하는 것이 필요하다.

(3) 저소득층, 이혼가정, 편부모가정, 소년소녀가장가구 등 취약환경의 아동을 위한 지원

정부에서는 취약한 환경에 놓여 있는 요보호 아동에 대해 대체적 양육 수단이나 치료 등을 제공할 목적으로 보호시설이나 병원 등에 입소 조치하거나, 공동생활가정이나 가정위탁 등의 보호서비스를 행하는 경우가 많다. 그런데 이러한 조치는 해당 거주지역의 지방자치단체 담당 공무원에 의해 임의적으로 행해지는 것이 대부분이고, 이러한 보호조치 등을 개시할 또는 종료할 필요가 있는지 여부 등에 관한 정기적 심사가 제대로 행해지지 않고 있다. 본래 아동복지법은 이러한 심사를 위해 아동복지심의위원회라는 제도를 마련하였으나,

그 구성 및 운영 역시 임의적이거나 유명무실한 경우가 대부분이다. 따라서 요보호 아동을 위한 보호조치 관련 심의기구 제도를 개편하고 실효성 있는 제도로 전환할 필요가 있다(황옥경 외, 2015).

(4) 건강 및 보건 서비스의 강화

의료서비스의 공공성 강화 측면에서, 접근성이 상대적으로 취약한 이주 및 다문화 가정, 한부모 및 조손 가정, 아동복지시설 및 청소년쉼터 등에서 생활하는 아동에 대한 보건서비스를 우선적으로 강화할 필요가 있다. 즉, 이들이 조기 무상 건강검진부터 응급치료에 이르기까지 다양한 수준에서의 의료서비스 혜택을 받을 수 있도록 지역사회 내 의료서비스 체계를 정비해야 한다.

아동의 정신건강과 관련하여 발생하는 문제들을 조기 발견하기 위한 검진 및 상담 서비스를 활성화하고 치료와 연계할 수 있는 체계가 마련되어야 한다. 특히 정신건강 문제에 대한 부정적 이미지나 낙인의 우려 없이 관련 치료와 서비스 수혜가 가능하도록 개인정보 취급 지침을 강화할 필요가 있다. 현재 정신건강의 문제는 가정이나 지역사회보다는 학교중심적으로 이루어지는 경향이 있다. 그러나 학교중심적 치료는 아동에게 낙인의 위험에 노출될 가능성이 있기 때문에, 가정과 지역사회 중심으로 진단과 치료가 손쉽게 가능하도록 서비스 접근성을 강화하는 것이 필요하다(김영지 · 김희진, 2015).

보건교육의 측면에서, 학교단위로 실시되고 있는 음주, 흡연, 약물 오남용 예방교육을 더욱 강화할 필요가 있다. 이 과정에서 학급 및 학교 단위로 이루어지는 교육의 효과성에 대해서도 검토할 필요가 있는데, 학교 보건교육 이외에도 다양한 매체를 활용하여 음주, 흡연의 부작용과 위험에 대한 국민적 공감을 갖도록 교육과 캠페인이 활성화되어야 할 것이다. 특히 최근에는 스마트폰이나 인터넷 중독이 심각해지고 있는바, 사회 전반적으로 그 위험성에 대해 더욱 경각심을 갖도록 할 필요가 있으며 적극적인 대처가 필요하다.

토론 및 요약

1. 차별금지에 대한 국내 현황을 요약해 본다. 우선 차별이란 무엇인지 정의해 보고 우리나라 청소년들이 인식하는 차별은 무엇인지 토의해 본다.
2. 우리나라 아동과 청소년의 교육, 여가, 문화활동과 관련된 권리가 무엇인지 알아보고, 이를 지원하는 다양한 지원방법들을 찾아본다. 또한 아동과 청소년의 교육, 여가, 문화활동과 관련된 필요한 정책과 사회적 인식은 무엇인지 토의해 본다.
3. 우리나라의 아동권리와 복지의 발전을 위해 제안하길 원하는 것은 무엇인지 자신의 생각을 제시하고 토론해 본다.

강은주(2015). 북한이탈가정 자녀들을 위한 육아지원 프로그램 사례. **2015 제19회 총신유아교육 학술대회 자료집**, pp. 59-84.

경기도가족여성연구원(2012). 경기도 조손가족 지원방안 연구. (재)경기도가족여성연구원.

곽희경(2011). 유아교사의 행복감 및 자아정체감과 교사효능감, 교사-유아 상호작용의 관계. 전북대학교 대학원 박사학위논문.

교육과학기술부 · 보건복지부(2012). **5세 누리과정 교사용 지도서**. 서울 : 교육과학기술부 · 보건복지부.

교육부(2000). **유아를 위한 안전교육 지도자료**. 서울 : 교육부.

______(2016). 유 · 초 · 중 · 고 발달단계별 '학교 안전교육 7대영역 표준안 발표. 2016. 2. 26. 보도자료. 서울 : 교육부.

교육부 · 경상남도교육청 · 학교안전공제중앙회(2016). 학교안전교육 7대표준안 유치원용. 서울 : 창의발전소.

교육부 · 학교안전공제중앙회(2019). 학교현장 재난유형별 교육 · 훈련 매뉴얼. 서울 : (주)지엔피링크.

구미희 · 김소향(2015). 3~5세 누리과정 교사용 지도서에 나타난 안전 관련 활동 분석. **유아교육 · 보육복지연구, 19**(4), 481-504.

구인회 · 박현선 · 정익중 · 김광혁(2009). 빈곤과 아동발달의 관계에 대한 종단 분석. **한국사회복지학, 61**(3), 57-79.

국가인권위원회(2008). (제2차 북한인권 포럼) 북한인권 개선을 위한 한국사회의 역할 : 정부, 국가인권위원회, NGO를 중심으로. 서울 : 국가인권위원회.

권석만(2009). **긍정 심리학 : 행복의 과학적 탐구**. 서울 : 학지사.

김경미(2021). 한국 청소년의 성차별과 외모차별 경험-자살생각과 행복감에 미치는 영향에 대한 성별분석. **여성학연구, 31**(2), 93-124.

김명소 · 김혜원 · 차경호(2001). 심리적 안녕감의 구성 개념 분석 : 한국성인 남녀를 대상으로. **한국심리학회지 : 사회 및 성격유형, 15**(2), 19-39.

김미숙 · 양심영(2007). 위기의 한국아동실태와 정택적 대응방안. **보건복지포럼, 128**, 5-20. 서울 : 한국보건사회연구원.

김미숙 · 정경희(2010). 2010년 복지서비스정책의 변화와 전망. **보건복지포럼, 159**, 54-65.

김미애(2016). 행복 관련변인에 대한 메타분석. 전북대학교 대학원 박사학위논문.

김미영(2016). **아동복지론**. 경기 : 양성원.

김보경(2001). 이혼가정의 학교-가정관계, 아동의 성취동기 및 학교생활 적응 연구. 숙명여자대학교 대학원 석사학위논문.

김상균 · 최일섭 · 최성재 · 조홍식 · 김혜란(2002). **사회복지개론**. 서울 : 나남출판.

김선하(2009). 리듬악기합주 활동이 저소득층 아동의 사회성 향상에 미치는 영향. **한국음악치료학회지**, 11(1), 40-59.

김성경 · 김혜영 · 최현미(2013). **아동복지론**(제3판). 경기 : 양서원.

김수주(2004). 미술활동을 통한 집단상담이 저소득층 아동의 자존감과 사회적 능력에 미치는 영향. 대구대학교 대학원 석사학위논문.

김수진 · 이정화 · 곡교어린이집 통합교사연구회(2013). **누리과정/ 표준보육과정과 연계한 장애 영유아 통합교육**. 경기 : 공동체.

김승경 · 최정원 · 강지명(2016). 청소년 차별 실태 및 개선방안 연구. 세종 : 한국청소년정책연구원.

김승권(2000). 아동복지정책의 발전방향. **보건복지포럼**, 44, 5-19.

김시아 · 이정애 · 민소영(2023). 아동정책영향평가 전문평가 개선을 위한 탐색적 연구-대상정책 선정 및 분석방법을 중심으로-. **사회복지정책**, (50)2, 103-130.

김영순 · 신효정(2014). 초등학생이 지각한 자기효능감, 부모-자녀 의사소통 및 학교 적응의 구조적 관계 : 사회성의 매개 효과. **한국교육학연구**, 20(3), 253-275.

김영지 · 김희진(2015). 유엔 아동권리위원회 권고사항 이행 정책과제 모색. 아동 최선의 이익 최우선적 고려, 이상인가? : 대한민국 아동권리 어디까지 실현되었나?. 2015년 한국아동권리학회 추계학술대회, pp. 67-161. 서울 : 국가인권위원회 조사국 아동청소년인권팀.

____________(2019). 아동 · 청소년 권리에 관한 국제협약 이행 연구 - 한국 아동 · 청소년 인권실태 2019 기초분석보고서. 연구보고 19-R12-2. 세종 : 한국청소년정책연구원.

김영지 · 김희진 · 김진숙 · 김진호 · 안재희 · 이경자 · 김미영 · 남승연(2008). **국제기준 대비 한국청소년의 인권수준 연구** Ⅲ. 한국청소년개발원 연구보고서. 서울 : 한국청소년정책연구원.

김영지 · 최홍일 · 유성렬 · 이은주(2022). 2022 아동 · 청소년 권리에 관한 국제협약 이행 연구-한국 아동 · 청소년 인권실태 : 총괄보고서. 연구보고22-일반01. 서울 : 한국청소년정책연구원.

김일옥 · 이정은(2010). **아동안전관리**. 경기 : 양서원.

김정원 · 김유정 · 이효정(2013). **영유아를 위한 교수 학습방법**. 경기 : 공동체.

김종현 · 윤치연 · 이성현 · 이은림(2010). **특수아동의 이해와 지도**. 경기 : 공동체.

____________________(2015). **특수아동의 이해**. 경기 : 공동체.

김지훈 · 조자연 · 정선미(2023). 학교안전교육 7대 표준안 유치원용. 교육부 · 17개 시 · 도교육청, 학교안전공제중앙회.

김진경 · 유안진(2003). 시설 거주 여부, 성별 및 연령에 따른 초기청소년의 의사소통 기술과 또래 관계의 질. **아동학회지, 23**(2), 121-135.

김진미(2006). 사회적 기술 훈련 프로그램이 저소득층 한부모 가정 아동의 사회적 기술, 학교적응, 자아존중감에 미치는 효과. **학생생활연구, 11**(1), 105-124.

김진숙(2010). 보육교사가 인식하는 영유아권리존중 보육의 의미와 실행수준. 숙명여자대학교 대학원 박사학위논문.

김혜선(2004). 조손가족 조부모의 양육태도와 양육스트레스가 손자녀 적응에 미치는 영향연구. **한국아동복지학, 18**, 85-117.

김혜영(2011). 조손가족지원방안연구. 한국여성정책연구원.

김호년 · 김성재 · 김현정 · 박 윤 · 양진희 · 우수경 · 이순자 · 이시진 · 장정애 · 이인원(2011). **아동복지론**. 경기 : 양서원.

김효정(1991). 어머니의 통제유형이 유아의 공격성 및 자아개념에 미치는 영향. 성신여자대학교 대학원 석사학위논문.

노명희 · 윤은종 · 이재경 · 김광석 · 최금희 · 이상미(2014). **아동복지론**. 경기 : 정민사.

노치영 · 박성연(1992). 가족폭력의 세대 간 전이에 관한 연구 : 부모의 폭력 행동과 아동의 공격성 관계. **대한가정학회지, 30**(4), 219-230.

도미향 · 남연희 · 이무영 · 변미희(2015). **아동복지론**. 경기 : 공동체.

문선화 · 구차순 · 박미정 · 김현옥(2012). **한국사회와 아동복지**. 경기 : 양서원.

민하영 · 김경화(2007). 저소득 가정과 일반 가정 아동의 우울성향에 대한 부모 간 갈등과 양육행동의 영향. **한국가정관리학회지, 25**(6), 33-41.

박 설(2020). 미(美) 영아사망원인 1위, '영아 돌연사 증후군'이란. HiDoc 건강이야기. https://www.hidoc.co.kr에서 2020년 6월 30일 인출.

박은혜(2011). **아동안전관리**. 서울 : 파란마음.

박정란 · 서홍란(2010). **아동복지론**. 경기 : 양서원.

박종란(2012). 빈곤아동의 스트레스가 공격성에 미치는 영향 연구 : 심리적 안녕감의 매개효과. 백석대학교 대학원 박사학위논문.

법제처. 민법.

______. 영유아보육법.

______. 장애인복지법.

______. 한부모가족지원법.

______. 아동복지법.

______. 자살예방 및 생명존중문화 조성을 위한 법률.

______. 학교안전교육 실시 기준 등에 관한 고시.

보건복지부(1998). 영유아 안전보육 프로그램 1, 2. 서울 : 보건복지부.
________(2007). 아동복지사업안내. 서울 : 보건복지부.
________(2010). 2010 아동청소년사업 안내. 서울 : 보건복지부.
________(2012). 2011년 보육통계. 서울 : 보건복지부.
________(2012). 2012년 아동분야 사업안내. 서울 : 보건복지부.
________(2013). 영유아 보육프로그램의 이해. 서울 : 보건복지부.
________(2013). 2013년 아동분야 사업안내. 서울 : 보건복지부.
________(2013). 시도 특수보육시책 내부자료. 서울 : 보건복지부.
________(2013). 제3차 어린이집 표준보육과정 해설서. 서울 : 보건복지부.
________(2014). 2014년 아동분야 사업안내. 서울 : 보건복지부.
________(2015). 2014년 보육통계. 서울 : 보건복지부.
________(2015). 2015년 아동분야 사업안내. 서울 : 보건복지부.
________(2016). 2015년 보육통계. 서울 : 보건복지부.
________(2016). 2016년 아동분야 사업안내. 서울 : 보건복지부.
________(2017). 2016년 보육통계. 서울 : 보건복지부.
________(2017). 2017년 지역아동센터 지원 사업안내. 서울 : 보건복지부.
________(2017). 2017년 보육사업안내. 서울 : 보건복지부.
________(2019). 2019년 보건복지통계연보. 서울 : 보건복지부.
보건복지부 · 중앙아동보호전문기관(2016). 2015 전국아동학대 현황보고서. 보건복지부 아동권리과.
보건복지부 · 한국보건사회연구원 편(2012). 아동권리증진을 위한 아동정책 발전방안 연구. 세종 : 보건복지부.
보건복지부 · 한국보육진흥원(2020). 2020 **어린이집 평가 매뉴얼**. 서울 : 한국보육진흥원.
________________(2023). 2023 **어린이집 평가 매뉴얼**(어린이집용). 서울 : 한국보육진흥원.
서문희 · 이혜민(2013). **2013 보육정책의 성과와 과제**. 서울 : 육아정책연구소.
성미영 · 민미희 · 정현심(2014). **아동안전관리**. 서울 : 학지사.
송미령 · 김정화(2014). 저소득층 가정 부모의 심리적 안녕감이 아동의 학교적응에 미치는 영향 : 드림스타트 사업 참여 대상자 중심으로. **아동과 권리, 18**(2), 197-221.
송정애(2013). **아동복지론**. 경기 : 양서원.
신옥순(1994). 열린 교육에서 열림의 의미. **인천교육대학교 논문집, 28**(1), 385-402.
엄명용 · 김성천 · 오혜경 · 윤혜미(2016). **사회복지실천의 이해**(제4판). 서울 : 학지사
엄선희(2019). 아동의 놀 권리와 통합놀이터. 모든 어린이의 놀 권리를 위하여. 통합놀이터 관련 법 개정을 위한 정책토론회. 국회의원회관 제2소회의실.

여성가족부(2007). 조손가족실태조사 및 지원방안에 관한 연구. 서울 : 여성가족부.

_________(2013). 2012년 전국다문화가족실태조사. 서울 : 여성가족부.

_________(2023). 2023 청소년 통계. 보도자료(2023. 5. 30).

여성가족부 · 통계청(2020). 2020 청소년 통계. 보도자료(2020. 4. 27).

_______________(2022). 2022 청소년 통계.

염유식(2021). 한국 어린이 · 청소년 행복지수, 국제비교연구조사결과보고서. 서울 : 연세대학교 사회발전연구소.

오정윤(2016). 빈곤이 유아의 문제행동에 미치는 영향 : 보육서비스 질 만족도와 양육스트레스의 매개효과를 중심으로. 숙명여자대학교 대학원 박사학위논문.

유정이(2010). 따돌림 아동을 위한 사회적 기술 향상 프로그램의 효과. 부산교육대학교 대학원 석사학위논문.

유효순 · 지성애(2004). **부모교육**. 서울 : 정민사.

윤매자 · 신혜경 · 주정현(2014). **아동복지론**. 경기 : 양서원.

이경민 · 윤혜경 · 변소연(2016). 유아행복연구 동향 분석 : 유아교사와 부모대상 연구를 중심으로. **유아교육연구, 36**(2), 497-514.

이경재(2003). **중세는 정말 암흑기였나 : 살림지식총서**. 경기 : 살림출판사.

이경혜(2004). 부모빈곤과 부모양육행동이 아동의 공격성 행동에 미치는 영향. **아동학회지, 25**(5), 1-9.

이미화(2013). **부모가 바라는 영아보육 서비스는**. 서울 : 육아정책연구소.

이부연 외(2019). 2019 개정 누리과정 해설서. 세종 : 교육부 · 보건복지부.

이병래(2004). 유아기 생명존중교육의 의미와 방향. **열린유아교육연구, 9**(1), 143-163.

이상교(2016). **콩쥐-팥쥐, 교과서 옹기종기, 우리 · 세계 전래동화**. 경기 : 한국헤르만헤세.

_____(2016). **해와 달이 된 오누이, 교과서 옹기종기, 우리 · 세계 전래동화**. 경기 : 한국헤르만헤세.

이상욱 · 정희영 · 김종명 · 김미애(2016). **아동의 행복한 생활을 드높이는 아동권리와 복지**. 경기 : 파워북.

이순자 · 나성식 · 김현경 · 이효숙(2012). **아동복지론**. 경기 : 정민사.

이완정 · 권혜진 · 양성은(2009). 아동빈곤. **아동학회지, 39**(6), 337-347.

이일하(2015). 아동의 놀 권리. 아동권리 이슈포커스, 2호. 굿네이버스. http://campaign.goodneighbors.kr/에서 2020년 6월 30일 인출.

이재연 · 박은미 · 황옥경 · 김형모 · 이은주 · 강현아(2011). **아동복지론**. 서울 : 학지사.

이정숙 · 김경선 · 박지영 · 서보람(2008). 개별심리치료가 저소득층 유아의 사회성과 공격성에 미치는 효과에 관한 연구. **한국아동심리치료학회지, 3**(1), 71-91.

이종원 · 장근영 · 김형주(2007). **국제기준 대비 청소년인권 실태조사 연구**. 서울 : 한국청소년정책연구원.

이종은 · 고언정 · 김민경 · 이화조(2012). 서울시 아동인권 실태조사 최종보고서.

이철수(2013). **사회복지학사전**. 경기 : 혜민북스.

이혜연(2009). **위기가정 아동 · 청소년의 문제와 복지지원방안 연구-빈곤한 한부모가정, 조손가정의 아동 · 청소년을 중심으로-**. 세종 : 한국청소년정책연구원.

임채홍 · 현승현 · 김수용(2009). 절대적 · 상대적 빈곤수준의 결정요인 및 격차 비교분석 : 2005~2007년의 수도권과 비수도권의 차이를 중심으로. **국가정책연구, 25**(4), 77-109.

장보인(2023). 집콕 · 혼밥 · 운동부족…아동청소년 87% 행복지수 '하'. 연합뉴스 2023. 05. 04.

장혜림(2012). 빈곤가정 한부모의 심리적 특성과 영유아의 언어 · 사회성발달 간 관계 : 한부모 양육태도를 중심으로. **한국사회복지연구회, 43**(3), 67-97.

장희선 · 김기현(2014). 빈곤이 아동발달에 미치는 영향 -누적적 위험요인의 효과분석. **한국아동복지학, 47**, 185-216.

장희익(1992). 가이아 이론 : 그 과학성과 신화성. **과학사상**, 4.

전경원 · 권미은(2015). **특수아동의 이해**. 서울 : 창지사.

전홍주 · 최유경 · 최항준(2013). 영아의 기질과 어머니의 양육태도 및 영아의 사회성 발달 간의 관계 : 의사소통의 매개효과. **한국영유아교원교육학회, 17**(3), 365-384.

정단비(2012). 아동의 자기수용과 타인공감이 주관적 안녕감과 우울에 미치는 영향. 고려대학교 교육대학원 석사학위논문.

정미라(2002). 한일 유치원 · 초등학교 교육과정에 나타난 생명존중 교육내용에 관한 비교연구. **교육과정연구, 20**(4), 159-185.

정옥분(2002). **아동발달의 이해**. 서울 : 학지사.

______(2007). **발달심리학, 전 생애 인간발달**. 서울 : 학지사.

정용주(2011). 한국인의 입양인식과 입양정책의 과제. 한국학술문화정보원.

정익중 · 민성혜 · 박은미 · 신혜원 · 전혜정(2013). **빈곤영유아의 발달과 적응**. 서울 : 집문당.

정현숙(2014). 사회성 향상 집단프로그램 효과에 대한 메타분석 : 국내 학회지 게재논문(2003~2013)을 중심으로. 경성대학교 대학원 석사학위논문.

정현주(2011). 아동기 또래괴롭힘 가해/ 피해 경험과 문제행동의 발달궤적 간 관계와 예측요인. 가톨릭대학교 대학원 박사학위논문.

조성돈 · 하상훈(2019). 종교계 자살예방 가이드라인, 생명을 살리는 자살예방 지침서(기독교). 생명존중정책 민 · 관협의회.

조용남(2015). 아동복지정책의 효과성에 관한 연구-드림스타트 사업을 중심으로. 이화여자대학교 대학원 박사학위논문.

조유리(2011). 아동빈곤이 가정 내 사회적 자본과 문화적 자본을 통해 학교적응에 미치는 영향. 숙명여자대학교 대학원 석사학위논문.

조윤경 · 김수진(2014). **유아교사를 위한 특수아동의 이해**. 경기 : 공동체.

조인숙 · 권미경 · 이민경(2017). 아동의 놀 권리 강화를 위한 지역사회 환경 조성 방안. 연구보고 2017-14. 서울 : 육아정책연구소.

조홍식(2000). 국가정책 측면에서의 아동최선의 이익. **아동권리연구**, 4(4), 7-24.

주수길 · 성상곤 · 주명국(2016). **아동복지론**. 경기 : 양성원.

주수길 · 주명국(2012). **아동복지강론**. 경기 : 양서원.

중앙보육정보센터(2008). 보육시설 안전 매뉴얼 연구. 서울 : 중앙보육정보센터.

채경희(2015). 유 · 아동기자녀를 둔 북한이탈주민가정에 대한 지원의 필요성과 문제점. 2015 제19회 총신유아교육 학술대회 자료집, pp. 45-55.

채혜선 · 임미혜 · 김종배 · 이순자 · 안경일(2014). **아동안전관리**. 경기 : 양서원.

최성재 · 남기민(2001). **사회복지행정론**. 서울 : 나남출판.

최유경(2008). 저소득층 아동의 공격성 감소와 사회기술 및 자존감 향상을 위한 게슈탈트 예술치료 프로그램의 효과. 성신여자대학교 대학원 석사학위논문.

최정숙(2005). 지역사회 연계 금연 프로그램이 청소년 흡연자의 지식, 태도 및 흡연량에 미치는 영향. 전북대학교 대학원 석사학위논문.

통계청 · 여성가족부(2016). 2016 청소년 통계. 2016. 5. 2.자 보도자료.

편옥이(2014). 조손가정 아동의 자아존중감 및 사회성 향상과 스트레스 감소를 위한 집단프로그램의 효과. 한서대학교 대학원 석사학위논문.

한국건강가정진흥원(2013). 2013 가족역량강화지원사업 운영매뉴얼.

한국교육개발원(2009). **교육복지투자우선지역 지원사업의 효과-종단 효과 분석 1차년도 연구에 기초하여-**. 서울 : 한국교육개발원.

한국보육진흥원(2016). 보육교직원 자격기준 및 보육교사 자격증 단체신청 방법 안내. 서울 : (재)한국보육진흥원.

한미현 · 문혁준 · 강희경 · 공인숙 · 김상희 · 안선희 · 안효진 · 양성은 · 이경열 · 이경옥 · 이진숙 · 천희영(2013). **아동복지**(제3판). 서울 : 창지사.

한미현 · 문혁준 · 강희경 · 공인숙 · 김상희 · 안선희 · 안효진 · 양성은 · 이경열 · 이경옥 · 이진숙 · 천희영 · 조한숙(2016). **아동권리와 복지**. 서울 : 창지사.

한성심 · 송주미(2015). **아동복지론**. 서울 : 창지사.

한준아(2010). 저소득층 가정 아동의 자아지각, 어머니의 양육 스트레스가 문제행동에 미치는 영향 : 양부모 가정과 이혼 가정의 비교를 중심으로. **아동과권리**, 14(3), 355-384.

행복한공부연구소(2012). **명작 동화와 함께 읽는 세계인권선언 : 피노키오에게도 인권이 있을까?**. 서울 : 플러스예감.

행정자치부(2015). 외국인주민 현황조사. 서울 : 행정자치부.

허 선(2016). 아동빈곤의 현황과 정책과제. **보건복지포럼**, 233, 19-30.

허남순(2004). 친인척 가정위탁과 일반가정 위탁아동의 심리사회적 특성 및 위탁가정의 서비스욕구에 대한 비교연구. **한국아동복지학**, 18, 243-270.

허지영(2008). 초등학생의 행복감과 학교생활적응과의 관계 연구. 공주교육대학교 대학원 석사학위논문.

현은민(2003). 재혼가족의 아동 : 가족적, 사회적 측면에서 경험하는 문제와 대책 고찰. **한국가족관계학회지**, 8(2), 101-126.

황옥경 · 안동현 · 이호균 · 강현아 · 홍관표 · 현소혜 · 정선영(2015). 대한민국 아동, 국민인가? -국제기준에 비추어 본 아동권리 수준 평가. 아동 최선의 이익 최우선적 고려, 이상인가? : 대한민국 아동권리 어디까지 실현되었나?. 2015년 한국아동권리 학회 추계학술대회, pp. 6-66. 서울 : 국가인권위원회 조사국 아동청소년인권팀.

황해익 · 남미경 · 서보순 · 김병만(2016). **아동권리와 복지**. 경기 : 정민사.

Adamec, C. A., & Pierce, W. L.(2000). *The Encyclopedia*. NY : Facts on file, Inc.

DeNeve, K. M., & Cooper, H.(1998). The Happy Personality : A Meta-analysis of 137 Personality Traits and Subjective Well-being. *Psychological Bulletin, 124*(2), 197-229.

Friedlander, W. A., & Apte, R.(1974). *Introduction to Social Welfare*. Englewood Cliffs : Prentice-Hall.

______________________________(1980). *Introduction to Social Welfare*. Englewood Cliffs : Prentice-Hall.

Gil, D. G.(1970). *Violence against Children : Physical Child Abuse in the United States*. Cambridge, MA : Harvard University Press.

Human Rights Now(2009). *Jinken de sekaiwo kaeru 30 no houhou*. Tokyo : Godo-Shuppan Corporation Ltd. 김영환 역(2014). **세상을 바꾼다, 인권 30**. 경기 : 동산사.

Joel Feinberg(1973). *Social Philosophy*. Prentice-Hall, Inc. 문창옥 역(1992). **사회철학**. 서울 : 종로서적, p. 144.

Kadushin, A.(1984). *Supervision in Social Work*. Columbia : Columbia University press.

Kadushin, A., & Martin, J. A.(1988). *Child Welfare Services*(4th ed.). NY : Macmillan Publishing Co.

Kanner, L.(1943). Autistic Disturbances of Affective Contact. *Nervous Child, 2*, 217-250.

Katz, L. G.(1970). Teaching in Preschools : Roles and Goals. *Children, 17*, 42-48.

Lewis, O.(1968). *La Vida*. NY : Panther Books.

Marland, S. K., James, A. E., Ralph, B. C., & John, E. R.(1973). *Fundamentals of Safety Education*(2nd ed.). New York : MacMillian Co.

Philips, J., Ray, M., & Marshall, M.(2006). *Social Work with Older People*(4th ed.). New York : Palgrave MaCmillian.

Salend, S. J.(2011). *Creating Inclusive Classroom*(7th ed.). Upper Saddle River, NJ : Merrill/ Pearson Education.

Santrock(2001). *Child Development*(9th ed.). McGraw-Hill.

Seligman, M. E. P., & Csikszentmihalyi, M.(2000). Happiness, Excellence, and Optimal Human Functioning. *American Psychologist, 55*(2000/1), 5-183.

Sheldon, K. M., & King, L.(2001). Why Positive Psychology Is Necessary. *American Psychologist, 56*(3), 216-217.

Silin, J. G.(1985). Authority as Knowledge : A Problem of Professionalization. *Young Children, 40*(3), 41-46.

Spodek, B.(1985). *Teaching in the Early Years*(3rd ed.). New Jersey : Prentice Hall Inc.

Wechterowicz, P.(2013). **무슨 꿈이든 괜찮아**. 김서정 역(2014). 서울 : 마루벌.

Worick, W.(1975). *Safety Education : Man, His Machines, and His Environment*. Englewood Cliffs, NJ : Prentice-Hall.

World Bank(2005). *Global Economic Prospects 2006 : Economic Implications of Remittances and Migration*. Washington DC : World Bank.

구리시 육아종합정보센터. guricenter.go.kr/bbs/board.php?bo_table=3_7&wr_id=17&sst=wr_hit&sod=desc&sop=and&page=1

국가생명윤리심의위원회(2016). 생명존중을 위한 선언문. https://www.nibp.kr/xe/board1_notice/62828

두산백과(2016). 벌거벗은 임금님 terms.naver.com

_______(2016). 신념. terms.naver.com/entry.nhn?docId=1118734&cid=40942&categoryId=31531

미국지적장애 및 발달장애협회 홈페이지. aaidd.org

보건복지부. www.mohw.go.kr

서울특별시 아동공동생활가정 지원센터. www.seoulcenter.org

유니세프한국위원회. 어린이를 위한 약속 유엔아동권리협약. www.unicef.or.kr/education/outline_01.asp

중앙가정위탁지원센터. www.fostercare.or.kr

중앙아동보호전문기관. www.korea1391.go.kr

중앙종합육아종합센터. central.childcare.go.kr

통계청. kostat.go.kr

한국보육진흥원. www.kcpi.or.kr

찾아보기

저/자/약/력

■ 이용주
경동대학교 유아교육과 교수

■ 조숙영
세한대학교 유아교육과 교수

■ 김정희
총신대학교 유아교육과 교수

[제3판]
아동권리와 복지

|공저자| 이용주 · 조숙영 · 김정희

|1판 1쇄| 발행 2016년 12월 28일
|2판 1쇄| 발행 2020년 8월 31일
|2판 3쇄| 발행 2023년 1월 30일
|3판 1쇄| 발행 2024년 3월 5일
|3판 2쇄| 발행 2025년 3월 20일

|발행인| 김 동 훈
|발행처| 공 동 체

|주소| 경기도 고양시 일산동구 호수로 358-39, 동문타워 I 905호(백석동)
|전화| 031) 814-3000(대표)
|팩스| 031) 814-3100
|홈페이지| http://www.compub.co.kr
|전자우편| compub@naver.com
|출판등록| 2005년 10월 6일
|등록번호| 제396-2005-36호

|ISBN| 979-11-6725-584-6
정가 22,000원